Alexander von Humboldt

Kosmos - Entwurf einer physischen Weltbeschreibung

Erster Band der gesammelten Werke von Alexander von Humboldt

Verlag
der
Wissenschaften

Alexander von Humboldt

Kosmos - Entwurf einer physischen Weltbeschreibung

Erster Band der gesammelten Werke von Alexander von Humboldt

ISBN/EAN: 9783957008299

Auflage: 1

Erscheinungsjahr: 2016

Erscheinungsort: Norderstedt, Deutschland

Hergestellt in Europa, USA, Kanada, Australien, Japan
Verlag der Wissenschaften in Hansebooks GmbH, Norderstedt

Cover: Foto ©Jörg Kleinschmidt / pixelio.de

Alexander von Humboldt.

Gesammelte Werke

von

Alexander von Humboldt.

Erster Band.

—

Kosmos I.

Stuttgart.
Verlag der J. G. Cotta'schen Buchhandlung.

Kosmos.

Entwurf einer physischen Weltbeschreibung

von

Alexander von Humboldt.

Erster Band.

Naturae vero rerum vis atque majestas
in omnibus momentis fide caret, si quis
modo partes ejus ac non totam complectatur
animo.   PLIN. H. N. lib. 7, c. 1.

Stuttgart.

Verlag der J. G. Cotta'schen Buchhandlung.

Seiner Majestät

dem König

Friedrich Wilhelm IV.

widmet

in tiefer Ehrfurcht und mit herzlichem Dankgefühl

diesen

Entwurf einer physischen Weltbeschreibung

Alexander von Humboldt.

Vorrede.

Ich übergebe am späten Abend eines vielbewegten Lebens dem deutschen Publikum ein Werk, dessen Bild in unbestimmten Umrissen mir fast ein halbes Jahrhundert lang vor der Seele schwebte. In manchen Stimmungen habe ich dieses Werk für unausführbar gehalten und bin, wenn ich es aufgegeben, wieder, vielleicht unvorsichtig, zu demselben zurückgekehrt. Ich widme es meinen Zeitgenossen mit der Schüchternheit, die ein gerechtes Mißtrauen in das Maß meiner Kräfte mir einflößen muß. Ich suche zu vergessen, daß lange erwartete Schriften gewöhnlich sich minderer Nachsicht zu erfreuen haben.

Wenn durch äußere Lebensverhältnisse und durch einen unwiderstehlichen Drang nach verschiedenartigem Wissen ich veranlaßt worden bin, mich mehrere Jahre und scheinbar ausschließlich mit einzelnen Disziplinen: mit beschreibender Botanik, mit Geognosie, Chemie, astronomischen Ortsbestimmungen und Erdmagnetismus als Vorbereitung zu einer großen Reiseexpedition zu beschäftigen, so war doch immer der eigentliche Zweck des Erlernens ein höherer. Was mir den Hauptantrieb gewährte, war das Bestreben, die Erscheinungen der körperlichen Dinge in ihrem allgemeinen Zusammenhange, die Natur als ein durch innere Kräfte bewegtes und belebtes Ganzes aufzufassen. Ich war durch den Umgang mit hochbegabten Männern früh zu der Einsicht gelangt, daß ohne den ernsten Hang nach der Kenntnis des Einzelnen alle große und allgemeine Weltanschauung nur ein Luftgebilde sein könne. Es sind aber die Einzelheiten im Naturwissen ihrem inneren Wesen nach fähig, wie durch eine aneignende Kraft sich gegenseitig zu befruchten. Die beschreibende Botanik, nicht mehr in den engen Kreis der Bestimmung von Geschlechtern und Arten festgebannt, führt den Beobachter, welcher ferne Länder und hohe Gebirge durchwandert, zu der Lehre von der geographischen Verteilung der Pflanzen über den Erdboden nach Maßgabe der Entfernung vom Aequator und der senkrechten Erhöhung des Standortes. Um nun wiederum die verwickelten Ursachen dieser Verteilung aufzuklären, müssen die Gesetze der Temperaturverschiedenheit der Klimate wie der meteorologischen Prozesse im Luftkreis erspäht werden. So führt den wißbegierigen Beobachter jede Klasse von Erscheinungen zu einer anderen, durch welche sie begründet wird oder die von ihr abhängt.

Es ist mir ein Glück geworden, das wenige wissenschaftliche Reisende in gleichem Maß mit mir geteilt haben: das Glück, nicht bloß Küstenländer, wie auf den Erdumsegelungen, sondern das Innere zweier Kontinente in weiten Räumen und zwar da zu sehen, wo diese Räume die auffallendsten Kontraste der alpinischen Tropenlandschaft von Südamerika mit der öden Steppennatur des nördlichen Asiens darbieten. Solche Unternehmungen mußten, bei der eben geschilderten Richtung meiner Bestrebungen, zu allgemeinen Ansichten aufmuntern, sie mußten den Mut beleben, unsere dermalige Kenntnis der siderischen und tellurischen Erscheinungen des Kosmos in ihrem empirischen Zusammenhange in einem einzigen Werke abzuhandeln. Der bisher unbestimmt aufgefaßte Begriff einer phy= sischen Erdbeschreibung ging so durch erweiterte Be= trachtung, ja, nach einem vielleicht allzu kühnen Plane, durch das Umfassen alles Geschaffenen im Erd= und Himmelsraume in den Begriff einer physischen Weltbeschreibung über.

Bei der reichen Fülle des Materials, welches der ordnende Geist beherrschen soll, ist die Form eines solchen Werkes, wenn es sich irgend eines litterarischen Vorzugs erfreuen soll, von großer Schwierigkeit. Den Naturschilderungen darf nicht der Hauch des Lebens entzogen werden, und doch erzeugt das Aneinanderreihen bloß allgemeiner Resultate einen ebenso er= müdenden Eindruck als die Anhäufung zu vieler Einzelheiten

der Beobachtung. Ich darf mir nicht schmeicheln, so verschieden=
artigen Bedürfnissen der Komposition genügt, Klippen ver=
mieden zu haben, die ich nur zu bezeichnen verstehe. Eine
schwache Hoffnung gründet sich auf die besondere Nachsicht,
welche das deutsche Publikum einer kleinen Schrift, die ich
unter dem Titel Ansichten der Natur gleich nach meiner
Rückkunft aus Mexiko veröffentlicht, lange Zeit geschenkt hat.
Diese Schrift behandelte einzelne Teile des Erdenlebens (Pflan=
zengestaltung, Grasfluren und Wüsten) unter generellen Be=
ziehungen. Sie hat mehr durch das gewirkt, was sie in em=
pfänglichen, mit Phantasie begabten jungen Gemütern erweckt
hat, als durch das, was sie geben konnte. In dem Kosmos,
an welchem ich jetzt arbeite, wie in den Ansichten der
Natur habe ich zu zeigen gesucht, daß eine gewisse Gründ=
lichkeit in der Behandlung der einzelnen Thatsachen nicht un=
bedingt Farbenlosigkeit in der Darstellung erheischt.

Da öffentliche Vorträge ein leichtes und entscheidendes
Mittel darbieten, um die gute oder schlechte Verkettung ein=
zelner Teile einer Lehre zu prüfen, so habe ich viele Monate
lang erst zu Paris in französischer Sprache und später zu
Berlin in unserer vaterländischen Sprache fast gleichzeitig in
der großen Halle der Singakademie und in einem der Hör=
säle der Universität Vorlesungen über die physische Welt=
beschreibung, wie ich die Wissenschaft aufgefaßt, gehalten.
Bei freier Rede habe ich in Frankreich und Deutschland nichts
über meine Vorträge schriftlich aufgezeichnet. Auch die Hefte,
welche durch den Fleiß aufmerksamer Zuhörer entstanden sind,
blieben mir unbekannt, und wurden daher bei dem jetzt er=
scheinenden Buche auf keine Weise benutzt. Die ersten vierzig
Seiten des ersten Bandes abgerechnet, ist alles von mir in
den Jahren 1843 und 1844 zum erstenmal niedergeschrieben.
Wo der jetzige Zustand des Beobachteten und der Meinungen
(die zunehmende Fülle des ersteren ruft unwiederbringlich Ver=
änderungen in den letzteren hervor) geschildert werden soll, ge=

winnt, glaube ich, diese Schilderung an Einheit, an Frische und innerem Leben, wenn sie an eine bestimmte Epoche geknüpft ist. Die Vorlesungen und der Kosmos haben also nichts mit einander gemein als etwa die Reihenfolge der Gegenstände, die sie behandelt. Nur den „einleitenden Betrachtungen" habe ich die Form einer Rede gelassen, in die sie teilweise eingeflochten waren.

Den zahlreichen Zuhörern, welche mit so vielem Wohlwollen meinen Vorträgen in dem Universitätsgebäude gefolgt sind, ist es vielleicht angenehm, wenn ich als eine Erinnerung an jene längst verflossene Zeit, zugleich aber auch als ein schwaches Denkmal meiner Dankgefühle hier die Verteilung der einzeln abgehandelten Materien unter die Gesamtzahl der Vorlesungen (vom 3. November 1827 bis 26. April 1828, in 61 Vorträgen) einschalte: Wesen und Begrenzung der physischen Weltbeschreibung, allgemeines Naturgemälde 5 Vorträge; Geschichte der Weltanschauung 3, Anregungen zum Naturstudium 2, Himmelsräume 16; Gestalt, Dichte, innere Wärme, Magnetismus der Erde und Polarlicht 5; Natur der starren Erdrinde, heiße Quellen, Erdbeben, Vulkanismus 4; Gebirgsarten, Typen der Formationen 2; Gestalt der Erdoberfläche, Gliederung der Kontinente, Hebung auf Spalten 2; tropfbar-flüssige Umhüllung: Meer 3, elastisch-flüssige Umhüllung, Atmosphäre, Wärmeverteilung 10; geographische Verteilung der Organismen im allgemeinen 1; Geographie der Pflanzen 3, Geographie der Tiere 3, Menschenrassen 2.

Der erste Band meines Werkes enthält: Einleitende Betrachtungen über die Verschiedenartigkeit des Naturgenusses und die Ergründung der Weltgesetze, Begrenzung und wissenschaftliche Behandlung der physischen Weltbeschreibung; ein allgemeines Naturgemälde als Uebersicht der Erscheinungen im Kosmos. Indem das allgemeine Naturgemälde von den fernsten Nebelflecken und kreisenden Doppelsternen des Weltraums zu den tellurischen Erscheinungen der Geographie der

Organismen (Pflanzen, Tiere und Menschenrassen) herabsteigt,
enthält es schon das, was ich als das Wichtigste und Wesent-
lichste meines ganzen Unternehmens betrachte: die innere Verkettung des Allgemeinen mit dem Besonderen; den Geist der Behandlung in Auswahl der Erfahrungssätze, in Form und Stil
der Komposition. Die beiden nachfolgenden Bände sollen die
Anregungsmittel zum Naturstudium (durch Belebung
von Naturschilderungen, durch Landschaftmalerei und durch
Gruppierung exotischer Pflanzengestalten in Treibhäusern); die
Geschichte der Weltanschauung, d. h. der allmählichen
Auffassung des Begriffs von dem Zusammenwirken der Kräfte
in einem Naturganzen, und das Spezielle der einzelnen
Disziplinen enthalten, deren gegenseitige Verbindung in dem
Naturgemälde des ersten Bandes angedeutet worden ist.
Ueberall sind die bibliographischen Quellen* gleichsam die Zeug-
nisse von der Wirklichkeit und dem Werte der Beobachtungen,
da wo es mir nötig schien, sie in Erinnerung zu bringen, von
dem Texte getrennt und mit Angabe der Seitenzahl in Anmerkungen an das Ende eines jeden Abschnittes verwiesen.
Von meinen eigenen Schriften, in denen ihrer Natur nach die
Thatsachen mannigfaltig zerstreut sind, habe ich immer vorzugsweise nur die Originalausgaben angeführt, da es hier auf
große Genauigkeit numerischer Verhältnisse ankam und ich in
Beziehung auf die Sorgfalt der Uebersetzer von großem Mißtrauen erfüllt bin. Wo ich in seltenen Fällen kurze Sätze
aus den Schriften meiner Freunde entlehnt habe, ist die Ent-
lehnung durch den Druck selbst zu erkennen. Ich ziehe nach
der Art der Alten die Wiederholung derselben Worte jeder
willkürlichen Substituierung uneigentlicher oder umschreibender
Ausdrücke vor. Von der in einem friedlichen Werke so gefahr-
voll zu behandelnden Geschichte der ersten Entdeckungen wie von

---

* In der vorliegenden Ausgabe sind die bloßen bibliographischen Referenzen weggelassen und nur solche Anmerkungen beibehalten
worden, welche ein inhaltliches Interesse bieten. [D. Herausg.]

vielbestrittenen Prioritätsrechten ist in den Anmerkungen selten
die Rede. Wenn ich bisweilen des klassischen Altertums und
der glücklichen Uebergangsperiode des durch große geographische
Entdeckungen wichtig gewordenen fünfzehnten und sechzehnten
Jahrhunderts erwähnt habe, so ist es nur geschehen, weil in
dem Bereich allgemeiner Ansichten der Natur es dem Menschen
ein Bedürfnis ist, sich von Zeit zu Zeit dem Kreise streng dog=
matisierender moderner Meinungen zu entziehen und sich in das
freie, phantasiereiche Gebiet älterer Ahnungen zu versenken.

Man hat es oft eine nicht erfreuliche Betrachtung genannt,
daß, indem rein litterarische Geistesprodukte gewurzelt sind in
den Tiefen der Gefühle und der schöpferischen Einbildungskraft,
alles, was mit der Empirie, mit Ergründung von Natur=
erscheinungen und physischer Gesetze zusammenhängt, in wenigen
Jahrzehnten, bei zunehmender Schärfe der Instrumente und
allmählicher Erweiterung des Horizontes der Beobachtung, eine
andere Gestaltung annimmt, ja daß, wie man sich auszudrücken
pflegt, veraltete naturwissenschaftliche Schriften als unlesbar
der Vergessenheit übergeben sind. Wer von einer echten Liebe
zum Naturstudium und von der erhabenen Würde desselben
beseelt ist, kann durch nichts entmutigt werden, was an eine
künftige Vervollkommnung des menschlichen Wissens erinnert.
Viele und wichtige Teile dieses Wissens, in den Erscheinungen
der Himmelsräume wie in den tellurischen Verhältnissen, haben
bereits eine feste, schwer zu erschütternde Grundlage erlangt.
In anderen Teilen werden allgemeine Gesetze an die Stelle der
partikulären treten, neue Kräfte ergründet, für einfach gehaltene
Stoffe vermehrt oder zergliedert werden. Ein Versuch, die
Natur lebendig und in ihrer erhabenen Größe zu schildern, in
dem wellenartig wiederkehrenden Wechsel physischer Veränder=
lichkeit das Beharrliche aufzuspüren, wird daher auch in späteren
Zeiten nicht ganz unbeachtet bleiben.

Potsdam im November 1844.

————

Kosmos.

Einleitende Betrachtungen

über

die Verschiedenartigkeit des Naturgenusses

und eine

wissenschaftliche Ergründung der Weltgesetze.

(Vorgetragen am Tage der Eröffnung der Vorlesungen in der großen Halle der Sing=
akademie zu Berlin. — Mehrere Einschaltungen gehören einer späteren Zeit an.)

Wenn ich es unternehme, nach langer Abwesenheit aus
dem deutschen Vaterlande, in freien Unterhaltungen über die
Natur die allgemeinen physischen Erscheinungen auf unserem
Erdkörper und das Zusammenwirken der Kräfte im Weltall
zu entwickeln, so finde ich mich mit einer zwiefachen Besorgnis
erfüllt. Einesteils ist der Gegenstand, den ich zu behandeln
habe, so unermeßlich und die mir vorgeschriebene Zeit so be=
schränkt, daß ich fürchten muß, in eine encyklopädische Ober=
flächlichkeit zu verfallen oder, nach Allgemeinheit strebend,
durch aphoristische Kürze zu ermüden. Anderenteils hat eine
vielbewegte Lebensweise mich wenig an öffentliche Vorträge
gewöhnt; und in der Befangenheit meines Gemüts wird es
mir nicht immer gelingen, mich mit der Bestimmtheit und
Klarheit auszudrücken, welche die Größe und die Mannig=
faltigkeit des Gegenstandes erheischen. Die Natur ist das
Reich der Freiheit; und um lebendig die Anschauungen und
Gefühle zu schildern, welche ein reiner Natursinn gewährt,
sollte auch die Rede stets sich mit der Würde und Freiheit
bewegen, welche nur hohe Meisterschaft ihr zu geben vermag.
Wer die Resultate der Naturforschung nicht in ihrem
Verhältnis zu einzelnen Stufen der Bildung oder zu den
individuellen Bedürfnissen des geselligen Lebens, sondern in
ihrer großen Beziehung auf die gesamte Menschheit betrachtet;

dem bietet sich, als die erfreulichste Frucht dieser Forschung, der Gewinn dar, durch Einsicht in den Zusammenhang der Erscheinungen den Genuß der Natur vermehrt und veredelt zu sehen. Eine solche Veredelung ist aber das Werk der Beobachtung, der Intelligenz und der Zeit, in welcher alle Richtungen der Geisteskräfte sich reflektieren. Wie seit Jahrtausenden das Menschengeschlecht dahin gearbeitet hat, in dem ewig wiederkehrenden Wechsel der Weltgestaltungen das Beharrliche des Gesetzes aufzufinden und so allmählich durch die Macht der Intelligenz den weiten Erdkreis zu erobern, lehrt die Geschichte den, welcher den uralten Stamm unseres Wissens durch die tiefen Schichten der Vorzeit bis zu seinen Wurzeln zu verfolgen weiß. Diese Vorzeit befragen, heißt dem geheimnisvollen Gange der Ideen nachspüren, auf welchem dasselbe Bild, das früh dem inneren Sinne als ein harmonisch geordnetes Ganzes, Kosmos, vorschwebte, sich zuletzt wie das Ergebnis langer, mühevoll gesammelter Erfahrungen darstellt.

In diesen beiden Epochen der Weltansicht, dem ersten Erwachen des Bewußtseins der Völker und dem endlichen, gleichzeitigen Anbau aller Zweige der Kultur, spiegeln sich zwei Arten des Genusses ab. Den einen erregt, in dem offenen kindlichen Sinne des Menschen, der Eintritt in die freie Natur und das dunkle Gefühl des Einklangs, welcher in dem ewigen Wechsel ihres stillen Treibens herrscht. Der andere Genuß gehört der vollendeteren Bildung des Geschlechts und dem Reflex dieser Bildung auf das Individuum an: er entspringt aus der Einsicht in die Ordnung des Weltalls und in das Zusammenwirken der physischen Kräfte. So wie der Mensch sich nun Organe schafft, um die Natur zu befragen und den engen Raum seines flüchtigen Daseins zu überschreiten; wie er nicht mehr bloß beobachtet, sondern Erscheinungen unter bestimmten Bedingungen hervorzurufen weiß; wie endlich die Philosophie der Natur, ihrem alten dichterischen Gewande entzogen, den ernsten Charakter einer denkenden Betrachtung des Beobachteten annimmt: treten klare Erkenntnis und Begrenzung an die Stelle dumpfer Ahnungen und unvollständiger Induktionen. Die dogmatischen Ansichten der vorigen Jahrhunderte leben dann nur fort in den Vorurteilen des Volks und in gewissen Disziplinen, die, in dem Bewußtsein ihrer Schwäche, sich gern in Dunkelheit hüllen. Sie erhalten sich auch als ein lästiges Erbteil in den Sprachen, die sich durch symbolisierende Kunstwörter und geistlose Formen ver=

unstalten. Nur eine kleine Zahl sinniger Bilder der Phantasie, welche, wie vom Dufte der Urzeit umflossen, auf uns gekommen sind, gewinnen bestimmtere Umrisse und eine erneuerte Gestalt.

Die Natur ist für die denkende Betrachtung Einheit in der Vielheit, Verbindung des Mannigfaltigen in Form und Mischung, Inbegriff der Naturdinge und Naturkräfte, als ein lebendiges Ganzes. Das wichtigste Resultat des sinnigen physischen Forschens ist daher dieses: in der Mannigfaltigkeit die Einheit zu erkennen; von dem Individuellen alles zu umfassen, was die Entdeckungen der letzteren Zeitalter uns darbieten; die Einzelheiten prüfend zu sondern und doch nicht ihrer Masse zu unterliegen: der erhabenen Bestimmung des Menschen eingedenk, den Geist der Natur zu ergreifen, welcher unter der Decke der Erscheinungen verhüllt liegt. Auf diesem Wege reicht unser Bestreben über die enge Grenze der Sinnenwelt hinaus; und es kann uns gelingen, die Natur begreifend, den rohen Stoff empirischer Anschauung gleichsam durch Ideen zu beherrschen.

Wenn wir zuvörderst über die verschiedenen Stufen des Genusses nachdenken, welchen der Anblick der Natur gewährt; so finden wir, daß die erste unabhängig von der Einsicht in das Wirken der Kräfte, ja fast unabhängig von dem eigentümlichen Charakter der Gegend ist, die uns umgibt. Wo in der Ebene, einförmig, gesellige Pflanzen den Boden bedecken und auf grenzenloser Ferne das Auge ruht; wo des Meeres Wellen das Ufer sanft bespülen und durch Ulfen und grünenden Seetang ihren Weg bezeichnen: überall durchdringt uns das Gefühl der freien Natur, ein dumpfes Ahnen ihres „Bestehens nach inneren ewigen Gesetzen“. In solchen Anregungen ruht eine geheimnisvolle Kraft; sie sind erheiternd und lindernd, stärken und erfrischen den ermüdeten Geist, besänftigen oft das Gemüt, wenn es schmerzlich in seinen Tiefen erschüttert oder vom wilden Drange der Leidenschaften bewegt ist. Was ihnen Ernstes und Feierliches beiwohnt, entspringt aus dem fast bewußtlosen Gefühle höherer Ordnung und innerer Gesetzmäßigkeit der Natur; aus dem Eindruck ewig wiederkehrender Gebilde, wo in dem Besondersten des Organismus das Allgemeine sich spiegelt; aus dem Kontraste zwischen dem sittlich Unendlichen und der eigenen Beschränktheit, der wir zu entfliehen streben. In jedem Erdstriche, überall wo die wechselnden Gestalten des Tier- und Pflanzenlebens sich darbieten, auf jeder Stufe intellektueller Bildung sind dem Menschen diese Wohlthaten gewährt.

Ein anderer Naturgenuß, ebenfalls nur das Gefühl ansprechend, ist der, welchen wir, nicht dem bloßen Eintritt in das Freie (wie wir tief bedeutsam in unserer Sprache sagen), sondern dem individuellen Charakter einer Gegend, gleichsam der physiognomischen Gestaltung der Oberfläche unseres Planeten verdanken. Eindrücke solcher Art sind lebendiger, bestimmter und deshalb für besondere Gemütszustände geeignet. Bald ergreift uns die Größe der Naturmassen im wilden Kampfe der entzweiten Elemente oder, ein Bild des Unbeweglich-Starren, die Öde der unermeßlichen Grasfluren und Steppen, wie in dem gestaltlosen Flachlande der Neuen Welt und des nördlichen Asiens; bald fesselt uns, freundlicheren Bildern hingegeben, der Anblick der bebauten Flur, die erste Ansiedelung des Menschen, von schroffen Felsschichten umringt, am Rande des schäumenden Gießbachs. Denn es ist nicht sowohl die Stärke der Anregung, welche die Stufen des individuellen Naturgenusses bezeichnet, als der bestimmte Kreis von Ideen und Gefühlen, die sie erzeugen und welchen sie Dauer verleihen.

Darf ich mich hier der eigenen Erinnerung großer Naturszenen überlassen: so gedenke ich des Ozeans, wenn in der Milde tropischer Nächte das Himmelsgewölbe sein planetarisches, nicht funkelndes Sternenlicht über die sanftwogende Wellenfläche ergießt; oder der Waldthäler der Kordilleren, wo mit kräftigem Triebe hohe Palmenstämme das düstere Laubdach durchbrechen, und als Säulengänge hervorragen, „ein Wald über dem Walde“; oder des Piks von Teneriffa, wenn horizontale Wolkenschichten den Aschenkegel von der unteren Erdfläche trennen, und plötzlich durch eine Öffnung, die der aufsteigende Luftstrom bildet, der Blick von dem Rande des Kraters sich auf die weinbekränzten Hügel von Orotava und die Hesperidengärten der Küste hinabsenkt. In diesen Szenen ist es nicht mehr das stille, schaffende Leben der Natur, ihr ruhiges Treiben und Wirken, die uns ansprechen: es ist der individuelle Charakter der Landschaft, ein Zusammenfließen der Umrisse von Wolken, Meer und Küsten im Morgendufte der Inseln; es ist die Schönheit der Pflanzenformen und ihrer Gruppierung. Denn das Ungemessene, ja selbst das Schreckliche in der Natur, alles, was unsere Fassungskraft übersteigt, wird in einer romantischen Gegend zur Quelle des

Genusses. Die Phantasie übt dann das freie Spiel ihrer Schöpfungen an dem, was von den Sinnen nicht vollständig erreicht werden kann; ihr Wirken nimmt eine andere Richtung bei jedem Wechsel in der Gemütsstimmung des Beobachters. Getäuscht, glauben wir von der Außenwelt zu empfangen, was wir selbst in diese gelegt haben.

Wenn nach langer Seefahrt, fern von der Heimat, wir zum erstenmal ein Tropenland betreten, erfreut uns, an schroffen Felswänden, der Anblick derselben Gebirgsarten (des Thonschiefers oder des basaltartigen Mandelsteins), die wir auf europäischem Boden verließen und deren Allverbreitung zu beweisen scheint, es habe die alte Erdrinde sich unabhängig von dem äußeren Einfluß der jetzigen Klimate gebildet; aber diese wohlbekannte Erdrinde ist mit den Gestalten einer fremdartigen Flora geschmückt. Da offenbart sich uns, den Bewohnern der nordischen Zone, von ungewohnten Pflanzenformen, von der überwältigenden Größe des tropischen Organismus und einer exotischen Natur umgeben, die wunderbare aneignende Kraft des menschlichen Gemütes. Wir fühlen uns so mit allem Organischen verwandt, daß, wenn es anfangs auch scheint, als müsse die heimische Landschaft, wie ein heimischer Volksdialekt, uns zutraulicher, und durch den Reiz einer eigentümlichen Natürlichkeit uns inniger anregen als jene fremde üppige Pflanzenfülle, wir uns doch bald in dem Palmenklima der heißen Zone eingebürgert glauben. Durch den geheimnisvollen Zusammenhang aller organischen Gestaltung (und unbewußt liegt in uns das Gefühl der Notwendigkeit dieses Zusammenhangs) erscheinen unserer Phantasie jene exotischen Formen wie erhöht und veredelt aus denen, die unsere Kindheit umgaben. So leiten dunkle Gefühle und die Verkettung sinnlicher Anschauungen, wie später die Thätigkeit der kombinierenden Vernunft, zu der Erkenntnis, welche alle Bildungsstufen der Menschheit durchdringt, daß ein gemeinsames, gesetzliches und darum ewiges Band die ganze lebendige Natur umschlinge.

Es ist ein gewagtes Unternehmen, den Zauber der Sinnenwelt einer Zergliederung seiner Elemente zu unterwerfen. Denn der großartige Charakter einer Gegend ist vorzüglich dadurch bestimmt, daß die eindrucksreichsten Naturerscheinungen gleichzeitig vor die Seele treten, daß eine Fülle von Ideen und Gefühlen gleichzeitig erregt werde. Die Kraft einer solchen über das Gemüt errungenen Herrschaft ist recht

eigentlich an die Einheit des Empfundenen, des Nichtentfal-
teten geknüpft. Will man aber aus der objektiven Verschiedenheit der Erscheinungen die Stärke des Totalgefühls erklären,
so muß man sondernd in das Reich bestimmter Naturgestalten
und wirkender Kräfte hinabsteigen. Den mannigfaltigsten und
reichsten Stoff für diese Art der Betrachtungen gewährt die
landwirtschaftliche Natur im südlichen Asien oder im neuen
Kontinent: da, wo hohe Gebirgsmassen den Boden des Luftmeers bilden, und wo dieselben vulkanischen Mächte, welche einst
die lange Andesmauer aus tiefen Erdspalten emporgehoben,
jetzt noch ihr Werk zum Schrecken der Anwohner oft erschüttern.

Naturgemälde, nach leitenden Ideen aneinander gereihet,
sind nicht allein dazu bestimmt, unseren Geist angenehm zu
beschäftigen; ihre Reihenfolge kann auch die Graduation der
Natureindrücke bezeichnen, deren allmählich gesteigerten Intensität wir aus der einförmigen Leere pflanzenloser Ebenen bis
zu der üppigen Blütenfülle der heißen Zone gefolgt sind.
Wenn man als ein Spiel der Phantasie den Pilatus auf das
Schreckhorn,[1] oder unsere sudetische Schneekoppe auf den
Montblanc auftürmt, so hat man noch nicht eine der größten
Höhen der Andeskette, den Chimborazo, die doppelte Höhe des
Aetna erreicht; wenn man auf den Chimborazo den Rigi oder
den Athos türmt, so schaffen wir uns ein Bild von dem
höchsten Gipfel des Himalayagebirges, dem Dhawalagiri.[2]
Obgleich das indische Gebirge in der Größe seiner kolossalen,
jetzt durch wiederholte Messung wohl bestimmten Massen die
Andeskette weit übertrifft, so gewährt ihr Anblick doch nicht
die Mannigfaltigkeit der Erscheinungen, welche die Kordilleren
von Südamerika charakterisieren. Höhe allein bestimmt nicht
den Eindruck der Natur. Die Himalayakette liegt schon weit
außerhalb der Grenze tropischer Klimate. Kaum verirrt sich
eine Palme[3] bis in die schönen Thäler der Vorgebirge von
Nepaul und Kumaon. Unter dem 28. und 34. Grade der
Breite, am Abhange des alten Paropamisus, entfaltet die
vegetabilische Natur nicht mehr die Fülle baumartiger Farnkräuter und Gräser, großblütiger Orchideen und Bananen-
gewächse, welche unter den Wendekreisen bis zu den Hochebenen
hinaufsteigen. Unter dem Schatten der zederartigen Deodwaru-
sichte und großblätteriger Eichen bedecken das granitartige
Gestein europäische und nordasiatische Pflanzenformen. Es
sind nicht dieselben Arten, aber ähnliche Gebilde: Wachholder,
Alpenbirken, Gentianen, Parnassien und stachlige Ribes-Arten.[4]

Dem Himalaya fehlen die wechselnden Erscheinungen thätiger Vulkane, welche in der indischen Inselwelt drohend an das innere Leben der Erde mahnen. Auch fängt, wenigstens an seinem südlichen Abhange, wo die feuchtere Luft Hindostans ihren Wassergehalt absetzt, der ewige Schnee meist schon in der Höhe von elf- bis zwölftausend Fuß (3570—3900 m) an, und setzt so der Entwickelung des organischen Lebens eine frühere Grenze als in den Aequinoktialgegenden von Südamerika, wo der Organismus fast zweitausend sechshundert Fuß (844 m) höher verbreitet ist.[5]

Die dem Aequator nahe Gebirgsgegend hat einen anderen, nicht genugsam beachteten Vorzug: es ist der Teil der Oberfläche unseres Planeten, wo im engsten Raume die Mannigfaltigkeit der Natureindrücke ihr Maximum erreicht. In der tiefgefurchten Andeskette von Neu-Granada und Quito ist es dem Menschen gegeben, alle Gestalten der Pflanzen und alle Gestirne des Himmels gleichzeitig zu schauen. Ein Blick umfaßt Helikonien, hochgefiederte Palmen, Bambusse, und über diesen Formen der Tropenwelt: Eichenwälder, Mespilus-Arten und Doldengewächse, wie in unserer deutschen Heimat; ein Blick umfaßt das südliche Kreuz, die Magelhaensischen Wolken und die leitenden Sterne des Bären, die um den Nordpol kreisen. Dort öffnen der Erde Schoß und beide Hemisphären des Himmels den ganzen Reichtum ihrer Erscheinungen und verschiedenartigen Gebilde; dort sind die Klimate, wie die durch sie bestimmten Pflanzenzonen schichtenweise übereinander gelagert; dort die Gesetze abnehmender Wärme, dem aufmerksamen Beobachter verständlich, mit ewigen Zügen in die Felsenwände der Andeskette, am Abhange des Gebirges, eingegraben. Um diese Versammlung nicht mit Ideen zu ermüden, die ich versucht habe, in einem eigenen Werke über die Geographie der Pflanzen bildlich darzustellen, hebe ich hier nur einige wenige Erinnerungen aus dem „Naturgemälde der Tropengegend" hervor. Was in dem Gefühle umrißlos und duftig wie Bergluft, verschmilzt, kann von der, nach dem Kausalzusammenhang der Erscheinungen grübelnden Vernunft nur in einzelne Elemente zerlegt, als Ausdruck eines individuellen Naturcharakters, begriffen werden. Aber in dem wissenschaftlichen Kreise, wie in den heiteren Kreisen der Landschaftdichtung und Landschaftmalerei, gewinnt die Darstellung um so mehr an Klarheit und objektiver Lebendigkeit, als das Einzelne bestimmt aufgefaßt und begrenzt ist.

Sind die tropischen Länder eindrucksreicher für das Gemüt durch Fülle und Ueppigkeit der Natur, so sind sie zugleich auch (und dieser Gesichtspunkt ist der wichtigste in dem Ideengange, den ich hier verfolge) vorzugsweise dazu geeignet, durch einförmige Regelmäßigkeit in den meteorologischen Prozessen des Luftkreises und in der periodischen Entwickelung des Organismus, durch scharfe Scheidung der Gestalten bei senkrechter Erhebung des Bodens, dem Geiste die gesetzmäßige Ordnung der Himmelsräume, wie abgespiegelt in dem Erdenleben, zu zeigen. Mögen wir einige Augenblicke bei diesem Bilde der Regelmäßigkeit, die selbst an Zahlenverhältnisse geknüpft ist, verweilen.

In den heißen Ebenen, die sich wenig über die Meeresfläche der Südsee erheben, herrscht die Fülle der Pisanggewächse, der Cykadeen und Palmen; ihr folgen, von hohen Thalwänden beschattet, baumartige Farnkräuter und, in üppiger Naturkraft, von kühlem Wolkennebel unaufhörlich getränkt und erfrischt, die Cinchonen, welche die lange verkannte, wohlthätige Fieberrinde geben. Wo der hohe Baumwuchs aufhört, blühen, gesellig aneinander gedrängt, Aralien, Thibaudien und myrtenblättrige Andromeden. Einen purpurroten Gürtel bildet die Alpenrose der Kordilleren, die harzreiche Befaria. Dann verschwinden allmählich, in der stürmischen Region der Paramos,[6] die höheren Gesträuche und die großblütigen Kräuter. Rispentragende Monokotyledonen bedecken einförmig den Boden: eine unabsehbare Grasflur, gelb leuchtend in der Ferne; hier weiden einsam das Kamelschaf und die von den Europäern eingeführten Rinder. Wo die nackten Felsklippen trachytartigen Gesteins sich aus der Rasendecke emporheben, da entwickeln sich, bei mangelnder Dammerde, nur noch Pflanzen niederer Organisation: die Schar der Flechten, welche der dünne, kohlenstoffarme Luftkreis dürftig ernährt; Parmelien, Lecideen und der vielfarbige Keimstaub der Leprarien. Inseln frisch gefallenen Schnees verhüllen hier die letzten Regungen des Pflanzenlebens, bis, scharf begrenzt, die Zone des ewigen Eises beginnt. Durch die weißen, wahrscheinlich hohlen, glockenförmigen Gipfel streben, doch meist vergebens, die unterirdischen Mächte auszubrechen. Wo es ihnen gelungen ist, durch runde, kesselförmige Feuerschlünde oder langgedehnte Spalten mit dem Luftkreise in bleibenden Verkehr zu treten, da stoßen sie, fast nie Laven, aber Kohlensäure, Schwefelhydrate und heiße Wasserdämpfe aus.

Ein so erhabenes Schauspiel konnte bei den Bewohnern der Tropenwelt, in dem ersten Andrange roher Naturgefühle, nur Bewunderung und dumpfes Erstaunen erregen. Der innere Zusammenhang großer, periodisch wiederkehrender Erscheinungen, die einfachen Gesetze, nach denen diese Erscheinungen sich zonenweise gruppieren, bieten sich dort allerdings dem Menschen in größerer Klarheit dar; aber bei den Ursachen, welche in vielen Teilen dieses glücklichen Erdstrichs dem lokalen Entstehen hoher Gesittung entgegentreten, sind die Vorteile eines leichteren Erkennens jener Gesetze (so weit geschichtliche Kunde reicht) unbenutzt geblieben. Gründliche Untersuchungen der neuesten Zeit haben es mehr als zweifelhaft gemacht, daß der eigentliche Ursitz indischer Kultur, einer der herrlichsten Blüten des Menschengeschlechts, deren südöstlichste Verbreitung Wilhelm von Humboldt in seinem großen Werke „über die Kawi-Sprache" entwickelt hat, innerhalb der Wendekreise gewesen sei. Airyana Vaedjö, das alte Zendland, lag im Nordwesten des oberen Indus; und nach dem religiösen Zwiespalt, dem Abfall der Iranier vom brahmanischen Institute und ihrer Trennung von den Indern, hat bei diesen die ursprünglich gemeinschaftliche Sprache ihre eigentümliche Gestaltung, wie das bürgerliche Wesen seine Ausbildung im Magadha' oder Madhya Desa, zwischen der kleinen Vindhyakette und dem Himalaya, erlangt.

Tiefere Einsicht in das Wirken der physischen Kräfte hat sich (trotz der Hindernisse, welche, unter höheren Breiten, verwickelte örtliche Störungen in den Naturprozessen des Dunstkreises oder in der klimatischen Verbreitung organischer Gebilde dem Auffinden allgemeiner Gesetze entgegenstellen) doch nur, wenngleich spät, bei den Volksstämmen gefunden, welche die gemäßigte Zone unserer Hemisphäre bewohnen. Von daher ist diese Einsicht in die Tropenregion und in die ihr nahen Länder durch Völkerzüge und fremde Ansiedler gebracht worden: eine Verpflanzung wissenschaftlicher Kultur, die auf das intellektuelle Leben und den industriellen Wohlstand der Kolonieen, wie der Mutterstaaten, gleich wohlthätig eingewirkt hat. Wir berühren hier den Punkt, wo, in dem Kontakt mit der Sinnenwelt, zu den Anregungen des Gemütes sich noch ein anderer Genuß gesellt, ein Naturgenuß, der aus Ideen entspringt: da, wo in dem Kampf der streitenden Elemente das Ordnungsmäßige, Gesetzliche nicht bloß geahnet, sondern vernunftmäßig erkannt wird; wo der Mensch, wie der unsterbliche Dichter sagt:

„sucht den ruhenden Pol in der Erscheinungen Flucht".

Um diesen Naturgenuß, der aus Ideen entspringt, bis zu seinem ersten Keime zu verfolgen, bedarf es nur eines flüchtigen Blickes auf die Entwickelungsgeschichte der Philosophie der Natur oder alten Lehre vom Kosmos.

Ein dumpfes, schauervolles Gefühl von der Einheit der Naturgewalten, von dem geheimnisvollen Bande, welches das Sinnliche und Uebersinnliche verknüpft, ist allerdings (und meine eigenen Reisen haben es bestätigt) selbst wilden Völkern eigen. Die Welt, die sich dem Menschen durch die Sinne offenbart, schmilzt, ihm selbst fast unbewußt, zusammen mit der Welt, welche er, inneren Anklängen folgend, als ein großes Wunderland, in seinem Busen aufbaut. Diese aber ist nicht der reine Abglanz von jener; denn so wenig auch noch das Aeußere von dem Inneren sich loszureißen vermag, so wirkt doch schon unaufhaltsam, bei den rohesten Völkern, die schaffende Phantasie und die symbolisierende Ahnung des Bedeutsamen in den Erscheinungen. Was bei einzelnen mehr begabten Individuen sich als Rudiment einer Naturphilosophie, gleichsam als eine Vernunftanschauung darstellt, ist bei ganzen Stämmen das Produkt instinktiver Empfänglichkeit. Auf diesem Wege, in der Tiefe und Lebendigkeit dumpfer Gefühle, liegt zugleich der erste Antrieb zum Kultus, die Heiligung der erhaltenden wie der zerstörenden Naturkräfte. Wenn nun der Mensch, indem er die verschiedenen Entwickelungsstufen seiner Bildung durchläuft, minder an den Boden gefesselt, sich allmählich zu geistiger Freiheit erhebt, genügt ihm nicht mehr ein dunkles Gefühl, die stille Ahnung von der Einheit aller Naturgewalten. Das zergliedernde und ordnende Denkvermögen tritt in seine Rechte ein; und wie die Bildung des Menschengeschlechts, so wächst gleichmäßig mit ihr, bei dem Anblick der Lebensfülle, welche durch die ganze Schöpfung fließt, der unaufhaltsame Trieb, tiefer in den ursachlichen Zusammenhang der Erscheinungen einzubringen.

Schwer ist es, einem solchen Triebe schnelle und doch sichere Befriedigung zu gewähren. Aus unvollständigen Beobachtungen und noch unvollständigeren Induktionen entstehen irrige Ansichten von dem Wesen der Naturkräfte: Ansichten, die, durch bedeutsame Sprachformen gleichsam verkörpert und erstarrt, sich, wie ein Gemeingut der Phantasie, durch alle Klassen einer Nation verbreiten. Neben der wissenschaftlichen Physik bildet sich dann eine andere, ein System ungeprüfter, zum Teil gänzlich mißverstandener Erfahrungskenntnisse. Wenige Einzelheiten umfassend, ist diese Art der Empirik um so anmaßender, als sie keine der Thatsachen kennt, von denen sie erschüttert wird. Sie ist in sich abgeschlossen, unveränderlich in ihren Axiomen, anmaßend wie alles Beschränkte: während die wissenschaftliche Naturkunde, untersuchend und darum zweifelnd, das fest Ergründete von dem bloß Wahrscheinlichen trennt, und sich täglich durch Erweiterung und Berichtigung ihrer Ansichten vervollkommnet.

Eine solche rohe Anhäufung physischer Dogmen, welche ein Jahrhundert dem anderen überliefert und aufbringt, wird aber nicht bloß schädlich, weil sie einzelne Irrtümer nährt, weil sie hartnäckig wie das Zeugnis schlecht beobachteter Thatsachen ist; nein, sie hindert auch jede großartige Betrachtung des Weltbaus. Statt den mittleren Zustand zu erforschen, um welchen, bei der scheinbaren Ungebundenheit der Natur, alle Phänomene innerhalb enger Grenzen oszillieren, erkennt sie nur die Ausnahmen von den Gesetzen; sie sucht andere Wunder in den Erscheinungen und Formen als die der geregelten und fortschreitenden Entwickelung. Immer ist sie geneigt, die Kette der Naturbegebenheiten zerrissen zu wähnen, in der Gegenwart die Analogie mit der Vergangenheit zu verkennen; und spielend, bald in den fernen Himmelsräumen, bald im Inneren des Erdkörpers, die Ursache jener erdichteten Störungen der Weltordnung aufzufinden. Sie führt ab von den Ansichten der vergleichenden Erdkunde, die, wie Karl Ritters großes und geistreiches Werk bewiesen hat, nur dann Gründlichkeit erlangt, wenn die ganze Masse von Thatsachen, die unter verschiedenen Himmelsstrichen gesammelt worden sind, mit einem Blicke umfaßt, dem kombinierenden Verstande zu Gebote steht.

Es ist ein besonderer Zweck dieser Unterhaltungen über die Natur, einen Teil der Irrtümer, die aus roher und unvollständiger Empirie entsprungen sind und vorzugsweise in den höheren Volksklassen (oft neben einer ausgezeichneten litterarischen Bildung) fortleben, zu berichtigen und so den Genuß der Natur durch tiefere Einsicht in ihr inneres Wesen zu vermehren. Das Bedürfnis eines solchen veredelten Genusses wird allgemein gefühlt; denn ein eigener Charakter unseres Zeitalters spricht sich in dem Bestreben aller gebildeten Stände aus, das Leben durch einen größeren Reichtum von Ideen zu verschönern. Der ehrenvolle Anteil, welcher meinen

Vorträgen in zwei Hörsälen dieser Hauptstadt geschenkt wird, zeugt für die Lebendigkeit eines solchen Bestrebens.

Ich kann daher der Besorgnis nicht Raum geben, zu welcher Beschränkung oder eine gewisse sentimentale Trübheit des Gemütes zu leiten scheinen: der Besorgnis, daß, bei jedem Forschen in das innere Wesen der Kräfte, die Natur von ihrem Zauber, von dem Reize des Geheimnisvollen und Erhabenen verliere. Allerdings wirken Kräfte, im eigentlichen Sinne des Wortes, nur dann magisch, wie im Dunkel einer geheimnisvollen Macht, wenn ihr Wirken außerhalb des Gebietes allgemein erkannter Naturbedingungen liegt. Der Beobachter, der durch ein Heliometer oder einen prismatischen Doppelspat den Durchmesser der Planeten bestimmt, jahrelang die Meridianhöhe desselben Sternes mißt, zwischen dichtgedrängten Nebelflecken teleskopische Kometen erkennt; fühlt (und es ist ein Glück für den sicheren Erfolg dieser Arbeit) seine Phantasie nicht mehr angeregt als der beschreibende Botaniker, solange er die Kelcheinschnitte und die Staubfäden einer Blume zählt, und in der Struktur eines Laubmooses die einfachen oder doppelten, die freien oder ringförmig verwachsenen Zähne der Samenkapsel untersucht; aber das Messen und Auffinden numerischer Verhältnisse, die sorgfältigste Beobachtung des Einzelnen bereitet zu der höheren Kenntnis des Naturganzen und der Weltgesetze vor. Dem Physiker, welcher (wie Thomas Young, Arago und Fresnel) die ungleich langen Ströme der durch Interferenz sich vernichtenden oder verstärkenden Lichtwellen mißt; dem Astronomen, der mittels der raumdurchdringenden Kraft der Fernröhre nach den Monden des Uranus am äußersten Rande unseres Sonnensystems forscht, oder (wie Herschel, South und Struve) aufglimmende Lichtpunkte in farbige Doppelsterne zerlegt; dem eingeweihten Blick des Botanikers, welcher die charaartig kreisende Bewegung der Saftkügelchen in fast allen vegetabilischen Zellen, die Einheit der Gestaltung, das ist die Verkettung der Formen in Geschlechtern und natürlichen Familien, erkennt: gewähren die Himmelsräume, wie die blütenreiche Pflanzendecke der Erde, gewiß einen großartigeren Anblick als dem Beobachter, dessen Natursinn noch nicht durch die Einsicht in den Zusammenhang der Erscheinungen geschärft ist. Wir können daher dem geistreichen Burke nicht beipflichten, wenn er behauptet, daß „aus der Unwissenheit von den Dingen der Natur allein die Bewunderung und das Gefühl des Erhabenen entstehe".

Während die gemeine Sinnlichkeit die leuchtenden Gestirne an ein kristallenes Himmelsgewölbe heftet, erweitert der Astronom die räumliche Ferne; er begrenzt unsere Weltengruppe, nur um jenseits andere und andere ungezählte Gruppen (eine aufglimmende Inselflur) zu zeigen. Das Gefühl des Erhabenen, insofern es aus der einfachen Naturanschauung der Ausdehnung zu entspringen scheint, ist der feierlichen Stimmung des Gemütes verwandt, welche dem Ausdruck des Unendlichen und Freien in den Sphären ideeller Subjektivität, in dem Bereich des Geistigen angehört. Auf dieser Verwandtschaft, dieser Bezüglichkeit der sinnlichen Eindrücke beruht der Zauber des Unbegrenzten: sei es auf dem Ozean und im Luftmeere, wo dieses eine isolierte Bergspitze umgibt; sei es im Weltraume, in den die nebelauflösende Kraft großer Fernröhre unsere Einbildungskraft tief und ahnungsvoll versenkt.

Einseitige Behandlung der physikalischen Wissenschaften, endloses Anhäufen roher Materialien konnten freilich zu dem, nun fast verjährten Vorurteile beitragen, als müßte notwendig wissenschaftliche Erkenntnis das Gefühl erkälten, die schaffende Bildkraft der Phantasie ertöten und so den Naturgenuß stören. Wer in der bewegten Zeit, in der wir leben, noch dieses Vorurteil nährt, der verkennt, bei dem allgemeinen Fortschreiten menschlicher Bildung, die Freuden einer höheren Intelligenz: einer Geistesrichtung, welche Mannigfaltigkeit in Einheit auflöst und vorzugsweise bei dem Allgemeinen und Höheren verweilt. Um dies Höhere zu genießen, müssen in dem mühsam durchforschten Felde spezieller Naturformen und Naturerscheinungen die Einzelheiten zurückgedrängt und von dem selbst, der ihre Wichtigkeit erkannt hat und den sie zu größeren Ansichten geleitet, sorgfältig verhüllt werden.

Zu den Besorgnissen über den Verlust eines freien Naturgenusses unter dem Einfluß denkender Betrachtung oder wissenschaftlicher Erkenntnis gesellen sich auch die, welche aus dem, nicht allen erreichbaren Maße dieser Erkenntnis oder dem Umfange derselben geschöpft werden. In dem wundervollen Gewebe des Organismus, in dem ewigen Treiben und Wirken der lebendigen Kräfte führt allerdings jedes tiefere Forschen an den Eingang neuer Labyrinthe. Aber gerade diese Mannigfaltigkeit unbetretener, vielverschlungener Wege erregt auf allen Stufen des Wissens freudiges Erstaunen. Jedes Naturgesetz, das sich dem Beobachter offenbart, läßt auf ein höheres, noch unerkanntes schließen; denn die Natur ist, wie Carus trefflich sagt, und wie das Wort selbst dem Römer und dem Griechen andeutete, „das ewig Wachsende, ewig im Bilden und Entfalten Begriffene". Der Kreis der organischen Typen erweitert sich, je mehr die Erdräume auf Land= und Seereisen durchsucht, die lebendigen Organismen mit den abgestorbenen verglichen, die Mikroskope vervollkommnet und verbreitet werden. In der Mannigfaltigkeit und im periodischen Wechsel der Lebensgebilde erneuert sich unablässig das Urgeheimnis aller Gestaltung, ich sollte sagen: das von Goethe so glücklich behandelte Problem der Metamorphose; eine Lösung, die dem Bedürfnis nach einem idealen Zurückführen der Formen auf gewisse Grundtypen entspricht. Mit wachsender Einsicht ver= mehrt sich das Gefühl von der Unermeßlichkeit des Natur= lebens; man erkennt, daß auf der Feste, in der Lufthülle, welche die Feste umgibt, in den Tiefen des Ozeans, wie in den Tiefen des Himmels, dem kühnen wissenschaftlichen Er= oberer, auch nach Jahrtausenden, nicht „der Weltraum fehlen wird".

Allgemeine Ansichten des Geschaffenen (sei es der Materie, zu fernen Himmelskörpern geballt; sei es der uns nahen tellurischen Erscheinungen) sind nicht allein anziehender und erhebender als die speziellen Studien, welche abgesonderte Teile des Naturwissens umfassen; sie empfehlen sich auch vor= zugsweise denen, die wenig Muße auf Beschäftigungen dieser Art verwenden können. Die naturbeschreibenden Disziplinen sind meist nur für gewisse Lagen geeignet; sie gewähren nicht dieselbe Freude zu jeder Jahreszeit, in jedem Lande, das wir bewohnen. Der unmittelbaren Anschauung der Naturkörper, die sie erheischen, müssen wir in unserer nördlichen Zone oft lange entbehren; und ist unser Interesse auf eine bestimmte Klasse von Gegenständen beschränkt, so gewähren uns selbst die trefflichsten Berichte reisender Naturforscher keinen Genuß, wenn darin gerade solche Gegenstände unberührt bleiben, auf welche unsere Studien gerichtet sind.

Wie die Weltgeschichte, wo es ihr gelingt, den wahren ursachlichen Zusammenhang der Begebenheiten darzustellen, viele Rätsel in den Schicksalen der Völker und ihrem intel= lektuellen, bald gehemmten, bald beschleunigten Fortschreiten löst; so würde auch eine physische Weltbeschreibung, geistreich und mit gründlicher Kenntnis des bereits Entdeckten aufgefaßt, einen Teil der Widersprüche heben, welche die streitenden Naturkräfte in ihrer zusammengesetzten Wirkung dem ersten Anschauen darbieten. Generelle Ansichten erhöhen den Begriff von der Würde und der Größe der Natur; sie wirken läuternd und beruhigend auf den Geist, weil sie gleichsam den Zwiespalt der Elemente durch Auffindung von Gesetzen zu schlichten streben: von Gesetzen, die in dem zarten Gewebe irdischer Stoffe, wie in dem Archipel dichtgedrängter Nebelflecke und in der schauderhaften Leere weltenarmer Wüsten walten. Generelle Ansichten gewöhnen uns, jeden Organismus als Teil des Ganzen zu betrachten: in der Pflanze und im Tier minder das Individuum oder die abgeschlossene Art als die mit der Gesamtheit der Bildungen verkettete Naturform zu erkennen; sie erweitern unsere geistige Existenz und setzen uns, auch wenn wir in ländlicher Abgeschiedenheit leben, in Berührung mit dem ganzen Erdkreise. Durch sie erhält die Kunde von dem, was durch Seefahrten nach dem fernen Pole oder auf den neuerlichst fast unter allen Breiten errichteten Stationen über das gleichzeitige Eintreten magnetischer Ungewitter erforscht wird, einen unwiderstehlichen Reiz; ja wir erlangen ein Mittel, schnell den Zusammenhang zu erraten, in dem die Resultate neuer Beobachtungen mit den früher erkannten Erscheinungen stehen.

Wer kann, um eines Gegenstandes im Weltraume zu erwähnen, der in den letztverflossenen Jahren die allgemeinste Aufmerksamkeit auf sich zog, ohne generelle Kenntnis von dem gewöhnlichen Kometenlaufe einsehen, wie folgenreich Enckes Entdeckung sei, nach der ein Komet, welcher in seiner elliptischen Bahn nie aus unserem Planetensysteme heraustritt, die Existenz eines seine Wurfkraft hemmenden Fluidums offenbart? Bei einer sich schnell verbreitenden Halbkultur, welche wissenschaftliche Resultate in das Gebiet der geselligen Unterhaltung, aber entstellt, hinüberzieht, nimmt die alte Besorgnis über ein gefahrdrohendes Zusammentreffen von Weltkörpern oder über kosmische Ursachen in der vermeinten Verschlechterung der Klimate eine veränderte und darum noch trügerischere Gestalt an. Klare Ansicht der Natur, wenn auch nur eine historische, bewahrt vor den Anmaßungen einer dogmatisierenden Phantasie. Sie lehrt, daß der Enckesche Komet, der schon in 1200 Tagen seinen Lauf vollendet, wegen der Gestalt und der Lage seiner Bahn, harmlos für die Erdbewohner, harmlos wie der große sechsundsiebzigjährige Halleysche Komet von 1759 und 1835 ist; daß ein anderer Komet von kurzer (sechsjähriger) Umlaufszeit, der Bielasche, allerdings die Erdbahn schneidet, doch nur dann uns nahe kommen kann, wenn seine Sonnennähe in die Zeit des Wintersolstitiums fällt.

Die Quantität Wärme, welche ein Weltkörper empfängt und deren Verteilung die großen meteorologischen Prozesse des Luftkreises bestimmt, wird zugleich durch die lichtentbindende Kraft der Sonne (die Beschaffenheit ihrer Oberfläche) und die relative Lage der Sonne und des Planeten modifiziert; aber die periodischen Veränderungen, welche, nach den allgemeinen Gesetzen der Gravitation, die Gestalt der Erdbahn und die Schiefe der Ekliptik (die Neigung der Erdachse gegen die Ebene der Erdbahn) erleiden, sind so langsam und in so enge Grenzen eingeschlossen, daß die Wirkungen kaum nach mehreren tausend Jahren unseren jetzigen wärmemessenden Instrumenten erkennbar sein würden. Kosmische Ursachen der Temperaturabnahme, der Wasserverminderung und der Epidemieen, deren in neueren Zeiten, wie einst im Mittelalter, Erwähnung geschieht, liegen daher ganz außerhalb des Bereichs unserer wirklichen Erfahrung.

Soll ich andere Beispiele der physischen Astronomie entlehnen, welche ohne generelle Kenntnis des bisher Beobachteten kein Interesse erregen können, so erwähne ich der elliptischen Bewegung mehrerer Tausende von ungleichfarbigen Doppelsternen umeinander oder vielmehr um ihren gemeinschaftlichen Schwerpunkt; der periodischen Seltenheit der Sonnenflecken; des seit so vielen Jahren regelmäßigen Erscheinens zahlloser Sternschnuppen: die wahrscheinlich planetenartig kreisen und in ihren Bahnen am 12. oder 13. November, ja, wie man später erkannt hat, auch gegen das Fest des heiligen Laurentius, am 10. oder 11. August, unsere Erdbahn schneiden.

Auf ähnliche Weise werden nur generelle Ansichten des Kosmos den Zusammenhang ahnen lassen zwischen der durch Bessels Scharfblick vollendeten Theorie der Pendelschwingung im luftvollen Raume und der inneren Dichtigkeit, ich könnte sagen der Erstarrungsstufe, unseres Planeten; zwischen der Erzeugung körniger Gebirgsarten in bandartigen Lavaströmen, am Abhange noch jetzt thätiger Vulkane, und den endogenen granit-, porphyr- und serpentinsteinartigen Massen, welche, aus dem Inneren der Erde hervorgeschoben, einst die Flözgebirge durchbrochen und mannigfaltig (erhärtend, verkieselnd, dolomitisierend, kristallerzeugend) auf sie eingewirkt haben; zwischen der Hebung von Inseln und Kegelbergen durch elastische Kräfte und der Hebung ganzer Bergketten und Kontinente: ein Zusammenhang, der von dem größten Geognosten unserer Zeit, Leopold von Buch, erkannt und durch eine Reihe geistreicher Beobachtungen dargethan worden ist. Solches Emportreiben von körnigen Gebirgsmassen und Flözschichten (wie noch neuerlichst, am Meeresufer von Chile, bei einem Erdbeben, in weiter Erstreckung) läßt die Möglichkeit einsehen, daß Petrefakte von Seemuscheln, welche ich mit Bonpland in 14000 Fuß (4547 m) Höhe, auf dem Rücken der Andeskette gesammelt, nicht durch eine allgemeine Wasserbedeckung, sondern durch vulkanische Hebungskräfte in diese Lage gekommen sind.

Vulkanismus nenne ich aber im allgemeinsten Sinne des Wortes, sei es auf der Erde oder auf ihrem Trabanten, dem Monde, die Reaktion, welche das Innere eines Planeten auf seine Rinde ausübt. Wer die Versuche über die mit der Tiefe zunehmende Wärme nicht kennt (Versuche, nach welchen berühmte Physiker vermuten,[6] daß fünf geographische Meilen [37 km] unter der Oberfläche eine granitschmelzende Glühhitze herrsche): dem müssen viele neuere Beobachtungen über die Gleichzeitigkeit vulkanischer Ausbrüche, die eine große Länderstrecke trennt, über die Grenzen der Erschütterungskreise bei Erdbeben, über die Beständigkeit der Temperatur heißer Mineralquellen, wie über die Temperaturverschiedenheit artesischer Brunnen von gleicher Tiefe, unverständlich bleiben. Und doch wirft diese Kenntnis der inneren Erdwärme ein dämmerndes Licht auf die Urgeschichte unseres Planeten. Sie zeigt die Möglichkeit einstmaliger allverbreiteter tropischer Klimate, als Folge offener, Wärme ausströmender Klüfte in der neu erhärteten oxydierten Erdrinde. Sie erinnert an einen Zustand, in dem die Wärme des Luftkreises mehr von diesen Ausströmungen, von der Reaktion des Inneren gegen das Aeußere, als von der Stellung des Planeten gegen einen Centralkörper (die Sonne) bedingt ward.

Mannigfaltige Produkte in der Tropenwelt, in ihren Grabstätten verborgen, offenbart die kalte Zone dem forschenden Geognosten: Koniferen, aufgerichtete Stämme von Palmenholz, baumartige Farnkräuter, Goniatiten und Fische mit rhomboidalen Schmelzschuppen in dem alten Kohlengebirge;[9] kolossale Gerippe von Krokodilen, langhalsigen Plesiosauren, Schalen von Planuliten und Cykadeenstämme im Jurakalkstein; Polythalamien und Bryozoen in der Kreide, zum Teil identisch mit noch lebenden Seetieren; Agglomerate fossiler Infusionstiere, wie sie Ehrenbergs allbelebendes Mikroskop entdeckt, in mächtigen Schichten von Polierschiefer, Halbopal

und Kieselgur; Knochen von Hyänen, Löwen und elefanten=
artigen Pachydermen in Höhlen zerstreut oder von dem neuesten
Schuttlande bedeckt. Bei vollständiger Kenntnis anderer Natur=
erscheinungen bleiben diese Produkte nicht ein Gegenstand der
Neugierde und des Erstaunens: sie werden, was unserer In=
telligenz würdiger ist, eine Quelle vielseitigen Nachdenkens.

In der Mannigfaltigkeit der Gegenstände, die ich hier
geflissentlich zusammengedrängt habe, bietet sich von selbst die
Frage dar: ob generelle Ansichten der Natur zu einer gewissen
Deutlichkeit gebracht werden können ohne ein tiefes und ernstes
Studium einzelner Diszsiplinen, sei es der beschreibenden Natur=
kunde oder der Physik oder der mathematischen Astronomie?
Man unterscheide sorgfältig zwischen dem Lehrenden, welcher
die Auswahl und die Darstellung der Resultate übernimmt;
und dem, der das Dargestellte, als ein Gegebenes, nicht
selbst Gesuchtes, empfängt. Für jenen ist die genaueste Kennt=
nis des Speziellen unbedingt notwendig; er sollte lange
das Gebiet der einzelnen Wissenschaften durchwandert sein,
selbst gemessen, beobachtet und experimentiert haben, um sich
mit Zuversicht an das Bild eines Naturganzen zu wagen.
Der Umfang von Problemen, deren Untersuchung der physi=
schen Weltbeschreibung ein so hohes Interesse gewährt, ist
vielleicht nicht ganz zu vollständiger Klarheit zu bringen da,
wo spezielle Vorkenntnisse fehlen; aber auch ohne Voraus=
setzung dieser können die meisten Fragen befriedigt erörtert
werden. Sollte sich nicht in allen einzelnen Teilen das große
Naturgemälde mit scharfen Umrissen darstellen lassen, so wird
es doch wahr und anziehend genug sein, um den Geist mit
Ideen zu bereichern und die Einbildungskraft lebendig und
fruchtbar anzuregen.

Man hat vielleicht mit einigem Rechte wissenschaftlichen
Werken unserer Litteratur vorgeworfen, das Allgemeine nicht
genugsam von dem Einzelnen, die Uebersicht des bereits Er=
gründeten nicht von der Herzählung der Mittel zu trennen,
durch welche die Resultate erlangt worden sind. Dieser Vor=
wurf hat sogar den größten Dichter unserer Zeit zu dem
humoristischen Ausruf verleitet: „Die Deutschen besitzen die
Gabe, die Wissenschaften unzugänglich zu machen.“ Bleibt
das Gerüste stehen, so wird uns durch dasselbe der Anblick
des Gebäudes entzogen. Wer kann zweifeln, daß das physische
Gesetz in der Verteilung der Kontinentalmassen, welche gegen
Süden hin eine pyramidale Form annehmen, indem sie sich)

gegen Norden in der Breite ausdehnen (ein Gesetz, welches die Verteilung der Klimate, die vorherrschende Richtung der Luftströme, das weite Vordringen tropischer Pflanzenformen in die gemäßigte südliche Zone so wesentlich bedingt), auf das klarste erkannt werden kann, ohne die geodätischen Messungen und die astronomischen Ortsbestimmungen der Küsten zu erläutern, durch welche jene Pyramidalformen in ihren Dimensionen bestimmt worden sind? Ebenso lehrt uns die physische Weltbeschreibung, um wie viel Meilen die Aequatorialachse unseres Planeten größer als die Polarachse ist; daß die südliche Hemisphäre keine größere Abplattung als die nördliche hat: ohne daß es nötig ist, speziell zu erzählen, wie durch Gradmessungen und Pendelversuche die wahre Gestalt der Erde, als eines nicht regelmäßigen, elliptischen Revolutionssphäroids, gefunden ist; und wie diese Gestalt in der Bewegung des Mondes, eines Erdsatelliten, sich abspiegelt.

Unsere Nachbaren jenseits des Rheins besitzen ein unsterbliches Werk, Laplaces Entwickelung des Weltsystems, in welchem die Resultate der tiefsinnigsten mathematisch-astronomischen Untersuchungen verflossener Jahrhunderte, abgesondert von den Einzelheiten der Beweise, vorgetragen werden. Der Bau des Himmels erscheint darin als die einfache Lösung eines großen Problems der Mechanik. Und wohl noch nie ist die Exposition du Système du Monde, ihrer Form wegen, der Ungründlichkeit beschuldigt worden. Die Trennung ungleichartiger Ansichten, des Allgemeinen von dem Besonderen, ist nicht bloß zur Klarheit der Erkenntnis nützlich: sie gibt auch der Behandlung der Naturwissenschaft einen erhabenen und ernsten Charakter. Wie von einem höheren Standpunkte übersieht man auf einmal größere Massen. Wir ergötzen uns, geistig zu fassen, was den sinnlichen Kräften zu entgehen droht. Wenn die glückliche Ausbildung aller Zweige des Naturwissens, der sich die letzten Dezennien des verflossenen Jahrhunderts erfreuten, besonders dazu geeignet ist, das Studium spezieller Teile (der chemischen, physikalischen und naturbeschreibenden Disziplinen) zu erweitern, so wird durch jene Ausbildung in noch höherem Grade der Vortrag allgemeiner Resultate abgekürzt und erleichtert.

Je tiefer man eindringt in das Wesen der Naturkräfte, desto mehr erkennt man den Zusammenhang von Phänomenen, die lange, vereinzelt und oberflächlich betrachtet, jeglicher Anreihung zu widerstreben schienen; desto mehr werden Einfachheit und Gedrängtheit der Darstellung möglich. Es ist ein sicheres Kriterium der Menge und des Wertes der Entdeckungen, die in einer Wissenschaft zu erwarten sind, wenn die Thatsachen noch unverkettet, fast ohne Beziehung aufeinander dastehen; ja wenn mehrere derselben, und zwar mit gleicher Sorgfalt beobachtete, sich zu widersprechen scheinen. Diese Art der Erwartungen erregt der Zustand der Meteorologie, der neueren Optik und besonders, seit Mellonis und Faradays herrlichen Arbeiten, der Lehre von der Wärmestrahlung und vom Elektromagnetismus. Der Kreis glänzender Entdeckungen ist hier noch nicht durchlaufen, ob sich gleich in der Voltaischen Säule schon ein bewundernswürdiger Zusammenhang der elektrischen, magnetischen und chemischen Erscheinungen offenbart hat. Wer verbürgt uns, daß auch nur die Zahl der lebendigen, im Weltall wirkenden Kräfte bereits ergründet sei?

In meinen Betrachtungen über die wissenschaftliche Behandlung einer allgemeinen Weltbeschreibung ist nicht die Rede von Einheit durch Ableitung aus wenigen, von der Vernunft gegebenen Grundprinzipien. Was ich physische Weltbeschreibung nenne (die vergleichende Erd- und Himmelskunde), macht daher keine Ansprüche auf den Rang einer rationellen Wissenschaft der Natur; es ist die denkende Betrachtung der durch Empirie gegebenen Erscheinungen, als eines Naturganzen. In dieser Beschränktheit allein konnte dieselbe, bei der ganz objektiven Richtung meiner Sinnesart, in den Bereich der Bestrebungen treten, welche meine lange wissenschaftliche Laufbahn ausschließlich erfüllt haben. Ich wage mich nicht auf ein Feld, das mir fremd ist und vielleicht von anderen erfolgreicher bebaut wird. Die Einheit, welche der Vortrag einer physischen Weltbeschreibung, wie ich mir dieselbe begrenze, erreichen kann, ist nur die, welcher sich geschichtliche Darstellungen zu erfreuen haben. Einzelheiten der Wirklichkeit: sei es in der Gestaltung oder Aneinanderreihung der Naturgebilde, sei es in dem Kampfe des Menschen gegen die Naturmächte, oder der Völker gegen die Völker; alles, was dem Felde der Veränderlichkeit und realer Zufälligkeit angehört: können nicht aus Begriffen abgeleitet (konstruiert) werden. Weltbeschreibung und Weltgeschichte stehen daher auf derselben Stufe der Empirie; aber eine denkende Behandlung beider, eine sinnvolle Anordnung von Naturerscheinungen und von historischen Begebenheiten durchdringen tief mit dem Glauben an eine alte innere Notwendigkeit, die alles Treiben geistiger und materieller

Kräfte, in sich ewig erneuernden, nur periodisch erweiterten oder verengten Kreisen, beherrscht. Sie führen (und diese Notwendigkeit ist das Wesen der Natur, sie ist die Natur selbst in beiden Sphären ihres Seins, der materiellen und der geistigen) zur Klarheit und Einfachheit der Ansichten, zu Auffindung von Gesetzen, die in der Erfahrungswissenschaft als das letzte Ziel menschlicher Forschung erscheinen.

Das Studium jeglicher neuen Wissenschaft, besonders einer solchen, welche die ungemessenen Schöpfungskreise, den ganzen Weltraum umfaßt, gleicht einer Reise in ferne Länder. Ehe man sie in Gemeinschaft unternimmt, fragt man, ob sie ausführbar sei; man mißt seine eigenen Kräfte, man blickt mißtrauisch auf die Kräfte der Mitreisenden: in der vielleicht ungerechten Besorgnis, sie möchten lästige Zögerung erregen. Die Zeit, in der wir leben, vermindert die Schwierigkeit des Unternehmens. Meine Zuversicht gründet sich auf den glänzenden Zustand der Naturwissenschaften selbst, deren Reichtum nicht mehr die Fülle, sondern die Verkettung des Beobachteten ist. Die allgemeinen Resultate, die jedem gebildeten Verstande Interesse einflößen, haben sich seit dem Ende des 18. Jahrhunderts wundervoll vermehrt. Die Thatsachen stehen minder vereinzelt da; die Klüfte zwischen den Wesen werden ausgefüllt. Was in einem engeren Gesichtskreise, in unserer Nähe, dem forschenden Geiste lange unerklärlich blieb, wird oft durch Beobachtungen aufgehellt, die auf einer Wanderung in die entlegensten Regionen aufgestellt worden sind. Pflanzen= und Tiergebilde, die lange isoliert erschienen, reihen sich durch neu entdeckte Mittelglieder oder durch Uebergangs=formen aneinander. Eine allgemeine Verkettung, nicht in einfacher linearer Richtung, sondern in netzartig verschlungenem Gewebe, nach höherer Ausbildung oder Verkümmerung gewisser Organe, nach vielseitigem Schwanken in der relativen Uebermacht der Teile, stellt sich allmählich dem forschenden Natursinn dar.[10] Schichtungsverhältnisse von trachytartigem Syenit=porphyr, von Grünstein und Serpentin, welche im gold= und silberreichen Ungarn, oder im Platinlande des Urals, oder tiefer in Asien, im südwestlichen Altai, zweifelhaft blieben, werden durch geognostische Beobachtungen in den Hochebenen von Mexiko und Antioquia, in den Flußthälern des Choco unerwartet aufgeklärt. Die Materialien, welche die allgemeine Erdkunde anwendet, sind nicht zufällig aufgehäuft. Unser Zeitalter erkennt, nach der Tendenz, die ihm seinen individuellen

Charakter gibt, daß Thatsachen nur dann fruchtbringend werden, wenn der Reisende den dermaligen Zustand und die Bedürfnisse der Wissenschaft kennt, deren Gebiet er erweitern
will; wenn Ideen, d. h. Einsicht in den Geist der Natur,
das Beobachten und Sammeln vernunftmäßig leiten.

Durch diese Richtung des Naturstudiums, durch diesen
glücklichen, aber oft auch allzu leicht befriedigten Hang zu
allgemeinen Resultaten kann ein beträchtlicher Teil des Naturwissens das Gemeingut der gebildeten Menschheit werden,
ein gründliches Wissen erzeugen: nach Inhalt und Form, nach
Ernst und Würde des Vortrags ganz von dem verschieden,
das man bis zum Ende des letzten Jahrhunderts dem popu-
lären Wissen genügsam zu bestimmen pflegte. Wem daher
seine Lage es erlaubt, sich bisweilen aus den engen Schranken
des bürgerlichen Lebens heraus zu retten, errötend, „daß er
lange fremd geblieben der Natur und stumpf über sie hin-
gehe“, der wird in der Abspiegelung des großen und freien
Naturlebens einen der edelsten Genüsse finden, welche erhöhte
Vernunftthätigkeit dem Menschen gewähren kann. Das Studium der allgemeinen Naturkunde weckt gleichsam Organe in
uns, die lange geschlummert haben. Wir treten in einen
innigeren Verkehr mit der Außenwelt; bleiben nicht unteil-
nehmend an dem, was gleichzeitig das industrielle Fortschreiten
und die intellektuelle Veredlung der Menschheit bezeichnet.

Je klarer die Einsicht ist, welche wir in den Zusammenhang der Phänomene erlangen, desto leichter machen wir uns
auch von dem Irrtume frei, als wären für die Kultur und
den Wohlstand der Völker nicht alle Zweige des Naturwissens
gleich wichtig: sei es der messende und beschreibende Teil,
oder die Untersuchung chemischer Bestandteile, oder die Ergründung allgemein verbreiteter physischer Kräfte der Materie.
In der Beobachtung einer anfangs isoliert stehenden Erscheinung liegt oft der Keim einer großen Entdeckung. Als Gal-
vani die sensible Nervenfaser durch Berührung ungleichartiger
Metalle reizte, konnten seine nächsten Zeitgenossen nicht hoffen,
daß die Kontaktelektrizität der Voltaischen Säule uns in den
Alkalien silberglänzende, auf dem Wasser schwimmende, leicht
entzündliche Metalle offenbaren, daß die Säule selbst das
wichtigste Instrument für die zerlegende Chemie, ein Thermo-
skop und ein Magnet werden würde. Als Huyghens die Lichterscheinungen des Doppelspats zu enträtseln anfing, ahnete
man nicht, daß durch den bewunderungswürdigen Scharfsinn

eines Physikers unserer Zeit farbige Polarisationsphänomene
dahin leiten würden, mittels des kleinsten Fragments eines
Minerals zu erkennen, ob das Licht der Sonne aus einer
festen Masse oder aus einer gasförmigen Umhüllung ausströme,
ob Kometen selbstleuchtend sind oder fremdes Licht wiedergeben.

Gleichmäßige Würdigung aller Teile des Naturstudiums
ist aber vorzüglich ein Bedürfnis der gegenwärtigen Zeit, wo
der materielle Reichtum und der wachsende Wohlstand der
Nationen in einer sorgfältigeren Benutzung von Naturpro=
dukten und Naturkräften gegründet sind. Der oberflächlichste
Blick auf den Zustand des heutigen Europas lehrt, daß bei
ungleichem Weltkampfe oder dauernder Zögerung notwendig
partielle Verminderung und endlich Vernichtung des National=
reichtums eintreten müsse; denn in dem Lebensgeschick der
Staaten ist es wie in der Natur: für die nach dem sinnvollen
Ausspruche Goethes, „es im Bewegen und Werden kein Bleiben
gibt und die ihren Fluch gehängt hat an das Stillestehen.“[11]
Nur ernste Belebung chemischer, mathematischer und natur=
historischer Studien wird einem von dieser Seite einbrechenden
Uebel entgegengetreten. Der Mensch kann auf die Natur
nicht einwirken, sich keine ihrer Kräfte aneignen, wenn er nicht
die Naturgesetze nach Maß= und Zahlverhältnissen kennt.
Auch hier liegt die Macht in der volkstümlichen Intelligenz.
Sie steigt und sinkt mit dieser. Wissen und Erkennen sind
die Freude und die Berechtigung der Menschheit; sie sind
Teile des Nationalreichtums, oft ein Ersatz für die Güter,
welche die Natur in allzu kärglichem Maße ausgeteilt hat.
Diejenigen Völker, welche an der allgemeinen industriellen
Thätigkeit, in Anwendung der Mechanik und technischen
Chemie, in sorgfältiger Auswahl und Bearbeitung natürlicher
Stoffe zurückstehen; bei denen die Achtung einer solchen Thätig=
keit nicht alle Klassen durchdringt, werden unausbleiblich von
ihrem Wohlstande herabsinken. Sie werden es um so mehr,
wenn benachbarte Staaten, in denen Wissenschaft und indu=
strielle Künste in regem Wechselverkehr miteinander stehen,
wie in erneuerter Jugendkraft vorwärts schreiten.

Die Vorliebe für Belebung des Gewerbfleißes und für
die Teile des Naturwissens, welche unmittelbar darauf ein=
wirken (ein charakteristisches Merkmal unseres Zeitalters), kann
weder den Forschungen im Gebiete der Philosophie, der Alter=
tumskunde und der Geschichte nachteilig werden, noch den all=
belebenden Hauch der Phantasie den edlen Werken bildender

Künste entziehen. Wo, unter dem Schutze weiser Gesetze und freier Institutionen, alle Blüten der Kultur sich kräftig entfalten, da wird im friedlichen Wettkampfe kein Bestreben des Geistes dem anderen verderblich. Jedes bietet dem Staate eigene, verschiedenartige Früchte dar: die nährenden, welche dem Menschen Unterhalt und Wohlstand gewähren; und die Früchte schaffender Einbildungskraft, welche, dauerhafter als dieser Wohlstand selbst, die rühmliche Kunde der Völker auf die späteste Nachwelt tragen. Die Spartiaten beteten, trotz der Strenge dorischer Sinnesart: „die Götter möchten ihnen das Schöne zu dem Guten verleihen".

Wie in jenen höheren Kreisen der Ideen und Gefühle: in dem Studium der Geschichte, der Philosophie und der Wohlredenheit, so ist auch in allen Teilen des Naturwissens der erste und erhabenste Zweck geistiger Thätigkeit ein innerer: nämlich das Auffinden von Naturgesetzen, die Ergründung ordnungsmäßiger Gliederung in den Gebilden, die Einsicht in den notwendigen Zusammenhang aller Veränderungen im Weltall. Was von diesem Wissen in das industrielle Leben der Völker überströmt und den Gewerbfleiß erhöht, entspringt aus der glücklichen Verkettung menschlicher Dinge, nach der das Wahre, Erhabene und Schöne mit dem Nützlichen, wie absichtslos, in ewige Wechselwirkung treten. Vervollkommnung des Landbaus durch freie Hände und in Grundstücken von minderem Umfang, Aufblühen der Manufakturen, von einengendem Zunftzwange befreit, Vervielfältigung der Handelsverhältnisse und ungehindertes Fortschreiten in der geistigen Kultur der Menschheit wie in den bürgerlichen Einrichtungen stehen (das ernste Bild der neuen Weltgeschichte bringt diesen Glauben auch dem Widerstrebendsten auf) in gegenseitigem, dauernd wirksamen Verkehr miteinander.

Ein solcher Einfluß des Naturwissens auf die Wohlfahrt der Nationen und auf den heutigen Zustand von Europa bedurfte hier nur einer flüchtigen Andeutung. Die Laufbahn, welche wir zu vollenden haben, ist so unermeßlich, daß es mir nicht geziemen würde, von dem Hauptziele unseres Bestrebens, der Ansicht des Naturganzen, abschweifend, das Feld geflissentlich zu erweitern. An ferne Wanderungen gewöhnt, habe ich ohnedies vielleicht den Mitreisenden den Weg gebahnter und anmutiger geschildert, als man ihn finden wird. Das ist die Sitte derer, die gern andere auf den Gipfel der Berge führen. Sie rühmen die Aussicht, wenn auch ganze

Teile der Gegend in Nebel verhüllt bleiben. Sie wissen, daß
auch in dieser Verhüllung ein geheimnisvoller Zauber liegt,
daß eine duftige Ferne den Eindruck des Sinnlich=Unendlichen
hervorruft: ein Bild, das (wie ich schon oben erinnert habe)
im Geist und in den Gefühlen sich ernst und ahnungsvoll
spiegelt. Auch von dem hohen Standpunkte aus, auf den
wir uns zu einer allgemeinen, durch wissenschaftliche Erfah=
rungen begründeten Weltanschauung erheben, kann nicht
allen Anforderungen genügt werden. In dem Naturwissen,
dessen gegenwärtigen Zustand ich hier entwickeln soll, liegt
noch manches unbegrenzt; vieles (wie sollte ich es, bei dem
Umfange einer solchen Arbeit, nicht gern eingestehen!) wird
nur darum unklar und unvollständig erscheinen, weil Befangen=
heit dem Redenden dann doppelt nachteilig wird, wenn er
sich des Gegenstandes in seiner Einzelheit minder mächtig fühlt.

Der Zweck dieses einleitenden Vortrages war nicht sowohl,
die Wichtigkeit des Naturwissens zu schildern, welche allgemein
anerkannt ist und längst schon jedes Lobes entbehren kann;
es lag mir vielmehr ob zu entwickeln, wie, ohne dem gründ=
lichen Studium spezieller Disziplinen zu schaden, den natur=
wissenschaftlichen Bestrebungen ein höherer Standpunkt ange=
wiesen werden kann, von dem aus alle Gebilde und Kräfte
sich als ein durch innere Regung belebtes Naturganzes offen=
baren. Nicht ein totes Aggregat ist die Natur: sie ist „dem
begeisterten Forscher (wie Schelling in der trefflichen Rede
über die bildenden Künste sich ausdrückt) die heilige, ewig
schaffende Urkraft der Welt, die alle Dinge aus sich selbst
erzeugt und werkthätig hervorbringt“. Der bisher so unbe=
stimmt aufgefaßte Begriff einer physischen Erdbeschrei=
bung geht durch erweiterte Betrachtung und das Umfassen
alles Geschaffenen im Erd= und Himmelsraume in den Begriff
einer physischen Weltbeschreibung über. Eine dieser Be=
nennungen ist nach der anderen gebildet. Es ist aber die
Weltbeschreibung oder Lehre vom Kosmos, wie ich sie auf=
fasse, nicht etwa ein encyklopädischer Inbegriff der allgemeinsten
und wichtigsten Resultate, die man einzelnen naturhistorischen,
physikalischen und astronomischen Schriften entlehnt. Solche
Resultate werden in der Weltbeschreibung nur als Materialien
und insofern teilweise benutzt, als sie das Zusammenwirken der
Kräfte im Weltall, das gegenseitige Sichhervorrufen und Be=
schränken der Naturgebilde erläutern. Die räumliche und klima=
tische Verbreitung organischer Typen (Geographie der Pflanzen

und Tiere) ist so verschieden von der beschreibenden Botanik und Zoologie, als die geognostische Kenntnis des Erdkörpers verschieden ist von der Oryktognosie. Eine physische Weltbeschreibung darf daher nicht mit der sogenannten Encyklopädie der Naturwissenschaften (ein weitschichtiger Name für eine schlecht umgrenzte Disziplin) verwechselt werden. In der Lehre vom Kosmos wird das Einzelne nur in seinem Verhältnis zum Ganzen, als Teil der Welterscheinungen betrachtet; und je erhabener der hier bezeichnete Standpunkt ist, desto mehr wird diese Lehre einer eigentümlichen Behandlung und eines belebenden Vortrags fähig.

Gedanken und Sprache stehen aber in innigem alten Wechselverkehr miteinander. Wenn diese der Darstellung Anmut und Klarheit verleiht, wenn durch ihre angestammte Bildsamkeit und ihren organischen Bau sie das Unternehmen begünstigt, die Totalität der Naturanschauung scharf zu begrenzen, so ergießt sie zugleich, und fast unbemerkt, ihren belebenden Hauch auf die Gedankenfülle selbst. Darum ist das Wort mehr als Zeichen und Form, und sein geheimnisvoller Einfluß offenbart sich am mächtigsten da, wo er dem freien Volkssinn und dem eigenen Boden entsprießt. Stolz auf das Vaterland, dessen intellektuelle Einheit die feste Stütze jeder Kraftäußerung ist, wenden wir froh den Blick auf diese Vorzüge der Heimat. Hochbeglückt dürfen wir den nennen, der bei der lebendigen Darstellung der Phänomene des Weltalls aus den Tiefen einer Sprache schöpfen kann, welche seit Jahrhunderten so mächtig auf alles eingewirkt hat, was durch Erhöhung und ungebundene Anwendung geistiger Kräfte, in dem Gebiete schöpferischer Phantasie, wie in dem der ergründenden Vernunft, die Schicksale der Menschheit bewegt.

—— ——

Anmerkungen.

[1] (S. 8.) Diese Vergleichungen sind nur Annäherungen. Die genaueren Elemente (Höhen über der Meeresfläche) folgen hier: Schnee- oder Riesenkoppe in Schlesien 1606 m; Rigi 1799 m: Athos 1935 m; Pilatus 2133 m (Esel, Tomlishorn um 10 m höher); Aetna 3304 m: Schreckhorn 4080 m; Jungfrau 4167 m; Montblanc 4810 m; Chimborazo 6310 m: Dhawalagiri oder Dhao-lagiri, d. h. weißer Berg, nach den Sanskritwörtern dhawala. weiß, und giri, Berg, 8176 m. Da zwischen den Bestimmungen von Blake und Webb 136,5 m Unterschied sind, so ist hier zu bemerken, daß die Höhenbestimmung des Dhawalagiri nicht auf dieselbe Genauigkeit Anspruch machen kann, als die Höhebestimmung des Jawahir und Dschawâhir (7842 m), die sich auf eine vollständige trigonometrische Messung gründet. Noch unbegründeter ist die Vermutung, daß in der Tartaric Chain (im Norden von Tibet, gegen die Gebirgskette Kuenlün hin) einige Schneegipfel die Höhe von 9140 m (fast die doppelte Höhe des Montblanc), oder wenigstens 8840 m erreichen sollten. [Nach unserer jetzigen Kenntnis erheben sich die Gipfel des Kuenlün bis zu 6800 m. — D. Herausg.] Der Chimborazo ist im Texte nur „einer der höchsten Gipfel der Andeskette" genannt, da im Jahre 1827 der kenntnisreiche und talentvolle Reisende, Herr Pentland, auf seiner denkwürdigen Expedition nach dem oberen Peru (Bolivia), zwei Berge östlich vom See von Titicaca, den Sorata oder Illampu (7563 m) und Illimani (7314 m) gemessen hat, welche die Höhe des Chimborazo weit übersteigen und der Höhe des Dschawâhir ziemlich nahe kommen. Der Montblanc ist demnach 1500 m niedriger als der Chimborazo, der Chimborazo 1253 m niedriger als der Sorata, der Sorata 275 m niedriger als der Dschawâhir, aber wahrscheinlich 613 m niedriger als der Dhawalagiri.

[2] (S. 8.) Der Dhawalagiri galt seit 1818 in der That als der höchste Gipfel des Himalaya, bis seit 1848 die noch höheren Erhebungen des Gaurisankar oder Mont Everest mit 8840 m und des Kandschandschinga oder Kintschinjinga mit 8581 m im Himalaya, der Dapsang mit 8619 m im Karakorumgebirge festgestellt wurden. [D. Herausg.]

[3] (S. 8.) Der Mangel von Palmen und baumartigen Farnen in den temperierten Vorgebirgen des Himalaya zeigt sich in Dons

Flora Nepalensis (1825), wie in dem lithographierten, so merk=
würdigen Catalogus von Wallichs Flora Indica: einem Ver=
zeichnis, welches die ungeheuere Zahl von 9683, freilich noch nicht
hinlänglich untersuchten und gesonderten, aber fast allein phanero=
gamischen Himalaya=Spezies enthält. Von Nepaul (Br. 26° 1/2 bis
27° 1/4) kennen wir bisher nur eine Palmenart, Chamaerops Mar-
tiana Wall. auf einer Höhe von 1624 m über dem Meere, in dem
schattigen Thale Bunipa. Der prachtvolle baumartige Farn Also-
phila Brunoniana Wall., von dem das britische Museum einen
15 m langen Stamm seit 1831 besitzt, ist nicht aus Nepaul, sondern
aus den Bergen von Silhet: nordöstlich von Calcutta, in Br. 24"50'.
Der Nepaulsche Farn Paranema cyathoides Don, einst Sphae-
ropteris barbata Wall. ist zwar der Cyathea, von der ich in den
südamerikanischen Missionen von Caripe eine 10 m hohe Spezies
gesehen habe, nahe verwandt, aber kein eigentlicher Baum.

    [4] (S. 8.) Ribes nubicola, R. glaciale, R. grossularia.
Den Charakter der Himalaya=Vegetation bezeichnen acht Pinusarten,
trotz eines Ausspruchs der Alten über „das östliche Asien" 25 Eichen,
4 Birken, 2 Aesكulus (der, 32 m hohe, wilde Kastanienbaum von
Kaschmir wird bis 33° nördl. Breite von einem großen weißen
Affen, mit schwarzem Gesichte, bewohnt); 7 Ahorn, 12 Weiden,
14 Rosen, 3 Erdbeerarten, 7 Alpenrosen (Rhododendra), deren eine
6 1/2 m hoch, und viele andere nordische Gestalten. Unter den Koni=
feren ist Pinus Deodwara oder Deodara (eigentlich im Sanskrit
dêwa-dâru, Götter=Bauholz) dem Pinus cetrus nahe verwandt.
Nahe am ewigen Schnee prangen mit großen Blüten Gentiana
venusta, G. Moorcroftiana, Swertia purpurascens, S. speciosa,
Parnassia armata, P. nubicola, Paeonia Emodi, Tulipa stellata;
ja selbst neben den dem indischen Hochgebirge eigentümlichen Arten
europäischer Pflanzengattungen finden sich auch echt europäische
Spezies: wie Leontodon taraxacum, Prunella vulgaris, Gallium
Aparine, Thlaspi arvense. Das Heidekraut, dessen schon Saunders
in Turners Reise erwähnt und das man sogar mit Calluna vulgaris verwechselt hat, ist eine Andromeda: eine Faktum, das für
die Geographie der asiatischen Pflanzen von großer Wichtigkeit ist.
Wenn ich mich in dieser Note des unphilosophischen Ausdrucks:
europäische Formen oder europäische Arten, wildwachsend
in Asien, bediene; so geschieht es als Folge des alten bota=
nischen Sprachgebrauchs, welcher der Idee der räumlichen Verbrei=
tung oder vielmehr der Koexistenz des Organischen die geschichtliche
Hypothese einer Einwanderung sehr dogmatisch unterschiebt, ja aus
Vorliebe für europäische Kultur die Wanderung von Westen nach
Osten voraussetzt.

    [5] (S. 9.) Schneegrenze an dem südlichen Abfall der Hima=
layakette 3957 m über der Meeresfläche; am nördlichen Abfall, oder
vielmehr in den Gipfeln, die sich auf dem tibetanischen (tatarischen)
Plateau erheben, 5067,5 m in 30° 1/2—32° Breite: wenn unter

dem Aequator in der Andeskette von Quito die Schneegrenze 4814 m
hoch liegt. Dies ist das Resultat, welches ich aus der Zusammenstellung vieler Angaben von Webb, Gerard, Herbert und Moorcroft
gezogen. [Neuere Forschungen ergeben ganz andere Zahlen: 4940 m
für den Südabhang, 5300 m für den Nordabhang des Himalaya.
Am Chimborazo ward die Schneegrenze in 4850 m Höhe ermittelt. —
D. Herausg.] Die größere Höhe, zu der sich am tibetanischen Abfall die ewige Schneegrenze zurückzieht, ist eine gleichzeitige Folge
der Wärmestrahlung der nahen Hochebene, der Heiterkeit des Himmels, der Seltenheit der Schneebildung in sehr kalter und trockener
Luft. Das Resultat der Schneehöhe auf beiden Abfällen des Himalaya, welches ich als wahrscheinlichere angegeben, hatte für sich Cole-
brookes große Autorität. „Auch ich finde," schrieb er mir im Junius
1824, „die Höhe des ewigen Schnees nach den Materialien, die ich
besitze, an dem südlichen Abfall unter dem Parallelkreis von 31°
zu 4114 m. Webbs Messungen würden mir 3962 m, also 152 m
mehr als Kapitän Hodgsons Beobachtungen, geben. Gerards Messungen bestätigen vollkommen Ihre Angabe, daß die Schneelinie
nördlich höher als südlich liegt." Erst in diesem Jahre (1840) haben
wir endlich durch Herrn Lloyd den Abdruck des gesammelten Tagebuches beider Brüder Gerard erhalten; aber leider verwechseln die
Reisenden immer die Höhe, in der sporadisch Schnee fällt, mit dem
Maximum der Höhe, zu welcher die Schneelinie über der tibetanischen Hochebene sich erhebt. Kapitän Gerard unterscheidet die
Gipfel in der Mitte der Hochebene, deren ewige Schneegrenze
er zu 5486—5790 m bestimmt, und die nördlichen Abfälle der
Himalayakette, welche den Durchbruch des Sutledge begrenzen und
wo die Hochebene tief durchfurcht ist und also wenig Wärme strahlen
kann. Das Dorf Tangno wird nur zu 2834 m angegeben, während das Plateau um den heiligen See Manasa 5180 m hoch liegen
soll. Bei dem Durchbruch der Kette findet Kapitän Gerard den
Schnee an dem nördlichen Abfall sogar um 150 m niedriger
als am südlichen, gegen Indien gekehrten Abfall. An letzterem
wird die Schneegrenze von ihm zu 4570 m geschätzt. Die Vege-
tationsverhältnisse bieten die auffallendsten Unterschiede zwischen
der tibetanischen Hochebene und dem südlichen, indischen Abhange
der Himalayakette dar. In letzterem steigt die Feldernte, bei der
der Halm aber oft noch grün abgemäht wird, nur zu 2923 m, die
obere Waldgrenze mit noch hohen Eichen und Dewabarutannen zu
3643 m, niedere Zwergbirken zu 3956 m. Auf der Hochebene sah
Kapitän Gerard Weideplätze bis 5184 m; Cerealien gedeihen bis
4278, ja bis 5650 m, Birken in hohen Stämmen bis 4288 m, kleines
Buschwerk, als Brennholz dienend, bis 5184 m, d. i. 390 m höher
als die ewige Schneegrenze unter dem Aequator in Quito. Es ist
überaus wünschenswert, daß von neuem, und zwar von Reisenden,
die an allgemeine Ansichten gewöhnt sind, sowohl die mittlere
Höhe des tibetanischen Tafellandes, die ich zwischen dem Himalaya

und Kuenlün nur zu 3500 m annehme, wie auch das Verhältnis
der Schneehöhen an dem nördlichen und südlichen Abfalle erforscht
werde. [Dies ist, wie oben bemerkt, seither geschehen. Auch über
die Meereshöhe des tibetanischen Hochplateaus zwischen Himalaya
und Kuenlün wissen wir Näheres. Sie schwankt von 3560 bis
5180 m. — D. Herausg.] Man hat bisher oft Schätzungen mit
wirklichen Messungen, die Höhen einzelner über dem Tafellande
hervorragender Gipfel mit der umgebenden Ebene verwechselt. Lord
macht auf einen Gegensatz aufmerksam zwischen den Höhen des
ewigen Schnees an den beiden Abfällen des Himalaya und der
Alpenkette Hindukusch. „Bei der letzteren Kette,“ sagt er, „liegt
das Tafelland in Süden, und deshalb ist die Schneehöhe am süd=
lichen Abhange größer: umgekehrt als am Himalaya, der von warmen
Ebenen in Süden, wie der Hindukusch in Norden, begrenzt ist.“
So viel auch noch im einzelnen die hier behandelten hypsometrischen
Angaben kritischer Berichtigungen bedürfen, so steht doch die That=
sache fest, daß die wunderbare Gestaltung eines Teils der Erdober=
fläche in Innerasien dem Menschengeschlechte verleihet: Möglich=
keit der Verbreitung, Nahrung, Brennstoffe und Ansiedelung in
einer Höhe über der Meeresfläche, die in fast allen anderen
Teilen beider Kontinente (doch nicht in dem dürren, schneearmen
Bolivia, wo Pentland die Schneegrenze unter 16"—17° 3/4 südlicher
Breite im Jahre 1838 in einer Mittelhöhe von 4775 m fand) ewig
mit Eis bedeckt ist. Die mir wahrscheinlichen Unterschiede der nörd=
lichen und südlichen Abhänge der Himalayakette in Hinsicht auf den
ewigen Schnee sind auch durch die Barometermessungen von Victor
Jacquemont, welcher so früh ein unglückliches Opfer seiner edeln
und rastlosen Thätigkeit wurde, vollkommen bestätigt worden. Zu
welcher Höhe, sagt der benannte Reisende, man sich auf dem süd=
lichen Abfall erhebe: immer behält das Klima denselben Charakter,
dieselbe Abteilung der Jahreszeiten wie in den indischen Ebenen.
„Das Sommer=Solstitium führt dort dieselben Regengüsse herbei,
welche ohne Unterbrechung bis zum Herbst=Aequinoktium dauern.
Erst von Kaschmir an, das ich 1631 m (also fast wie die Städte
Merida und Popayan) gefunden, beginnt ein neues, ganz ver=
schiedenartiges Klima.“ Die Moussons treiben, wie Leopold von
Buch scharfsinnig bemerkt, die feuchte und warme Seeluft des in=
dischen Tieflandes nicht über die Vormauer des Himalaya hinaus
in das jenseitige tibetanische Gebiet von Ladak und Hlassa. Karl
von Hügel schätzt die Höhe des Thales von Kaschmir über der
Meeresfläche, nach dem Siedepunkt des Wassers bestimmt, zu 1773 m.
[Zu hoch. Srinaggar oder Kaschmir liegt nur in 1600 m Meeres=
höhe. — D. Herausg.] In diesem ganz windstillen und fast ganz
gewitterlosen Thale, unter 34° 7' Breite, liegt der Schnee vom
Dezember bis März mehrere Fuß hoch.

[6] (S. 10.) Sprich Páramos. Mit diesem Namen bezeichnet
man die Hochebene in den Kordilleren Südamerikas. — [D. Herausg.]

[7] (S. 11.) Ueber den eigentlichen Madhyadèsa f. Laſſens vortreffliche Indiſche Altertumskunde Bd. I, S. 92. Bei den Chineſen iſt Mo-kie-thi das ſüdliche Bahar: der Teil, welcher im Süden des Ganges liegt. Djambu-dwipa iſt ganz Indien, begreift aber auch bisweilen einen der vier buddhiſtiſchen Kontinente.

[8] (S. 19.) Die gewöhnlichen Angaben über den Schmelzpunkt ſehr ſchwer ſchmelzbarer Subſtanzen ſind viel zu hoch. Nach den, immer ſo genauen Unterſuchungen von Mitſcherlich iſt der Schmelzpunkt des Granits wohl nicht höher als 1300^{0} Cent.

[9] (S. 19.) Das ganze Geſchlecht Amblypterus Ag., mit Palaeoniscus (einſt Palaeothrissum) nahe verwandt, liegt unterhalb der Juraformation vergraben, im alten Steinkohlengebirge. Schuppen, die ſich in einzelnen Lagen gleich den Zähnen bilden und mit Schmelz bedeckt ſind, aus der Familie der Lepidoiden (Ordnung der Ganoiden), gehören nach den Placoiden zu den älteſten Geſtalten vorweltlicher Fiſche, deren noch lebende Repräſentanten ſich in zwei Geſchlechtern, Bichir (Nil und Senegal) und Lepidosteus (Ohio), finden.

[10] (S. 23.) Dieſe von Humboldt verkündete allgemeine Verkettung hat ſeither in Charles Darwin den beredteſten Interpreten gefunden. — [D. Herausg.]

[11] (S. 25.) Auch in dieſem Gedanken bekundet ſich Goethe, wie ſchon oft nachgewieſen, als Vorläufer Darwins, und es iſt intereſſant zu ſehen, daß A. v. Humboldt ihm beipflichtet. — [D. Herausg.]

Begrenzung und wissenschaftliche Behandlung einer physischen Weltbeschreibung.

In den allgemeinen Betrachtungen, mit denen ich die Prolegomenen zur Weltanschauung eröffnet habe, wurde entwickelt und durch Beispiele zu erläutern gesucht, wie der Naturgenuß, verschiedenartig in seinen inneren Quellen, durch klare Einsicht in den Zusammenhang der Erscheinungen und in die Harmonie der belebenden Kräfte erhöht werden könne. Es wird jetzt mein Bestreben sein, den Geist und die leitende Idee der nachfolgenden wissenschaftlichen Untersuchungen spezieller zu erörtern, das Fremdartige sorgfältig zu scheiden, den Begriff und den Inhalt der Lehre vom Kosmos, wie ich dieselbe aufgefaßt und nach vieljährigen Studien unter mancherlei Zonen bearbeitet, in übersichtlicher Kürze anzugeben. Möge ich mir dabei der Hoffnung schmeicheln dürfen, daß eine solche Erörterung den unvorsichtigen Titel meines Werkes rechtfertigen und ihn von dem Vorwurfe der Anmaßung befreien werde! Die Prolegomenen umfassen in vier Abteilungen nach der einleitenden Betrachtung über die Ergründung der Weltgesetze:

1) den Begriff und die Begrenzung der physischen Weltbeschreibung, als einer eigenen und abgesonderten Disziplin;

2) den objektiven Inhalt: die reale, empirische Ansicht des Naturganzen in der wissenschaftlichen Form eines Naturgemäldes;

3) den Reflex der Natur auf die Einbildungskraft und das Gefühl, als Anregungsmittel zum Naturstudium durch begeisterte Schilderungen ferner Himmelsstriche und naturbeschreibende Poesie (einen Zweig der modernen Litteratur), durch veredelte Landschaftsmalerei, durch Anbau und kontrastierende Gruppierung exotischer Pflanzenformen;

4) die Geschichte der Weltanschauung: d. h. der allmählichen Entwickelung und Erweiterung des Begriffs vom Kosmos, als einem Naturganzen.

Je höher der Gesichtspunkt gestellt ist, aus welchem in diesem Werke die Naturerscheinungen betrachtet werden, desto bestimmter muß die zu begründende Wissenschaft umgrenzt und von allen verwandten Disziplinen geschieden werden. Physische Weltbeschreibung ist Betrachtung alles Geschaffenen, alles Seienden im Raume (der Naturdinge und Naturkräfte) als eines gleichzeitig bestehenden Naturganzen. Sie zerfällt für den Menschen, den Bewohner der Erde, in zwei Hauptabteilungen: den tellurischen und siderischen (uranologischen) Teil. Um die wissenschaftliche Selbständigkeit der physischen Weltbeschreibung festzustellen und ihr Verhältnis zu anderen Gebieten: zur eigentlichen Physik oder Naturlehre, zur Naturgeschichte oder speziellen Naturbeschreibung, zur Geognosie und vergleichenden Geographie oder Erdbeschreibung, zu schildern, wollen wir zunächst bei dem tellurischen (irdischen) Teile der physischen Weltbeschreibung verweilen. So wenig als die Geschichte der Philosophie in einer rohen Aneinanderreihung verschiedenartiger philosophischer Meinungen besteht, ebensowenig ist der tellurische Teil der Weltbeschreibung ein encyklopädisches Aggregat der oben genannten Naturwissenschaften. Die Grenzverwirrungen zwischen so innigst verwandten Disziplinen sind um so größer, als seit Jahrhunderten man sich gewöhnt hat, Gruppen von Erfahrungskenntnissen mit Namen zu bezeichnen, die bald zu eng, bald zu weit für das Bezeichnete sind; ja im klassischen Altertume, in den Sprachen, denen man sie entlehnte, eine ganz andere Bedeutung als die hatten, welche wir ihnen jetzt beilegen. Die Namen einzelner Naturwissenschaften: der Anthropologie, Physiologie, Naturlehre, Naturgeschichte, Geognosie und Geographie, sind entstanden und allgemein gebräuchlich geworden, bevor man zu einer klaren Einsicht über die Verschiedenartigkeit der Objekte und ihre möglichst strenge Begrenzung, d. i. über den Einteilungsgrund selbst, gelangt war. In der Sprache einer der gebildetsten Nationen Europas ist sogar, nach einer tief eingewurzelten Sitte, Physik kaum von der Arzneikunde zu trennen: während daß technische Chemie, Geologie und Astronomie, ganz empirisch behandelt, zu den philosophischen Arbeiten (transactions) einer mit Recht weltberühmten Akademie gezählt werden.

Umtausch alter, zwar unbestimmter, aber allgemein verständlicher Namen gegen neuere ist mehrfach, aber immer mit sehr geringem Erfolge, von denen versucht worden, die sich mit der Klassifikation aller Zweige des menschlichen Wissens beschäftigt haben: von der großen Encyklopädie (Margarita philosophica) des Kartäusermönchs Gregorius Reisch[1] an bis Baco, von Baco bis d'Alembert und, um der neuesten Zeit zu gedenken, bis zu dem scharfsinnigen Geometer und Physiker Ampère. Die wenig glückliche Wahl einer gräcisierenden Nomenklatur hat dem Unternehmen vielleicht mehr noch als die zu große dichotomische Zerspaltung und Vervielfältigung der Gruppen geschadet.

Die physische Weltbeschreibung, indem sie die Welt „als Gegenstand des äußeren Sinnes" umfaßt, bedarf allerdings der allgemeinen Physik und der Naturgeschichte als Hilfswissenschaften; aber die Betrachtung der körperlichen Dinge unter der Gestalt eines durch innere Kräfte bewegten und belebten Naturganzen hat als abgesonderte Wissenschaft einen ganz eigentümlichen Charakter. Die Physik verweilt bei den allgemeinen Eigenschaften der Materie, sie ist eine Abstraktion von den Kraftäußerungen der Stoffe; und schon da, wo sie zuerst begründet wurde, in den acht Büchern der physischen Vorträge des Aristoteles sind alle Erscheinungen der Natur als bewegende Lebensthätigkeit einer allgemeinen Weltkraft geschildert. Der tellurische Teil der physischen Weltbeschreibung, dem ich gern die alte ausdrucksvolle Benennung der physischen Erdbeschreibung lasse, lehrt die Verteilung des Magnetismus auf unserem Planeten nach Verhältnissen der Intensität und der Richtung; nicht die Gesetze magnetischer Anziehung und Abstoßung oder die Mittel, mächtige elektromagnetische Wirkungen bald vorübergehend, bald bleibend hervorzurufen. Die physische Erdbeschreibung schildert in großen Zügen die Gliederung der Kontinente und die Verteilung ihrer Massen in beiden Hemisphären: eine Verteilung, welche auf die Verschiedenheit der Klimate und die wichtigsten meteorologischen Prozesse des Luftkreises einwirkt; sie faßt den herrschenden Charakter der tellurischen Gebirgszüge auf, wie sie, in gleichlaufenden oder sich rostförmig durchschneidenden Reihen erhoben, verschiedenen Zeitepochen und Bildungssystemen angehören; sie untersucht die mittlere Höhe der Kontinente über der jetzigen Meeresfläche oder die Lage des Schwerpunktes ihres Volums, das Verhältnis der höchsten Gipfel großer Ketten zu ihrem Rücken, zur Meeresnähe oder zur mineralogischen Natur der Gebirgsarten; sie lehrt, wie diese Gebirgsarten thätig und bewegend (durchbrechend), oder leidend und bewegt, unter mannigfaltiger Neigung ihrer Schichten, aufgerichtet und gehoben erscheinen; sie betrachtet die Reihung oder Isoliertheit der Vulkane, die Beziehung ihrer gegenseitigen Kraftäußerung, wie die Grenzen ihrer Erschütterungskreise, die im Lauf der Jahrhunderte sich erweitern oder verengen. Sie lehrt, um auch einige Beispiele aus dem Kampf des Flüssigen mit dem Starren anzuführen, was allen großen Strömen gemeinsam ist in ihrem oberen und unteren Laufe: wie Ströme einer Bifurkation (einer Unabgeschlossenheit des Stromgebietes) in beiden Teilen ihres Laufes fähig sind; wie sie bald kolossale Bergketten rechtwinkelig durchschneiden, bald ihnen parallel laufen: sei es längs dem nahen Abfall oder in beträchtlicher Ferne, als Folge des Einflusses, den ein gehobenes Bergsystem auf die Oberfläche ganzer Länderstrecken, auf den söhligen Boden der anliegenden Ebene ausgeübt hat. Nur die Hauptresultate der vergleichenden Orographie und Hydrographie gehören in die Wissenschaft, die ich hier umgrenze: nicht Verzeichnisse von Berghöhen, von jetzt thätigen Vulkanen oder von Größen der Stromgebiete; alles dies bleibt, nach meinen Ansichten, der speziellen Länderkunde und den mein Werk erläuternden Noten vorbehalten. Die Aufzählung gleichartiger oder nahe verwandter Naturverhältnisse, die generelle Uebersicht der tellurischen Erscheinungen in ihrer räumlichen Verteilung oder Beziehung zu den Erdzonen ist nicht zu verwechseln mit der Betrachtung von Einzeldingen der Natur (irdischen Stoffen, belebten Organismen, physischen Hergängen des Erdenlebens): einer Betrachtung, in der die Objekte bloß nach ihren inneren Analogieen systematisch geordnet werden.

Spezielle Länderbeschreibungen sind allerdings das brauchbarste Material zu einer allgemeinen physischen Geographie; aber die sorgfältigste Aneinanderreihung dieser Länderbeschreibungen würde ebensowenig das charakteristische Bild des tellurischen Naturganzen liefern, als die bloße Aneinanderreihung aller einzelnen Floren des Erdkreises eine Geographie der Pflanzen liefern würde. Es ist das Werk des kombinierenden Verstandes, aus den Einzelheiten der organischen Gestaltung (Morphologie, Naturbeschreibung der Pflanzen und Tiere) das Gemeinsame in der klimatischen Verteilung herauszuheben, die numerischen Gesetze (die fixen Proportionen in der Zahl gewisser Formen oder natürlicher Familien zu der Gesamtzahl der Tiere und Pflanzen höherer Bildung) zu ergründen; anzugeben, in welcher Zone jegliche der Hauptformen ihr Maximum der Artenzahl und der organischen Entwickelung erreicht: ja wie der landschaftliche Eindruck, den die Pflanzendecke unseres Planeten in verschiedenen Abständen vom Aequator auf das Gemüt macht, großenteils von den Gesetzen der Pflanzengeographie abhängt.

Die systematisch geordneten Verzeichnisse aller organischen Gestaltungen, die wir ehemals mit dem allzu prunkvollen Namen von Natursystemen bezeichneten, bieten eine bewundernswürdige Verkettung nach inneren Beziehungen der Formähnlichkeit (Struktur), nach Vorstellungsweisen von allmählicher Entfaltung (Evolution) in Blatt und Kelch, in farbigen Blüten und Früchten, dar: nicht eine Verkettung nach räumlicher Gruppierung, d. i. nach Erdstrichen, nach der Höhe über der Meeresfläche, nach Temperatureinflüssen, welche die ganze Oberfläche des Meeres erleidet. Der höchste Zweck der physischen Erdbeschreibung ist aber, wie schon oben bemerkt worden, Erkenntnis der Einheit in der Vielheit, Erforschung des gemeinsamen und des inneren Zusammenhanges in den tellurischen Erscheinungen. Wo der Einzelheiten erwähnt wird, geschieht es nur, um die Gesetze der organischen Gliederung mit denen der geographischen Verteilung in Einklang zu bringen. Die Fülle der lebendigen Gestaltungen erscheint, nach diesem Gesichtspunkte geordnet, mehr nach Erdzonen, nach Verschiedenheit der Krümmung isothermer Linien, als nach der inneren Verwandtschaft, oder nach dem, der ganzen Natur inwohnenden Prinzipe der Steigerung und sich individualisierenden Entfaltung der Organe. Die natürliche Reihenfolge der Pflanzen- und Tierbildungen wird daher hier als etwas Gegebenes, der beschreibenden Botanik und Zoologie Entnommenes betrachtet. So ist es die Aufgabe, der physischen Geographie nachzuspüren, wie auf der Oberfläche der Erde sehr verschiedenartige Formen, bei scheinbarer Zerstreuung der Familien und Gattungen, doch in geheimnisvoller genetischer Beziehung zu einander stehen (Beziehungen des gegenseitigen Ersatzes und Ausschließens); wie die Organismen ein tellurisches Naturganzes bilden, durch Atmen und leise Verbrennungsprozesse den Luftkreis modifizieren und, vom Lichte in ihrem Gedeihen, ja in ihrem Dasein prometheisch bedingt, trotz ihrer geringen Masse, doch auf das ganze äußere Erdeleben (das Leben der Erdrinde) einwirken.

Die Darstellungsweise, welche ich hier, als der physischen Erdbeschreibung ausschließlich geeignet, schildere, gewinnt an Einfachheit, wenn wir sie auf den uranologischen Teil des Kosmos, auf die physische Beschreibung des Weltraums und der himmlischen Weltkörper anwenden. Unterscheidet man, wie es der alte Sprachgebrauch thut, wie aber, nach tieferen Naturansichten, einst nicht mehr zu thun erlaubt sein wird, Naturlehre (Physik): die allgemeine Betrachtung der Materie, der Kräfte und der Bewegung; von der Chemie: der Betrachtung der verschiedenen Natur der Stoffe, ihrer stöchiologischen Heterogeneität, ihrer Verbindungen und Mischungsveränderungen nach eigenen, nicht durch bloße Massenverhältnisse erklärbaren Ziehkräften; so erkennen wir in den tellurischen Räumen physische und chemische Prozesse zugleich. Neben der Grundkraft der Materie, der Anziehung aus der Ferne (Gravitation), wirken um uns her, auf dem Erdkörper, noch andere Kräfte in unmittelbarer Berührung oder unendlich kleiner Entfernung der materiellen Teile: Kräfte sogenannter chemischer Verwandtschaft, die, durch Elektrizität, Wärme und eine Kontaktsubstanz mannigfach bestimmt, in der unorganischen Natur wie in den belebten Organismen unausgesetzt thätig sind. In den Himmelsräumen bieten bisher sich unserer Wahrnehmung nur physische Prozesse, Wirkungen der Materie dar, die von der Massenverteilung abhängen, und die sich als den dynamischen Gesetzen der reinen Bewegungslehre unterworfen darstellen lassen. Solche Wirkungen werden als unabhängig von qualitativen Unterschieden (von Heterogeneität oder spezifischer Verschiedenheit) der Stoffe betrachtet.

Der Erdbewohner tritt in Verkehr mit der geballten und ungeballt zerstreuten Materie des fernen Weltraumes nur durch die Phänomene des Lichts und den Einfluß der allgemeinen Gravitation (Massenanziehung). Die Einwirkungen der Sonne oder des Mondes auf die periodischen Veränderungen des tellurischen Magnetismus sind noch in Dunkel gehüllt. Ueber die qualitative Natur der Stoffe, die in dem Weltall kreisen oder vielleicht denselben erfüllen, haben wir keine unmittelbare Erfahrung, es sei denn durch den Fall der Aërolithen: wenn man nämlich (wie es ihre Richtung und ungeheure Wurfgeschwindigkeit mehr als wahrscheinlich macht) diese erhitzten, sich in Dämpfe einhüllenden Massen für kleine Weltkörper hält, welche, auf ihrem Wege durch die himmlischen Räume, in die Anziehungssphäre unseres Planeten kommen. Das heimische Ansehen ihrer Bestandteile, ihre mit unseren tellurischen Stoffen ganz gleichartige Natur sind sehr auffallend. Sie können durch Analogie zu Vermutungen über die Beschaffenheit solcher Planeten führen, die zu einer Gruppe gehören, unter der Herrschaft eines Centralkörpers sich durch Niederschläge aus kreisenden Ringen dunstförmiger Materie gebildet haben. Bessels Pendelversuche, die von einer noch unerreichten Genauigkeit zeugen, haben dem Newtonischen Axiom, daß Körper von der verschiedenartigsten Beschaffenheit (Wasser, Gold, Quarz, körniger Kalkstein, Aërolithenmassen) durch die Anziehung der Erde eine völlig gleiche Beschleunigung der Bewegung erfahren, eine neue Sicherheit verliehen; ja mannigfaltige rein astronomische Resultate: z. B. die fast gleiche Jupitersmasse aus der Einwirkung des Jupiter auf seine Trabanten, auf Enckes Kometen, auf die kleinen Planeten (Vesta, Juno, Ceres und Pallas): lehren, daß überall nur die Quantität der Materie die Ziehkraft derselben bestimmt.

Diese Ausschließung von allem Wahrnehmbaren der Stoffverschiedenheit vereinfacht auf eine merkwürdige Weise die Mechanik des Himmels: sie unterwirft das ungemessene Gebiet des Weltraums der alleinigen Herrschaft der Bewegungslehre; und der astrognostische Teil der physischen Weltbeschreibung schöpft aus der fest begründeten theoretischen Astronomie, wie der tellurische Teil aus der Physik, der Chemie und der organischen Morphologie. Das Gebiet der letztgenannten Disziplinen umfaßt so verwickelte und teilweise den mathematischen Ansichten widerstrebende Erscheinungen, daß der tellurische Teil der Lehre vom Kosmos sich noch nicht derselben Sicherheit und Einfachheit der Behandlung zu erfreuen hat, welche der astronomische möglich macht. In den hier angedeuteten Unterschieden liegt gewissermaßen der Grund, warum in der früheren Zeit griechischer Kultur die pythagoreische Naturphilosophie dem Weltraume mehr als den Erdräumen zugewandt war; warum sie durch Philolaus, und in späteren Nachklängen durch Aristarch von Samos und Seleucus den Erythräer für die wahre Kenntnis unseres Sonnensystems in einem weit höheren Grade fruchtbringend geworden ist, als die ionische Naturphilosophie es der Physik der Erde sein konnte. Gleichgültiger gegen die spezifische Natur des Raumerfüllenden, gegen die qualitative Verschiedenheit der Stoffe, war der Sinn der italischen Schule mit dorischem Ernste allein auf geregelte Gestaltung, auf Form und Maß gerichtet: während die ionischen Physiologen bei dem Stoffartigen, seinen geahneten Umwandlungen und genetischen Verhältnissen vorzugsweise verweilten. Es war dem mächtigen, echt philosophischen und dabei so praktischen Geiste des Aristoteles vorbehalten, mit gleicher Liebe sich in die Welt der Abstraktionen und in die unermeßlich reiche Fülle des Stoffartig-Verschiedenen der organischen Gebilde zu versenken.

Mehrere und sehr vorzügliche Werke über physische Geographie enthalten in der Einleitung einen astronomischen Teil, in dem sie die Erde zuerst in ihrer planetarischen Abhängigkeit, in ihrem Verhältnis zum Sonnensystem betrachten. Dieser Weg ist ganz dem entgegengesetzt, den ich mir vorgezeichnet habe. In einer Weltbeschreibung muß der astrognostische Teil, den Kant die Naturgeschichte des Himmels nannte, nicht dem tellurischen untergeordnet erscheinen. Im Kosmos ist, wie schon der alte Kopernikaner, Aristarch der Samier, sich ausdrückte, die Sonne (mit ihren Gefährten) ein Stern unter den zahllosen Sternen. Eine allgemeine Weltansicht muß also mit den, den Weltraum füllenden, himmlischen Körpern beginnen: gleichsam mit dem Entwurf einer graphischen Darstellung des Universums, einer eigentlichen Weltkarte, wie zuerst mit kühner Hand sie Herschel der Vater gezeichnet hat. Wenn, trotz der Kleinheit unseres Planeten, der tellurische Teil in der Weltbeschreibung den größten Raum einnimmt und am ausführlichsten behandelt wird, so geschieht dies nur in Beziehung auf die ungleiche Masse des Erkannten, auf die Ungleichheit des empirisch Zugänglichen. Jene Unterordnung des uranologischen Teils finden wir übrigens schon bei dem großen Geographen Bernhard Varenius[2] in der Mitte des 17. Jahrhunderts. Er unterscheidet sehr scharfsinnig allgemeine und spezielle Erdbeschreibung; und teilt die erstere wieder in die absolut tellurische und die planetarische ein: je nachdem man betrachtet die Verhältnisse der Erdoberfläche in den verschiedenen Zonen, oder das solarisch-lunare Leben der Erde, die Beziehung unseres Planeten zu Sonne und Mond. Ein bleibender Ruhm für Varenius ist es, daß die Ausführung eines solchen Entwurfes der allgemeinen und vergleichenden Erdkunde Newtons Aufmerksamkeit in einem hohen Grade auf sich gezogen hatte; aber bei dem mangelhaften Zustande der Hilfswissenschaften, aus denen Varenius schöpfte, konnte die Bearbeitung nicht der Größe des Unternehmens entsprechen. Es war unserer Zeit vorbehalten, die vergleichende Erdkunde in ihrem weitesten Umfange, ja in ihrem Reflex auf die Geschichte der Menschheit, auf die Beziehungen der Erdgestaltung zu der Richtung der Völkerzüge und der Fortschritte der Gesittung, meisterhaft bearbeitet zu sehen.

Die Aufzählung der vielfachen Strahlen, die sich in dem gesamten Naturwissen wie in einem Brennpunkte vereinigen, kann den Titel des Werks rechtfertigen, das ich, am späten Abend meines Lebens, zu veröffentlichen wage. Dieser Titel ist vielleicht kühner als das Unternehmen selbst: in den Grenzen, die ich mir gesetzt habe. In speziellen Disziplinen hatte ich bisher, so viel als möglich, neue Namen zur Bezeichnung allgemeiner Begriffe vermieden. Wo ich Erweiterungen der Nomenklatur versuchte, waren sie auf die Einzeldinge der Tier- und Pflanzenkunde beschränkt gewesen. Das Wort: physische Weltbeschreibung, dessen ich mich hier bediene, ist dem längst gebräuchlichen: physische Erdbeschreibung nachgebildet. Die Erweiterung des Inhalts, die Schilderung eines Naturganzen von den fernen Nebelflecken an bis zur klimatischen Verbreitung der organischen Gewebe, die unsere Felsklippen färben, machen die Einführung eines neuen Wortes notwendig. So sehr auch in dem Sprachgebrauch, bei der früheren Beschränktheit menschlicher Ansichten, die Begriffe Erde und Welt sich verschmelzen (ich erinnere an die Ausdrücke: Weltumsegelung, Weltkarten, Neue Welt), so ist doch die wissenschaftliche Absonderung von Welt und Erde ein allgemein gefühltes Bedürfnis. Die schönen und richtiger gebildeten Ausdrücke: Weltgebäude, Weltraum, Weltkörper, Weltschöpfung für den Inbegriff und den Ursprung aller Materie, der irdischen, wie der fernsten Gestirne, rechtfertigen diese Absonderung. Um dieselbe bestimmter, ich könnte sagen feierlicher und auf altertümliche Weise anzudeuten, ist dem Titel meines Werkes das Wort Kosmos vorgesetzt: das ursprünglich, in der Homerischen Zeit, Schmuck und Ordnung bedeutete, später aber zu einem philosophischen Kunstausdrucke, zur wissenschaftlichen Bezeichnung der Wohlgeordnetheit der Welt, ja der ganzen Masse des Raumerfüllenden, d. i. des Weltalls selbst, umgeprägt ward.

Bei der Schwierigkeit, in der steten Veränderlichkeit irdi=
scher Erscheinungen das Geregelte oder Gesetzliche zu erkennen,
wurde der Geist der Menschen vorzugsweise und früh von
der gleichförmigen, harmonischen Bewegung der Himmelskörper
angezogen. Nach dem Zeugnisse des Philolaus, dessen echte
Bruchstücke Böckh so geistreich bearbeitet hat, nach dem ein=
stimmigen Zeugnis des ganzen Altertums [2] hat Pythagoras
zuerst das Wort Kosmos für Weltordnung, Welt und
Himmelsraum gebraucht. Aus der philosophischen italischen
Schule ist das Wort in die Sprache der Dichter der Natur
(Parmenides und Empedokles), später endlich und langsamer
in die Prosaiker übergegangen. Daß, nach pythagoreischen
Ansichten, dasselbe Wort in der Mehrzahl bisweilen auch auf
einzelne Weltkörper (Planeten), die um den Herd der
Welt eine kreisförmige Bahn beschreiben, oder auf Gruppen
von Gestirnen (Weltinseln) angewendet wurde; ja daß
Philolaus sogar einmal Olymp, Kosmos und Uranos
unterscheidet: ist hier nicht zu erörtern. In meinem Entwurfe
einer Weltbeschreibung ist Kosmos, wie der allgemeinste Ge=
brauch in der nach=pythagoreischen Zeit es gebietet und wie
der unbekannte Verfasser des Buches de Mundo, das lange
dem Aristoteles zugeschrieben wurde, das Wort definiert hat,
für den Inbegriff von Himmel und Erde, für die ganze
Körperwelt genommen. Durch Nachahmungssucht der spät
philosophierenden Römer wurde das Wort mundus, welches
bei ihnen Schmuck, nicht einmal Ordnung, bezeichnete, zu
der Bedeutung von Weltall umgestempelt. Die Einführung
eines solchen Kunstausdruckes in die lateinische Sprache, die
wörtliche Uebertragung des griechischen Kosmos, in zwie=
fachem Sinne gebraucht, ist wahrscheinlich dem Ennius [4] zu=
zuschreiben: einem Anhänger der italischen Schule, dem Ueber=
setzer pythagoreischer Philosopheme des Epicharmus oder eines
Nachahmers desselben.

Wie eine physische Weltgeschichte, wenn die Materialien
dazu vorhanden wären, im weitesten Sinne des Wortes die
Veränderungen schildern sollte, welche im Lauf der Zeiten der
Kosmos durchwandert hat: von den neuen Sternen an, die
am Firmamente urplötzlich aufgelodert, und den Nebelflecken,
die sich auflösen oder gegen ihre Mitte verdichten, bis zum
feinsten Pflanzengewebe, das die nackte, erkaltete Erdrinde
oder ein gehobenes Korallenriff allmählich und fortschreitend
bedeckt; so schildert dagegen die physische Weltbeschreibung

das Zusammenbestehende im Raume, das gleichzeitige Wirken der Naturkräfte und der Gebilde, die das Produkt dieser Kräfte sind. Das Seiende ist aber, im Begreifen der Natur, nicht von dem Werden absolut zu scheiden; denn nicht das Organische allein ist ununterbrochen im Werden und Untergehen begriffen: das ganze Erdenleben mahnt, in jedem Stadium seiner Existenz, an die früher durchlaufenen Zustände. So enthalten die übereinander gelagerten Steinschichten, aus denen der größere Teil der äußeren Erdrinde besteht, die Spuren einer fast gänzlich untergegangenen Schöpfung: sie verkünden eine Reihe von Bildungen, die sich gruppenweise ersetzt haben; sie entfalten dem Blick des Beobachters gleichzeitig im Raume die Faunen und Floren der verflossenen Jahrtausende. In diesem Sinne wären Naturbeschreibung und Naturgeschichte nicht gänzlich voneinander zu trennen. Der Geognost kann die Gegenwart nicht ohne die Vergangenheit fassen. Beide durchdringen und verschmelzen sich in dem Naturbilde des Erdkörpers, wie, im weiten Gebiete der Sprachen, der Etymologe in dem dermaligen Zustande grammatischer Formen ihr Werden und progressives Gestalten, ja die ganze sprachbildende Vergangenheit in der Gegenwart abgespiegelt findet. In der materiellen Welt aber ist diese Abspiegelung des Gewesenen um so klarer, als wir analoge Produkte unter unseren Augen sich bilden sehen. Unter den Gebirgsarten, um ein Beispiel der Geognosie zu entlehnen, beleben Trachytkegel, Basalt, Bimssteinschichten und schlackige Mandelsteine auf eigentümliche Weise die Landschaft. Sie wirken auf unsere Einbildungskraft wie Erzählungen aus der Vorwelt. Ihre Form ist ihre Geschichte.

Das Sein wird in seinem Umfang und inneren Sein vollständig erst als ein Gewordenes erkannt. Von dieser ursprünglichen Verschmelzung der Begriffe zeugt das klassische Altertum in dem Gebrauche des Worts: Historie bei Griechen und Römern. Wenn auch nicht in der Definition, die Verrius Flaccus gibt, so ist doch in den zoologischen Schriften des Aristoteles Historie eine Erzählung von dem Erforschten, dem sinnlich Wahrgenommenen. Die physische Weltbeschreibung des älteren Plinius führt den Titel einer Historia naturalis; in den Briefen des Neffen wird sie edler eine „Geschichte der Natur“ genannt. Im klassischen Altertum trennen die frühesten Historiker noch wenig die Länderbeschreibung von der Darstellung der Begebenheiten, deren Schauplatz die beschriebenen Länder gewesen sind. Physische Geographie und Geschichte erscheinen lange anmutig gemischt, bis das wachsende politische Interesse und ein vielbewegtes Staatsleben das erste Element verdrängten, das nun in eine abgesonderte Diszsiplin überging.

Die Vielheit der Erscheinungen des Kosmos in der Einheit des Gedankens, in der Form eines rein rationalen Zusammenhanges zu umfassen, kann, meiner Einsicht nach, bei dem jetzigen Zustande unseres empirischen Wissens nicht erlangt werden. Erfahrungswissenschaften sind nie vollendet, die Fülle sinnlicher Wahrnehmungen ist nicht zu erschöpfen; keine Generation wird je sich rühmen können, die Totalität der Erscheinungen zu übersehen. Nur da, wo man die Erscheinungen gruppenweise sondert, erkennt man in einzelnen gleichartigen Gruppen das Walten großer und einfacher Naturgesetze. Je mehr die physikalischen Wissenschaften sich ausbilden, desto mehr erweitern sich auch die Kreise dieses Waltens. Glänzende Beweise davon geben die neuerlangten Ansichten der Prozesse, welche sowohl im festen Erdkörper als in der Atmosphäre von elektro-magnetischen Kräften, von der strahlenden Wärme oder der Fortpflanzung der Lichtwellen abhangen; glänzende Beweise die Evolutionsbildungen des Organismus, in denen alles Entstehende vorher angedeutet ist, wo gleichsam aus einerlei Hergang in der Vermehrung und Umwandlung von Zellen das Gewebe der Tier- und Pflanzenwelt entsteht. In der Verallgemeinerung der Gesetze, die anfangs nur engere Kreise, isoliertere Gruppen von Phänomenen zu beherrschen scheinen, gibt es mannigfaltige Abstufungen. Die Herrschaft der erkannten Gesetze gewinnt an Umfang, der ideelle Zusammenhang an Klarheit, solange die Forschungen auf gleichartige, unter sich verwandte Massen gerichtet sind. Wo aber die dynamischen Ansichten, die sich dazu nur auf bildliche atomistische Voraussetzungen gründen, nicht ausreichen, weil die spezifische Natur der Materie und ihre Heterogeneität im Spiel sind; da geraten wir, nach Einheit des Begreifens strebend, auf Klüfte von noch unergründeter Tiefe. Es offenbart sich dort das Wirken einer eigenen Art von Kräften. Das Gesetzliche numerischer Verhältnisse, welches der Scharfsinn der neueren Chemiker so glücklich und glänzend, doch aber ebenfalls nur unter einem uralten Gewande, in den Symbolen atomistischer Vorstellungsweisen erkannt hat, bleibt bis jetzt isoliert, ununterworfen den Gesetzen aus dem Bereich der reinen Bewegungslehre.

Die Einzelheiten, auf welche sich alle unmittelbare Wahrnehmung beschränkt, können logisch in Klassen und Gattungen geordnet werden. Solche Anordnungen führen, wie ich schon oben tadelnd bemerkte, als ein naturbeschreibender Teil, den anmaßenden Titel von Natursystemen. Sie erleichtern freilich das Studium der organischen Gebilde und ihrer linearen Verkettung untereinander, aber als Verzeichnisse gewähren sie nur ein formelles Band; sie bringen mehr Einheit in die Darstellung als in die Erkenntnis selbst. Wie es Graduationen gibt in der Verallgemeinerung der Naturgesetze, je nachdem sie größere oder kleinere Gruppen von Erscheinungen, weitere oder engere Kreise organischer Gestaltung und Gliederung umfassen: so gibt es auch Abstufungen im empirischen Forschen. Es beginnt dasselbe von vereinzelten Anschauungen, die man gleichartig sondert und ordnet. Von dem Beobachten wird fortgeschritten zum Experimentieren: zum Hervorrufen der Erscheinungen unter bestimmten Bedingnissen, nach leitenden Hypothesen, d. h. nach dem Vorgefühl von dem inneren Zusammenhange der Naturdinge und Naturkräfte. Was durch Beobachtung und Experiment erlangt ist, führt, auf Analogieen und Induktion gegründet, zur Erkenntnis empirischer Gesetze. Das sind die Phasen, gleichsam die Momente, welche der beobachtende Verstand durchläuft und die in der Geschichte des Naturwissens der Völker besondere Epochen bezeichnen.

Zwei Formen der Abstraktion beherrschen die ganze Masse der Erkenntnis: quantitative, Verhältnisbestimmungen nach Zahl und Größe, und qualitative, stoffartige Beschaffenheiten. Die erstere, zugänglichere Form gehört dem mathematischen, die zweite dem chemischen Wissen an. Um die Erscheinungen dem Kalkul zu unterwerfen, wird die Materie aus Atomen (Molekülen) konstruiert, deren Zahl, Form, Lage und Polarität die Erscheinungen bedingen soll. Die Mythen von imponderablen Stoffen und von eigenen Lebenskräften in jeglichem Organismus verwickeln und trüben die Ansicht der Natur. Unter so verschiedenartigen Bedingnissen und Formen des Erkennens bewegt sich träge die schwere Last unseres angehäuften und jetzt so schnell anwachsenden empirischen Wissens. Die grübelnde Vernunft versucht mutvoll und mit wechselndem Glücke die alten Formen zu zerbrechen, durch welche man den widerstrebenden Stoff, wie

durch mechanische Konstruktionen und Sinnbilder, zu beherr=
schen gewohnt ist.

Wir sind noch weit von dem Zeitpunkte entfernt, wo
es möglich sein könnte, alle unsere sinnlichen Anschauungen
zur Einheit des Naturbegriffs zu konzentrieren. Es darf
zweifelhaft genannt werden, ob dieser Zeitpunkt je herannahen
wird. Die Komplikation des Problems und die Unermeß=
lichkeit des Kosmos vereiteln fast die Hoffnung dazu. Wenn
uns aber auch das Ganze unerreichbar ist, so bleibt doch die
teilweise Lösung des Problems, das Streben nach dem Ver=
stehen der Welterscheinungen, der höchste und ewige Zweck
aller Naturforschung. Dem Charakter meiner früheren Schriften,
wie der Art meiner Beschäftigungen treu, welche Versuchen,
Messungen, Ergründung von Thatsachen gewidmet waren:
beschränke ich mich auch in diesem Werke auf eine empirische
Betrachtung. Sie ist der alleinige Boden, auf dem ich
mich weniger unsicher zu bewegen verstehe. Diese Behandlung
einer empirischen Wissenschaft, oder vielmehr eines Aggregats
von Kenntnissen, schließt nicht aus die Anordnung des Auf=
gefundenen nach leitenden Ideen, die Verallgemeinerung des
Besonderen, das stete Forschen nach empirischen Natur=
gesetzen. Ein denkendes Erkennen, ein vernunftmäßiges Be=
greifen des Universums würden allerdings ein noch erhabeneres
Ziel darbieten. Ich bin weit davon entfernt, Bestrebungen,
in denen ich mich nicht versucht habe, darum zu tadeln, weil
ihr Erfolg bisher sehr zweifelhaft geblieben ist. Mannigfaltig
mißverstanden, und ganz gegen die Absicht und den Rat der
tiefsinnigen und mächtigen Denker, welche diese schon dem
Altertum eigentümlichen Bestrebungen wiederum angeregt:
haben naturphilosophische Systeme, eine kurze Zeit über, in
unserem Vaterlande, von den ernsten und mit dem materiellen
Wohlstande der Staaten so nahe verwandten Studien mathemati=
scher und physikalischer Wissenschaften abzulenken gedroht. Der
berauschende Wahn des errungenen Besitzes; eine eigene, aben=
teuerlich=symbolisierende Sprache; ein Schematismus, enger,
als ihn je das Mittelalter der Menschheit angezwängt: haben,
in jugendlichem Mißbrauch edler Kräfte, die heiteren und
kurzen Saturnalien eines rein ideellen Naturwissens bezeichnet.
Ich wiederhole den Ausdruck: Mißbrauch der Kräfte; denn
ernste, der Philosophie und der Beobachtung gleichzeitig zuge=
wandte Geister sind jenen Saturnalien fremd geblieben. Der
Inbegriff von Erfahrungskenntnissen und eine in allen ihren

Teilen ausgebildete Philosophie der Natur (falls eine
solche Ausbildung je zu erreichen ist) können nicht in Widerspruch treten, wenn die Philosophie der Natur, ihrem Ver-
sprechen gemäß, das vernunftmäßige Begreifen der wirklichen Erscheinungen im Weltall ist. Wo der Widerspruch
sich zeigt, liegt die Schuld entweder in der Hohlheit der
Spekulation oder in der Anmaßung der Empirie, welche
mehr durch die Erfahrung erwiesen glaubt, als durch dieselbe
begründet ward.

Man mag nun die Natur dem Bereich des Geistigen
entgegensetzen, als wäre das Geistige nicht auch in dem Naturganzen enthalten: oder man mag die Natur der Kunst entgegenstellen, letztere in einem höheren Sinne als den Inbegriff
aller geistigen Produktionskraft der Menschheit betrachtet; so
müssen diese Gegensätze doch nicht auf eine solche Trennung
des Physischen vom Intellektuellen führen, daß die Physik
der Welt zu einer bloßen Anhäufung empirisch gesammelter
Einzelheiten herabsinke. Wissenschaft fängt erst an, wo der
Geist sich des Stoffes bemächtigt, wo versucht wird, die Masse
der Erfahrungen einer Vernunfterkenntnis zu unterwerfen;
sie ist der Geist, zugewandt zu der Natur. Die Außenwelt
existiert aber nur für uns, indem wir sie in uns aufnehmen,
indem sie sich in uns zu einer Naturanschauung gestaltet.
So geheimnisvoll unzertrennlich als Geist und Sprache,
der Gedanke und das befruchtende Wort sind: ebenso schmilzt,
uns selbst gleichsam unbewußt, die Außenwelt mit dem Innersten
im Menschen, mit dem Gedanken und der Empfindung zusammen. „Die äußerlichen Erscheinungen werden so,“ wie
Hegel sich in der Philosophie der Geschichte ausdrückt,
„in die innerliche Vorstellung übersetzt.“ Die objektive Welt,
von uns gedacht, in uns reflektiert, wird den ewigen, notwendigen, alles bedingenden Formen unserer geistigen Existenz
unterworfen. Die intellektuelle Thätigkeit übt sich dann an
dem durch die sinnliche Wahrnehmung überkommenen Stoffe.
Es ist daher schon im Jugendalter der Menschheit, in der
einfachsten Betrachtung der Natur, in dem ersten Erkennen
und Auffassen eine Anregung zu naturphilosophischen Ansichten.
Diese Anregung ist verschieden, mehr oder minder lebhaft,
nach der Gemütsstimmung, der nationalen Individualität
und dem Kulturzustande der Völker. Eine Geistesarbeit
beginnt, sobald, von innerer Notwendigkeit getrieben, das
Denken den Stoff sinnlicher Wahrnehmungen aufnimmt.

Die Geschichte hat uns die vielfach gewagten Versuche aufbewahrt, die Welt der physischen Erscheinungen in ihrer Vielheit zu begreifen; eine einige, das ganze Universum durchdringende, bewegende, entmischende Weltkraft zu erkennen. Diese Versuche steigen in der klassischen Vorzeit zu den Physiologieen und Urstofflehren der ionischen Schule hinauf: wo bei wenig ausgedehnter Empirie (bei einem dürftigen Material von Thatsachen) das ideelle Bestreben, die Naturerklärungen aus reiner Vernunfterkenntnis, vorherrschten. Je mehr aber während einer glänzenden Erweiterung aller Naturwissenschaften das Material des sicheren empirischen Wissens anwuchs, desto mehr erkaltete allmählich der Trieb, das Wesen der Erscheinungen und ihre Einheit, als ein Naturganzes, durch Konstruktion der Begriffe aus der Vernunfterkenntnis abzuleiten. In der uns nahen Zeit hat der mathematische Teil der Naturphilosophie sich einer großen und herrlichen Ausbildung zu erfreuen gehabt. Die Methoden und das Instrument (die Analyse) sind gleichzeitig vervollkommnet worden. Was so auf vielfachen Wegen durch sinnige Anwendung atomistischer Prämissen, durch allgemeineren und unmittelbareren Kontakt mit der Natur, durch das Hervorrufen und Ausbilden neuer Organe errungen worden ist; soll: wie im Altertume, so auch jetzt, ein gemeinsames Gut der Menschheit, der freiesten Bearbeitung der Philosophie in ihren wechselnden Gestaltungen nicht entzogen werden. Bisweilen ist freilich die Unversehrtheit des Stoffes in dieser Bearbeitung einige Gefahr gelaufen; und in dem steten Wechsel ideeller Ansichten ist es wenig zu verwundern, wenn, wie so schön im Bruno gesagt wird, „viele die Philisophie nur meteorischer Erscheinungen fähig halten und daher auch die größeren Formen, in denen sie sich geoffenbart hat, das Schicksal der Kometen bei dem Volke teilen, das sie nicht zu den bleibenden und ewigen Werken der Natur, sondern zu den vergänglichen Erscheinungen feuriger Dünste zählt."

Mißbrauch oder irrige Richtungen der Geistesarbeit müssen aber nicht zu der, die Intelligenz entehrenden Ansicht führen, als sei die Gedankenwelt, ihrer Natur nach, die Region phantaistischer Truggebilde; als sei der so viele Jahrhunderte hindurch gesammelte überreiche Schatz empirischer Anschauung von der Philosophie, wie von einer feindlichen Macht, bedroht. Es geziemt nicht dem Geiste unserer Zeit, jede Verallgemeinerung der Begriffe, jeden auf Induktion und Analogieen

gegründeten Versuch, tiefer in die Verkettung der Naturerschei=
nungen einzudringen, als bodenlose Hypothese zu verwerfen;
und unter den edeln Anlagen, mit denen die Natur den
Menschen ausgestattet hat, bald die nach einem Kausalzu=
sammenhang grübelnde Vernunft, bald die regsame, zu allem
Entdecken und Schaffen notwendige und anregende Einbildungs=
kraft zu verdammen.

Anmerkungen.

[1] (S. 36.) Die Margarita philosophica des Priors der Kartause bei Freiburg, Gregorius Reisch, erschien zuerst unter dem Titel Aepitome omnis Philosophiae, alias Margarita philosophica tractans de omni genere scibili. So die Heidelberger Ausgabe von 1486 und die Straßburger von 1504. In der Freiburger desselben Jahres und in den zwölf folgenden Editionen, welche in der kurzen Epoche bis 1535 erschienen, blieb der erste Teil des Titels weg. Das Werk hat einen großen Einfluß auf die Verbreitung mathematischer und physikalischer Kenntnisse im Anfang des 16. Jahrhunderts ausgeübt; und Chasles, der gelehrte Verfasser des Aperçu historique des méthodes en Géométrie (1837), hat gezeigt, wie wichtig die Reischische Encyklopädie für die Geschichte der Mathematik des Mittelalters ist. Ich habe mich bemüht, durch eine Stelle, die sich in einer einzigen Ausgabe der Margarita philosophica der von 1513) findet, die wichtigen Verhältnisse des Geographen von St. Dié, Hylacomilus (Martin Waldseemüller), der den Neuen Weltteil zuerst (1507) Amerika genannt hat, zu Amerigo Vespucci, zu dem König Renatus von Jerusalem, Herzog von Lothringen, und zu den berühmten Ausgaben des Ptolemäus von 1513 und 1522 zu entwirren.

[2] (S. 41.) Geographia generalis in qua affectiones generales telluris explicantur. Die älteste Amsterdamer (Elzevirische) Ausgabe ist von 1650; die zweite (1672) und dritte (1681) wurden zu Cambridge von Newton besorgt. Das überaus wichtige Werk des Varenius ist im eigentlichen Sinne des Worts eine physische Erdbeschreibung. Seit der vortrefflichen Naturbeschreibung des neuen Kontinents, die der Jesuit Joseph de Acosta (Historia natural de las Indias 1590) entwarf, waren die tellurischen Phänomene nie in solcher Allgemeinheit aufgefaßt worden. Acosta ist reicher an eigenen Beobachtungen: Varenius umfaßt einen größeren Ideenkreis: da ihn sein Aufenthalt in Holland, als dem Mittelpunkt eines großen Welthandels, in Berührung mit vielen wohlunterrichteten Reisenden gesetzt hatte. „Generalis sive universalis Geographia dicitur, quae tellurem in genere considerat atque affectiones explicat. non habita

particularium regionum ratione." Die allgemeine Erdbe=
schreibung des Varenius (Pars absoluta cap. 1—22) ist in
ihrem ganzen Umfange eine vergleichende, wenngleich der Ver=
fasser das Wort Geographia comparativa (cap. 33—40) in einer
viel eingeschränkteren Bedeutung gebraucht. Merkwürdig sind die
Aufzählung der Gebirgssysteme und die Betrachtung der Verhält=
nisse ihrer Richtungen zu der Gestalt der ganzen Kontinente; die
Liste der brennenden und ausgebrannten Vulkane; die Zusammen=
stellung der Resultate über die Verteilung der Inseln und Insel=
gruppen, über die Tiefe des Ozeans in Vergleich mit der Höhe
naher Küsten, über den gleich hohen Stand der Oberfläche aller
offenen Meere, über die Strömungen in ihrer Abhängigkeit von
den herrschenden Winden, die ungleiche Salzigkeit des Meeres und
die Konfiguration der Küsten, die Windrichtungen als Folge der
Temperaturverschiedenheit u. s. f. Auch die Betrachtungen über
die allgemeine Aequinoktialströmung von Osten nach Westen als
Ursache des, schon am Kap San Augustin anfangenden und zwischen
Cuba und Florida ausbrechenden Golfstromes sind vortrefflich. Die
Richtungen der Strömung längs der westafrikanischen Küste zwischen
dem Grünen Vorgebirge und der Insel Fernando Po im Golf von
Guinea werden äußerst genau beschrieben. Die sporadischen Inseln
hält Varenius für „gehobenen Meeresgrund": magna spirituum
inclusorum vi, sicut aliquando montes e terra protrusos esse
quidam scribunt. Die 1681 von Newton veranstaltete Ausgabe
(auctior et emendatior) enthält leider keine Zusätze des großen
Mannes. Der sphäroidalen Gestalt und Abplattung der Erde ge=
schieht nirgends Erwähnung, obgleich Richers Pendelversuche um
9 Jahre älter als die Ausgabe von Cambridge sind; aber Newtons
Principia mathematica Philosophiae naturalis wur=
den erst im April 1686 der königlichen Societät zu London im
Manuskripte mitgeteilt. Es schwebt viel Ungewißheit über das
Vaterland des Varenius. Nach Jöcher ward er in England, nach
der Biographie Universelle in Amsterdam geboren; aus der
Zueignung der allgemeinen Geographie an die Bürgermeister
dieser Stadt ist aber zu ersehen, daß beide Angaben gleich falsch
sind. Varenius sagt ausdrücklich, er habe sich nach Amsterdam ge=
flüchtet, „da seine Vaterstadt im langen Kriege eingeäschert und
gänzlich zerstört worden sei". Diese Worte scheinen das nördliche
Deutschland und die Verheerungen des Dreißigjährigen Krieges zu
bezeichnen. Auch bemerkt Varenius in der Zueignung seiner De-
scriptio Regni Japoniae (Amst. 1649) an den Senat von
Hamburg: daß er seine ersten mathematischen Studien auf dem
Hamburger Gymnasium gemacht habe. Es ist wohl keinem Zweifel
unterworfen, daß dieser scharfsinnige Geograph ein Deutscher und
zwar ein Lüneburger war.

³ (S. 43.) Κόσμος war in der ältesten und eigentlichen Be=
deutung wohl nur Schmuck (Männer=, Frauen= oder Pferdeschmuck);

bildlich Ordnung, für εὐταξία, und Schmuck der Rede. Daß
Pythagoras zuerst das Wort für Weltordnung und Welt gebraucht, wird von den Alten einstimmig versichert. Da er selbst
nicht geschrieben, so sind die ältesten Beweisstellen die Bruchstücke
des Philolaus. Wir führen nicht mit Näke den Timäus von Locri
an, weil seine Echtheit zu bezweifeln ist. Plutarch sagt auf das
bestimmteste, daß Pythagoras zuerst den Inbegriff des Universums
Kosmos nannte wegen der darin herrschenden Ordnung. (Ebenso
Galen.) Das Wort ging in der neuen Bedeutung aus der philosophischen Schule in die Sprache der Naturdichter und Prosaiker
über. Plato fährt fort die Weltkörper selbst Uranos zu nennen;
die Weltordnung ist ihm aber auch Kosmos, und im Timäus heißt
Weltall ein mit Seele begabtes Tier (κόσμον ζῶον ἔμψυχον). Vergl.
über den von allem Stoff gesonderten weltordnenden Geist Anaxag.
Claz. ed. Schaubach) p. 111 und Plut. de plac. phil. II, 3.
Bei Aristoteles ist Kosmos „Welt und Weltordnung"; er wird aber
auch betrachtet als räumlich zerfallend in die sublunarische Welt
und die höhere, über dem Monde. Die von mir oben im Text
citierte Definition des Kosmos aus dem Pseudo-Aristoteles
cap. 2 (p. 391) lautet also: κόσμος ἐστὶ σύστημα ἐξ οὐρανοῖ καὶ γῆς
καὶ τῶν ἐν τούτοις περιεχομένων φύσεων· λέγεται δὲ καὶ ἑτέρως
κόσμος ἡ τῶν ὅλων τάξις τε καὶ διακόσμησις· ὑπό θεῶν τε καὶ διὰ
θεῶν φυλαττομένη. Die meisten Stellen der griechischen Schriftsteller
über Kosmos finde ich gesammelt 1) in der Streitschrift von Richard
Bentley gegen Charles Boyle (Opuscula philologica 1781
p. 347 und 445, Dissertation upon the Epistles of Pha-
laris 1817 p. 254) über die historische Existenz des Zaleucus, Gesetz-
gebers von Locri; 2) in Näkes vortrefflichen Sched. crit. 1812
p. 9—15 und 3) in Theoph. Schmidt ad Cleom. cycl. theor.
met. I, 1 (p. IX, 1 und 99). Kosmos wurde in engerer Bedeutung
auch in der Mehrzahl gebraucht: indem entweder jeder Stern (Weltkörper) so genannt wird, oder in dem unendlichen Weltraume
viele einzelne Weltsysteme (Weltinseln) angenommen werden,
deren jedes eine Sonne und einen Mond hat. Da jede Gruppe
dann ein Kosmos wird, so ist das Weltall, τὸ πᾶν, ein höherer
Begriff und von Kosmos verschieden. Für Erde wird das letzte
Wort erst lange nach der Zeit der Ptolemäer gebraucht. Böckh
hat Inschriften zum Lobe des Trajan und Hadrian bekannt gemacht, in denen κόσμος an die Stelle von οἰκουμένη tritt, ganz
wie auch wir oft unter Welt die Erde allein verstehen. Die
sonderbare, oben erwähnte Dreiteilung des Weltraumes in Olymp,
Kosmos und Uranos bezieht sich auf die verschiedenen Regionen, welche den Herd des Weltalls, die pythagoreische
ἑστία τοῦ παντός, umgeben. Die innerste Region zwischen Mond
und Erde, das Gebiet des Veränderlichen, wird in dem Bruchstücke Uranos genannt. Das mittlere Gebiet, das der unveränderlich wohlgeordnet kreisenden Planeten, heißt nach einer sehr parti-

kulären Weltansicht ausschließlich Kosmos. Die äußerste Region, eine feurige, ist der Olymp. „Wenn man," bemerkt der tiefe Forscher der Sprachverwandtschaften, Bopp, „κόσμος von der Sanskritwurzel *śudh,* purificari, ableitet, wie schon Pott gethan; so hat man in lautlicher Beziehung zu betrachten: daß das griechische κ (in κόσμος) aus dem palatalen s, das Bopp durch ś und Pott durch ç ausdrücken, hervorgegangen ist: wie δέκα, decem, gotisch taihun, aus dem indischen desan; 2) daß das indische dh regelmäßig dem griechischen ϑ entspricht: woraus das Verhältnis von κόσμος (für κόϑμος) zur Sanskritwurzel śudh, wovon auch καϑαρός, klar wird. Ein anderer indischer Ausdruck für Welt ist dschagat, was eigentlich das Gehende bedeutet, als Partizipium von dschagami, ich gehe (aus der Wurzel gâ)." In dem inneren Kreise des hellenischen Sprachzusammenhanges knüpft sich nach dem Etym. M. p. 532, 12 κόσμος zunächst an κάζω oder vielmehr καίνυμαι (wovon κεκασμένος oder κεκαϑμένος) an. Hiermit verbindet Welcker auch den Namen Κάδμος, wie bei dem Hesychius κάδμος eine kretische Waffenrüstung bedeutet. — Die Römer haben, bei Einführung der philosophischen Kunstsprache der Griechen, ganz wie diese, das mit κόσμος (Frauenschmuck) ursprünglich gleichbedeutende Wort mundus zur Welt und zum Weltall umgestempelt. Ennius scheint zuerst diese Neuerung gewagt zu haben; er sagt nach einem Fragmente, das uns Macrobius in seinem Hader mit Virgil aufbewahrt hat: „Mundus coeli vastus constitit silentio", wie Cicero: „quem nos lucentem mundum vocamus". Die Sanskritwurzel mand, von der Pott das lateinische mundus ableitet, vereinigt beide Bedeutungen von glänzen und schmücken. Lôka ist im Sanskrit Welt und Menschen, wie das französische monde, und stammt nach Bopp von lôk, sehen und leuchten, her; auf ähnliche Weise bedeutet das slavische swjet Licht und Welt. Das letztgenannte Wort, dessen wir uns heute bedienen: althochdeutsch wëralt, altsächsisch worold, angelsächsisch vëruld; bezeichnet nach Jakob Grimm ursprünglich bloß „den Zeitbegriff, saeculum (Menschenalter', nicht den räumlichen mundus". Bei den Tuskern war der offene mundus ein umgekehrtes Gewölbe, das seine Kuppel nach unten, gegen die Unterwelt hin, kehrte und dem oberen Himmelsgewölbe nachgebildet war. Die Welt im engeren tellurischen Sinne erscheint im Gotischen als der vom Meer (marei, meri) umgürtete Erdkreis, als merigard, ein Meergarten.

* (S. 43.) Wahrscheinlich schöpfte Ennius nicht aus den Epicharmischen Stücken selbst, sondern aus Gedichten, die unter dem Namen des Epicharmus und im Sinne seines Systems geschrieben waren.

Naturgemälde.

Allgemeine Uebersicht der Erscheinungen.

Wenn der menschliche Geist sich erkühnt die Materie, d. h. die Welt physischer Erscheinungen zu beherrschen; wenn er bei denkender Betrachtung des Seienden die reiche Fülle des Natur=lebens, das Walten der freien und der gebundenen Kräfte zu durchdringen strebt: so fühlt er sich zu einer Höhe gehoben, von der herab, bei weit hinschwindendem Horizonte, ihm das Einzelne gruppenweise verteilt, wie umflossen von leichtem Dufte erscheint. Dieser bildliche Ausdruck ist gewählt, um den Standpunkt zu bezeichnen, aus dem wir hier versuchen, das Universum zu betrachten und in seinen beiden Sphären, der himmlischen und der irdischen, anschaulich darzustellen. Das Gewagte eines solchen Unternehmens habe ich nicht ver=kannt. Unter allen Formen der Darstellung, denen diese Blätter gewidmet sind, ist der Entwurf eines allgemeinen Naturgemäldes um so schwieriger, als wir der Entfaltung gestaltenreicher Mannigfaltigkeit nicht unterliegen, und nur bei großen, in der Wirklichkeit oder in dem subjektiven Ideenkreise geschiedenen Massen verweilen sollen. Durch Trennung und Unterordnung der Erscheinungen, durch ahnungsvolles Ein=bringen in das Spiel dunkel waltender Mächte, durch eine Lebendigkeit des Ausdrucks, in dem die sinnliche Anschauung sich naturwahr spiegelt, können wir versuchen das All ($\tau\grave{o}\ \pi\tilde{\alpha}\nu$) zu umfassen und zu beschreiben, wie es die Würde des groß=artigen Wortes Kosmos: als Universum, als Weltord=nung, als Schmuck des Geordneten, erheischt. Möge dann die unermeßliche Verschiedenartigkeit der Elemente, die in ein Naturbild sich zusammendrängen, dem harmonischen Eindruck von Ruhe und Einheit nicht schaden, welcher der letzte Zweck einer jeden litterarischen oder rein künstlerischen Komposition ist.

Wir beginnen mit den Tiefen des Weltraums und der Region der fernsten Nebelflecke: stufenweise herabsteigend durch die Sternschicht, der unser Sonnensystem angehört, zu dem luft- und meerumflossenen Erdsphäroid, seiner Gestaltung, Temperatur und magnetischen Spannung; zu der Lebensfülle, welche, vom Lichte angeregt, sich an seiner Oberfläche entfaltet. So umfaßt ein Weltgemälde in wenigen Zügen die ungemessenen Himmelsräume, wie die mikroskopischen kleinen Organismen des Tier- und Pflanzenreichs, welche unsere stehenden Gewässer und die verwitternde Rinde der Felsen bewohnen. Alles Wahrnehmbare, das ein strenges Studium der Natur nach jeglicher Richtung bis zur jetzigen Zeit erforscht hat, bildet das Material, nach welchem die Darstellung zu entwerfen ist; es enthält in sich das Zeugnis ihrer Wahrheit und Treue. Ein beschreibendes Naturgemälde, wie wir es in diesen Prolegomenen aufstellen, soll aber nicht bloß dem Einzelnen nachspüren; es bedarf nicht zu seiner Vollständigkeit der Aufzählung aller Lebensgestalten, aller Naturdinge und Naturprozesse. Der Tendenz endloser Zersplitterung des Erkannten und Gesammelten widerstrebend, soll der ordnende Denker trachten der Gefahr der empirischen Fülle zu entgehn. Ein ansehnlicher Teil der qualitativen Kräfte der Materie oder, um naturphilosophischer zu reden, ihrer qualitativen Kraftäußerungen ist gewiß noch unentdeckt. Das Auffinden der Einheit in der Totalität bleibt daher schon deshalb unvollständig. Neben der Freude an der errungenen Erkenntnis liegt, wie mit Wehmut gemischt, in dem aufstrebenden, von der Gegenwart unbefriedigten Geiste die Sehnsucht nach noch nicht aufgeschlossenen, unbekannten Regionen des Wissens. Eine solche Sehnsucht knüpft fester das Band, welches, nach alten, das Innerste der Gedankenwelt beherrschenden Gesetzen, alles Sinnliche an das Unsinnliche kettet; sie belebt den Verkehr zwischen dem, „was das Gemüt von der Welt erfaßt, und dem, was es aus seinen Tiefen zurückgibt".

Ist demnach die Natur (Inbegriff der Naturdinge und Naturerscheinungen), ihrem Umfang und Inhalte nach, ein Unendliches; so ist sie auch für die intellektuellen Anlagen der Menschheit ein nicht zu fassendes, und in allgemeiner ursachlicher Erkenntnis von dem Zusammenwirken aller Kräfte ein unauflösbares Problem. Ein solches Bekenntnis geziemt da, wo das Sein und Werden nur der unmittelbaren Forschung unterworfen bleibt, wo man den empirischen Weg und eine strenge induktorische Methode nicht zu verlassen wagt. Wenn aber auch das ewige Streben, die Totalität zu umfassen, unbefriedigt bleibt, so lehrt uns dagegen die Geschichte der Weltanschauung, welche einem anderen Teile dieser Prolegomenen vorbehalten bleibt, wie im Lauf der Jahrhunderte die Menschheit zu einer partiellen Einsicht in die relative Abhängigkeit der Erscheinungen allmählich gelangt ist. Meine Pflicht ist es, das gleichzeitig Erkannte nach dem Maß und in den Schranken der Gegenwart übersichtlich zu schildern. Bei allem Beweglichen und Veränderlichen im Raume sind mittlere Zahlenwerte der letzte Zweck, ja der Ausdruck physischer Gesetze: sie zeigen uns das Stetige in dem Wechsel und in der Flucht der Erscheinungen; so ist z. B. der Fortschritt der neueren messenden und wägenden Physik vorzugsweise nach Erlangung und Berichtigung der mittleren Werte gewisser Größen bezeichnet: so treten wiederum, wie einst in der italischen Schule, doch in erweitertem Sinne, die einzigen in unserer Schrift übrig gebliebenen und weit verbreiteten hieroglyphischen Zeichen, die Zahlen, als Mächte des Kosmos auf.

Den ernsten Forscher erfreut die Einfachheit numerischer Verhältnisse, durch welche die Dimensionen der Himmelsräume, die Größe der Weltkörper und ihre periodischen Störungen, die dreifachen Elemente des Erdmagnetismus, der mittlere Druck des Luftmeeres, und die Menge der Wärme bezeichnet werden, welche die Sonne in jedem Jahre und in jedem Teile des Jahres über die einzelnen Punkte der festen oder flüssigen Oberfläche unseres Planeten ergießt. Unbefriedigter bleibt der Naturdichter, unbefriedigt der Sinn der neugierigen Menge. Beiden erscheint heute die Wissenschaft wie verödet, da sie viele der Fragen mit Zweifel oder gar als unauflöslich zurückweist, die man ehemals beantworten zu können wähnte. In ihrer strengeren Form, in ihrem engeren Gewande ist sie der verführerischen Anmut beraubt, durch welche früher eine dogmatische und symbolisierende Physik die Vernunft zu täuschen, die Einbildungskraft zu beschäftigen wußte. Lange vor der Entdeckung der Neuen Welt glaubte man, von den kanarischen Inseln oder den Azoren aus, Länder im Westen zu sehen. Es waren Trugbilder: nicht durch eine ungewöhnliche Brechung der Lichtstrahlen, nur durch Sehnsucht nach der Ferne, nach dem Jenseitigen erzeugt. Solchen Reiz täuschender Luftgebilde bot die Naturphilosophie der Griechen, die Physik des

Mittelalters, und selbst die der späteren Jahrhunderte, in reichem Maße dar. An der Grenze des beschränkten Wissens, wie von einem hohen Inselufer aus, schweift gern der Blick in ferne Regionen. Der Glaube an das Ungewöhnliche und Wundervolle gibt bestimmte Umrisse jedem Erzeugnis idealer Schöpfung; und das Gebiet der Phantasie, ein Wunderland kosmologischer, geognostischer und magnetischer Träume, wird unaufhaltsam mit dem Gebiete der Wirklichkeit verschmolzen.

Natur, in der vielfachen Deutung des Wortes, bald als Totalität des Seienden und Werdenden, bald als innere, bewegende Kraft, bald als das geheimnisvolle Urbild aller Erscheinungen aufgefaßt; offenbart sich dem einfachen Sinn und Gefühle des Menschen vorzugsweise als etwas Irdisches, ihm näher Verwandtes. Erst in den Lebenskreisen der organischen Bildung erkennen wir recht eigentlich unsere Heimat. Wo der Erde Schoß ihre Blüten und Früchte entfaltet, wo er die zahllosen Geschlechter der Tiere nährt, da tritt das Bild der Natur lebendiger vor unsere Seele. Es ist zunächst auf das Tellurische beschränkt; der glanzvolle Sternenteppich, die weiten Himmelsräume gehören einem Weltgemälde an, in welchem die Größe der Massen, die Zahl zusammengedrängter Sonnen oder aufdämmernder Lichtnebel unsere Bewunderung und unser Staunen erregen; dem wir uns aber, bei scheinbarer Veröbung, bei völligem Mangel an dem unmittelbaren Eindruck eines organischen Lebens, wie entfremdet fühlen. So sind denn auch nach den frühesten physikalischen Ansichten der Menschheit Himmel und Erde, räumlich ein Oben und Unten, voneinander getrennt geblieben. Sollte demnach ein Naturbild bloß den Bedürfnissen sinnlicher Anschauung entsprechen, so müßte es mit der Beschreibung des heimischen Bodens beginnen. Es schilderte zuerst den Erdkörper in seiner Größe und Form, in seiner, mit der Tiefe zunehmenden Dichtigkeit und Wärme, in seinen übereinander gelagerten, starren und flüssigen Schichten; es schilderte die Scheidung von Meer und Land, das Leben, das in beiden als zelliges Gewebe der Pflanzen und Tiere sich entwickelt; den wogenden, stromreichen Luftozean, von dessen Boden waldgekrönte Bergketten wie Klippen und Untiefen aufsteigen. Nach dieser Schilderung der rein tellurischen Verhältnisse erhöbe sich der Blick zu den Himmelsräumen; die Erde, der uns wohlbekannte Sitz organischer Gestaltungsprozesse, würde nun als Planet betrachtet. Er träte in die Reihe der Weltkörper, die um einen der zahllosen, selbstleuchtenden Sterne kreisen. Diese Folge der Ideen bezeichnet den Weg der ersten sinnlichen Anschauungsweise: sie mahnt fast noch an die alte „meerumflossene Erdscheibe", welche den Himmel trug; sie geht von dem Standort der Wahrnehmung, von dem Bekannten und Nahen zum Unbekannten und Fernen über. Sie entspricht der in mathematischer Hinsicht zu empfehlenden Methode unserer astronomischen Lehrbücher, welche von den scheinbaren Bewegungen der Himmelskörper zu den wirklichen übergeht.

In einem Werke aber, welches das bereits Erkannte, selbst das, was in dem dermaligen Zustande unseres Wissens für gewiß oder nach verschiedenen Abstufungen für wahrscheinlich gehalten wird, aufzählen; nicht die Beweise liefern soll, welche die erzielten Resultate begründen: ist ein anderer Ideengang vorzuziehen. Hier wird nicht mehr von dem subjektiven Standpunkte, von dem menschlichen Interesse ausgegangen. Das Irdische darf nur als ein Teil des Ganzen, als diesem untergeordnet erscheinen. Die Naturansicht soll allgemein, sie soll groß und frei; nicht durch Motive der Nähe, des gemütlicheren Anteils, der relativen Nützlichkeit beengt sein. Eine physische Weltbeschreibung, ein Weltgemälde beginnt daher nicht mit dem Tellurischen: sie beginnt mit dem, was die Himmelsräume erfüllt. Aber indem sich die Sphären der Anschauung räumlich verengen, vermehrt sich der individuelle Reichtum des Unterscheidbaren, die Fülle physischer Erscheinungen, die Kenntnis der qualitativen Heterogeneität der Stoffe. Aus den Regionen, in denen wir nur die Herrschaft der Gravitationsgesetze erkennen, steigen wir dann zu unserem Planeten, zu dem verwickelten Spiel der Kräfte im Erdleben herab. Die hier geschilderte naturbeschreibende Methode ist der, welche Resultate begründet, entgegengesetzt. Die eine zählt auf, was auf dem anderen Wege erwiesen worden ist.

Durch Organe nimmt der Mensch die Außenwelt in sich auf. Lichterscheinungen verkünden uns das Dasein der Materie in den fernsten Himmelsräumen. Das Auge ist das Organ der Weltanschauung. Die Erfindung des teleskopischen Sehens hat seit drittehalb Jahrhunderten den späteren Generationen eine Macht verliehen, deren Grenze noch nicht erreicht ist. Die erste und allgemeinste Betrachtung im Kosmos ist die des Inhalts der Welträume, die Betrachtung der Verteilung der Materie: des Geschaffenen, wie man gewöhnlich das Seiende und Werdende zu nennen pflegt. Wir sehen die Materie teils zu rotierenden und kreisenden Weltkörpern von sehr verschiedener Dichtigkeit und Größe geballt, teils selbst= leuchtend dunstförmig als Lichtnebel zerstreut. Betrachten wir zuerst die Nebelflecke, den in bestimmte Formen geschiedenen Weltdunst, so scheint derselbe in steter Veränderung seines Aggregatzustandes begriffen. Er tritt auf, scheinbar in kleinen Dimensionen: als runde oder elliptische Scheibe, einfach oder gepaart, bisweilen durch einen Lichtfaden verbunden; bei größe= rem Durchmesser ist er vielgestaltet, langgestreckt, oder in meh= rere Zweige auslaufend, als Fächer oder scharf begrenzter Ring mit dunklem Inneren. Man glaubt diese Nebelflecke mannigfaltigen, fortschreitenden Gestaltungsprozessen unter= worfen, je nachdem sich in ihnen der Weltdunst um einen oder um mehrere Kerne nach Attraktionsgesetzen verdichtet. Fast drittehalbtausend solcher unauflöslichen Nebelflecke, in denen die mächtigsten Fernröhre keine Sterne unterscheiden,[1] sind bereits aufgezählt und in ihrer örtlichen Lage bestimmt worden.

Die genetische Entwickelung, die perpetuierliche Fortbil= dung, in welcher dieser Teil der Himmelsräume begriffen scheint, hat denkende Beobachter auf die Analogie organischer Erscheinungen geleitet. Wie wir in unseren Wäldern dieselbe Baumart gleichzeitig in allen Stufen des Wachstums sehen, und aus diesem Anblick, aus dieser Koexistenz den Eindruck fortschreitender Lebensentwickelung schöpfen, so erkennen wir auch in dem großen Weltgarten die verschiedensten Stadien allmählicher Sternbildung. Der Prozeß der Verdichtung, den Anaximenes und die ganze ionische Schule lehrte, scheint hier gleichsam unter unseren Augen vorzugehen. Dieser Gegenstand des Forschens und Ahnens ist vorzugsweise anziehend für die Einbildungskraft. Was in den Kreisen des Lebens und aller inneren treibenden Kräfte des Weltalls so unaussprechlich fesselt, ist minder noch die Erkenntnis des Seins als die des Werdens: sei dies Werden auch nur (denn vom eigentlichen Schaffen als einer Thathandlung, vom Entstehen, als „An= fang des Seins nach dem Nichtsein", haben wir weder Be= griff noch Erfahrung) ein neuer Zustand des schon materiell Vorhandenen.

Nicht bloß durch Vergleichung der verschiedenen Entwicke= lungsmomente, in denen sich die gegen ihr Inneres mehr oder minder verdichteten Nebelflecke zeigen: auch durch unmittelbare aufeinander folgende Beobachtungen hat man geglaubt, zuerst

in der Andromeda, später im Schiffe Argo und in dem iso=
lierten faserigen Teile des Orionnebels wirkliche Gestaltver=
änderungen zu bemerken. Ungleichheit der Lichtstärke in den
angewandten Instrumenten, verschiedene Zustände unseres Luft=
kreises, und andere optische Verhältnisse machen freilich einen Teil
der Resultate als wahrhaft h i s t o r i s c h e Ergebnisse zweifelhaft. [2]

Mit den eigentlichen vielgestalteten N e b e l f l e c k e n, deren
einzelne Teile einen ungleichen Glanz haben und die mit ab=
nehmendem Umfang sich vielleicht zuletzt in Sterne konzen=
trieren; mit sogenannten p l a n e t a r i s c h e n Nebeln, deren
runde, etwas eiförmige Scheiben in allen Teilen eine völlig
gleiche milde Intensität des Lichtes zeigen: sind nicht die
N e b e l s t e r n e zu verwechseln. Hier projizieren sich nicht etwa
zufällig Sterne auf fernem nebligem Grunde; nein, die dunst=
förmige Materie, der Lichtnebel bildet e i n e Masse mit dem
von ihm umgebenen Gestirn. Bei der oft sehr beträchtlichen
Größe ihres scheinbaren Durchmessers und der Ferne, in der
sie aufglimmen, müssen beide, die planetarischen Nebelflecke
sowohl als die Nebelsterne ungeheure Dimensionen haben. [3]
Neue und scharfsinnige Betrachtungen über den sehr verschie=
denen Einfluß der Entfernung auf die Intensität des Lichtes
einer Scheibe von meßbarem Durchmesser oder eines einzelnen
selbstleuchtenden Punktes machen es nicht unwahrscheinlich, daß
die planetarischen Nebelflecke sehr ferne Nebelsterne sind, in
denen der Unterschied zwischen dem Centralsterne und der ihn
umgebenden Dunsthülle selbst für unser teleskopisches Sehen
verschwunden ist.

Die prachtvollen Zonen des südlichen Himmels zwischen
den Parallelkreisen von 50° und 80° sind besonders reich an
Nebelsternen und zusammengedrängten, nicht aufzulösenden
Nebelflecken. Von den zwei Magelhaensischen Wolken, die um
den sternenleeren, veröbeten Südpol kreisen, erscheint besonders
die größere, nach den neuesten Untersuchungen [4], „als ein
wundersames Gemenge von S t e r n s c h w ä r m e n, von teils
kugelförmigen Haufen von Nebelsternen verschiedener Größe,
und von unauflöslichen Nebelflecken, die, eine allgemeine Hellig=
keit des Gesichtsfeldes hervorbringend, wie den Hintergrund
des Bildes darstellen." Der Anblick dieser Wolken, des licht=
strahlenden Schiffes Argo, der Milchstraße zwischen dem Skor=
pion, dem Kentaur und dem Kreuze, ja die l a n d s c h a f t l i c h e
Anmut des ganzen südlichen Himmels haben mir einen un=
vergeßlichen Eindruck zurückgelassen. Das Zodiakallicht, das

pyramidenförmig aufsteigt (ebenfalls in seinem milden Glanze
der ewige Schmuck der Tropennächte), ist entweder ein großer
zwischen der Erde und Mars rotierender Nebelring oder, doch
mit minderer Wahrscheinlichkeit, die äußerste Schicht der Son=
nenatmosphäre selbst.[5] Außer diesen Lichtwolken und Nebeln
von bestimmter Form verkündigen noch genaue und immer
miteinander übereinstimmende Beobachtungen die Existenz und
die allgemeine Verbreitung einer wahrscheinlich nicht selbst
leuchtenden, unendlich fein zerteilten Materie, welche, Wider=
stand leistend, in dem Enckeschen und vielleicht auch in
dem Bielaschen Kometen durch Verminderung der Exzentrizität
und Verkürzung der Umlaufszeit sich offenbart. Diese hem=
mende ätherische und kosmische Materie kann als bewegt, trotz
ihrer ursprünglichen Tenuität als gravitierend, in der Nähe
des großen Sonnenkörpers verdichtet, ja seit Myriaden von
Jahren, durch ausströmenden Dunst der Kometenschweife, als
vermehrt gedacht werden.

Gehen wir nun von der dunstartigen Materie des un=
ermeßlichen Himmelsraumes (οὐρανοῦ χόρτος[6]), wie sie bald
formlos zerstreut und unbegrenzt, ein kosmischer Weltäther,
bald in Nebelflecke verdichtet ist, zu dem geballten, starren
Teile des Universums über; so nähern wir uns einer Klasse
von Erscheinungen, die ausschließlich mit dem Namen der Ge=
stirne oder der Sternenwelt bezeichnet wird. Auch hier sind
die Grade der Starrheit oder Dichtigkeit der geballten Materie
verschieden. Unser eigenes Sonnensystem bietet alle Stufen
mittlerer Dichtigkeit (des Verhältnisses des Volums
zur Masse) dar. Wenn man die Planeten von Merkur bis
Mars mit der Sonne und mit Jupiter, und dann diese letz=
teren zwei Gestirne mit dem noch undichteren Saturn ver=
gleicht; so gelangt man, in absteigender Stufenleiter, um an
irdische Stoffe zu erinnern, von der Dichtigkeit des Antimon=
metalles zu der des Honigs, des Wassers und des Tannen=
holzes. In den Kometen, die den zahlreichsten Teil der in=
dividualisierten Naturformen unseres Sonnensystems
ausmachen, läßt selbst noch der konzentriertere Teil, welchen
wir den Kopf oder Kern zu nennen pflegen, das Sternen=
licht ungebrochen durch. Die Masse der Kometen erreicht
vielleicht nie den fünftausendsten Teil der Erdmasse. So
verschiedenartig zeigen sich die Gestaltungsprozesse in dem ur=
sprünglichen und vielleicht fortschreitenden Ballen der Materie.
Von dem Allgemeinsten ausgehend, war es vorzugsweise nötig,

hier diese Verschiedenartigkeit zu bezeichnen: nicht als ein Mögliches, sondern als ein Wirkliches, im Weltraume Gegebenes.

Was Wright, Kant und Lambert, nach Vernunftschlüssen von der allgemeinen Anordnung des Weltgebäudes, von der räumlichen Verteilung der Materie geahnet, ist durch Sir William Herschel auf dem sichereren Wege der Beobachtung und der Messung ergründet worden. Der große, begeisterte und doch so vorsichtig forschende Mann hat zuerst das Senkblei in die Tiefen des Himmels geworfen, um die Grenzen und die Form der abgesonderten Sternschicht zu bestimmen, die wir bewohnen; er hat zuerst gewagt, die Verhältnisse der Lage und des Abstandes ferner Nebelflecke zu unserer Sternschicht aufzuklären. Wilhelm Herschel hat (so sagt die schöne Grabschrift zu Upton) die Schranken des Himmels durchbrochen (caelorum perrupit claustra); wie Kolumbus, ist er vorgedrungen in ein unbekanntes Weltenmeer, Küsten und Inselgruppen erblickend, deren letzte wahre Ortsbestimmung kommenden Jahrhunderten vorbehalten bleibt.

Betrachtungen über die verschiedene Lichtstärke der Sterne und über ihre relative Zahl, d. i. über die numerische Seltenheit oder Anhäufung in gleich großen Feldern der Fernröhre, haben auf die Annahme ungleicher Entfernung und räumlicher Verteilung in den durch sie gebildeten Schichten geleitet. Solche Annahmen, insofern sie zu einer Begrenzung der einzelnen Teile des Weltbaus führen sollen, können allerdings nicht denselben Grad mathematischer Gewißheit darbieten, der in allem erreicht wird, was unser Sonnensystem, was das Kreisen der Doppelsterne mit ungleicher Geschwindigkeit um einen gemeinsamen Schwerpunkt, was die scheinbare oder wirkliche Bewegung aller Gestirne betrifft. Man würde geneigt sein, die physische Weltbeschreibung, wenn sie von den fernsten Nebelflecken anhebt, mit dem mythischen Teile der Weltgeschichte zu vergleichen. Beide Disziplinen beginnen im Dämmerlichte der Vorzeit, wie des unerreichbaren Raumes; und wo die Wirklichkeit zu entschwinden droht, ist die Phantasie zwiefach angeregt, aus eigener Fülle zu schöpfen und den unbestimmten, wechselnden Gestalten Umriß und Dauer zu geben.

Vergleicht man den Weltraum mit einem der inselreichen Meere unseres Planeten, so kann man sich die Materie gruppenweise verteilt denken: bald in unauflösliche Nebelflecke von verschiedenem Alter, um einen oder um mehrere Kerne verdichtet; bald schon in Sternhaufen oder isolierte Sporaden geballt. Unser Sternhaufen: die Weltinsel, zu der wir gehören, bildet eine linsenförmig abgeplattete, überall abgesonderte Schicht, deren große Achse zu sieben= bis achthundert, die kleine zu hundertundfünfzig Siriusweiten geschätzt wird. In der Voraussetzung, daß die Parallaxe des Sirius[7] nicht größer ist als die genau bestimmte des glänzendsten Sternes im Kentaur (0",9128), durchläuft das Licht eine Siriusweite in drei Jahren: während aus Bessels vortrefflicher früheren Arbeit[8] über die Parallaxe des merkwürdigen 61. Sternes im Schwan (0",3483), dessen beträchtliche eigene Bewegung auf eine große Nähe hätte schließen lassen, folgt, daß von diesem Sterne das Licht zu uns erst in 9 1/4 Jahren gelangt. Unsere Sternschicht, eine Scheibe von geringer Dicke, ist zu einem Drittel in zwei Arme geteilt; man glaubt, wir stehen dieser Teilung nahe, ja der Gegend des Sirius näher als dem Sternbild des Adlers: fast in der Mitte der körperlichen Ausdehnung der Schicht, ihrer Dicke oder kleinen Achse nach.

Dieser Ort unseres Sonnensystems und die Gestaltung der ganzen Linse sind aus Sterneichungen, d. h. aus jenen Sternzählungen geschlossen, deren ich oben bereits erwähnte und die sich auf gleich große Abteilungen des teleskopischen Gesichtsfeldes beziehen. Die zu= und abnehmende Sternmenge mißt die Tiefe der Schicht nach verschiedenen Richtungen hin. So geben die Eichungen die Länge der Visionsradien: gleichsam die jedesmalige Länge des ausgeworfenen Senkbleies, wenn dasselbe den Boden der Sternschicht oder richtiger gesprochen, da hier kein Oben und Unten ist, die äußere Begrenzung erreichen soll. Das Auge sieht in der Richtung der Längenachse, da wo die meisten Sterne hintereinander liegen, die letzteren dicht zusammengedrängt, wie durch einen milch=farbenen Schimmer (Lichtdunst) vereinigt; und an dem scheinbaren Himmelsgewölbe, in einem dasselbe ganz umziehenden Gürtel, perspektivisch dargestellt. Der schmale und in Zweige geteilte Gürtel, von prachtvollem, doch ungleichem und durch dunklere Stellen unterbrochenem Lichtglanze, weicht an der hohlen Sphäre nur um wenige Grade von einem größten Kreise ab, weil wir uns nahe bei der Mitte des ganzen Sternhaufens und fast in der Ebene selbst der Milchstraße befinden. Stünde unser Planetensystem fern außerhalb des Sternhaufens, so würde die Milchstraße dem bewaffneten Auge als ein Ring und, in noch größerer Ferne, als ein auflöslicher, scheibenförmiger Nebelfleck erscheinen.

Unter den vielen selbstleuchtenden, ihren Ort verändernden Sonnen (irrtümlich sogenannten Fixsternen), welche unsere Weltinsel bilden, ist unsere Sonne die einzige, die wir als Centralkörper durch wirkliche Beobachtung in dem Verhältnis zu der von ihr unmittelbar abhängigen, um sie kreisenden geballten Materie (in mannigfacher Form von Planeten, Kometen und aerolithenartigen Asteroiden) kennen. In den vielfachen Sternen (Doppelsonnen oder Doppelsternen), soweit sie bisher ergründet sind, herrscht nicht dieselbe planetarische Abhängigkeit der relativen Bewegung und Erleuchtung, welche unser Sonnensystem charakterisiert. Zwei oder mehrere selbstleuchtende Gestirne, deren Planeten und Monde (falls sie vorhanden sind) unserer jetzigen teloskopischen Sehkraft entgehen, kreisen allerdings auch hier um einen gemeinschaftlichen Schwerpunkt; aber dieser Schwerpunkt fällt in einen vielleicht mit ungeballter Materie (Weltdunst) ausgefüllten Raum, während derselbe bei unserer Sonne oft in der innersten Begrenzung eines sichtbaren Centralkörpers enthalten ist. Wenn man Sonne und Erde oder Erde und Mond als Doppelsterne, unser ganzes planetarisches Sonnensystem als eine vielfache Sterngruppe betrachtet, so erstreckt sich die Analogie, welche eine solche Benennung hervorruft, nur auf die, Attraktionssystemen verschiedener Ordnung zukommenden, von den Lichtprozessen und der Art der Erleuchtung ganz unabhängigen Bewegungen.

Bei dieser Verallgemeinerung kosmischer Ansichten, welche dem Entwurf eines Natur- oder Weltgemäldes zukommt, kann das Sonnensystem, zu dem die Erde gehört, in zweifacher Beziehung betrachtet werden: zunächst in Beziehung auf die verschiedenen Klassen individualisierter geballter Materie, auf die Größe, die Gestaltung, die Dichtigkeit und den Abstand der Weltkörper desselben Systems; dann in Beziehung auf andere Teile unseres Sternhaufens, auf die Ortsveränderung der Sonne innerhalb desselben.

Das Sonnensystem, d. h. die um die Sonne kreisende, sehr verschiedentlich geformte Materie, besteht nach unserer jetzigen Kenntnis [9] aus elf Hauptplaneten, achtzehn Monden oder Nebenplaneten, und Myriaden von Kometen, deren drei (planetarische) das enge Gebiet der Hauptplaneten nicht verlassen. Mit nicht geringer Wahrscheinlichkeit dürfen wir auch dem Gebiete unserer Sonne, der unmittelbaren Sphäre ihrer Centralkraft, zuzählen: erstens einen rotierenden Ring dunstartiger Materie, vielleicht zwischen der Venus- und Marsbahn gelegen, gewiß die Erdbahn [10] über- schreitend und uns in Pyramidalform als Zodiakallicht sichtbar; zweitens eine Schar von sehr kleinen Asteroiden, deren Bahnen unsere Erdbahn schneiden oder ihr sehr nahe kommen, und die Erscheinungen von Aerolithen und fallenden Sternschnuppen darbieten. Umfaßt man die Komplikation von Gestaltungen, die in so verschiedenen, mehr oder weniger exzentrischen Bahnen um die Sonne kreisen; ist man nicht ge- neigt, mit dem unsterblichen Verfasser der Mécanique céleste die größere Zahl der Kometen für Nebelsterne zu halten, die von einem Centralsysteme zum anderen schweifen; so muß man bekennen, daß das vorzugsweise so genannte Planeten- system, d. h. die Gruppe der Weltkörper, welche in wenig exzentrischen Bahnen samt ihrem Mondgefolge um die Sonne kreisen, nicht der Masse, aber der Zahl der Individuen nach, einen kleinen Teil des ganzen Systems ausmacht.

Die teleskopischen Planeten: Vesta, Juno, Ceres und Pallas, mit ihren unter sich verschlungenen, stark geneigten und mehr exzentrischen Bahnen, hat man versucht als eine scheidende Zone räumlicher Abteilungen in unserem Planeten- systeme, gleichsam als eine mittlere Gruppe zu betrachten. Nach dieser Ansicht bietet die innere Planetengruppe (Merkur, Venus, Erde und Mars) in Vergleich mit der äußeren (Jupiter, Saturn und Uranus) mehrere auffallende Kontraste dar. Die inneren, sonnennäheren Planeten sind von mäßiger Größe, dichter, ziemlich gleich und langsam rotierend (in fast 24stündiger Umdrehungszeit), minder abgeplattet, und bis auf einen gänzlich mondlos. Die äußeren, sonnenfernen Planeten sind mächtig größer, fünfmal undichter, mehr als zweimal schneller in der Umdrehungszeit um ihre Achse, stärker abge- plattet, und mondreicher im Verhältnis von 17 zu 1, wenn dem Uranus wirklich sechs Satelliten zukommen.

Diese allgemeinen Betrachtungen über gewisse charakte- ristische Eigenschaften ganzer Gruppen lassen sich aber nicht mit gleichem Rechte auf die einzelnen Planeten jeglicher Gruppe anwenden; nicht auf die Verhältnisse des Abstandes von dem Centralkörper zu der absoluten Größe, zu der Dich- tigkeit, zu der Umdrehungszeit, zu der Exzentrizität, zu der Neigung der Bahnen und Achsen kreisender Weltkörper. Wir kennen bisher keine innere Notwendigkeit, kein mechanisches Naturgesetz, welches (wie das schöne Gesetz, das die Quadrate der Umlaufszeiten an die Würfel der großen Achse bindet) die eben genannten sechs Elemente der Planetenkörper und der Form ihrer Bahnen voneinander oder von den mittleren Entfernungen abhängig machte. Der sonnenfernere Mars ist kleiner als die Erde und Venus, ja unter allen längstbekannten größeren Planeten dem sonnennahen Merkur in dem Durchmesser am nächsten; Saturn ist kleiner als Jupiter und doch viel größer als Uranus. Die Zone der, im Volum so unbedeutenden, teleskopischen Planeten liegt in einer Abstandsreihe, die von der Sonne anhebt, unmittelbar vor Jupiter, dem mächtigsten aller planetarischen Weltkörper; und doch haben mehrere dieser kleinen Asteroiden, deren Scheiben wenig meßbar sind, kaum die Hälfte mehr Oberfläche als Frankreich, Madagaskar oder Borneo. So auffallend auch die äußerst geringe Dichtigkeit aller der kolossalen Planeten ist, welche der Sonne am fernsten liegen, so läßt sich auch hier keine regelmäßige Folge erkennen.[11] Uranus scheint wieder dichter als Saturn zu sein,[12] selbst wenn man Lamonts kleinere Masse $\frac{1}{24605}$ annimmt; und trotz der unbeträchtlichen Dichtigkeitsverschiedenheit der innersten Planetengruppe finden wir doch, zu beiden Seiten der Erde, Venus und Mars undichter als sie selbst. Die Rotationszeit nimmt im ganzen freilich in der Sonnenferne ab; doch ist sie im Mars größer als bei der Erde, im Saturn größer als im Jupiter. Die stärkste Exzentrizität unter allen Planeten haben die elliptischen Bahnen der Juno, der Pallas und des Merkur; die kleinste Venus und die Erde, zwei unmittelbar aufeinander folgende Planeten. Merkur und Venus bieten demnach dieselben Kontraste dar, als man in den vier, in ihren Bahnen eng verschlungenen Asteroiden bemerkt. Die unter sich sehr gleichen Exzentrizitäten der Juno und Pallas sind jede dreimal stärker als die der Ceres und Vesta. Ebenso ist es mit der Neigung der Planetenbahnen gegen die Projektionsebene der Ekliptik und mit der Stellung der Umdrehungsachsen auf ihren Bahnen: einer Stellung, von welcher mehr noch als von der Exzentrizität die Verhältnisse des Klimas, der Jahreszeiten und Tageslängen abhangen. Die Planeten, welche die gedehnteste elliptische Bahn zeigen: Juno, Pallas und Merkur, haben auch, aber nicht in demselben Verhältnis, die stärksten Neigungen der Bahnen gegen die Ekliptik. Die der Pallas ist kometenartig, fast 26mal größer als die Neigung des Jupiter, während daß die kleine Vesta, welche der Pallas so nahe ist, den Neigungswinkel der

Jupitersbahn kaum sechsmal übertrifft. Die Achsenstellungen der wenigen (4 bis 5) Planeten, deren Rotationsebene wir mit einiger Gewißheit kennen, bieten ebenfalls keine regelmäßige Reihenfolge dar. Nach der Lage der Uranustrabanten zu urteilen, deren zwei (der zweite und vierte) in den neuesten Zeiten mit Sicherheit wieder gesehen worden sind, ist die Achse des äußersten aller Planeten [13] vielleicht kaum 11° gegen seine Bahn geneigt; und Saturn befindet sich mitten zwischen Jupiter, dessen Rotationsachse fast senkrecht steht, und dem Uranus, in welchem die Achse fast mit der Bahn zusammenfällt.

Die Welt der Gestaltungen wird in dieser Aufzählung räumlicher Verhältnisse geschildert als etwas Thatsächliches, als ein Daseiendes in der Natur: nicht als Gegenstand intellektueller Anschauung, innerer, ursachlich ergründeter Verkettung. Das Planetensystem in seinen Verhältnissen von absoluter Größe und relativer Achsenstellung, von Dichtigkeit, Rotationszeit und verschiedenen Graden der Exzentrizität der Bahnen hat für uns nicht mehr Naturnotwendiges als das Maß der Verteilung von Wasser und Land auf unserem Erdkörper, als der Umriß der Kontinente oder die Höhe der Bergketten. Kein allgemeines Gesetz ist in dieser Hinsicht in den Himmelsräumen oder in den Unebenheiten der Erdrinde aufzufinden. Es sind Thatsachen der Natur, hervorgegangen aus dem Konflikt vielfacher, einst unter unbekannten Bedingungen wirkender Kräfte. Zufällig aber erscheint dem Menschen in der Planetenbildung, was er nicht genetisch zu erklären vermag. Haben sich die Planeten aus einzelnen um die Sonne kreisenden Ringen dunstförmiger Stoffe gebildet, so können die verschiedene Dicke, die ungleichförmige Dichtigkeit, die Temperatur und die elektromagnetische Spannung dieser Ringe zu den verschiedensten Gestaltungen der geballten Materie, wie das Maß der Wurfgeschwindigkeit und kleine Abänderungen in der Richtung des Wurfes zu den mannigfaltigsten Formen und Neigungen der elliptischen Bahnen Anlaß gegeben haben. Massenanziehungen und Gravitationsgesetze haben gewiß hier, wie in den geognostischen Verhältnissen der Kontinentalerhebungen, gewirkt; aber aus der gegenwärtigen Form der Dinge ist nicht auf die ganze Reihe der Zustände zu schließen, welche sie bis zu ihrer Entstehung durchlaufen haben. Selbst das sogenannte Gesetz der Abstände der Planeten von der Sonne, die Progression, aus deren fehlendem Gliede schon Kepler die Existenz eines die Lücke ausfüllenden Planeten zwischen Mars und Jupiter ahnete, ist als numerisch ungenau für die Distanzen zwischen Merkur, Venus und Erde, und, wegen des supponierten ersten Gliedes, als gegen die Begriffe einer Reihe streitend befunden worden.

Die elf bisher entdeckten, um unsere Sonne kreisenden Hauptplaneten finden sich gewiß von 14, wahrscheinlich von 18 Nebenplaneten (Monden, Satelliten) umgeben. Die Hauptplaneten sind also wiederum Centralkörper für untergeordnete Systeme. Wir erkennen hier in dem Weltbau gleichsam denselben Gestaltungsprozeß, der uns so oft die Entfaltung des organischen Lebens, bei vielfach zusammengesetzten Tier- und Pflanzengruppen, in der typischen Formwiederholung untergeordneter Sphären zeigt. Die Nebenplaneten oder Monde werden häufiger in der äußeren Region des Planetensystems, jenseits der in sich verschlungenen Bahnen der sogenannten kleinen Planeten. Diesseits sind alle Hauptplaneten mondlos, die einzige Erde abgerechnet, deren Satellit verhältnismäßig sehr groß ist, da sein Durchmesser den vierten Teil des Erddurchmessers ausmacht, während daß der größte aller bekannten Monde, der sechste der Saturnstrabanten, vielleicht $\frac{1}{17}$, und der größte aller Jupiterstrabanten, der dritte, dem Durchmesser nach, nur $\frac{1}{26}$ ihres Hauptplaneten oder Centralkörpers sind. Die mondreichsten Planeten findet man unter den fernsten [14]: welche zugleich die größeren, die sehr undichten und sehr abgeplatteten sind. Nach den neuesten Messungen von Mädler hat Uranus die stärkste aller planetarischen Abplattungen, $\frac{1}{9,2}$ [15]. Bei der Erde und ihrem Monde, deren mittlere Entfernung voneinander 51 800 geographische Meilen (384 500 km) beträgt, ist die Differenz [16] der Massen und der Durchmesser beider Weltkörper weit geringer, als wir sie sonst bei Haupt- und Nebenplaneten und Körpern verschiedener Ordnung im Sonnensysteme anzutreffen gewohnt sind. Während die Dichtigkeit des Erdtrabanten $\frac{5}{9}$ geringer als die der Erde selbst ist, [17] scheint, falls man den Bestimmungen der Größen und Massen hinlänglich trauen darf, unter den Monden, welche den Jupiter begleiten, der zweite dichter als der Hauptplanet zu sein.

Von den 14 Monden, deren Verhältnisse mit einiger Gewißheit ergründet worden sind, bietet das System der sieben Saturnstrabanten die Beispiele des beträchtlichsten Kontrastes in der absoluten Größe und in den Abständen von dem Hauptplaneten dar. Der sechste Saturnsatellit ist wahrscheinlich nicht viel kleiner als Mars, während unser Erdmond genau nur den halben Durchmesser dieses Planeten hat. Am nächsten steht, dem Volum nach, den beiden äußersten (dem sechsten und siebenten) Saturnstrabanten der dritte und hellste unter den Jupitersmonden. Dagegen gehören die durch das 40füßige Teleskop im Jahr 1789 von Wilhelm Herschel entdeckten, von John Herschel am Vorgebirge der guten Hoffnung, von Vico zu Rom und von Lamont zu München wiedergesehenen zwei innersten Saturnstrabanten, vielleicht neben den so fernen Uranusmonden, zu den kleinsten und nur unter besonders günstigen Umständen in den mächtigsten Fernröhren sichtbaren Weltkörpern unseres Sonnensystems. Alle Bestimmungen der wahren Durchmesser der Satelliten, ihre Herleitung aus der Messung der scheinbaren Größe kleiner Scheiben sind vielen optischen Schwierigkeiten unterworfen; und die rechnende Astronomie, welche die Bewegungen der Himmelskörper, wie sie sich uns von unserem irdischen Standpunkte aus darstellen werden, numerisch vorherbestimmt, ist allein um Bewegung und Masse, wenig aber um die Volume bekümmert.

Der absolute Abstand eines Mondes von seinem Hauptplaneten ist am größten in dem äußersten oder siebenten Saturnstrabanten. Seine Entfernung vom Saturn beträgt über eine halbe Million geographischer Meilen (3 539 000 km), zehnmal so viel als die Entfernung unseres Mondes von der Erde. Bei dem Jupiter ist der Abstand des äußersten (vierten) Trabanten nur 260 000 Meilen (1 789 000 km); bei dem Uranus aber, falls der sechste Trabant wirklich vorhanden ist,[18] erreicht er 340 000 Meilen (2 522 950 km). Vergleicht man in jedem dieser untergeordneten Systeme das Volum des Hauptplaneten mit der Entfernung der äußersten Bahn, in welcher sich ein Mond gebildet hat, so erscheinen ganz andere numerische Verhältnisse. In Halbmessern des Hauptplaneten ausgedrückt, sind die Distanzen der letzten Trabanten bei Uranus, Saturn und Jupiter wie 91, 64 und 27. Der äußerste Saturnstrabant erscheint dann nur um ein Geringes (1/15) vom Centrum des Saturn entfernter als unser Mond von der Erde. Der einem Hauptplaneten nächste Trabant ist zweifelsohne der erste oder innerste des Saturn, welcher dazu noch das einzige Beispiel eines Umlaufes von weniger als 24 Stunden darbietet. Seine Entfernung vom Centrum des Hauptplaneten beträgt nach Mädler und Wilhelm Beer, in Halbmessern des Saturn ausgedrückt, 2,47, in Meilen 20 022 (148 570 km). Der Abstand von der Oberfläche des Hauptplaneten kann daher nur 11 870, der Abstand von dem äußersten Rande des Ringes nur 1229 Meilen (88080 und 16540 km) betragen. Ein Reisender versinnlicht sich gern einen so kleinen Raum, indem er an den Ausspruch eines kühnen Seemannes, Kapitän Beechey, erinnert, der erzählt, daß er in drei Jahren 18200 geographische Meilen (135000 km) zurückgelegt habe. Wenn man nicht die absoluten Entfernungen, sondern die Halbmesser der Hauptplaneten zum Maße anwendet, so findet man, daß selbst der erste oder nächste Jupitersmond, welcher dem Centrum des Planeten 6500 Meilen (48230 km) ferner als der Mond der Erde liegt, von dem Centrum seines Hauptplaneten nur um sechs Jupitershalbmesser absteht, während der Erdmond volle 60¹⁄₃ Erdhalbmesser von uns entfernt ist.

In den untergeordneten Systemen der Trabanten oder Nebenplaneten spiegeln sich übrigens, ihrer Beziehung nach, zum Hauptplaneten und untereinander, alle Gravitationsgesetze ab, welche in dem, die Sonne umkreisenden Hauptplaneten walten. Die 12 Monde des Saturn, Jupiter und der Erde bewegen sich alle, wie die Hauptplaneten, von Westen nach Osten, und in elliptischen Bahnen, die überaus wenig von Kreisbahnen abweichen. Nur der Erdmond und wahrscheinlich der erste und innerste Saturnstrabant (0,068) haben eine Exzentrizität, welche größer ist als die des Jupiter; bei dem von Bessel so genau beobachteten sechsten Saturnstrabanten (0,029) überwiegt sie die Exzentrizität der Erde. An der äußersten Grenze des Planetensystems, wo die Centralkraft der Sonne in 19 Erdweiten schon beträchtlich gemindert ist, zeigt das, freilich noch wenig ergründete System der Uranusmonde die auffallendsten Kontraste. Statt daß alle anderen Monden, wie die Planetenbahnen, wenig gegen die Ekliptik geneigt sind und sich, die Saturnsringe (gleichsam verschmolzene oder ungeteilte Trabanten) nicht abgerechnet, von Westen nach Osten bewegen, stehen die Uranusmonde fast senkrecht auf der Ekliptik, bewegen sich aber, wie Sir John Herschel durch vieljährige Beobachtungen bestätigt hat, rückläufig von Osten nach Westen. Wenn Haupt und Nebenplaneten sich durch Zusammenziehung der alten Sonnen und Planetenatmosphären aus rotierenden Dunstringen gebildet haben, so muß in den Dunstringen, die um den Uranus kreisten, es sonderbare, uns unbekannte Verhältnisse der Retardation oder des Gegenstoßes gegeben haben, um genetisch eine solche der Rotation des Centralkörpers entgegengesetzte Richtung der Umlaufsbewegung in dem zweiten und vierten Uranustrabanten hervorzurufen.

Bei allen Nebenplaneten ist höchst wahrscheinlich die Rotationsperiode der Periode des Umlaufs um den Hauptplaneten gleich, so daß sie alle immerdar dem letzteren dieselbe Seite zuwenden. Ungleichheiten als Folge kleiner Veränderungen im Umlaufe verursachen indes Schwankungen von 6 bis 8 Grad (eine scheinbare Libration) sowohl in Länge als in Breite. So sehen wir z. B. nach und nach vom Erdmonde mehr als die Hälfte seiner Oberfläche: bald etwas mehr vom östlichen und nördlichen, bald etwas mehr vom westlichen oder südlichen Mondrande. Durch die Libration werden uns sichtbarer das Ringgebirge Malapert, welches bisweilen den Südpol des Mondes bedeckt, die arktische Landschaft um den Kraterberg Gioja, wie die große graue Ebene nahe dem Endymion, welche in Flächeninhalt das Mare Vaporum übertrifft. Ueberhaupt bleiben $^3/_7$ der Oberfläche gänzlich und, wenn nicht neue, unerwartet störende Mächte eindringen, auf immer unseren Blicken entzogen. Diese kosmischen Verhältnisse mahnen unwillkürlich an fast gleiche in der intellektuellen Welt, an die Ergebnisse des Denkens, wo in dem Gebiete der tiefen Forschung über die dunkle Werkstätte der Natur und die schaffende Urkraft es ebenfalls abgewandte, unerreichbar scheinende Regionen gibt, von denen sich seit Jahrhunderten dem Menschengeschlechte, von Zeit zu Zeit, bald in wahrem, bald in trügerischem Lichte erglimmend, ein schmaler Saum gezeigt hat.

Wir haben bisher betrachtet, als Produkte einer Wurfkraft und durch enge Bande der gegenseitigen Anziehung aneinander gefesselt, die Hauptplaneten, ihre Trabanten und die Gewölbsformen konzentrischer Ringe, die wenigstens einem der äußersten Planeten zugehören. Es bleibt uns noch übrig, unter den um die Sonne in eigenen Bahnen kreisenden und von ihr erleuchteten Weltkörpern die ungezählte Schar der Kometen zu nennen. Wenn man eine gleichmäßige Verteilung ihrer Bahnen, die Grenze ihrer Perihelien (Sonnennähen), und die Möglichkeit ihres Unsichtbarbleibens für die Erdbewohner nach den Regeln der Wahrscheinlichkeitsrechnung abwägt, so findet man eine Zahl von Myriaden, über welche die Einbildungskraft erstaunt. Schon Kepler sagt mit der ihm eigenen Lebendigkeit des Ausdrucks, es gebe in den Welträumen mehr Kometen als Fische in den Tiefen des Ozeans. Indes sind der berechneten Bahnen kaum noch 150 [19], wenn die Zahl der Kometen, über deren Erscheinung und Lauf

durch bekannte Sternbilder man mehr oder minder rohe An=
deutungen hat, auf sechs= oder siebenhundert geschätzt werden
kann. Während die sogenannten klassischen Völker des Occi=
dents, Griechen und Römer, wohl bisweilen den Ort angeben,
wo ein Komet zuerst am Himmel gesehen ward, nie etwas
über seine scheinbare Bahn, so bietet die reiche Litteratur
der naturbeobachtenden, alles aufzeichnenden Chinesen umständ=
liche Notizen über die Sternbilder dar, welche jeglicher Komet
durchlief. Solche Notizen reichen bis mehr denn fünf Jahr=
hunderte vor der christlichen Zeitrechnung hinauf, und viele
derselben werden noch heute[20] von den Astronomen benutzt.

Von allen planetarischen Weltkörpern erfüllen die Kometen,
bei der kleinsten Masse (nach einzelnen bisherigen Erfahrungen
wahrscheinlich weit unter $\frac{1}{5000}$ der Erdmasse), mit ihren oft
viele Millionen Meilen langen und weit ausgebreiteten Schwei=
fen den größten Raum. Der lichtreflektierende Dunstkegel,
den sie ausstrahlen, ist bisweilen (1680 und 1811) so lang
gefunden worden als die Entfernung der Erde von der Sonne:
eine Linie, welche zwei Planetenbahnen, die der Venus und
des Merkur, schneidet. Es ist selbst wahrscheinlich, daß in
den Jahren 1819 und 1823 unsere Atmosphäre mit dem
Dunst der Kometenschweife gemischt war.

Die Kometen selbst zeigen so mannigfaltige Gestalten,
oft mehr dem Individuum als der Art angehörend, daß die
Beschreibung einer dieser reisenden Lichtwolken (so nannten
sie schon Xenophanes und Theon von Alexandrien, der Zeit=
genosse des Pappus) nur mit Vorsicht auf eine andere ange=
wendet werden kann. Die schwächsten teleskopischen Kometen
sind meist ohne sichtbaren Schweif und gleichen den Herschel=
schen Nebelsternen. Sie bilden rundliche, matt schimmernde
Nebel, mit konzentrierterem Lichte gegen die Mitte. Das ist
der einfachste Typus, aber darum eben so wenig ein rudimen=
tärer Typus als der eines durch Verdampfung erschöpften,
alternden Weltkörpers. In den größeren Kometen unterscheidet
man den Kopf oder sogenannten Kern und einen einfachen
oder vielfachen Schweif, den die chinesischen Astronomen sehr
charakteristisch den Besen (sui) nennen. Der Kern hat der
Regel nach keine bestimmte Begrenzung, ob er gleich in seltenen
Fällen wie ein Stern erster und zweiter Größe, ja bei den
großen Kometen von 1402, 1532, 1577, 1744 und 1843
selbst am Tage bei hellem Sonnenschein,[21] ist leuchtend ge=
sehen worden. Dieser letztere Umstand zeugt demnach bei

einzelnen Individuen für eine dichtere, intensiver Lichtreflexion
fähige Masse. Auch erschienen in Herschels großen Teleskopen
nur zwei Kometen, der in Sizilien entdeckte von 1807 wie
der schöne von 1811, als wohlbegrenzte Scheiben:[22] die
eine unter einem Winkel von 1″, die andere von 0″,77,
woraus sich der wirkliche Durchmesser von 134 und 107
Meilen (994 und 794 km) ergeben würde. Die minder be=
stimmt umgrenzten Kerne der Kometen von 1798 und 1805
gaben gar nur 6—7 Meilen (44—52 km) Durchmesser.[23]
Bei mehreren genau untersuchten Kometen, besonders bei dem
eben genannten und so lange gesehenen von 1811, war der
Kern und die neblige Hülle, welche ihn umgab, durch einen
dunkleren Raum vom Schweife gänzlich getrennt. Die In=
tensität des Lichtes im Kerne der Kometen ist nicht gleich=
mäßig bis in das Centrum zunehmend; stark leuchtende Zonen
sind mehrfach durch konzentrische Nebelhüllen getrennt. Die
Schweife haben sich gezeigt bald einfach, bald doppelt; doch
dies selten, und (1807 und 1843) von sehr verschiedener
Länge der beiden Zweige: einmal sechsfach, 1744 (bei 60°
Oeffnung); gerade oder gekrümmt, sei es zu beiden Seiten,
nach außen (1811), oder konvex gegen die Seite hin (1618),
wohin der Komet sich bewegt; auch wohl gar flammenartig
geschwungen. Sie sind, wie (nach Eduard Biot) die chinesi=
schen Astronomen schon im Jahr 837 bemerkten, in Europa
aber Fracastoro und Peter Apian erst im sechzehnten Jahr=
hunderte auf eine bestimmtere Weise verkündigten, stets von
der Sonne dergestalt abgewandt, daß die verlängerte Achse
durch das Centrum der Sonne geht. Man kann die Aus=
strömungen als konoidische Hüllen von dickerer oder dünnerer
Wandung betrachten: eine Ansicht, durch welche sehr auffallende
optische Erscheinungen mit Leichtigkeit erklärt werden.

Die einzelnen Kometen sind aber nicht bloß ihrer Form
nach so charakteristisch verschieden (ohne allen sichtbaren
Schweif, oder mit einem von 104° Länge, wie im dritten
des Jahres 1618); wir sehen sie auch in schnell aufeinander
folgenden, veränderlichen Gestaltungsprozessen begriffen. Dieser
Formenwechsel ist am genauesten und vortrefflichsten an dem
Kometen von 1744 von Heinsius in Petersburg, und an dem
Halleyschen Kometen bei seiner letzten Wiedererscheinung im
Jahr 1835 von Bessel in Königsberg beschrieben worden.
An dem der Sonne zugekehrten vorderen Teile des Kerns
wurde eine mehr oder minder büschelförmige Ausströmung

sichtbar. Die rückwärts gekrümmten Strahlen bildeten einen Teil des Schweifes. „Der Kern des Halleyschen Kometen und seine Ausströmungen gewährten das Ansehen einer brennenden Rakete, deren Schweif durch Zugwind seitwärts abgelenkt wird." Die vom Kopf ausgehenden Strahlen haben wir, Arago und ich, auf der Pariser Sternwarte in aufeinander folgenden Nächten sehr verschiedenartig gestaltet [24] gesehen. Der große Königsberger Astronom schloß aus vielfältigen Messungen und theoretischen Betrachtungen, „daß der ausströmende Lichtkegel sich von der Richtung nach der Sonne sowohl rechts als links beträchtlich entfernte, immer aber wieder zu dieser Richtung zurückkehrte, um auf die andere Seite derselben überzugehen; daß der ausströmende Lichtkegel daher, so wie der Körper des Kometen selbst, der ihn ausstößt und erzeugt, eine drehende oder vielmehr eine schwingende Bewegung in der Ebene der Bahn erlitt". Er findet, „daß die gewöhnliche Anziehungskraft der Sonne, die sie auf schwere Körper ausübt, zur Erklärung solcher Schwingungen nicht hinreiche, und ist der Ansicht, daß dieselben eine Polarkraft offenbaren, welche einen Halbmesser des Kometen der Sonne zuwendet, den entgegengesetzten von ihr abzuwenden strebt. Die magnetische Polarität, welche die Erde besitze, biete etwas Analoges dar; und sollten sich die Gegensätze dieser tellurischen Polarität auf die Sonne beziehen, so könne sich ein Einfluß davon in der Vorrückung der Nachtgleichen zeigen". Es ist hier nicht der Ort, die Gründe näher zu entwickeln, auf welche Erklärungen gestützt worden sind, die den Erscheinungen entsprechen; aber so denkwürdige Beobachtungen, [25] so großartige Ansichten über die wunderbarste Klasse aller Weltkörper, die zu unserem Sonnensystem gehören, durften in diesem Entwurf eines allgemeinen Naturgemäldes nicht übergangen werden.

Ohnerachtet der Regel nach die Kometenschweife in der Sonnennähe an Größe und Glanz zunehmen und von dem Centralkörper abgewendet liegen, so hat doch der Komet von 1823 das denkwürdige Beispiel von zwei Schweifen gegeben, deren einer der Sonne zu-, der andere von ihr abgewandt war, und die untereinander einen Winkel von 160° bildeten. Eigene Modifikationen der Polarität und die ungleichzeitige Verteilung und Leitung derselben können in diesem seltenen Falle zweierlei, ungehindert fortgesetzte Ausströmungen der nebligen Materie verursacht haben.

In der Naturphilosophie des Aristoteles wird durch solche Ausströmungen die Erscheinung der Kometen mit der Existenz der Milchstraße in eine sonderbare Verbindung gebracht. Die zahllose Menge von Sternen, welche die Milchstraße bilden, geben eine sich selbst entzündende (leuchtende) Masse her. Der Nebelstreif, welcher das Himmelsgewölbe teilt, wird daher von dem Stagiriten wie ein großer Komet betrachtet, der sich unaufhörlich von neuem [26] erzeugt.

Bedeckungen der Fixsterne durch den sogenannten Kern eines Kometen oder seine nächsten dunstförmigen Hüllen können Licht über die physische Beschaffenheit dieser wunderbaren Weltkörper verbreiten; aber es fehlt an Beobachtungen, welche die sichere Ueberzeugung [27] gewähren, daß die Bedeckung vollkommen central gewesen sei: denn, wie wir bereits oben bemerkt, in dem dem Kerne nahe liegenden Teile der Hülle wechseln konzentrische Schalen von dichtem und sehr undichtem Dunste. Dagegen ist es keinem Zweifel unterworfen, daß am 29. September 1835, nach Bessels sorgfältigsten Messungen, das Licht eines Sternes zehnter Größe, der in 7″,78 Entfernung von dem Mittelpunkt des Kopfes des Halleyschen Kometen durch einen sehr dichten Nebel durchging, während dieses Durchganges durch alle Teile des Nebels nicht von seiner geradlinigen Bewegung [28] abgelenkt wurde. Ein solcher Mangel von strahlenbrechender Kraft, wenn er wirklich dem Centrum des Kernes zukommt, macht es schwer, den Kometenstoff für eine gasförmige Flüssigkeit zu halten. [29] Ist derselbe alleinige Folge der fast unendlichen Dünnigkeit einer Flüssigkeit? oder besteht der Komet „aus getrennten Teilchen“, ein kosmisches Gewölk bildend, das den durchgehenden Lichtstrahl nicht mehr affiziert als die Wolken unserer Atmosphäre, welche ebenfalls nicht die Zenithdistanzen der Gestirne oder der Sonnenränder verändern? Bei dem Vorübergange der Kometen vor einem Sterne ist oft eine mehr oder minder beträchtliche Schwächung ihres Lichtes bemerkt worden. Man schreibt sie mit vielem Rechte dem hellen Grunde zu, von dem während der Bedeckung die Sterne sich abzuheben scheinen.

Die wichtigste und entscheidendste Beobachtung, welche über die Natur des Kometenlichtes gemacht worden, verdanken wir Aragos Polarisationsversuchen. Sein Polariskop belehrt uns über die physische Konstitution der Sonne, wie über die der Kometen; das Instrument deutet an, ob ein Lichtstrahl, der aus einer Entfernung von vielen Millionen Meilen zu uns gelangt, direktes oder reflektiertes Licht ist, ob im ersten Falle die Lichtquelle ein fester und tropfbar-flüssiger oder ein gasförmiger Körper ist. Es wurden auf der Pariser Sternwarte in demselben Apparat das Licht der Capella und das Licht des großen Kometen von 1819 untersucht. Das letztere zeigte polarisiertes, also zurückgeworfenes Licht, während der Fixstern sich, wie zu vermuten stand, als eine selbstleuchtende Sonne [30] erwies. Das Dasein des polarisierten Kometenlichtes verkündigte sich aber nicht bloß durch Ungleichheit der Bilder: es wurde bei der Wiedererscheinung des Halleschen Kometen im Jahr 1835 noch sicherer durch den auffallenderen Kontrast der Komplementärfarben, nach der von Arago im Jahr 1811 entdeckten chromatischen Polarisation, begründet. Ob außer diesem reflektierten Sonnenlichte die Kometen nicht auch eigenes Licht haben, bleibt durch jene schönen Versuche noch unentschieden. [31] Auch in eigentlichen Planeten, der Venus z. B., ist eine selbständige Lichtentwickelung sehr wahrscheinlich.

Die veränderliche Lichtstärke der Kometen ist nicht immer aus der Stellung in ihrer Bahn und aus ihrer Entfernung von der Sonne zu erklären. Sie deutet gewiß bei einzelnen Individuen auf innere Prozesse der Verdichtung und erhöhten oder geminderten Reflexionsfähigkeit des erborgten Lichtes. Bei dem Kometen von 1618, wie bei dem von dreijährigem Umlauf, haben Hevelius und nach langer Nichtbeachtung des merkwürdigen Phänomens, der talentvolle Astronom Valz in Nismes den Kern in der Sonnennähe verkleinert, in der Sonnenferne vergrößert gefunden. Die Regelmäßigkeit der Veränderung des Volums nach Maßgabe des Abstandes von der Sonne ist überaus auffallend. Die physische Erklärung der Erscheinung darf wohl nicht in den bei größerer Sonnennähe kondensierteren Schichten des Weltäthers gesucht werden, da es schwierig ist, sich die Dunsthülle des Kometenkerns blasenartig dem Weltäther undurchdringlich vorzustellen.

Die so verschiedenartige Exzentrizität der elliptischen Kometenbahnen hat in neueren Zeiten (1819) zu einer glänzenden Bereicherung unserer Kenntnis des Sonnensystems geleitet. Encke hat die Existenz eines Kometen von so kurzer Umlaufszeit entdeckt, daß er ganz innerhalb unserer Planetenbahn bleibt, ja seine größte Sonnenferne schon zwischen der Bahn der kleinen Planeten und der Jupitersbahn erreicht. Seine Exzentrizität ist demnach 0,845, wenn die der Juno (die größte Exzentrizität unter allen Planetenbahnen) 0,255 ist. Enckes Komet ist mehrmals, wenngleich schwierig (in Europa 1819, in Neu-Holland nach Rümker 1822), dem bloßen Auge sichtbar geworden. Seine Umlaufszeit ist ungefähr von $3^1/_3$ Jahren; aber aus der sorgfältigen Vergleichung der Wiederkehr zum Perihel hat sich die merkwürdige Thatsache ergeben, daß die Umläufe von 1786 bis 1838 sich auf die regelmäßigste Weise von Umlauf zu Umlauf verkürzt haben; nämlich in einem Zeitraum von 52 Jahren um $1^8/_{10}$ Tage. Eine so merkwürdige Erscheinung hat, um nach der sorgfältigsten Beachtung aller planetarischen Störungen Beobachtung und Rechnung in Einklang zu bringen, zu der sehr wahrscheinlichen Annahme einer in den Welträumen verbreiteten, Widerstand leistenden, dunstförmigen Materie geleitet. Die Tangentialkraft wird vermindert, und mit ihr die große Achse der Kometenbahn. Der Wert der Konstante des Widerstandes scheint dazu etwas verschieden vor und nach dem Durchgang durch das Perihel, was vielleicht der in der Sonnennähe veränderten Form des kleinen Nebelsternes und der Einwirkung der ungleich dichten Schichten des Weltäthers zuzuschreiben ist. Diese Thatsachen und ihre Ergründung gehören zu den interessantesten Ergebnissen der neueren Sternkunde. Wenn außerdem der Komet von Encke früher den Anstoß gegeben hat, die für alle Störungsrechnungen so wichtige Masse Jupiters einer schärferen Prüfung zu unterwerfen, so hat uns auch sein Lauf später die erste, wiewohl nur genäherte, Bestimmung einer verminderten Merkursmasse verschafft.

Zu dem ersten Kometen von kurzer Umlaufszeit, Enckes Kometen von $3^1/_3$ Jahren, hat sich bald, 1826, ein zweiter, ebenfalls planetarischer, gesellt, dessen Sonnenferne jenseits Jupiters, doch weit diesseits der Saturnbahn liegt. Bielas Komet hat eine Umlaufszeit von $6^3/_4$ Jahren. Er ist noch lichtschwächer als der von Encke, und rechtläufig in seiner Bewegung, wie dieser, während der Halleysche Komet der Richtung aller eigentlichen Planeten entgegen kreist. Er hat das erste sichere Beispiel eines unsere Erdbahn schneidenden Kometen dargeboten. Die Bahn des Bielaschen Kometen ist daher eine Bahn, die Gefahr bringen kann, wenn man jedes außerordentliche, in historischen Zeiten noch nicht erlebte und in seinen Folgen nicht mit Gewißheit zu bestimmende Naturphänomen gefahrbringend nennen soll. Kleine Massen, mit ungeheurer Geschwindigkeit begabt, können allerdings eine beträchtliche Kraft ausüben; aber wenn Laplace erweist, daß dem Kometen von 1770 eine Masse zuzuschreiben ist, die ¹/₅₀₀₀ der Masse der Erde noch nicht erreicht, so setzt er sogar im allgemeinen die mittlere Masse der Kometen mit einer gewissen Wahrscheinlichkeit tief unter ¹/₁₀₀₀₀₀ der Erdmasse (ungefähr ¹/₁₂₀₀ der Mondmasse) herab. Man muß den Durchgang von Bielas Kometen durch unsere Erdbahn nicht mit seinem Zusammentreffen mit der Erde oder seiner Nähe zu derselben verwechseln. Als am 29. Oktober 1832 der Durchgang erfolgte, brauchte die Erde noch einen vollen Monat, um an den Durchschnittspunkt beider Bahnen zu gelangen. Die zwei Kometen von kurzer Umlaufszeit schneiden sich auch untereinander in ihren Bahnen, und man hat mit Recht bemerkt, daß bei den vielen Störungen, welche so kleine Weltkörper von den Planeten erleiden, sie möglicherweise, wenn die Begegnung sich um die Mitte des Oktobers ereignen sollte, dem Erdbewohner das wunderbare kosmische Schauspiel des Kampfes, d. h. einer wechselseitigen Durchdringung, oder einer Agglutination, oder einer Zerstörung durch erschöpfende Ausströmung, gewähren könnten. Solche Ereignisse, Folgen der Ablenkung durch störende Massen oder sich primitiv kreuzender Bahnen, mag es seit Millionen von Jahren in der Unermeßlichkeit ätherischer Räume viele gegeben haben, — isolierte Begebenheiten, so wenig allgemein wirkend oder weltumgestaltend, als es in den engen irdischen Kreisen der Ausbruch oder Einsturz eines Vulkanes sind.

Ein dritter innerer Komet von kurzer Umlaufszeit ist der im vorigen Jahre (22. November 1843) auf der Pariser Sternwarte von Faye entdeckte. Seine elliptische Bahn kommt der kreisförmigen weit näher als die irgend eines bisher bekannten Kometen. Sie ist eingeschlossen zwischen den Bahnen von Mars und Saturn. Fayes Komet, der nach Goldschmidt noch über die Jupitersbahn hinausgeht, gehört also zu den sehr wenigen, deren Sonnennähe jenseits des Mars gefunden worden ist. Seine Umlaufszeit ist von 7²⁹/₁₀₀ Jahren, und die Form seiner jetzigen Bahn verdankt er vielleicht seiner großen Annäherung an den Jupiter zu Ende des Jahres 1839.

Wenn wir die Kometen in ihren geschlossenen elliptischen Bahnen als Glieder unseres Sonnensystems nach der Länge der großen Achse, nach dem Maße ihrer Exzentrizität und der Dauer ihres Umlaufs betrachten, so stehen wahrscheinlich den drei planetarischen Kometen von Encke, Biela und Faye in der Umlaufszeit am nächsten: der von Messier entdeckte Komet von 1766, den Clausen für identisch mit dem dritten Kometen von 1819 hält, und der vierte desselben Jahres, welcher, durch Blanpain entdeckt, aber von Clausen für identisch mit dem Kometen von 1743 gehalten, wie der Lexellsche, große Veränderungen seiner Bahn durch Nähe und Anziehung des Jupiter erlitten hat. Diese zwei letztgenannten Kometen scheinen ebenfalls eine Umlaufszeit von nur 5 bis 6 Jahren zu haben, und ihre Sonnenfernen fallen in die Gegend der Jupitersbahn. Von 70= bis 76jährigem Umlaufe sind der für Theorie und physische Astronomie so wichtig gewordene Halleysche Komet, dessen letzte Erscheinung (1835) weniger glänzend war, als man nach den früheren hätte vermuten dürfen; der Komet von Olbers (6. März 1815), und der im Jahr 1812 von Pons entdeckte, dessen elliptische Bahn von Encke bestimmt ward. Beide letztere sind dem bloßen Auge unsichtbar geblieben. Von dem großen Halleyschen Kometen kennen wir nun schon mit Gewißheit die neunmalige Wieder= kehr, da durch Laugiers Rechnungen neuerlich erwiesen worden ist, daß in der von Eduard Biot gelieferten chinesischen Kometentafel die Bahn des Kometen von 1378 mit der des Halleyschen identisch ist. Die Umlaufszeit des letzteren hat von 1378 bis 1835 geschwankt zwischen 74,91 und 77,58 Jahren: das Mittel war 76,1.

Mit den eben genannten Weltkörpern kontrastiert eine Schar anderer Kometen, welche mehrere tausend Jahre zu ihrem, nur schwer und unsicher zu bestimmenden Umlauf brauchen. So bedarf der schöne Komet von 1811 nach Arge= lander 3065, der furchtbar große von 1680 nach Encke über 8800 Jahre. Diese Weltkörper entfernen sich also von der Sonne 21= und 44mal weiter als Uranus, d. i. 8400 und 17 600 Millionen Meilen. In so ungeheurer Entfernung wirkt noch die Anziehungskraft der Sonne; aber freilich legt der Komet von 1680 in der Sonnennähe 53 Meilen (über zwölfmal= hunderttausend Fuß = 393 km), d. i. dreizehnmal mehr als die Erde, in der Sonnenferne kaum 10 Fuß (3,25 m) in der Se= kunde zurück. Das ist nur dreimal mehr als die Geschwindigkeit des Wassers in unseren trägsten europäischen Flüssen; es ist die halbe Geschwindigkeit, welche ich in einem Arm des Orinoco, dem Cassiquiare, gefunden habe. Unter der zahllosen Menge unberechneter oder nicht aufgefundener Kometen gibt es höchst wahrscheinlich viele, deren große Bahnachse die des Kometen von 1680 noch weit übertrifft. Um sich nun einigermaßen durch Zahlen einen Begriff zu machen, ich sage nicht von dem Attraktionskreise, sondern von der räumlichen Entfernung eines Firsternes, einer anderen Sonne, von dem Aphelium des Kometen von 1680 (des Weltkörpers unseres Systems, der sich nach unserer jetzigen Kenntnis am weitesten entfernt), muß hier erinnert werden, daß nach den neuesten Parallaxen= bestimmungen der uns nächste Firstern noch volle 250mal weiter von unserer Sonne absteht als der Komet in seiner Sonnenferne. Diese beträgt nur 44 Uranusweiten, wenn α des Kentauren 11000, und mit größerer Sicherheit, nach Bessel, 61 des Schwans 31000 Uranusweiten abstehen.

Nach der Betrachtung der größten Entfernung der Kometen von dem Centralkörper bleibt uns übrig, die Beispiele der bisher gemessenen größten Nähe anzuführen. Den geringsten Abstand eines Kometen von der Erde hat der durch die Stö= rungen, die er vom Jupiter erlitten, so berühmt gewordene Lexell=Burkardtsche Komet von 1770 erreicht. Er stand am 28. Juni nur um sechs Mondfernen von der Erde ab. Der= selbe Komet ist zweimal, 1767 und 1779, durch das System der vier Jupitersmonde gegangen, ohne die geringste merkbare Veränderung in ihrer so wohl ergründeten Bahn hervorzu= bringen. Acht= bis neunmal näher, als der Lexellsche Komet der Erde kam, ist aber der große Komet von 1680 in seinem Perihelium der Oberfläche der Sonne gekommen. Er stand am 17. Dezember nur um den sechsten Teil des Sonnen= durchmessers ab, d. i. $^7/_{10}$ einer Monddistanz. Perihele, welche die Marsbahn überschreiten, sind wegen Lichtschwäche ferner Kometen für den Erdbewohner überhaupt selten zu beobachten, und von allen bisher berechneten Kometen ist der von 1729 der einzige, welcher in die Sonnennähe trat mitten zwischen der Pallas= und Jupitersbahn, ja bis jenseits der letzteren beobachtet werden konnte.

Seitdem wissenschaftliche Kenntnisse, einige gründliche neben vielen unklaren Halbkenntnissen in größere Kreise des geselligen Lebens eingedrungen sind, haben die Besorgnisse vor den, wenigstens möglichen Uebeln, mit denen die Kometenwelt uns bedroht, an Gewicht zugenommen.[32] Die Richtung dieser Besorgnisse ist eine bestimmtere geworden. Die Gewißheit, daß es innerhalb der bekannten Planetenbahnen wiederkehrende, unsere Regionen in kurzen Zeitabschnitten heimsuchende Kometen gibt; die beträchtlichen Störungen, welche Jupiter und Saturn den Bahnen hervorbringen, wodurch unschädlich scheinende in gefahrbringende Weltkörper verwandelt werden können; die unsere Erdbahn schneidende Bahn von Bielas Kometen; der kosmische Nebel, der als widerstrebendes, hemmendes Fluidum alle Bahnen zu verengen strebt; die individuelle Verschieden= heit der Kometenkörper, welche beträchtliche Abstufungen in der Quantität der Masse des Kernes vermuten läßt, ersetzen durch Mannigfaltigkeit der Motive reichlich, was die früheren Jahrhunderte in der vagen Furcht vor brennenden Schwer= tern, vor einem durch Haarsterne zu erregenden allgemeinen Weltbrande zusammenfaßten.

Da die Beruhigungsgründe, welche der Wahrscheinlich= keitsrechnung entnommen werden, allein auf die denkende Betrachtung, auf den Verstand, nicht auf die dumpfe Stim= mung der Gemüter und auf die dunkle Einbildungskraft wirken, so hat man der neueren Wissenschaft nicht ganz mit Unrecht vorgeworfen, daß sie Besorgnisse zu zerstören bemüht ist, die sie selbst erregt hat. Es liegt tief in der trüben Natur des Menschen, in einer ernsterfüllten Ansicht der Dinge, daß das Unerwartete, Außerordentliche nur Furcht, nicht Freude oder Hoffnung,[33] erregt. Die Wundergestalt eines großen Kometen, sein matter Nebelschimmer, sein plötzliches Auftreten am Himmelsgewölbe sind unter allen Erdzonen und dem Volkssinne fast immer als eine neue, grauenvolle, der alten Verkettung des Bestehenden feindliche Macht erschienen. Da das Phänomen nur an eine kurze Dauer gebunden ist, so entsteht der Glaube, es müsse sich in den Weltbegebenheiten, den gleichzeitigen oder den nächstfolgenden, abspiegeln. Die Verkettung dieser Weltbegebenheiten bietet dann leicht etwas dar, was man als das verkündete Unheil betrachten kann. Nur in unserer Zeit hat sich seltsamerweise eine andere und heitere Richtung des Volkssinnes offenbart. Es ist in deutschen Gauen, in den anmutigen Thälern des Rheins und der Mosel einem jener lange geschmähten Weltkörper etwas Heilbringen= des, ein wohlthätiger Einfluß auf das Gedeihen des Wein= stockes, zugeschrieben worden. Entgegengesetzte Erfahrungen, an denen es in unserer kometenreichen Zeit nicht mangelt, haben den Glauben an jene meteorologische Mythe, an das Dasein wärmestrahlender Irrsterne nicht erschüttern können.

Ich gehe von den Kometen zu einer anderen, noch viel rätselhafteren Klasse geballter Materie: zu den kleinsten aller Asteroiden über, welche wir in ihrem fragmentarischen Zustande,

und in unserer Atmosphäre angelangt, mit dem Namen der
Aerolithen oder Meteorsteine bezeichnen. Wenn ich bei
diesen, wie bei den Kometen, länger verweile, und Einzelheiten aufzähle, die einem allgemeinen Naturgemälde fremd
bleiben sollten, so ist dies nur mit Absicht geschehen. Der
ganz individuellen Charakterverschiedenheit der Kometen ist
schon früher gedacht worden. Nach dem Wenigen, was wir
bis jetzt von ihrer physischen Beschaffenheit wissen, ist es
schwer, in einer Darstellung, wie sie hier gefordert wird, von
wiederkehrenden, aber mit sehr ungleicher Genauigkeit beobachteten Erscheinungen das Gemeinsame aufzufassen, das Notwendige von dem Zufälligen zu trennen. Nur die messende
und rechnende Astronomie der Kometen hat bewundernswürdige
Fortschritte gemacht. Bei diesem Zustande unserer Kenntnisse
muß eine wissenschaftliche Betrachtung sich auf die physiognomische Verschiedenheit der Gestaltung in Kern und Schweif,
auf die Beispiele großer Annäherung zu anderen Weltkörpern,
auf die Extreme in dem räumlichen Verhältnis der Bahnen
und in der Dauer der Umlaufszeiten beschränken. Natur-
wahrheit ist bei diesen Erscheinungen wie bei den nächstfolgenden nur durch Schilderung des Einzelnen und durch
den lebendigen, anschaulichen Ausdruck der Wirklichkeit zu erreichen.

Sternschnuppen, Feuerkugeln und Meteorsteine
sind mit großer Wahrscheinlichkeit als kleine, mit planetarischer
Geschwindigkeit sich bewegende Massen zu betrachten, welche
im Weltraume nach den Gesetzen der allgemeinen Schwere
in Kegelschnitten um die Sonne kreisen. Wenn diese Massen
in ihrem Laufe der Erde begegnen und, von ihr angezogen,
an den Grenzen unserer Atmosphäre leuchtend werden, so
lassen sie öfters mehr oder minder erhitzte, mit einer schwarzen
glänzenden Rinde überzogene, steinartige Fragmente herabfallen.
Bei aufmerksamer Zergliederung von dem, was in den Epochen,
wo Sternschnuppenschwärme periodisch fielen (in Cumana
1799, in Nordamerika 1833 und 1834), beobachtet wurde,
bleibt es nicht erlaubt, die Feuerkugeln von den Sternschnuppen
zu trennen.[34] Beide Phänomene sind oft nicht bloß gleichzeitig und gemischt, sie gehen auch ineinander über: man
möge die Größe der Scheiben, oder das Funkensprühen, oder
die Geschwindigkeiten der Bewegung miteinander vergleichen.
Während die platzenden, Rauch ausstoßenden, selbst in der
Tropenhelle des Tages[35] alles erleuchtenden Feuerkugeln bis-

weilen den scheinbaren Durchmesser des Mondes übertreffen, sind dagegen auch Sternschnuppen in zahlloser Menge von solcher Kleinheit gesehen worden, daß sie in der Form fort= schreitender Punkte sich nur wie phosphorische Linien [36] sichtbar machten. Ob übrigens unter den vielen leuchtenden Körpern, die am Himmel als sternähnliche Funken fortschießen, nicht auch einige ganz verschiedenartiger Natur sind, bleibt bis jetzt unentschieden. Wenn ich gleich nach meiner Rück= kunft aus der Aequinoktialzone von dem Eindruck befangen war, als sei mir unter den Tropen, in den heißesten Ebenen, wie auf Höhen von zwölf= oder fünfzehntausend Fuß (3900 bis 4870 m), der Fall der Sternschnuppen häufiger, farbiger und mehr von langen glänzenden Lichtbahnen begleitet er= schienen wie in der gemäßigten und kalten Zone, so lag der Grund dieses Eindruckes wohl nur in der herrlichen Durch= sichtigkeit der Tropenatmosphäre selbst. [37] Man sieht dort tiefer in den Dunstkreis hinein. Auch Sir Alexander Burnes rühmt in Bokhara, als Folge der Reinheit des Himmels, „das entzückende, immer wiederkehrende Schauspiel der vielen farbigen Sternschnuppen".

Der Zusammenhang der Meteorsteine mit dem größeren und glänzenderen Phänomen der Feuerkugeln, ja daß jene aus diesen niederfallen und bisweilen 10 bis 15 Fuß (3,25 bis 4,30 m) tief in die Erde eindringen, ist unter vielen anderen Beispielen durch die wohl beobachteten Aerolithenfälle zu Barbotan im Departement des Landes (24. Juli 1790), zu Siena (16. Juni 1794), zu Weston in Connecticut (14. De= zember 1807) und zu Juvenas im Ardèche=Departement (15. Juni 1821) erwiesen worden. Andere Erscheinungen der Steinfälle sind die, wo die Massen aus einem sich bei heiterem Himmel plötzlich bildenden kleinen, sehr dunkeln Gewölke, unter einem Getöse, das einzelnen Kanonenschüssen gleicht, herabgeschleudert werden. Ganze Landesstrecken finden sich bisweilen durch ein solches fortziehendes Gewölk mit Tausenden von Fragmenten, sehr ungleicher Größe, aber gleicher Beschaffenheit bedeckt. In selteneren Fällen, wie vor wenigen Monaten bei dem großen Aerolithen, der unter donnerartigem Krachen (16. Sep= tember 1843) zu Kleinwenden, unweit Mühlhausen, fiel, war der Himmel hell und es entstand kein Gewölk. Die nahe Verwandtschaft zwischen Feuerkugeln und Sternschnuppen zeigt sich auch dadurch, daß die ersten, Meteorsteine zur Erde herabschleudernd, bisweilen (9. Juni 1822 zu Angers) kaum den Durchmesser der kleinen römischen Lichter in unseren Feuerwerken hatten.

Was die formbildende Kraft, was der physische und chemische Prozeß in diesen Erscheinungen ist; ob die Teilchen, welche die dichte Masse des Meteorsteines bilden, ursprünglich, wie in dem Kometen, dunstförmig voneinander entfernt liegen, und sich erst dann, wenn sie für uns zu leuchten beginnen, innerhalb der flammenden Feuerkugeln zusammenziehen; was in der schwarzen Wolke vorgeht, in der es minutenlang donnert, ehe die Steine herabstürzen; ob auch aus den kleinen Sternschnuppen wirklich etwas Kompaktes, oder nur ein höherauchartiger, eisen- und nickelhaltiger Meteorstaub[38] niederfällt: das alles ist bis jetzt in großes Dunkel gehüllt. Wir kennen das räumlich Gemessene, die ungeheure, wundersame, ganz planetarische Geschwindigkeit der Sternschnuppen, der Feuerkugeln und der Meteorsteine; wir kennen das Allgemeine und in dieser Allgemeinheit Einförmige der Erscheinung, nicht den genetischen kosmischen Vorgang, die Folge der Umwandlungen. Kreisen die Meteorsteine schon geballt zu dichten[39] Massen (doch minder dicht als die mittlere Dichtigkeit der Erde), so müssen sie im Innersten der Feuerkugeln, aus deren Höhe und scheinbarem Durchmesser man bei den größeren auf einen wirklichen Durchmesser von 500 bis 2600 Fuß (160 bis 840 m) schließen kann, nur einen sehr geringen, von entzündlichen Dämpfen oder Gasarten umhüllten Kern bilden. Die größten Meteormassen, die wir bisher kennen: die brasilianische von Bahia und die von Otumpa in Chaco, welche Rubi de Celis beschrieben, haben 7 bis 7$\frac{1}{2}$ Fuß (2.27 bis 2,43 m) Länge. Der in dem ganzen Altertum so berühmte, schon in der Parischen Marmorchronik bezeichnete Meteorstein von Aegos Potamoi (gefallen fast in dem Geburtsjahre des Sokrates) wird sogar als von der Größe zweier Mühlsteine und dem Gewicht einer vollen Wagenlast beschrieben. Trotz der vergeblich angewandten Bemühungen des afrikanischen Reisenden Browne, habe ich nicht die Hoffnung aufgegeben, man werde einst diese, so schwer zerstörbare thracische Meteormasse in einer den Europäern jetzt sehr zugänglichen Gegend (nach 2312 Jahren) wieder auffinden. Der im Anfang des 10. Jahrhunderts in den Fluß bei Narni gefallene ungeheure Aerolith ragte, wie ein von Pertz aufgefundenes Dokument bezeugt, eine volle Elle hoch über dem Wasser hervor. Auch ist zu bemerken, daß alle diese Massen alter und neuer Zeit doch eigentlich nur als Hauptfragmente von dem zu betrachten sind, was in der Feuerkugel oder in dem dunkeln Gewölk durch Explosion zertrümmert worden ist. Wenn man die mathematisch erwiesene, ungeheure Geschwindigkeit erwägt, mit welcher die Meteorsteine von den äußersten Grenzen der Atmosphäre bis zur Erde gelangen, oder als Feuerkugeln auf längerem Wege durch die Atmosphäre und deren dichtere Schichten hinstreichen, so wird es mir mehr als unwahrscheinlich, daß erst in diesem kurzen Zeitraume die metallhaltige Steinmasse mit ihren eingesprengten, vollkommen ausgebildeten Kristallen von Olivin, Labrador und Pyroxen sollte aus dem dunstförmigen Zustande zu einem festen Kerne zusammengeronnen sein.

Was herabfällt, hat übrigens, selbst dann, wenn die innere Zusammensetzung chemisch noch verschieden ist, fast immer den eigentümlichen Charakter eines Fragments, oft eine prismatoidische oder verschobene Pyramidalform, mit breiten, etwas gebogenen Flächen und abgerundeten Ecken. Woher aber diese, von Schreibers zuerst erkannte Form eines abgesonderten Stückes in einem rotierenden planetarischen Körper? Auch hier, wie in der Sphäre des organischen Lebens, ist alles dunkel, was der Entwickelungsgeschichte angehört. Die Meteormassen fangen an zu leuchten und sich zu entzünden in Höhen, die wir fast als luftleer betrachten müssen, oder die nicht $^{1}/_{100000}$ Sauerstoff enthalten. Biots neue Untersuchungen über das wichtige Crepuskularphänomen [40] erniedrigen sogar beträchtlich die Linie, welche man, vielleicht etwas gewagt, die Grenze der Atmosphäre [41] zu nennen pflegt; aber Lichtprozesse können ohne Gegenwart des umgebenden Sauerstoffs vorgehen, und Poisson dachte sich die Entzündung des Aerolithen weit jenseits unseres luftförmigen Dunstkreises. Nur das, was der Berechnung und einer geometrischen Messung zu unterwerfen ist, führt uns bei den Meteorsteinen, wie bei den größeren Weltkörpern des Sonnensystems, auf einen festen und sichereren Boden. Obgleich Halley schon die große Feuerkugel von 1686, deren Bewegung der Bewegung der Erde in ihrer Bahn entgegengesetzt war, für ein kosmisches Phänomen erklärte, so ist es doch erst Chladni gewesen, welcher in der größten Allgemeinheit (1794) den Zusammenhang zwischen den Feuerkugeln und den aus der Atmosphäre herabgefallenen Steinen, wie die Bewegung der ersteren im Weltraume, [42] auf das scharfsinnigste erkannt hat. Eine glänzende Bestätigung der Ansicht des kosmischen Ursprungs solcher Erscheinungen hat Denison Olmsted zu New Haven (Massachusetts) dadurch geliefert, daß er erwiesen hat, wie bei dem so berühmt gewordenen Sternschnuppenschwarme in der Nacht vom 12. zum 13. November 1833, nach dem Zeugnis aller Beobachter, die Feuerkugeln und Sternschnuppen insgesamt von einer und derselben Stelle am Himmelsgewölbe, nahe bei γ Leonis, ausgingen, und von diesem Ausgangspunkte nicht abwichen, obgleich der Stern während der langen Dauer der Beobachtung seine scheinbare Höhe und sein Azimut veränderte. Eine solche Unabhängigkeit von der Rotation der Erde bewies, daß die leuchtenden Körper von außen, aus dem Weltraume, in unsere Atmosphäre gelangten. Nach Enckes Berechnung[43] sämtlicher Beobachtungen, die in den Vereinigten Staaten von Nordamerika zwischen den Breiten von 35° und 42° angestellt worden sind, kamen sie alle aus dem Punkte des Weltraums, auf welchen zu derselben Epoche die Bewegung der Erde gerichtet war. Auch in den wiederkehrenden Sternschnuppenschwärmen des Novembers von 1834 und 1837 in Nordamerika, wie in dem analogen 1838 zu Bremen beobachteten, wurden der allgemeine Parallelismus der Bahnen und die Richtung der Meteore aus dem Sternbild des Löwen erkannt. Wie bei periodischen Sternschnuppen überhaupt eine mehr parallele Richtung als bei den gewöhnlichen sporadischen, so glaubt man auch in dem periodisch wiederkehrenden August-Phänomen (Strom des heil. Laurentius) bemerkt zu haben, daß die Meteore 1839 größtenteils von einem Punkte zwischen dem Perseus und dem Stier kamen: gegen das letztere Sternbild bewegte sich damals die Erde. Diese Eigenheit des Phänomens (der Richtung rückläufiger Bahnen im November und im August) verdient besonders durch künftige recht genaue Beobachtungen bekräftigt oder widerlegt zu werden.

Die Höhe der Sternschnuppen, d. h. des Anfangs und Endes ihrer Sichtbarkeit, ist überaus verschieden, und schwankt zwischen 4 und 35 Meilen (30 und 260 km). Dies wichtige Resultat und die ungeheure Geschwindigkeit der problematischen Asteroiden sind zuerst von Benzenberg und Brandes durch gleichzeitige Beobachtungen und Parallaxenbestimmungen, an den Endpunkten einer Standlinie von 46 000 Fuß (14 942 m) Länge gefunden worden.[44] Die relative Geschwindigkeit der Bewegung ist 4½ bis 9 Meilen (33 bis 66,7 km) in der Sekunde, also der der Planeten gleich. Eine solche planetarische Geschwindigkeit,[45] wie auch die oft bemerkte Richtung

der Feuerkugel= und Sternschnuppenbahnen, der Bewegungs=
richtung der Erde entgegengesetzt, werden als Hauptmomente
in der Widerlegung des Ursprungs der Aerolithen aus soge=
nannten noch thätigen Mondvulkanen betrachtet. Die An=
nahme einer mehr oder minder großen vulkanischen Kraft auf
einem kleinen, von keinem Luftkreise umgebenen Weltkörper
ist aber, ihrer Natur nach, numerisch überaus willkürlich.
Es kann die Reaktion des Inneren eines Weltkörpers gegen
seine Rinde zehn=, ja hundertmal kräftiger gedacht werden als
bei unseren jetzigen Erdvulkanen. Auch die Richtung der
Massen, welche von einem westöstlich umlaufenden Satelliten
ausgeschleudert werden, kann dadurch rückläufig scheinen, daß
die Erde in ihrer Bahn später an den Punkt derselben gelangt,
den jene Massen berühren. Wenn man indes den Umfang
der Verhältnisse erwägt, die ich schon in diesem Naturgemälde
habe aufzählen müssen, um dem Verdacht unbegründeter Be=
hauptungen zu entgehen, so findet man die Hypothese des
selenitischen Ursprunges der Meteorsteine von einer Mehrzahl
von Bedingungen abhängig, deren zufälliges Zusammentreffen
allein das bloß Mögliche als ein Wirkliches gestalten kann.
Einfacher und anderen Vermutungen über die Bildung des
Sonnensystems analoger scheint die Annahme eines ursprüng=
lichen Daseins kleiner planetarischer Massen im Weltraume.

Es ist sehr wahrscheinlich, daß ein großer Teil dieser
kosmischen Körper die Nähe unseres Dunstkreises unzerstört
durchstreichen, um ihre, durch Anziehung der Erdmasse nur in
der Exzentrizität veränderte Bahn um die Sonne fortzusetzen.
Man kann glauben, daß dieselben uns nach mehreren Um=
läufen und vielen Jahren erst wieder sichtbar werden. Die so=
genannten aufwärts steigenden Sternschnuppen und Feuer=
kugeln, welche Chladni[45a] nicht glücklich durch Reflexion
stark zusammengepreßter Luft zu erklären suchte, erschienen auf
den ersten Anblick als die Folge einer rätselhaften, die Körper
von der Erde entfernenden Wurfgeschwindigkeit; aber Bessel
hat theoretisch erwiesen und durch Feldts sorgfältige Rechnungen
bestätigt gefunden, daß bei dem Mangel an vollkommener
Gleichzeitigkeit des beobachteten Verschwindens unter den ver=
öffentlichen Beobachtungen keine vorkomme, welche der An=
nahme des Aufsteigens eine Wahrscheinlichkeit gäbe, und er=
laubte sie als ein Resultat der Beobachtungen anzusehen.[46]
Ob, wie Olbers glaubt, das Zerspringen von Sternschnuppen
und rauchend flammenden, nicht immer geradlinig bewegten

Feuerkugeln die Meteore nach Raketenart in die Höhe treiben, und ob es in gewissen Fällen auf die Richtung ihrer Bahn einwirken könne, muß der Gegenstand neuer Beobachtungen werden.

Die Sternschnuppen fallen entweder vereinzelt und selten, also sporadisch, oder in Schwärmen zu vielen Tausenden; die letzteren Fälle (arabische Schriftsteller vergleichen sie mit Heuschreckenscharen) sind periodisch und bewegen sich in Strömen von meist paralleler Richtung. Unter den periodischen Schwärmen sind bis jetzt die berühmtesten geworden das sogenannte November-Phänomen (12. bis 14. November), und das des Festes des heil. Laurentius (10. August), dessen „feuriger Thränen" in England schon längst in einem Kirchenkalender wie in alten Traditionen [47] als einer wiederkehrenden meteorologischen Begebenheit gedacht wird. Unerachtet bereits in der Nacht vom 12.—13. November 1823 nach Klöden in Potsdam, und 1832 in ganz Europa: von Portsmouth bis Orenburg am Uralflusse, ja selbst in der südlichen Hemisphäre in Jle de France, ein großes Gemisch von Sternschnuppen und Feuerkugeln der verschiedensten Größe gesehen worden war, so leitete doch eigentlich erst der unge= heure Sternschnuppenschwarm, den Olmsted und Palmer in Nordamerika am 12.—13. November 1833 beobachteten und in dem an einem Orte, wie Schneeflocken zusammengedrängt, während neun Stunden wenigstens 240 000 fielen, auf die Periodizität der Erscheinung, auf die Idee, daß große Sternschnuppenschwärme an gewisse Tage geknüpft sind. Pal= mer in New Haven erinnerte sich des Meteorfalls von 1799, den Ellicot und ich zuerst beschrieben haben; [48] und von dem durch die Zusammenstellung des Beobachteten, welche ich ge= geben, erwiesen worden ist, daß er im neuen Kontinent gleich= zeitig vom Aequator bis zu Neu=Herrnhut in Grönland (Br. 46° 14′) zwischen 46° und 82° der Länge gesehen wurde. Man erkannte mit Erstaunen die Identität der Zeitepoche. Der Strom, der am ganzen Himmelsgewölbe am 12.—13. November 1833 von Jamaika bis Boston (Br. 40° 21′) gesehen wurde, wieder= holte sich 1834 in der Nacht vom 13.—14. November in den Vereinigten Staaten von Nordamerika, doch mit etwas ge= ringerer Intensität. In Europa hat sich seine Periodizität seitdem mit großer Regelmäßigkeit bestätigt.

Ein zweiter, ebenso regelmäßig eintretender Sternschnup= penschwarm, als das November-Phänomen, ist der des August= monats, der Strom des heil. Laurentius (9.— 14. August).

Muschenbroek [49] hatte schon in der Mitte des vorigen Jahrhunderts auf die Häufigkeit der Meteore im Augustmonat aufmerksam gemacht; aber ihre periodisch sichere Wiederkehr um die
Epoche des Laurentiusfestes haben erst Quctelet, Olbers und
Benzenberg erwiesen. Man wird mit der Zeit gewiß noch
andere periodisch wiederkehrende Ströme [50] entdecken, vielleicht
um den 22.—25. April, wie zwischen dem 6.—12. Dezember,
und wegen der von Capocci aufgezählten wirklichen Aerolithenfälle am 27.—29. November oder 17. Juli.

So unabhängig sich auch alle bisher beobachtete Erscheinungen von der Polhöhe, der Lufttemperatur und anderen klimatischen Verhältnissen gezeigt haben, so ist doch dabei eine,
vielleicht nur zufällig begleitende Erscheinung nicht ganz zu
übersehen. Das Nordlicht war von großer Intensität während
der prachtvollsten aller dieser Naturbegebenheiten, während der,
welche Olmsted (12.—13. November 1833) beschrieben hat. Es
wurde auch in Bremen 1838 beobachtet, wo aber der periodische Meteorfall minder auffallend als in Richmond bei London
war. Ich habe auch in einer anderen Schrift der sonderbaren
und mir oft mündlich bestätigten Beobachtung des Admirals
Wrangel [51] erwähnt, der an den sibirischen Küsten des Eismeers,
während des Nordlichtes, gewisse Regionen des Himmelsgewölbes, die nicht leuchteten, sich stets entzünden und dann fort-
glühen sah, wenn eine Sternschnuppe sie durchstrich.

Die verschiedenen Meteorströme, jeder aus Myriaden
kleiner Weltkörper zusammengesetzt, schneiden wahrscheinlich
unsere Erdbahn, wie es der Komet von Biela thut. Die
Sternschnuppen-Asteroiden würde man sich nach dieser Ansicht
als einen geschlossenen Ring bildend und in demselben einerlei
Bahn befolgend vorstellen können. Die sogenannten kleinen
Planeten zwischen Mars und Jupiter bieten uns, mit Aus-
schluß der Pallas, in ihren so engverschlungenen Bahnen ein
analoges Verhältnis dar. Ob Veränderungen in den Epochen,
zu welchen der Strom uns sichtbar wird, ob Verspätungen
der Erscheinungen, auf die ich schon lange aufmerksam gemacht
habe, ein regelmäßiges Fortrücken oder Schwanken der Knoten
(der Durchschnittspunkte der Erdbahn und der Ringe) andeuten, oder ob bei ungleicher Gruppierung und bei sehr ungleichen Abständen der kleinen Körper voneinander die Zone
eine so beträchtliche Breite hat, daß die Erde sie erst in mehreren Tagen durchschneiden kann, darüber ist jetzt noch nicht
zu entscheiden. Das Mondsystem des Saturn zeigt uns eben-

falls eine Gruppe innigst miteinander verbundener Weltkörper von ungeheurer Breite. In dieser Saturnsgruppe ist die Bahn des äußersten (siebenten) Mondes von einem so beträchtlichen Durchmesser, daß die Erde in ihrer Bahn um die Sonne einen gleichen Raum erst in drei Tagen zurücklegen würde. Wenn in einem der geschlossenen Ringe, welche wir uns als die Bahnen der periodischen Ströme bezeichnend denken, die Asteroiden dergestalt ungleich verteilt sind, daß es nur wenige dicht gedrängte und schwarmerregende Gruppen darin gibt, so begreift man, warum glänzende Phänomene wie die im November 1799 und 1833 überaus selten sind. Der scharfsinnige Olbers war geneigt, die Wiederkehr der großen Erscheinung, in der Sternschnuppen mit Feuerkugeln gemengt wie Schneeflocken fielen, erst für den 12.—14. November 1867 zu verkündigen.

Bisweilen ist der Strom der November-Asteroiden nur in einem schmalen Erdraume sichtbar geworden. So zeigte er sich z. B. im Jahre 1837 in England in großer Pracht als meteoric shower, während daß ein sehr aufmerksamer und geübter Beobachter zu Braunsberg in Preußen in derselben Nacht, die dort ununterbrochen heiter war, von 7 Uhr abends bis Sonnenaufgang nur einige wenige, sporadisch fallende Sternschnuppen sah. Bessel schloß [52] daraus, „daß eine wenig ausgedehnte Gruppe des großen mit jenen Körpern gefüllten Ringes in England bis zur Erde gelangt ist, während daß eine östlich gelegene Länderstrecke durch eine verhältnismäßig leere Gegend des Meteorringes ging". Erhält die Annahme eines regelmäßigen Fortrückens oder eines durch Perturbationen verursachten Schwankens der Knotenlinie mehr Wahrscheinlichkeit, so gewinnt das Auffinden älterer Beobachtungen ein besonderes Interesse. Die chinesischen Annalen, in denen neben der Erscheinung von Kometen auch große Sternschnuppenschwärme angegeben werden, reichen bis über die Zeiten des Tyrtäus oder des zweiten messenischen Krieges hinaus. Sie beschreiben zwei Ströme im Märzmonat, deren einer 687 Jahre älter als unsere christliche Zeitrechnung ist. Eduard Biot hat schon bemerkt, daß unter den 52 Erscheinungen, welche er in den chinesischen Annalen gesammelt, die am häufigsten wiederkehrenden die wären, welche dem 20.—22. Juli (a. St.) nahe liegen und daher wohl der, jetzt vorgerückte Strom des heil. Laurentius sein könnten. [53] Ist der von Boguslawski dem Sohne in Benessi de Horowic Chronicon Ecclesiae Pragensis aufgefundene Sternschnuppenfall vom 21. Oktober 1366

(a. St.) unser jetziges November=Phänomen, aber damals bei hellem Tage gesehen, so lehrt die Fortrückung in 477 Jahren, daß dies Sternschnuppensystem (d. i. sein gemeinschaftlicher Schwerpunkt) eine rückläufige Bahn um die Sonne beschreibt. Es folgt auch aus den hier entwickelten Ansichten, daß, wenn Jahre vergehen, in denen beide bisher erforschte Ströme (der November= und der Laurentiusstrom) in keinem Teile der Erde beobachtet würden, die Ursache davon entweder in der Unterbrechung des Ringes (d. h. in den Lücken, welche die aufeinander folgenden Asteroidengruppen lassen) oder, wie Poisson will, in der Einwirkung der größeren Planeten[54] auf die Gestalt und Lage des Ringes liegt.

Die festen Massen, welche man bei Nacht aus Feuer= kugeln, bei Tage und meist bei heiterem Himmel, aus einem kleinen dunkeln Gewölk unter vielem Getöse und beträchtlich erhitzt (doch nicht rotglühend) zur Erde fallen sieht, zeigen im ganzen, ihrer äußeren Form, der Beschaffenheit ihrer Rinde und der chemischen Zusammensetzung ihrer Hauptbe= standteile nach, eine unverkennbare Uebereinstimmung. Sie zeigen dieselbe durch alle Jahrhunderte und in den verschie= densten Regionen der Erde, in denen man sie gesammelt hat. Aber eine so auffallende und früh behauptete physiognomische Gleichheit der dichten Meteormassen leidet im einzelnen mancherlei Ausnahmen. Wie verschieden sind die leicht schmied= baren Eisenmassen von Hradschina im Agramer Komitate, oder die von den Ufern des Sisim in dem Jenisseisker Gouver= nement, welche durch Pallas berühmt geworden sind, oder die, welche ich aus Mexiko mitgebracht, Massen, die alle $^{96}/_{100}$ Eisen enthalten, von den Aerolithen von Siena, deren Eisen= gehalt kaum $^2/_{100}$ beträgt, von dem erdigen, in Wasser zer= fallenden Meteorstein von Alais (im Departement du Gard), und von Jonzac und Juvenas, die ohne metallisches Eisen, ein Gemenge oryktognostisch unterscheidbarer, kristallinisch geson= derter Bestandteile darbieten! Diese Verschiedenheiten haben auf die Einteilung der kosmischen Massen in zwei Klassen: nickelhaltiges Meteoreisen und fein= oder grobkörnige Me= teorsteine, geführt. Sehr charakteristisch ist die, nur einige Zehntel einer Linie dicke, oft pechartig glänzende, bisweilen geäderte Rinde.[55] Sie hat bisher, soviel ich weiß, nur im Meteorstein von Chantonnay in der Vendée gefehlt, der da= gegen, was ebenso selten ist, Poren und Blasenräume wie der Meteorstein von Juvenas zeigt. Ueberall ist die schwarze

Rinde von der hellgrauen Masse ebenso scharf abgeschnitten
als der schwarze bleifarbene Ueberzug der weißen Granitblöcke,
die ich aus den Katarakten des Orinoko mitgebracht und die
auch vielen Katarakten anderer Erdteile (z. B. dem Nil= und
dem Kongoflusse) eigen sind. Im stärksten Feuer der Porzellan=
öfen kann man nichts hervorbringen, was der so rein von
der unveränderten Grundmasse abgeschiedenen Rinde der Aero=
lithen ähnlich wäre. Man will zwar hie und da etwas be=
merkt haben, was auf das Einkneten von Fragmenten könnte
schließen lassen; aber im allgemeinen deuten die Beschaffenheit
der Grundmasse, der Mangel von Abplattung durch den Fall,
und die nicht sehr beträchtliche Erhitzung bei erster Berührung
des eben gefallenen Meteorsteins keineswegs auf das Ge=
schmolzensein des Inneren in dem schnell zurückgelegten Wege
von der Grenze der Atmosphäre zur Erde hin.

Die chemischen Elemente, aus denen die Meteormassen
bestehen und über welche Berzelius ein so großes Licht ver=
breitet hat, sind dieselben, welche wir zerstreut in der Erdrinde
antreffen: 8 Metalle (Eisen, Nickel, Kobalt, Mangan, Chrom,
Kupfer, Arsenik und Zinn), 5 Erdarten: Kali und Natron,
Schwefel, Phosphor und Kohle; im ganzen ⅛ aller uns bisher
bekannten sogenannten einfachen Stoffe. [56] Trotz dieser Gleich=
heit der letzten Bestandteile, in welche unorganische Körper
chemisch zersetzt werden, hat das Ansehen der Meteormassen
doch durch die Art der Zusammensetzung ihrer Bestandteile
im allgemeinen etwas Fremdartiges, den irdischen Gebirgs=
arten und Felsmassen Unähnliches. Das fast in allen einge=
sprengte gediegene Eisen gibt ihnen einen eigentümlichen,
aber deshalb nicht selenitischen Charakter: denn auch in
anderen Welträumen und Weltkörpern, außerhalb des Mondes,
kann Wasser ganz fehlen und können Orydationsprozesse selten sein.

Die kosmischen Schleimblasen, die organischen
nostokähnlichen Massen, welche den Sternschnuppen seit dem
Mittelalter zugeschrieben werden, die Schwefelkiese von Ster=
litamak (westlich vom Uralgebirge), die das Innere von
Hagelkörnern sollen gebildet haben, gehören zu den Mythen
der Meteorologie. Nur das feinkörnige Gewebe, nur die Ein=
mengung von Olivin, Augit und Labrador [57] geben einigen
Aerolithen (z. B. den doleritähnlichen von Juvenas im Ar=
dèche=Departement), wie Gustav Rose gezeigt hat, ein mehr
heimisches Ansehn. Diese enthalten nämlich kristallinische
Substanzen, ganz denen unserer Erdrinde gleich, und in der

sibirischen Meteoreisenmasse von Pallas zeichnet sich der Olivin nur durch Mangel von Nickel aus, der dort durch Zinnoxyd ersetzt ist. Da die Meteorolivine, wie die unserer Basalte, 47 bis 49 Hundertteile Talkerde enthalten und in den Meteorsteinen nach Berzelius meist die Hälfte der erdigen Bestandteile ausmachen, so muß man nicht über den großen Gehalt an Silikaten von Talkerde in diesen kosmischen Massen erstaunen. Wenn der Aerolith von Juvenas trennbare Kristalle von Augit und Labrador enthält, so wird es durch das numerische Verhältnis der Bestandteile aufs wenigste wahrscheinlich, daß die Meteormassen von Chateau Renard ein aus Hornblende und Albit bestehender Diorit, die von Blansko und Chantonnay ein Gemenge von Hornblende und Labrador sind. Die Beweise, welche man von den eben berührten oryktognostischen Aehnlichkeiten für einen tellurischen und atmosphärischen Ursprung der Aerolithen hernehmen will, scheinen mir nicht von großer Stärke. Warum sollten, und ich könnte mich auf ein merkwürdiges Gespräch von Newton und Conduit in Kensington berufen, [58] die Stoffe, welche zu einer Gruppe von Weltkörpern, zu einem Planetensysteme gehören, nicht großenteils dieselben sein können? warum sollten sie es nicht, wenn man vermuten darf, daß diese Planeten, wie alle größeren und kleineren geballten um die Sonne kreisenden Massen, sich aus der einigen, einst weit ausgedehnteren Sonnenatmosphäre, wie aus dunstförmigen Ringen abgeschieden haben, die anfänglich um den Centralkörper ihren Kreislauf beschrieben? Wir sind, glaube ich, nicht mehr berechtigt, Nickel und Eisen, Olivin und Pyroxen (Augit) in den Meteorsteinen ausschließlich irdisch zu nennen, als ich mir erlauben würde deutsche Pflanzen, die ich jenseits des Obi fand, als europäische Arten der nordasiatischen Flora zu bezeichnen. Sind in einer Gruppe von Weltkörpern verschiedenartiger Größe die Elementarstoffe dieselben, warum sollten sie nicht auch, ihrer gegenseitigen Anziehung folgend, sich nach bestimmten Mischungsverhältnissen gestalten können? in der Polarzone des Mars zu weißglänzendem Schnee und Eis, in anderen, kleineren kosmischen Massen zu Gebirgsarten, welche Olivin-, Augit- und Labradorkristalle einschließen? Auch in der Region des bloß Mutmaßlichen darf nicht eine ungeregelte, auf alle Induktion verzichtende Willkür der Meinungen herrschen.

Wundersame, nicht durch vulkanische Asche oder Höherauch (Moorrauch) erklärbare Verfinsterungen der Sonnenscheibe, während Sterne bei vollem Mittag zu sehen waren (wie die dreitägige Verfinsterung im Jahre 1547 um die Zeit der verhängnisvollen Schlacht bei Mühlberg), wurden von Kepler bald einer materia cometica, bald einem schwarzen Gewölk, das rußige Ausdünstungen des Sonnenkörpers erzeugen, zugeschrieben. Kürzere, drei- und sechsstündige Verdunkelungen in den Jahren 1090 und 1203 erklärten Chladni und Schnurrer durch vorbeiziehende Meteormassen. Seitdem die Sternschnuppenströme, nach der Richtung ihrer Bahn, als ein geschlossener Ring betrachtet werden, sind die Epochen jener rätselhaften Himmelserscheinungen in einen merkwürdigen Zusammenhang mit den regelmäßig wiederkehrenden Sternschnuppenschwärmen gesetzt worden. Adolf Erman hat mit vielem Scharfsinn und genauer Zergliederung der bisher gesammelten Thatsachen auf das Zusammentreffen der Konjunktion der Sonne sowohl mit den August-Asteroiden (7. Februar) als mit den November-Asteroiden (12. Mai, um die Zeit der im Volksglauben verrufenen kalten Tage Mamertus, Pankratius und Servatius) aufmerksam gemacht. [59]

Die griechischen Naturphilosophen, der größeren Zahl nach wenig zum Beobachten geneigt, aber beharrlich und unerschöpflich in der vielfältigsten Deutung des Halbwahrgenommenen, haben über Sternschnuppen und Meteorsteine Ansichten hinterlassen, von denen einige mit den jetzt ziemlich allgemein angenommenen von dem kosmischen Vorgange der Erscheinungen auffallend übereinstimmen. „Sternschnuppen,“ sagt Plutarch [60] im Leben des Lysander, „sind nach der Meinung einiger Physiker nicht Auswürfe und Abflüsse des ätherischen Feuers, welches in der Luft unmittelbar nach der Entzündung und Entflammung der Luft, die in der oberen Region sich in Menge aufgelöst habe; sie sind vielmehr ein Fall himmlischer Körper, dergestalt, daß sie durch eine gewisse Nachlassung der Schwungkraft und durch den Wurf einer unregelmäßigen Bewegung herabgeschleudert werden, nicht bloß nach der bewohnten Erde, sondern auch außerhalb in das große Meer, weshalb man dann sie nicht findet.“ Noch deutlicher spricht sich Diogenes von Apollonia aus. Nach seiner Ansicht „bewegten sich, zusammen mit den sichtbaren, unsichtbare Sterne, die eben deshalb keine Namen haben. Diese fallen oft auf die Erde herab und erlöschen, wie der bei Aegos Patomoi feurig herabgefallene steinerne Stern.“ Der Apolloniate, welcher auch alle übrigen

Gestirne (die leuchtenden) für bimssteinartige Körper hält, gründete wahrscheinlich seine Meinung von Sternschnuppen und Meteormassen auf die Lehre des Anaxagoras von Klazomenä; der sich alle Gestirne (alle Körper im Weltraume) „als Felsstücke" dachte, „die der feurige Aether in der Stärke seines Umschwunges von der Erde abgerissen und, entzündet, zu Sternen gemacht habe." In der ionischen Schule fielen also, nach der Deutung des Diogenes von Apollonia, wie sie uns überliefert worden ist, Aerolithen und Gestirne in eine und dieselbe Klasse. Beide sind der ersten Entstehung nach gleich tellurisch, aber nur in dem Sinne, als habe die Erde, als Centralkörper einst, [61] um sich her alles so gebildet, wie, nach unseren heutigen Ideen, die Planeten eines Systems aus der erweiterten Atmosphäre eines anderen Centralkörpers, der Sonne, entstehen. Diese Ansichten sind also nicht mit dem zu verwechseln, was man gemeinhin tellurischen oder atmosphärischen Ursprung der Meteorsteine nennt, oder gar mit der wunderbaren Vermutung des Aristoteles, nach welcher die ungeheure Masse von Aegos Potamoi durch Sturmwinde gehoben worden sei.

Eine vornehm thuende Zweifelsucht, welche Thatsachen verwirft, ohne sie ergründen zu wollen, ist in einzelnen Fällen fast noch verderblicher als unkritische Leichtgläubigkeit. Beide hindern die Schärfe der Untersuchung. Obgleich seit dritthalbtausend Jahren die Annalen der Völker von Steinfällen erzählen, mehrere Beispiele derselben durch unverwerfliche Augenzeugen außer allem Zweifel gesetzt waren, die Bätylien einen wichtigen Teil des Meteorkultus der Alten ausmachten, und die Begleiter von Cortes in Cholula den Aerolithen sahen, welcher auf die nahe Pyramide gefallen war; obgleich Kalifen und mongolische Fürsten sich von frischgefallenen Meteorsteinen hatten Schwerter schmieden lassen, ja Menschen durch vom Himmel gefallene Steine erschlagen wurden (ein Frate zu Crema am 4. September 1511, ein anderer Mönch in Mailand 1650, zwei schwedische Matrosen auf einem Schiffe 1674), so ist doch bis auf Chladni, der schon durch die Entdeckung seiner Klangfiguren sich ein unsterbliches Verdienst um die Physik erworben hatte, ein so großes kosmisches Phänomen fast unbeachtet, in seinem innigen Zusammenhange mit dem übrigen Planetensysteme unerkannt geblieben. Wer aber durchdrungen ist von dem Glauben an diesen Zusammenhang, den kann, wenn er für geheimnisvolle Natureindrücke empfänglich ist, nicht etwa bloß die glänzende Erscheinung der Meteorschwärme, wie im November-Phänomen und in der Nacht des heil. Laurentius, sondern auch jeder einsame Sternenschuß mit ernsten Betrachtungen erfüllen. Hier tritt plötzlich Bewegung auf mitten in dem Schauplatz nächtlicher Ruhe. Es belebt und es regt sich auf Augenblicke in dem stillen Glanze des Firmaments. Wo mit mildem Lichte die Spur des fallenden Sternes aufglimmt, versinnlicht sie am Himmelsgewölbe das Bild einer meilenlangen Bahn; die brennenden Asteroiden erinnern uns an das Dasein eines überall stofferfüllten Weltraums. Vergleichen wir das Volum des innersten Saturnstrabanten oder das der Ceres mit dem ungeheuren Volum der Sonne, so verschwinden in unserer Einbildungskraft die Verhältnisse von groß und klein. Schon das Verlöschen plötzlich auflodernder Gestirne in der Kassiopeia, im Schwan und im Schlangenträger führt zu der Annahme dunkler Weltkörper. In kleine Massen geballt, kreisen die Sternschnuppen-Asteroiden um die Sonne, durchschneiden kometenartig die Bahnen der leuchtenden großen Planeten und entzünden sich, der Oberfläche unseres Dunstkreises nahe oder in den obersten Schichten desselben.

Mit allen anderen Weltkörpern, mit der ganzen Natur jenseits unserer Atmosphäre stehen wir nur im Verkehr mittels des Lichtes, mittels der Wärmestrahlen, die kaum vom Lichte zu trennen sind,[62] und durch die geheimnisvollen Anziehungskräfte, welche ferne Massen nach der Quantität ihrer Körperteile auf unseren Erdball, auf den Ozean und die Luftschichten ausüben. Eine ganz andere Art des kosmischen, recht eigentlich materiellen Verkehrs erkennen wir im Fall der Sternschnuppen und Meteorsteine, wenn wir sie für planetarische Asteroiden halten. Es sind nicht mehr Körper, die aus der Ferne bloß durch Erregung von Schwingungen leuchtend oder wärmend einwirken, oder durch Anziehung bewegen oder bewegt werden: es sind materielle Teile selbst, welche aus dem Weltraume in unsere Atmosphäre gelangen und unserem Erdkörper verbleiben. Wir erhalten durch einen Meteorstein die einzig mögliche Berührung von etwas, das unserm Planeten fremd ist. Gewöhnt, alles Nichttellurische nur durch Messung, durch Rechnung, durch Vernunftschlüsse zu kennen, sind wir erstaunt, zu betasten, zu wiegen, zu zersetzen, was der Außenwelt angehört. So wirkt auf unsere Einbildungskraft eine reflektierende, geistige Belebung der Gefühle, da wo der gemeine Sinn nur verlöschende Funken am heiteren Himmelsgewölbe, wo er im ſchwarzen Steine, der aus der krachenden Wolke herabſtürzt, nur das rohe Produkt einer wilden Naturkraft ſieht.

Wenn die Aſteroidenſchwärme, bei denen wir mit Vorliebe lange verweilt haben, durch ihre geringe Maſſe und die Mannigfaltigkeit ihrer Bahnen ſich gewiſſermaßen den Kometen anſchließen, ſo unterſcheiden ſie ſich dagegen weſentlich dadurch, daß wir ihre Exiſtenz faſt nur in dem Augenblick ihrer Zerſtörung kennen lernen, wenn ſie, von der Erde gefeſſelt, leuchtend werden und ſich entzünden. Um aber das Ganze von dem zu umfaſſen, was zu unſerem, ſeit der Entdeckung der kleinen Planeten, der inneren Kometen von kurzem Umlaufe und der Meteoraſteroiden ſo kompliziert und formenreich erſcheinenden Sonnenſyſteme gehört, bleibt uns der Ring des Tierkreislichtes übrig, deſſen wir ſchon früher mehrmals erwähnt haben. Wer jahrelang in der Palmenzone gelebt hat, dem bleibt eine liebliche Erinnerung von dem milden Glanze, mit dem das Tierkreislicht, pyramidal aufſteigend, einen Teil der immer gleich langen Tropennächte erleuchtet. Ich habe es, und zwar nicht bloß in der dünnen und trockenen Atmoſphäre der Andesgipfel auf zwölf= oder vierzehntauſend Fuß (3900—4450 m) Höhe, ſondern auch in den grenzenloſen Grasfluren (Llanos) von Venezuela, wie am Meeresufer unter dem ewig heiteren Himmel von Cumana, bisweilen intenſiv leuchtender als die Milchſtraße im Schützen geſehen. Von einer ganz beſonderen Schönheit war die Erſcheinung, wenn kleines duftiges Gewölk ſich auf dem Zodiakallichte projizierte und ſich maleriſch abhob von dem erleuchteten Hintergrunde. Eine Stelle meines Tagebuches auf der Schiffahrt von Lima nach der weſtlichen Küſte von Mexiko gedenkt dieſes Luftbildes: „Seit 3 oder 4 Nächten (zwiſchen 10° und 14° nördlicher Breite) ſehe ich das Zodiakallicht in einer Pracht, wie es mir nie noch erſchienen iſt. In dieſem Teile der Südſee iſt, auch nach dem Glanze der Geſtirne und Nebelflecke zu urteilen, die Durchſichtigkeit der Atmoſphäre wundervoll groß. Vom 14. bis 19. März war ſehr regelmäßig, ¾ Stunden nachdem die Sonnenſcheibe ſich in das Meer getaucht hatte, keine Spur vom Tierkreislichte zu ſehen, obgleich es völlig finſter war. Eine Stunde nach Sonnenuntergang wurde es auf einmal ſichtbar, in großer Pracht zwiſchen Aldebaran und den Plejaden am 18. März 39° 5′ Höhe erreichend. Schmale langgedehnte Wolken erſcheinen zerſtreut in lieblichem Blau, tief am Horizont, wie vor einem gelben Teppich. Die oberen spielen von Zeit zu Zeit in bunten Farben. Man glaubt, es sei ein zweiter Untergang der Sonne. Gegen diese Seite des Himmelsgewölbes hin scheint uns dann die Helligkeit der Nacht zuzunehmen, fast wie im ersten Viertel des Mondes. Gegen 10 Uhr war das Zodiakallicht hier in der Südsee gewöhnlich schon sehr schwach, um Mitternacht sah ich nur eine Spur desselben. Wenn es den 16. März am stärksten leuchtete, so ward gegen Osten ein Gegenschein von mildem Lichte sichtbar." In unserer trüben, sogenannten gemäßigten, nördlichen Zone ist das Tierkreislicht freilich nur im Anfang des Frühlings nach der Abenddämmerung über dem westlichen, am Ende des Herbstes vor der Morgendämmerung über dem östlichen Horizonte deutlich sichtbar.

Es ist schwer zu begreifen, wie eine so auffallende Naturerscheinung erst um die Mitte des 17. Jahrhunderts die Aufmerksamkeit der Physiker und Astronomen auf sich gezogen hat: wie dieselbe den vielbeobachtenden Arabern im alten Baktrien, am Euphrat und im südlichen Spanien hat entgehen können. Fast gleiche Verwunderung erregt die späte Beobachtung der erst von Simon Marius und Huygens beschriebenen Nebelflecke in der Andromeda und im Orion. Die erste ganz deutliche Beschreibung des Zodiakallichts ist in Childreys Britannia Baconica[63] vom Jahr 1661 enthalten; die erste Beobachtung mag zwei oder drei Jahre früher gemacht worden sein; doch bleibt dem Dominikus Cassini das unbestreitbare Verdienst, zuerst (im Frühjahr 1683) das Phänomen in allen seinen räumlichen Verhältnissen ergründet zu haben. Was er 1668 zu Bologna, und zu derselben Zeit der berühmte Reisende Chardin in Persien sahen (die Hofastrologen zu Ispahan nannten das von ihnen nie zuvor gesehene Licht nyzek, eine kleine Lanze), war nicht, wie man oft behauptet hat,[64] das Tierkreislicht, sondern der ungeheure Schweif eines Kometen, dessen Kopf sich in den Dünsten des Horizonts verbarg, und der selbst der Lage und Erscheinung nach viel Aehnliches mit dem großen Kometen von 1843 hatte. Mit nicht geringer Wahrscheinlichkeit kann man vermuten, daß das merkwürdige, von der Erde pyramidal aufsteigende Licht, welches man auf der Hochebene von Mexiko 1509, vierzig Nächte lang, am östlichen Himmel beobachtete und dessen Erwähnung ich in einem altaztekischen Manuskripte der kgl. Pariser Bibliothek, im Codex Telleriano Remensis,[65] aufgefunden habe, das Tierkreislicht war.

Die in Europa von Childrey und Dominikus Cassini
entdeckte und doch wohl uralte Erscheinung ist nicht die leuch=
tende Sonnenatmosphäre selbst, da diese nach mechanischen
Gesetzen nicht abgeplatteter als im Verhältnis von 2:3, und
demnach nicht ausgedehnter als bis $^9/_{20}$ der Merkursweite
sein könnte. Eben diese Gesetze bestimmen, daß bei einem
rotierenden Weltkörper, über seinem Aequator, die Höhe der
äußersten Grenze der Atmosphäre, der Punkt nämlich, wo
Schwere und Schwungkraft im Gleichgewicht sind, nur die
ist, in welcher ein Satellit gleichzeitig mit der Achsendrehung
des Weltkörpers um diesen laufen würde. Eine solche Be=
schränktheit der Sonnenatmosphäre in ihrem jetzigen
konzentrierten Zustande wird besonders auffallend, wenn man
den Centralkörper unseres Systems mit dem Kern anderer
Nebelsterne vergleicht. Herschel hat mehrere aufgefunden, in
denen der Halbmesser des Nebels, welcher den Stern umgibt,
unter einem Winkel von 150" erscheint. Bei der Annahme
einer Parallaxe, die nicht ganz 1" erreicht, findet man die
äußerste Nebelschicht eines solchen Sternes 150mal weiter von
seinem Centrum entfernt, als es die Erde von der Sonne ist.
Stünde der Nebelstern also an der Stelle unserer Sonne, so
würde seine Atmosphäre nicht bloß die Uranusbahn einschließen,
sondern sich noch achtmal weiter als diese erstrecken. [66]
Unter der eben geschilderten engen Begrenzung der Son=
nenatmosphäre, ist mit vieler Wahrscheinlichkeit als materielle
Ursache des Zodiakallichtes die Existenz eines zwischen der
Venus= und Marsbahn frei im Weltraume kreisenden, sehr
abgeplatteten Ringes [67] dunstartiger Materie zu betrachten.
Von seinen eigentlichen körperlichen Dimensionen, von seiner
Vergrößerung durch Ausströmung der Schweife vieler My=
riaden von Kometen, die in die Sonnennähe kommen, von
der sonderbaren Veränderlichkeit seiner Ausdehnung, da er bis=
weilen sich nicht über unsere Erdbahn hinaus zu erstrecken
scheint, endlich von seinem mutmaßlichen inneren Zusammen=
hange mit dem in der Nähe der Sonne mehr kondensierten
Weltdunste ist wohl für jetzt nichts Sicheres zu berichten. [68]
Die dunstförmigen Teilchen, aus welchen der Ring besteht
und die nach planetarischen Gesetzen um die Sonne cirku=
lieren, können entweder selbstleuchtend oder von der Sonne
erleuchtet sein. Selbst ein irdischer Nebel (und diese That=
sache ist sehr merkwürdig) hat sich 1743, zur Zeit des Neu=
mondes, mitten in der Nacht so phosphorisch erwiesen, daß

man Gegenstände in 600 Fuß (195 m) Entfernung [69] deut=
lich erkennen konnte.

In dem Tropenklima von Südamerika hat mich bisweilen
die veränderliche Lichtstärke des Zodiakalscheins in Erstaunen
gesetzt: Da ich mehrere Monate lang, an den Flußufern und
in den Grasebenen (Llanos), die heiteren Nächte in freier
Luft zubrachte, so hatte ich Gelegenheit, die Erscheinung mit
Sorgfalt zu beobachten. Wenn das Zodiakallicht eben am
stärksten gewesen war, so wurde es bisweilen wenige Minuten
nachher merklich geschwächt, bis es plötzlich in seinem vollen
Glanze wieder auftrat. In einzelnen Fällen glaubte ich —
nicht etwa eine rötliche Färbung, oder eine untere bogenförmige
Verdunkelung, oder gar ein Funkensprühen, wie es Mairan
angibt — wohl aber eine Art von Zucken und Flimmern
zu bemerken. Gehen dann Prozesse in dem Dunstringe selbst
vor? oder ist es nicht wahrscheinlicher, daß, während ich an den
meteorologischen Instrumenten, nahe am Boden in der unteren
Luftregion, keine Veränderung der Wärme oder Feuchtigkeit
wahrnahm, ja während mir kleine Sterne fünfter und sechster
Größe in gleicher ungeschwächter Lichtstärke zu leuchten schienen,
in den obersten Luftschichten Verdichtungen vorgingen, welche
die Durchsichtigkeit oder vielmehr die Lichtreflexion auf eine
eigentümliche, uns unbekannte Weise modifizierten? Für die
Annahme solcher meteorologischer Ursachen an der Grenze
unseres Luftkreises sprechen auch die von dem scharfsinnigen
Olbers [70] beobachteten „Aufloderungen und Pulsationen, welche
einen ganzen Kometenschweif in wenigen Sekunden durchzittern,
und bei denen derselbe sich bald um mehrere Grade verlängert,
bald darauf wieder verkürzt. Da die einzelnen Teile des
Millionen von Meilen langen Schweifes sehr ungleich von
der Erde entfernt sind, so können nach den Gesetzen der Ge=
schwindigkeit und Fortpflanzung des Lichts wirkliche Verän=
derungen in einem ungeheure Räume ausfüllenden Weltkörper
nicht von uns in so kurzen Intervallen gesehen werden.‟
Diese Betrachtungen schließen keineswegs die Realität ver=
änderter Ausströmung um die verdichteten Kernhüllen eines
Kometen aus; nicht die Realität plötzlich eintretender Auf=
heiterungen des Zodiakallichts durch innere Molekularbewegung,
durch vermehrte oder verminderte Lichtreflexion in dem Welt=
dunste des Lichtringes: sie sollen nur aufmerksam machen auf
den Unterschied von dem, was der Himmelsluft (dem
Weltraume selbst) oder den irdischen Luftschichten zugehört,

durch die wir sehen. Was an der, ohnedies mannigfaltig be=
strittenen, obern Grenze unserer Atmosphäre vorgeht, ist,
wie wohl beobachtete Thatsachen zeigen, keineswegs vollständig
zu erklären. Die wundersame Erhellung ganzer Nächte, in
denen man in den Breiten von Italien und dem nördlichen
Deutschland im Jahre 1831 kleine Schrift um Mitternacht
lesen konnte, steht in klarem Widerspruch mit allem, was wir
nach den neuesten und schärfsten Untersuchungen über die
Crepuskulartheorie und über die Höhe der Atmosphäre wissen.
Von noch unergründeten Bedingungen hangen Lichtphänomene
ab, deren Veränderlichkeit in der Dämmerungsgrenze, wie in
dem Zodiakallichte uns in Verwunderung setzt.

Wir haben bis hierher betrachtet, was zu unserer Sonne
gehört, die Welt der Gestaltungen, welche von ihr regiert
wird, Haupt= und Nebenplaneten, Kometen von kurzer
und langer Umlaufszeit, meteorförmige Asteroiden,
die sporadisch oder in geschlossenen Ringen, wie in Ströme
zusammengedrängt sich bewegen; endlich einen leuchtenden
Nebelring, welcher der Erdbahn nahe um die Sonne kreist
und dem, seiner Lage wegen, der Name des Zodiakal=
lichtes verbleiben kann. Ueberall herrscht das Gesetz der
Wiederkehr in den Bewegungen, so verschieden auch das
Maß der Wurfgeschwindigkeit oder die Menge der zusammen=
geballten materiellen Teile ist; nur die Asteroiden, die aus
dem Weltraume in unseren Dunstkreis fallen, werden in der
Fortsetzung ihres planetarischen Umschwunges gehemmt und
einem größeren Planeten angeeignet. In dem Sonnensystem,
dessen Grenzen die anziehende Kraft des Centralkörpers be=
stimmt, werden Kometen bis zu einer Ferne von 44 Uranus=
weiten in ihrer elliptischen Laufbahn zur Wiederkehr umge=
lenkt; ja in diesen Kometen selbst, deren Kern uns, bei der
geringen Masse, welche sie enthalten, wie ein hinziehendes
kosmisches Gewölk erscheint, fesselt dieser Kern, durch
seine Anziehung, noch die äußersten Teile des Schweifes in
einer viele Millionen Meilen langen Ausströmung. So sind
die Centralkräfte die bildenden, gestaltenden, aber auch die
erhaltenden Kräfte eines Systems.

Unsere Sonne kann in Beziehung auf alle wiederkehren=
den zu ihr gehörigen, großen und kleinen, dichten und fast
nebelartigen Weltkörper als ruhend betrachtet werden, doch
um den gemeinschaftlichen Schwerpunkt des ganzen Systemes
kreisend, welcher bisweilen in sie selbst fällt, d. h. trotz der

veränderlichen Stellung der Planeten bisweilen in ihrem kör=
perlichen Umfange beharrt. Ganz verschieden von dieser Er=
scheinung ist die translatorische Bewegung der Sonne, die
fortschreitende Bewegung des Schwerpunkts des ganzen Son=
nensystems im Weltraume. Sie geschieht mit einer solchen
Schnelligkeit,[71] daß, nach Bessel, die relative Bewegung der
Sonne und des 61. Sterns im Schwan nicht minder, in
einem Tage, als 834000 geographische Meilen (6188650 km)
beträgt. Dieser Ortsveränderung des ganzen Sonnensystems
würden wir unbewußt bleiben, wenn nicht durch die bewun=
dernswürdige Genauigkeit der jetzigen astronomischen Meß=
instrumente und durch die Fortschritte der beobachtenden Astro=
nomie unter Fortrücken an fernen Sternen, wie an Gegen=
ständen eines scheinbar bewegten Ufers, merklich würde. Die
eigene Bewegung des 61. Sterns im Sternbild des Schwans
z. B. ist so beträchtlich, daß sie in 700 Jahren schon bis zu
einem ganzen Grade wird angewachsen sein.

Das Maß oder die Quantität solcher Veränderungen am
Firsternhimmel (Veränderungen in der relativen Lage selbst=
leuchtender Gestirne gegeneinander) ist mit mehr Sicherheit
zu bestimmen als die Erscheinung selbst genetisch zu deuten.
Wenn auch schon abgezogen worden, was dem Vorrücken der
Nachtgleichen und der Nutation der Erdachse, als Folge
der Einwirkung der Sonne und des Mondes auf die sphäroi=
dische Gestalt der Erde; was der Fortpflanzung, d. i. Ab=
irrung, des Lichtes, und der durch die diametral entgegengesetzte
Stellung der Erde in ihrem Umlauf um die Sonne erzeugten
Parallaxe zugehört: so ist in der übrig bleibenden jährlichen
Bewegung der Firsterne doch immer noch zugleich enthalten,
was die Folge der Translation des ganzen Sonnensystems
im Weltraume und die Folge der eigenen wirklichen Bewegung
der Sterne ist. Die schwierige numerische Sonderung dieser
beiden Elemente der eigenen und der scheinbaren Bewegung
hat man durch die sorgfältige Angabe der Richtungen in der
Bewegung der einzelnen Sterne und durch die Betrachtung
möglich gemacht, daß, wenn alle Sterne in absoluter Ruhe
wären, sie sich perspektivisch von dem Punkte entfernen würden,
gegen den die Sonne ihren Lauf richtet. Das Endresultat
der Untersuchung, welches die Wahrscheinlichkeitsrechnung be=
stätigt, ist gewesen, daß beide, unser Sonnensystem und die
Sterne, ihren Ort im Weltraum verändern. Nach der vor=
trefflichen Untersuchung von Argelander, der (in Abo) die von

Wilhelm Herschel und Prevost unternommene Arbeit erweitert [72] und ansehnlich vervollkommnet hat, bewegt sich die Sonne gegen das Sternbild des Herkules, und zwar sehr wahrscheinlich nach einem Punkte hin, welcher nach der Kombination von 537 Sternen (für das Aequin. von 1792,5) in 257° 49',7 A. R.; + 28° 49',7. Dekl. liegt. Es bleibt in dieser Klasse der Untersuchungen von großer Schwierigkeit, die absolute Bewegung von der relativen zu trennen, und zu bestimmen, was dem Sonnensystem allein zugehört.

Betrachtet man die nicht perspektivischen eigenen Bewegungen der Sterne, so scheinen viele gruppenweise in ihrer Richtung entgegengesetzt; und die bisher gesammelten Thatsachen machen es aufs wenigste nicht notwendig, anzunehmen, daß alle Teile unserer Sternenschicht oder gar der gesamten Sterneninseln, welche den Weltraum füllen, sich um einen großen, unbekannten, leuchtenden oder dunkeln Centralkörper bewegen. [73] Das Streben nach den letzten und höchsten Grundursachen macht freilich die reflektierende Thätigkeit des Menschen, wie seine Phantasie, zu einer solchen Annahme geneigt. Schon der Stagirite hatte ausgesprochen, daß „alles, was bewegt wird, auf ein Bewegendes zurückführe, und es nur ein unendliches Verschieben der Ursachen wäre, wenn es nicht ein erstes unbeweglich Bewegendes gäbe."

Die gruppenweise so mannigfaltigen Ortsveränderungen der Gestirne, nicht die parallaktischen, der Ortsveränderung des Beobachters unterworfenen, sondern die wirklichen, im Weltraum unausgesetzt fortschreitenden, offenbaren uns auf das unwidersprechlichste, durch eine Klasse von Erscheinungen, durch die Bewegung der Doppelsterne, durch das Maß ihrer langsameren oder schnelleren Bewegung in verschiedenen Teilen ihrer elliptischen Bahnen, das Walten der Gravitationsgesetze auch jenseits unseres Sonnensystems, in den fernsten Regionen der Schöpfung. Die menschliche Neugier braucht nicht mehr auf diesem Felde in unbestimmten Vermutungen, in der ungemessenen Ideenwelt der Analogieen Befriedigung zu suchen. Sie ist durch die Fortschritte der beobachtenden und rechnenden Astronomie endlich auch hier auf sicheren Boden gelangt. Es ist nicht sowohl die Erstaunen erregende Zahl der bereits aufgefundenen, um einen außer ihnen liegenden Schwerpunkt kreisenden, doppelten und vielfachen Sterne (an 2800 bis zum Jahr 1837); es sind die Erweiterung unseres Wissens von den Grundkräften der ganzen

Körperwelt, die Beweise von der allverbreiteten Herrschaft der Massenanziehung, welche zu den glänzendsten Entdeckungen unserer Epoche gehören. Die Umlaufszeit zweifarbiger Doppelsterne bietet die mannigfaltigsten Unterschiede dar; sie erstrecken sich von 43 Jahren, wie in η der Krone, bis zu mehreren Tausenden, wie bei 66 des Walfisches, 38 der Zwillinge und 100 der Fische. Seit Herschels Messungen im Jahr 1782 hat in dem dreifachen Systeme von ζ des Krebses der nähere Begleiter nun schon mehr als einen vollen Umlauf zurückgelegt. Durch geschickte Kombination der veränderten Distanzen und Positionswinkel werden die Elemente der Bahnen gefunden, ja Schlüsse über die absolute Entfernung der Doppelsterne von der Erde und die Vergleichung ihrer Masse mit der Masse der Sonne gezogen. Ob aber hier und in unserem Sonnensystem die Quantität der Materie das alleinige Maß der anziehenden Kräfte sei, oder ob nicht zugleich spezifische, nicht der Masse proportionale Attraktionen wirksam sein können, wie Bessel zuerst erwiesen hat, ist eine Frage, deren faktische Lösung der späteren Zukunft vorbehalten bleibt.

Wenn wir in der linsenförmigen Sternenschicht, zu der wir gehören, unsere Sonne mit den anderen sogenannten Fixsternen, also mit anderen selbstleuchtenden Sonnen, vergleichen, so finden wir wenigstens bei einigen derselben Wege eröffnet, welche annäherungsweise, innerhalb gewisser äußersten Grenzen, zu der Kenntnis ihrer Entfernung, ihres Volums, ihrer Masse, und der Geschwindigkeit der Ortsveränderung leiten können. Nehmen wir die Entfernung des Uranus von der Sonne zu 19 Erdweiten, d. h. zu 19 Abständen der Sonne von der Erde an, so ist der Centralkörper unseres Planetensystems vom Sterne α im Sternbilde des Centauren 11900, von 61 im Sternbilde des Schwans fast 31300, von α im Sternbilde der Leier 41600 Uranusweiten entfernt. Die Vergleichung des Volums der Sonne mit dem Volum der Fixsterne erster Größe ist von einem äußerst unsicheren optischen Elemente, dem scheinbaren Durchmesser der Fixsterne abhängig. Nimmt man nun mit Herschel den scheinbaren Durchmesser des Arkturus auch nur zum zehnten Teil einer Sekunde an, so ergibt sich daraus doch der wirkliche Durchmesser dieses Sterns noch elfmal größer als der der Sonne." Die durch Bessel bekannt gewordene Entfernung des 61. Sterns des Schwans hat annäherungsweise zu der Kenntnis der Menge von körperlichen Teilen geführt, welche derselbe als Doppelstern enthält.

Unerachtet seit Bradleys Beobachtungen der durchlaufene Teil der scheinbaren Bahn noch nicht groß genug ist, um daraus mit Genauigkeit auf die wahre Bahn und den größten Halbmesser derselben schließen zu können, so ist es doch dem großen Königsberger Astronomen wahrscheinlich geworden, „daß die Masse jenes Doppelsterns nicht beträchtlich kleiner oder größer ist als die Hälfte der Masse unserer Sonne". Dies ist das Resultat einer wirklichen Messung. Analogieen, welche von der größeren Masse der mondenbegleiteten Planeten unseres Sonnensystems und von der Thatsache hergenommen werden, daß Struve sechsmal mehr Doppelsterne unter den helleren Firsternen als unter den teleskopischen findet, haben andere Astronomen vermuten lassen, daß die Masse der größeren Zahl der Sternenpaare, im Durchschnitt, die Sonnenmasse übertrifft. Allgemeine Resultate sind hier noch lange nicht zu erlangen. In Bezug auf eigene Bewegung im Weltraume gehört unsere Sonne nach Argelander in die Klasse der stark bewegten Firsterne.

Der Anblick des gestirnten Himmels, die relative Lage der Sterne und Nebelflecke, wie die Verteilung ihrer Lichtmassen, die l a n d s ch a f t l i ch e Anmut des ganzen Firmaments, wenn ich mich eines solchen Ausdrucks bedienen darf, hangen im Lauf der Jahrtausende gleichmäßig ab von der eigenen wirklichen Bewegung der Gestirne und Lichtnebel, von der Translation unseres Sonnensystems im Weltraume, von dem einzelnen Auflodern neuer Sterne und dem Verschwinden oder der plötzlich geschwächten Lichtintensität der älteren, endlich und vorzüglich von den Veränderungen, welche die Erdachse durch die Anziehung der Sonne und des Mondes erleidet. Die schönen Sterne des Centauren und des südlichen Kreuzes werden einst in unseren nördlichen Breiten sichtbar werden, während andere Sterne (Sirius und der Gürtel des Orion) dann niedersinken. Der ruhende Nordpol wird nach und nach durch Sterne des Cepheus (β und α) und des Schwans (ζ) bezeichnet werden, bis nach 12000 Jahren Wega der Leier als der prachtvollste aller möglichen Polarsterne erscheinen wird. Diese Angaben versinnlichen uns die Größe von Bewegungen, welche in unendlich kleinen Zeitteilen ununterbrochen, wie eine ewige Weltuhr, fortschreiten. Denken wir uns, als ein Traumbild der Phantasie, die Schärfe unserer Sinne übernatürlich bis zur äußersten Grenze des teleskopischen Sehens erhöht, und zusammengedrängt, was durch große Zeitabschnitte getrennt ist, so verschwindet urplötzlich alle Ruhe des räumlichen Seins. Wir finden die zahllosen Fixsterne sich wimmelnd nach verschiedenen Richtungen gruppenweise bewegen; Nebelflecke wie kosmische Gewölke umherziehen, sich verdichten und lösen, die Milchstraße an einzelnen Punkten aufbrechen und ihren Schleier zerreißen; Bewegung ebenso in jedem Punkte des Himmelsgewölbes walten wie auf der Oberfläche der Erde in den keimenden, blättertreibenden, Blüten entfaltenden Organismen der Pflanzendecke. Der berühmte spanische Botaniker Cavanilles hat zuerst den Gedanken gehabt, „Gras wachsen" zu sehen, indem er in einem stark vergrößernden Fernrohr den horizontalen Mikrometerfaden bald auf die Spitze des Schößlings einer Bambusa, bald auf die des so schnell sich entwickelnden Blütenstengels einer amerikanischen Aloe (Agave americana) richtete: genau wie der Astronom den kulminierenden Stern auf das Fadenkreuz setzt. In dem Gesamtleben der physischen Natur, der organischen wie der siderischen, sind an Bewegung zugleich das Sein, die Erhaltung und das Werden geknüpft.

Das Aufbrechen der Milchstraße, dessen ich oben erwähnte, bedarf hier noch einer besonderen Erläuterung. Wilhelm Herschel, der sichere und bewundernswürdige Führer in diesen Welträumen, hat durch seine Sterneichungen gefunden, daß die teleskopische Breite der Milchstraße eine sechs bis sieben Grad größere Ausdehnung hat, als unsere Sternkarten und der dem unbewaffneten Auge sichtbare Sternschimmer verkündigen. Die zwei glänzenden Knoten, in welchen die beiden Zweige der Zone sich vereinigen, in der Gegend des Cepheus und der Kassiopeia, wie um den Skorpion und Schützen, scheinen eine kräftige Anziehung auf die benachbarten Sterne auszuüben; zwischen β und γ des Schwans aber, in der glanzvollsten Region, zieht sich von 330 000 Sternen, welche in 5° Breite gefunden werden, die eine Hälfte nach einer Seite, die andere nach der entgegengesetzten hin. Hier vermutet Herschel den Aufbruch der Schicht. Die Zahl der unterscheidbaren, durch keinen Nebel unterbrochenen, teleskopischen Sterne der Milchstraße wird auf 18 Millionen geschätzt. Um die Größe dieser Zahl, ich sage nicht zu fassen, aber mit etwas Analogem zu vergleichen, erinnere ich, daß von erster bis sechster Größe am ganzen Himmel nur etwa 8000 Sterne mit bloßen Augen gesehen werden. In dem unfruchtbaren Erstaunen, das Zahl- und Raumgrößen ohne Beziehung auf

die geistige Natur oder das Empfindungsvermögen des Men=
schen erregen, begegnen sich übrigens die Extreme des Räum=
lichen, die Weltkörper mit dem kleinsten Tierleben. Ein Kubik=
zoll des Polierschiefers von Bilin enthält, nach Ehrenberg,
40 000 Millionen von kieselartigen Panzern der Gallionellen.

Der Milchstraße der Sterne, welcher nach Argelan=
ders scharfsinniger Bemerkung überhaupt die helleren Sterne
des Firmaments merkwürdig genähert erscheinen, steht beinahe
rechtwinkelig eine Milchstraße von Nebelflecken entgegen.
Die erstere bildet nach Sir John Herschels Ansichten einen
Ring, einen freistehenden, von der linsenförmigen Sternen=
insel etwas fernen Gürtel, ähnlich dem Ring des Saturn.
Unser Planetensystem liegt exzentrisch, der Gegend des Kreuzes
näher als dem diametral gegenüberliegenden Punkte, der
Kassiopeia.[75] In einem von Messier 1774 entdeckten, aber
unvollkommen gesehenen Nebelflecke scheint das Bild unserer
Sternenschicht und des geteilten Ringes unserer Milchstraße
mit wundervoller Aehnlichkeit gleichsam abgespiegelt.[76] Die
Milchstraße der Nebelflecke gehört nicht unserer Stern=
schicht selbst an; sie umgibt dieselbe, ohne physischen Zusammen=
hang mit ihr, in großer Entfernung, und zieht sich hin, fast
in der Gestalt eines größten Kreises, durch die dichten Nebel
der Jungfrau (besonders am nördlichen Flügel), durch das
Haupthaar der Berenike, den großen Bären, den Gürtel der
Andromeda und den nördlichen Fisch. Sie durchschneidet wahr=
scheinlich in der Kassiopeia die Milchstraße der Sterne, und
verbindet ihre sternarmen, durch haufenbildende Kraft verödeten
Pole[77] da, wo die Sternschicht räumlich die mindere Dicke hat.

Es folgt aus diesen Betrachtungen, daß, während unser
Sternhaufe in seinen auslaufenden Aesten Spuren großer,
im Laufe der Zeit vorgefallener Umbildungen an sich trägt
und, durch sekundäre Anziehungspunkte, sich aufzulösen und
zu zersetzen strebt; derselbe von zwei Ringen: einem sehr
fernen, der Nebel, und einem näheren, der Sterne, umgeben
wird. Dieser letztere Ring (unsere Milchstraße) ist ein Ge=
misch von nebellosen Sternen, im Durchschnitte von zehnter
bis elfter Größe, einzeln aber betrachtet sehr verschieden=
artiger Größe, während isolierte Sternhaufen (Stern=
schwärme) fast immer den Charakter der Gleichartigkeit
haben.

Ueberall, wo mit mächtigen, raumdurchdringenden Fern=
röhren das Himmelsgewölbe durchforscht ist, werden Sterne,

seien es auch nur teleskopische 20. bis 24. Ordnung, oder
leuchtende Nebel gesehen. Ein Teil dieser Nebel würde wahr=
scheinlich für noch kräftigere optische Werkzeuge sich in Sterne
auflösen. Unsere Netzhaut erhält den Eindruck einzelner oder
sehr zusammengedrängter Lichtpunkte, woraus, wie Arago
neuerlichst gezeigt hat, ganz verschiedene photometrische Ver=
hältnisse der Lichtempfindung entstehen. Der kosmische
Nebel, gestaltet oder formlos, allgemein verbreitet, durch
Verdichtung Wärme erzeugend, modifiziert wahrscheinlich die
Durchsichtigkeit des Weltraums, und vermindert die gleich=
artige Intensität der Helligkeit, welche nach Halley und Olbers
entstehen müßte, wenn jeder Punkt des Himmelsgewölbes,
der Tiefe nach, von einer endlosen Reihe von Sternen bedeckt
wäre. Die Annahme einer solchen Bedeckung widerspricht der
Beobachtung. Diese zeigt große ganz sternleere Regionen,
Oeffnungen im Himmel, wie Wilhelm Herschel sie nennt,
eine im Skorpion, vier Grad breit, eine andere in der Lende
des Schlangenträgers. In der Nähe beider, nahe an ihrem
Rande, befinden sich auflösliche Nebelflecke. Der, welcher am
westlichen Rande der Oeffnung im Skorpion steht, ist einer
der reichsten und zusammengedrängtesten Haufen kleiner Sterne,
welche den Himmel zieren. Auch schreibt Herschel der An=
ziehung und haufenbildenden Kraft dieser Randgruppen[78] die
Oeffnungen selbst als sternleere Regionen zu. „Es sind Teile
unserer Sternschicht," sagt er in der schönen Lebendigkeit
seines Stils, „die bereits große Verwüstung von der Zeit
erlitten haben." Wenn man sich die hintereinander liegenden
teleskopischen Sterne wie einen Sternenteppich denkt, der
das ganze scheinbare Himmelsgewölbe bedeckt, so sind, glaube
ich, jene sternleeren Stellen des Skorpions und des Schlangen=
trägers wie Röhren zu betrachten, durch die wir in den fernsten
Weltraum blicken. Die Schichten des Teppichs sind unter=
brochen, andere Sterne mögen auch da vorliegen, aber sie sind
unerreichbar für unsere Werkzeuge. Der Anblick feuriger
Meteore hatte die Alten ebenfalls auf die Idee von Spalten
und Rissen (chasmata) in der Himmelsdecke geleitet. Diese
Spalten wurden aber nur als vorübergehend betrachtet. Statt
dunkel zu sein, waren sie erleuchtet und feurig, wegen des
hinterliegenden, durchscheinenden, entzündeten Aethers. Derham
und selbst Huygens schienen nicht abgeneigt, das milde Licht
der Nebelflecke auf eine ähnliche Art zu erklären.

Wenn man die, im Durchschnitt uns gewiß näheren

Sterne erster Größe mit den nebellosen teleskopischen, wenn man die Nebelsterne mit ganz unauflöslichen Nebelflecken, z. B. mit dem der Andromeda, oder gar mit den sogenannten planetarischen Nebeln vergleicht, so drängt sich uns bei Betrachtung so verschiedener Ferne, wie in die Schrankenlosigkeit des Raumes versenkt, eine Thatsache auf, welche die Welt der Erscheinungen und das, was ihr ursächlich, als Realität, zum Grunde liegt, abhängig von der Fortpflanzung des Lichtes zeigt. Die Geschwindigkeit dieser Fortpflanzung ist nach Struves neuesten Untersuchungen 41 518 geographische Meilen (308 156 km) in einer Sekunde, also fast eine Millionmal größer als die Geschwindigkeit des Schalles. Nach dem, was wir durch die Messungen von Maclear, Bessel und Struve von den Parallaxen und Entfernungen dreier Fixsterne sehr ungleicher Größe (α Centaur, 61 Schwan, α Leier) wissen, bedarf ein Lichtstrahl 3, 9¼ oder 12 Jahre, um von diesen Weltkörpern zu uns zu gelangen. In der kurzen denkwürdigen Periode von 1572 bis 1604, von Cornelius Gemma und Tycho bis Kepler, loderten plötzlich drei neue Sterne auf: in der Kassiopeia, im Schwan und am Fuß des Schlangenträgers. Dieselbe Erscheinung, aber mehrfach wiederkehrend, zeigte sich 1670 im Sternbild des Fuchses. In der neuesten Zeit, seit 1837, hat Sir John Herschel am Vorgebirge der guten Hoffnung den Glanz des Sternes η im Schiffe von der zweiten Größe bis zur ersten prachtvoll anwachsen sehen.[79] Solche Begebenheiten des Weltraums gehören aber in ihrer historischen Wirklichkeit anderen Zeiten an als denen, in welchen die Lichterscheinung den Erdbewohnern ihren Anfang verkündigt; sie sind wie Stimmen der Vergangenheit, die uns erreichen. Man hat mit Recht gesagt, daß wir mit unseren großen Fernröhren gleichzeitig vordringen in den Raum und in die Zeit. Wir messen jenen durch diese; eine Stunde Weges sind für den Lichtstrahl 148 Millionen Meilen (1 098 220 000 km). Während in der Hesiodischen Theogonie die Dimensionen des Weltalls durch den Fall der Körper ausgedrückt werden („nicht mehr als neun Tage und neun Nächte fällt der eherne Amboß vom Himmel zur Erde herab"), glaubte Herschel der Vater,[80] daß das Licht fast zwei Millionen Jahre brauche, um von den fernsten Lichtnebeln, die sein 40füßiger Refraktor erreichte, zu uns zu gelangen. Vieles ist also längst verschwunden, ehe es uns sichtbar wird; vieles war anders

geordnet. Der Anblick des gestirnten Himmels bietet Ungleich=
zeitiges dar; und so viel man auch den milde leuchtenden
Duft der Nebelflecke oder die dämmernd aufglimmenden Stern=
haufen uns näher rücken und die Tausende von Jahren ver=
mindern will, welche als Maß der Entfernung gelten, immer
bleibt es, nach der Kenntnis, die wir von der Geschwindigkeit
des Lichtes haben, mehr als wahrscheinlich, daß das Licht
der fernen Weltkörper das älteste sinnliche Zeugnis von dem
Dasein der Materie darbietet. So erhebt sich, auf einfache
Prämissen gestützt, der reflektierende Mensch zu ernsten, höheren
Ansichten der Naturgebilde, da, wo in den tief vom Licht
durchströmten Gefilden

„Wie Gras der Nacht Myriaden Welten keimen".[81]

Aus der Region der himmlischen Gestaltungen, von den
Kindern des Uranos, steigen wir nun zu dem engeren Sitz
der irdischen Kräfte, zu den Kindern der Gäa, herab. Ein
geheimnisvolles Band umschlingt beide Klassen der Erschei=
nungen. Nach der alten Deutung des titanischen Mythus
sind die Potenzen des Weltlebens, ist die große Ordnung der
Natur an das Zusammenwirken des Himmels und der Erde
geknüpft. Gehört schon seinem Ursprunge nach der Erdball,
wie jeder der anderen Planeten, dem Centralkörper, der Sonne,
und ihrer einst in Nebelringe getrennten Atmosphäre an, so
besteht auch noch jetzt durch Licht und strahlende Wärme der
Verkehr mit dieser nahen Sonne, wie mit allen fernen Sonnen,
welche am Firmamente leuchten. Die Verschiedenheit des
Maßes dieser Einwirkungen darf den Physiker nicht abhalten,
in einem Naturgemälde an den Zusammenhang und das
Walten gemeinsamer, gleichartiger Kräfte zu erinnern. Eine
kleine Fraktion der tellurischen Wärme gehört dem Weltraume
an, in welchem unser Planetensystem fortrückt, und dessen,
der eisigen mittleren Polarwärme fast gleiche Temperatur,
nach Fourier, das Produkt aller lichtstrahlenden Gestirne ist.
Was aber kräftiger das Licht der Sonne im Luftkreise und
in den oberen Erdschichten anregt, wie es Wärme erzeugend
elektrische und magnetische Strömungen veranlaßt, wie es
zauberhaft den Lebensfunken in den organischen Gebilden an
der Oberfläche der Erde erweckt und wohlthätig nährt, das
wird der Gegenstand späterer Betrachtungen sein.

Indem wir uns hier der tellurischen Sphäre der Natur
ausschlußweise zuwenden, werfen wir zuerst den Blick auf die

Raumverhältnisse des Starren und Flüssigen, auf die Gestalt der Erde, ihre mittlere Dichtigkeit und die partielle Verteilung dieser Dichtigkeit im Inneren des Planeten, auf den Wärmegehalt und die elektromagnetische Ladung der Erde. Diese Raumverhältnisse und die der Materie inwohnenden Kräfte führen auf die Reaktion des Inneren gegen das Aeußere unseres Erdkörpers, sie führen durch spezielle Betrachtung einer allverbreiteten Naturmacht, der unterirdischen Wärme, auf die, nicht immer bloß dynamischen, Erscheinungen des Erdbebens in ungleich ausgedehnten Erschütterungskreisen, auf den Ausbruch heißer Quellen und die mächtigeren Wirkungen vulkanischer Prozesse. Die von unten erschütterte, bald ruckweise und plötzlich, bald ununterbrochen und darum kaum bemerkbar gehobene Erdrinde verändert, im Lauf der Jahrhunderte, das Höhenverhältniß der Feste zur Oberfläche des Flüssigen, ja die Gestaltung des Meerbodens selbst. Es bilden sich gleichzeitig, seien es temporäre Spalten, seien es permanente Oeffnungen, durch welche das Innere der Erde mit dem Luftkreise in Verbindung tritt. Der unbekannten Tiefe entquollen, fließen geschmolzene Massen in schmalen Strömen längs dem Abhang der Berge hinab, bald ungestüm, bald langsam und sanft bewegt, bis die feurige Erdquelle versiegt und die Lava unter einer Decke, die sie sich selbst gebildet hat, Dämpfe ausstoßend, erstarrt. Neue Felsmassen entstehen dann unter unseren Augen, während daß die älteren, schon gebildeten, durch plutonische Kräfte umgewandelt werden, seltener in unmittelbarer Berührung, öfter in wärmestrahlender Nähe. Auch da, wo keine Durchdringung stattfindet, werden die kristallinischen Teilchen verschoben und zu einem dichteren Gewebe verbunden. Bildungen ganz anderer Natur bieten die Gewässer dar: Konkretionen von Tier- und Pflanzenresten, von erdigen, kalk- und thonartigen Niederschlägen, Aggregate fein zerriebener Gebirgsarten, überdeckt mit Lagen kieselgepanzerter Infusorien und mit knochenhaltigem Schuttlande, dem Sitze urweltlicher Tierformen. Was auf so verschiedenen Wegen sich unter unseren Augen erzeugt und zu Schichten gestaltet, was durch gegenseitigen Druck und vulkanische Kräfte mannigfach gestürzt, gekrümmt oder aufgerichtet wird, führt den denkenden, einfachen Analogieen sich hingebenden Beobachter auf die Vergleichung der gegenwärtigen und der längst vergangenen Zeit. Durch Kombination der wirklichen Erscheinungen, durch ideale

Vergrößerung der Raumverhältnisse wie des Maßes wirkender Kräfte gelangen wir in das lange ersehnte, dunkel geahnte, erst seit einem halben Jahrhundert festbegründete Reich der Geognosie.

Man hat scharfsinnig bemerkt, „daß wir, trotz des Beschauens durch große Fernröhren, in Hinsicht der anderen Planeten (den Mond etwa abgerechnet) mehr von ihrem Inneren als von ihrem Aeußeren wissen". Man hat sie gewogen und ihr Volum gemessen; man kennt ihre Masse und ihre Dichte, beide (Dank sei es den Fortschritten der beobachtenden und der rechnenden Astronomie!) mit stets wachsender numerischer Genauigkeit. Ueber ihrer physischen Beschaffenheit schwebt ein tiefes Dunkel. Nur auf unserem Erdkörper setzt uns die unmittelbare Nähe in Kontakt mit allen Elementen der organischen und anorganischen Schöpfung. Die ganze Fülle der verschiedenartigsten Stoffe bietet in ihrer Mischung und Umbildung, in dem ewig wechselnden Spiel hervorgerufener Kräfte dem Geiste die Nahrung, die Freuden der Erforschung, das unermeßliche Feld der Beobachtung dar, welche der intellektuellen Sphäre der Menschheit durch Ausbildung und Erstarkung des Denkvermögens einen Teil ihrer erhabenen Größe verleiht. Die Welt sinnlicher Erscheinungen reflektiert sich in den Tiefen der Ideenwelt; der Reichtum der Natur, die Masse des Unterscheidbaren gehen allmählich in eine Vernunfterkenntnis über.

Hier berühre ich wieder einen Vorzug, auf welchen ich schon mehrmals hingewiesen habe: den Vorzug des Wissens, das einen heimatlichen Ursprung hat, dessen Möglichkeit recht eigentlich an unsere irdische Existenz geknüpft ist. Die Himmelsbeschreibung, von den fern schimmernden Nebelsternen (mit deren Sonnen) bis herab zu dem Centralkörper unseres Systemes, fanden wir auf die allgemeinen Begriffe von Volum und Quantität der Materie beschränkt. Keine Lebensregung offenbart sich da unseren Sinnen. Nur nach Aehnlichkeiten, oft nach phantasiereichen Kombinationen hat man Vermutungen über die spezifische Natur der Stoffe, über ihre Abwesenheit in diesem oder jenem Weltkörper gewagt. Die Heterogeneität der Materie, ihre chemische Verschiedenheit, die regelmäßigen Gestalten, zu denen ihre Teile sich kristallinisch und körnig aneinander reihen; ihr Verhalten zu den eindringenden, abgelenkten oder verteilten Lichtquellen; zur strahlenden, durchgeleiteten oder polarisierten Wärme; zu den glanzvollen oder unsichtbaren, aber darum nicht minder wirksamen Erscheinungen des Elektromagnetismus: — diesen unermeßlichen, die Weltanschauung erhöhenden Schatz physischer Erkenntnis verdanken wir der Oberfläche des Planeten, den wir bewohnen; mehr noch dem starren als dem flüssigen Teile derselben. Wie diese Erkenntnis der Naturdinge und Naturkräfte, wie die unermeßliche Mannigfaltigkeit objektiver Wahrnehmung die geistige Thätigkeit des Geschlechts und alle Fortschritte seiner Bildung gefördert haben, ist schon oben bemerkt worden. Diese Verhältnisse bedürfen hier ebensowenig einer weiteren Entwickelung als die Verkettung der Ursachen jener materiellen Macht, welche die Beherrschung eines Teils der Elemente einzelnen Völkern verliehen hat.

Wenn es mir oblag, auf den Unterschied aufmerksam zu machen, der zwischen der Natur unseres tellurischen Wissens und unserer Kenntnis der Himmelsräume und ihres Inhalts stattfindet, so ist es auf der anderen Seite auch nötig, hier die Beschränktheit des Raumes zu bezeichnen, von welchem unsere ganze Kenntnis von der Heterogeneität der Stoffe hergenommen ist. Dieser Raum wird ziemlich uneigentlich die Rinde der Erde genannt; es ist die Dicke der der Oberfläche unseres Planeten nächsten Schichten, welche durch tiefe spaltenartige Thäler oder durch die Arbeit der Menschen (Bohrlöcher und bergmännische Grubenbaue) aufgeschlossen sind. Diese Arbeiten[82] erreichen in senkrechter Tiefe nicht viel mehr als zweitausend Fuß (650 m, weniger als $1/11$ Meile) unter dem Niveau der Meere, also nur $1/9800$ des Erdhalbmessers. Die kristallinischen Massen, durch noch thätige Vulkane ausgeworfen, meist unseren Gebirgsarten der Oberfläche ähnlich, kommen aus unbestimmbaren, gewiß 60mal größeren, absoluten Tiefen, als die sind, welche die menschlichen Arbeiten erreicht haben. Auch da, wo Steinkohlenschichten sich einsenken, um in einer durch genaue Messung bestimmten Entfernung wieder aufzusteigen, kann man die Tiefe der Mulde in Zahlen angeben. Solche Einsenkungen erweisen, daß Steinkohlenflöze samt den vorweltlichen organischen Ueberresten, die sie enthalten (in Belgien z. B.), mehrfach[83] fünf- bis sechstausend Fuß (1624 bis 1950 m) unter dem jetzigen Meeresspiegel liegen, ja daß der Bergkalk und die devonischen muldenförmig gekrümmten Schichten wohl die doppelte Tiefe erreichen. Vergleicht man diese unterirdischen Mulden nun mit den Berggipfeln, welche bisher für die höchsten Teile der gehobenen Erdrinde gehalten werden, so erhält man einen Abstand von 37000 Fuß (12019 m = 1⁷⁄₁₀ Meile), d. i. ungefähr 1¹⁄₅₂₄ des Erdhalbmessers. Dies wäre in der senkrechten Dimension und räumlichen Aufeinanderlagerung der Gebirgsschichten doch nur der Schauplatz geognostischer Forschung, wenn auch die ganze Oberfläche der Erde die Höhe des Dhawalagiri im Himalayagebirge oder die des Sorata in Bolivia erreichte. Alles, was unter dem Seespiegel tiefer liegt als die oben angeführten Mulden, als die Arbeiten der Menschen, als der vom Senkblei an einzelnen Stellen erreichte Meeresgrund (noch nicht erreicht in 25400 Fuß [8251 m] von James Roß),⁸⁴ ist uns ebenso unbekannt, wie das Innere der anderen Planeten unseres Sonnensystems. Wir kennen ebenfalls nur die Masse der ganzen Erde und ihre mittlere Dichtigkeit, verglichen mit der der oberen, uns allein zugänglichen Schichten. Wo alle Kenntnis chemischer und mineralogischer Naturbeschaffenheit im Inneren des Erdkörpers fehlt, sind wir wieder, wie bei den fernsten um die Sonne kreisenden Weltkörpern, auf bloße Vermutungen beschränkt. Wir können nichts mit Sicherheit bestimmen über die Tiefe, in welcher die Gebirgsschichten als zäh=erweicht oder geschmolzen=flüssig betrachtet werden sollen, über die Höhlungen, welche elastische Dämpfe füllen, über den Zustand der Flüssigkeiten, wenn sie unter einem ungeheuern Drucke erglühen; über das Gesetz der zunehmenden Dichtigkeit von der Oberfläche der Erde bis zu ihrem Centrum hin.

Die Betrachtung der mit der Tiefe zunehmenden Wärme im Inneren unseres Planeten und der Reaktion dieses Inneren gegen die Oberfläche hat uns geleitet zu der langen Reihe vulkanischer Erscheinungen. Sie offenbaren sich als Erdbeben, Gasausbrüche, heiße Quellen, Schlammvulkane und Lavaströme aus Eruptionskratern; ja die Macht elastischer Kräfte äußert sich auch durch räumliche Veränderung in dem Niveau der Oberfläche. Große Flächen, mannigfaltig gegliederte Kontinente werden gehoben oder gesenkt, es scheidet sich das Starre von dem Flüssigen; aber der Ozean selbst, von kalten und warmen Strömungen flußartig durchschnitten, gerinnt an beiden Polen und wandelt das Wasser in dichte Felsmassen um, bald geschichtet und feststehend, bald in bewegliche Bänke zertrümmert. Die Grenzen von Meer und Land, vom Flüssigen und Starren, wurden mannigfach und oft verändert. Es oszillierten die Ebenen aufwärts und abwärts. Nach der

Hebung der Kontinente traten auf langen Spalten, meist parallel, und dann wahrscheinlich zu einerlei Zeitepochen, Gebirgsketten empor; salzige Lachen und große Binnenwasser, die lange von denselben Geschöpfen bewohnt waren, wurden gewaltsam geschieden. Die fossilen Reste von Muscheln und Zoophyten bezeugen ihren ursprünglichen Zusammenhang. So gelangen wir, der relativen Abhängigkeit der Erscheinungen folgend, von der Betrachtung schaffender, tief im Inneren des Erdkörpers waltender Kräfte zu dem, was seine obere Rinde erschüttert und aufbricht, was durch Druck elastischer Dämpfe den geöffneten Spalten als glühender Erdstrom (Lava) entquillt.

Dieselben Mächte, welche die Andes- und Himalayakette bis zur Schneeregion gehoben, haben neue Mischungen und neues Gewebe in den Felsmassen erzeugt, umgewandelt die Schichten, welche aus vielbelebten, mit organischen Stoffen geschwängerten Flüssigkeiten sich früher niedergeschlagen. Wir erkennen hier die Reihenfolge der Formationen, nach ihrem Alter geschieden und überlagert, in ihrer Abhängigkeit von den Gestaltveränderungen der Oberfläche, von den dynamischen Verhältnissen der hebenden Kräfte, von den chemischen Wirkungen auf Spalten ausbrechender Dämpfe.

Die Form und Gliederung der Kontinente, d. h. der trocken gelegenen, einer üppigen Entwickelung des vegetabilischen Lebens fähigen Teile der Erdrinde, steht in innigem Verkehr und thätiger Wechselwirkung mit dem alles umgrenzenden Meere. In diesem ist der Organismus fast auf die Tierwelt beschränkt. Das tropfbarflüssige Element wird wiederum von dem Dunstkreise bedeckt, einem Luftozean, in welchem die Bergketten und Hochebenen der Feste wie Untiefen aufsteigen, mannigfaltige Strömungen und Temperaturwechsel erzeugen, Feuchtigkeit aus der Wolkenregion sammeln, und so in ihrer geneigten Bodenfläche durch strömendes Wasser Bewegung und Leben verbreiten.

Wenn die Geographie der Pflanzen und Tiere von diesen entwickelten Kontrasten der Meer- und Länderverteilung, der Gestaltung der Oberfläche, der Richtung isothermer Linien (Zonen gleicher mittlerer Jahreswärme) abhängt, so sind dagegen die charakteristischen Unterschiede der Menschenstämme und ihre relative numerische Verbreitung über den Erdkörper (der letzte und edelste Gegenstand einer physischen Weltbeschreibung) nicht durch jene Naturverhältnisse

allein, sondern zugleich und vorzüglich durch die Fortschritte
der Gesittung, der geistigen Ausbildung, der die politische
Uebermacht begründenden Nationalkultur bedingt. Einige
Rassen, fest dem Boden anhangend, werden verdrängt und
durch gefahrvolle Nähe der gebildeteren ihrem Untergange
zugeführt: es bleibt von ihnen kaum eine schwache Spur ge-
schichtlicher Kunde: andere Stämme, der Zahl nach nicht die
stärkeren, durchschiffen das flüssige Element. Fast allgegen-
wärtig durch dieses, haben sie allein, obgleich spät erst, von
einem Pole zum anderen, die räumliche, graphische Kenntnis
der ganzen Oberfläche unseres Planeten, wenigstens fast aller
Küstenländer, erlangt.

So ist denn hier, ehe ich in dem Naturgemälde der
tellurischen Sphäre der Erscheinungen das Einzelne
berühre, im allgemeinen gezeigt worden, wie, nach der Betrachtung der Gestalt des Erdkörpers, der von ihm perpetuierlich ausgehenden Kraftäußerung des Elektromagnetismus und
der unterirdischen Wärme, die Verhältnisse der Erdoberfläche
in horizontaler Ausdehnung und Höhe, der geognostische
Typus der Formationen, das Gebiet der Meere (des Tropfbarflüssigen) und des Luftkreises, mit seinen meteorologischen
Prozessen, die geographische Verbreitung der Pflanzen und
Tiere, endlich die physischen Abstufungen des einigen, überall
geistiger Kultur fähigen Menschengeschlechts in einer und derselben Anschauung vereinigt werden können. Diese Einheit
der Anschauung setzt eine Verkettung der Erscheinungen
nach ihrem inneren Zusammenhange voraus. Eine bloß
tabellarische Aneinanderreihung derselben erfüllt nicht den
Zweck, den ich mir vorgesetzt; sie befriedigt nicht das Bedürfnis einer kosmischen Darstellung, welches der Anblick der
Natur auf Meer- und Landreisen, ein sorgfältiges Studium
der Gebilde und Kräfte, der lebendige Eindruck eines Naturganzen unter den verschiedensten Erdstrichen in mir erregt
haben. Vieles, das in diesem Versuche so überaus mangelhaft
ist, wird bei der beschleunigten Zunahme des Wissens, deren
sich alle Teile der physikalischen Wissenschaften erfreuen, vielleicht in naher Zukunft berichtigt und vervollständigt werden.
Es liegt ja in dem Entwickelungsgange aller Disziplinen,
daß das, was lange isoliert gestanden, sich allgemach verkettet
und höheren Gesetzen untergeordnet wird. Ich bezeichne nur
den empirischen Weg, auf dem ich und viele mir Gleich-
gesinnte fortschreiten, erwartungsvoll, daß man uns, wie einst,

nach Platos Ausspruch, Sokrates es forderte, „die Natur nach der Vernunft auslege".

Die Schilderung der tellurischen Erscheinungen in ihren Hauptmomenten muß mit der Gestalt und den Raumverhältnissen unseres Planeten beginnen. Auch hier darf man sagen: nicht etwa bloß die mineralische Beschaffenheit, die kristallinisch körnigen oder die dichten, mit Versteinerungen angefüllten Gebirgsarten, nein, die geometrische Gestalt der Erde selbst bezeugt die Art ihrer Entstehung, sie ist ihre Geschichte. Ein elliptisches Rotationssphäroid deutet auf eine einst weiche oder flüssige Masse. Zu den ältesten geognostischen Begebenheiten, allen Verständigen lesbar in dem Buch der Natur niedergeschrieben, gehört die Abplattung, wie auch (um ein anderes uns sehr nahes Beispiel anzuführen) die perpetuierliche Richtung der großen Achse des Mondsphäroids gegen die Erde, d. h. die vermehrte Anhäufung der Materie auf der Mondhälfte, welche wir sehen, eine Anhäufung, die das Verhältnis der Rotation zur Umlaufszeit bestimmt und bis zur ältesten Bildungsepoche des Satelliten hinaufreicht. „Die mathematische Figur der Erde ist die mit nicht strömendem Wasser bedeckte Oberfläche derselben"; auf sie beziehen sich alle geodätischen auf den Meeresspiegel reduzierten Gradmessungen. Von dieser mathematischen Oberfläche der Erde ist die physische, mit allen Zufälligkeiten und Unebenheiten des Starren, verschieden. Die ganze Figur der Erde ist bestimmt, wenn man die Quantität der Abplattung und die Größe des Aequatorialdurchmessers kennt. Um ein vollständiges Bild der Gestaltung zu erlangen, wären aber Messungen in zwei aufeinander senkrechten Richtungen nötig.

Elf Gradmessungen (Bestimmungen der Krümmung der Erdoberfläche in verschiedenen Gegenden), von denen neun bloß unserem Jahrhundert angehören,[85] haben uns die Größe des Erdkörpers, den schon Plinius[86] „einen Punkt im unermeßlichen Weltall" nennt, kennen gelehrt. Wenn dieselben nicht übereinstimmen in der Krümmung verschiedener Meridiane unter gleichen Breitengraden, so spricht eben dieser Umstand für die Genauigkeit der angewandten Instrumente und der Methoden, für die Sicherheit naturgetreuer, partieller Resultate. Der Schluß selbst von der Zunahme der anziehenden Kraft (in der Richtung vom Aequator zu den Polen hin) auf die Figur eines Planeten ist abhängig von der Verteilung der Dichtigkeit in seinem Inneren. Wenn Newton aus theoretischen

Gründen, und wohl auch angeregt durch die von Cassini schon vor 1666 entdeckte Abplattung des Jupiter,[87] in seinem unsterblichen Werke Philosophiae Naturalis Principia die Abplattung der Erde bei einer homogenen Masse auf $^1/_{230}$ bestimmte, so haben dagegen wirkliche Messungen unter dem mächtigen Einflusse der neuen vervollkommneten Analyse erwiesen, daß die Abplattung des Erdsphäroids, in welchem die Dichtigkeit der Schichten als gegen das Centrum hin zunehmend betrachtet wird, sehr nahe $^1/_{300}$ ist.[88]

Drei Methoden sind angewandt worden, um die Krümmung der Erdoberfläche zu ergründen: es ist dieselbe aus Gradmessungen, aus Pendelschwingungen und aus gewissen Ungleichheiten der Mondbahn geschlossen. Die erste Methode ist eine unmittelbare geometrisch=astronomische; in den anderen zweien wird aus genau beobachteten Bewegungen auf die Kräfte geschlossen, welche diese Bewegungen erzeugen, und von diesen Kräften auf die Ursache derselben, nämlich auf die Abplattung der Erde. Ich habe hier, in dem allgemeinen Naturgemälde, ausnahmsweise der Anwendung von Methoden erwähnt, weil die Sicherheit derselben lebhaft an die innige Verkettung von Naturphänomenen in Gestalt und Kräften mahnt, und weil diese Anwendung selbst die glückliche Veranlassung geworden ist, die Genauigkeit der Instrumente (der raummessenden, der optischen und zeitbestimmenden) zu schärfen, die Fundamente der Astronomie und Mechanik in Hinsicht auf Mondbewegung und auf Erörterung des Widerstandes, den die Pendelschwingungen erleiden, zu vervollkommnen, ja der Analysis eigene und unbetretene Wege zu eröffnen. Die Geschichte der Wissenschaften bietet neben der Untersuchung der Parallaxe der Firsterne, die zur Aberration und Nutation geführt hat, kein Problem dar, in welchem in gleichem Grade das erlangte Resultat (die Kenntnis der mittleren Abplattung und die Gewißheit, daß die Figur der Erde keine regelmäßige ist) an Wichtigkeit dem nachsteht, was auf dem langen und mühevollen Wege zur Erreichung des Zieles an allgemeiner Ausbildung und Vervollkommnung des mathematischen und astronomischen Wissens gewonnen worden ist. Die Vergleichung von elf Gradmessungen, unter denen drei außereuropäische, die alte peruanische und zwei ostindische, begriffen sind, hat, nach den strengsten theoretischen Anforderungen von Bessel berechnet, eine Abplattung von $^1/_{299}$ gegeben.[89] Danach ist der Polarhalbmesser 10938 Toisen, fast $2^7/_8$ geographische

Meilen, kürzer als der Aequatorialhalbmesser des elliptischen
Rotationssphäroids. Die Anschwellung unter dem Aequator
infolge der Krümmung der Oberfläche des Sphäroids beträgt also, der Richtung der Schwere nach, etwas mehr als
$4^3/_7$ mal die Höhe des Montblanc, nur $2^1/_2$ mal die wahrschein-
liche Höhe des Dhawalagirigipfels in der Himalayakette. Die
Mondesgleichungen (Störungen in der Länge und Breite des
Mondes) geben nach den letzten Untersuchungen von Laplace
fast dasselbe Resultat der Abplattung ($^1/_{299}$) als die Gradmessungen. Aus den Pendelversuchen folgt im ganzen [90] eine
weit größere Abplattung ($^1/_{288}$).

Galilei, der während des Gottesdienstes, wahrscheinlich
etwas zerstreut, schon als Knabe erkannte, daß durch die Dauer
der Schwingungen von Kronleuchtern, welche in ungleicher
Höhe hingen, die ganze Höhe eines Kirchengewölbes zu messen
sei, hatte freilich nicht geahnet, wie das Pendel einst von
Pol zu Pol würde getragen werden, um die Gestalt der Erde
zu bestimmen: oder vielmehr um die Ueberzeugung zu geben,
daß die ungleiche Dichtigkeit der Erdschichten die Länge des
Sekundenpendels durch verwickelte, aber in großen Länderstrecken sich fast gleichmäßig äußernde Lokalattraktionen affiziere.
Diese geognostischen Beziehungen eines zeitmessenden Instruments, diese Eigenschaft des Pendels, wie ein Senkblei
die ungesehene Tiefe zu erspähen, ja in vulkanischen Inseln [91]
oder am Abhange gehobener kontinentaler Bergketten, [92]
statt der Höhlungen dichte Massen von Basalt und Melaphyr
anzudeuten, erschweren (trotz der bewundernswürdigen Einfachheit der Methode) die Erlangung eines allgemeinen
Resultats, die Herleitung der Figur der Erde aus Beobachtung
von Pendelschwingungen. Auch in dem astronomischen Teile
der Messung eines Breitengrades wirken ablenkend und
nachteilig, doch nicht in gleichem Maße, Gebirgsketten oder
dichtere Schichten des Bodens.

Da die Gestalt der Erde auf die Bewegung anderer
Weltkörper, besonders auf die ihres nahen Satelliten, einen
mächtigen Einfluß ausübt, so läßt die vervollkommnete Kenntnis der Bewegung des letzteren uns auch wiederum auf die
Gestalt der Erde zurückschließen. Demnach hätte, wie Laplace
sich sinnig ausdrückt, ein Astronom, „ohne seine Sternwarte
zu verlassen, durch Vergleichung der Mondtheorie mit den
wirklichen Beobachtungen nicht nur die Gestalt und Größe der
Erde, sondern auch ihre Entfernung von der Sonne und vom

Monde bestimmen können: Resultate, die erst durch lange und mühevolle Unternehmungen nach den entlegensten Gegenden beider Hemisphären erlangt worden sind“. Die Abplattung, welche aus den Ungleichheiten des Mondes geschlossen wird, gewährt den Vorzug, daß sie, was einzelne Gradmessungen und Pendelversuche nicht leisten, eine mittlere, dem ganzen Planeten zukommende ist. Mit der Rotationsgeschwindigkeit verglichen, beweist sie dazu die Zunahme der Dichtigkeit der Erdschichten von der Oberfläche gegen den Mittelpunkt hin, eine Zunahme, welche die Vergleichung der Achsenverhältnisse des Jupiter und Saturn mit ihrer Umdrehungszeit auch in diesen beiden großen Planeten offenbart. So berechtigt die Kenntnis äußerer Gestaltung zu Schlüssen über die innere Beschaffenheit der Weltkörper.

Die nördliche und südliche Erdhälfte scheinen unter gleichen Breitengraden ungefähr dieselbe Erdkrümmung [93] darzubieten; aber Pendelversuche und Gradmessungen geben, wie schon oben bemerkt ist, für einzelne Teile der Oberfläche so verschiedene Resultate, daß man keine regelmäßige Figur angeben kann, welche allen auf diesen Wegen bisher erhaltenen Resultaten genügen würde. Die wirkliche Figur der Erde verhält sich zu einer regelmäßigen, „wie die unebene Oberfläche eines bewegten Wassers sich zu der ebenen Oberfläche eines ruhigen verhält“.

Nachdem die Erde gemessen worden ist, mußte sie gewogen werden. Pendelschwingungen und Bleilot haben ebenfalls dazu gedient, die mittlere Dichtigkeit der Erde zu bestimmen: sei es, daß man in Vereinigung astronomischer und geodätischer Operationen die Ablenkung des Bleilots von der Vertikale in der Nähe eines Berges suchte, oder durch Vergleichung der Pendellänge in der Ebene und auf dem Gipfel einer Anhöhe, oder endlich durch Anwendung einer Drehwage, die man als ein horizontal schwingendes Pendel betrachten kann, die relative Dichtigkeit der nahen Erdschichten maß. Von diesen drei Methoden [94] ist die letzte die sicherste, da sie unabhängig von der schwierigen Bestimmung der Dichtigkeit der Mineralien ist, aus welchen das sphärische Segment eines Berges besteht, in dessen Nähe man beobachtet. Sie gibt nach den neuesten Versuchen von Reich 5,44 [95], d. h. sie zeigt, daß die mittlere Dichtigkeit der ganzen Erde sovielmal größer ist als die des reinen Wassers. Da nun nach der Natur der Gebirgsschichten, welche den trockenen, kontinentalen Teil der

Erdoberfläche bilden, die Dichtigkeit dieses Teils kaum 2,7, die Dichtigkeit der trockenen und ozeanischen Oberfläche zusammen kaum 1,6 beträgt, so folgt aus jener Angabe, wie sehr die elliptischen, ungleich abgeplatteten Schichten des Inneren durch Druck oder durch Heterogeneität der Stoffe gegen das Centrum zu an Dichtigkeit zunehmen. Hier zeigt sich wieder, daß das Pendel, das senkrechte wie das horizontal schwingende, mit Recht ein geognostisches Instrument genannt worden ist.

Aber die Schlüsse, zu welchen der Gebrauch eines solchen Instrumentes führt, hat berühmte Physiker, nach Verschiedenheit der Hypothesen, von denen man ausging, zu ganz entgegengesetzten Ansichten über die Naturbeschaffenheit des Inneren des Erdkörpers geleitet. Man hat berechnet, in welchen Tiefen tropfbarflüssige, ja selbst luftförmige Stoffe durch den eigenen Druck ihrer aufeinander gelagerten Schichten die Dichtigkeit der Platina oder selbst des Iridiums übertreffen würden; und um die innerhalb sehr enger Grenzen bekannte Abplattung mit der Annahme einer einfachen, bis ins Unendliche kompressibeln Substanz in Einklang zu bringen, hat der scharfsinnige Leslie den Kern der Erde als eine Hohlkugel beschrieben, die mit sogenannten „unwägbaren Stoffen von ungeheurer Repulsivkraft" erfüllt wäre. Diese gewagten und willkürlichen Vermutungen haben in ganz unwissenschaftlichen Kreisen bald noch phantasiereichere Träume hervorgerufen. Die Hohlkugel ist nach und nach mit Pflanzen und Tieren bevölkert worden, über die zwei kleine unterirdisch kreisende Planeten, Pluto und Proserpina, ihr mildes Licht ausgießen. Immer gleiche Wärme herrscht in diesen inneren Erdräumen, und die durch Kompression selbstleuchtende Luft könnte wohl die Planeten der Unterwelt entbehrlich machen. Nahe am Nordpol, unter 82° Breite, da, wo das Polarlicht ausströmt, ist eine ungeheure Oeffnung, durch die man in die Hohlkugel hinabsteigen kann. Zu einer solchen unterirdischen Expedition sind Sir Humphry Davy und ich vom Kapitän Symmes wiederholt und öffentlich aufgefordert worden. So mächtig ist die krankhafte Neigung der Menschen, unbekümmert um das widersprechende Zeugnis wohlbegründeter Thatsachen oder allgemein anerkannter Naturgesetze, ungesehene Räume mit Wundergestalten zu füllen. Schon der berühmte Halley hatte, am Ende des 17. Jahrhunderts, in seinen magnetischen Spekulationen die Erde ausgehöhlt. Ein unterirdisch frei rotierender Kern verursacht durch seine Stellung die tägliche und jährliche Veränderung der magnetischen Abweichung! Was bei dem geistreichen Holberg eine heitere Fiktion war, hat man zu unserer Zeit mit langweiligem Ernste in ein wissenschaftliches Gewand zu kleiden versucht.

Die Figur der Erde und der Grad der Starrheit (Dichtigkeit), welchen die Erde erlangt hat, steht in inniger Verbindung mit den Kräften, die sie beleben, sofern nämlich diese Kräfte nicht von außen her durch die planetarische Stellung gegen einen leuchtenden Centralkörper angeregt oder erweckt sind. Die Abplattung, Folge der auf eine rotierende Masse einwirkenden Schwungkraft, offenbart den früheren Zustand der Flüssigkeit unsres Planeten. Bei dem Erstarren dieser Flüssigkeit, die man geneigt ist als eine dunstförmige, bereits ursprünglich zu einer sehr hohen Temperatur erhitzte anzunehmen, ist eine ungeheure Menge latenter Wärme frei geworden. Fing der Prozeß der Erstarrung, wie Fourier will, von der zuerst durch Strahlung gegen den Himmelsraum erkaltenden Oberfläche an, so blieben die dem Mittelpunkt der Erde näheren Teile flüssig und glühend. Da nach langer Ausströmung der Wärme vom Mittelpunkt gegen die Oberfläche sich endlich ein Stabilitätszustand in der Temperatur des Erdkörpers hergestellt hat, so wird angenommen, daß mit zunehmender Tiefe auch die unterirdische Wärme ununterbrochen zunehme. Die Wärme der Wasser, welche den Bohrlöchern (artesischen Brunnen) entquellen, unmittelbare Versuche über die Temperatur des Gesteins in den Bergwerken, vor allem aber die vulkanische Thätigkeit der Erde, d. i. der Erguß geschmolzener Massen aus geöffneten Spalten, bezeugen diese Zunahme auf das unwidersprechlichste für sehr beträchtliche Tiefen der oberen Erdschichten. Nach Schlüssen, die sich freilich nur auf Analogieen gründen, wird dieselbe auch mehr als wahrscheinlich weiter gegen das Centrum hin.

Was ein kunstreicher, für diese Klasse von Untersuchungen[96] eigens vervollkommneter, analytischer Kalkül über die Bewegung der Wärme in homogenen metallischen Sphäroiden gelehrt hat, ist, bei unserer Unkenntnis der Stoffe, aus denen die Erde zusammengesetzt sein kann, bei der Verschiedenheit der Wärmekapazität und Leitungsfähigkeit aufeinander geschichteter Massen, bei den chemischen Umwandlungen, welche feste und flüssige Materien durch einen ungeheuren Druck erleiden, nur sehr vorsichtig auf die wirkliche Naturbeschaffenheit unseres Planeten anzuwenden. Am schwierigsten für unsere Fassungskraft ist die Vorstellung von der Grenzlinie zwischen der flüssigen Masse des Inneren und den schon erhärteten Gebirgsarten der äußeren Erdrinde, von der allmählichen Zunahme der festen Schichten und dem Zustande der Halbflüssigkeit erdiger zäher Stoffe, für welche die bekannten Gesetze der Hydraulik nur unter beträchtlichen Modifikationen gelten können. Sonne und Mond, welche das Meer in Ebbe und Flut bewegen, wirken höchst wahrscheinlich auch bis zu jenen Erdtiefen. Unter dem Gewölbe schon erstarrter Gebirgsarten kann man allerdings periodische Hebungen und Senkungen der geschmolzenen Masse, Ungleichheiten des gegen das Gewölbe ausgeübten Druckes vermuten. Das Maß und die Wirkung solcher Oszillation kann aber nur gering sein; und wenn der relative Stand der anziehenden Weltkörper auch hier Springfluten erregen muß, so ist doch gewiß nicht diesen, sondern mächtigeren inneren Kräften die Erschütterung der Erdoberfläche zuzuschreiben. Es gibt Gruppen von Erscheinungen, deren Existenz es nur darum nützlich ist hervorzuheben, um die Allgemeinheit des Einflusses der Attraktion von Sonne und Mond auf das äußere und innere Leben der Erde zu bezeichnen, so wenig wir auch die Größe eines solchen Einflusses numerisch zu bestimmen vermögen.

Nach ziemlich übereinstimmenden Erfahrungen in den artesischen Brunnen nimmt in der oberen Erdrinde die Wärme im Durchschnitt mit einer senkrechten Tiefe von je 92 Pariser Fuß (29,89 m) um 1° des hundertteiligen Thermometers zu. Befolgte diese Zunahme ein arithmetisches Verhältnis, so würde demnach, wie ich bereits oben [97] angegeben habe, eine Granitschicht in der Tiefe von 5 $2/10$ geographischen Meilen (38,6 km) vier- bis fünfmal gleich dem höchsten Gipfel des Himalayagebirges geschmolzen sein.

In dem Erdkörper sind dreierlei Bewegungen der Wärme zu unterscheiden. Die erste ist periodisch und verändert die Temperatur der Erdschichten, indem nach Verschiedenheit des Sonnenstandes und der Jahreszeiten die Wärme von oben nach unten eindringt, oder auf demselben Wege von unten nach oben ausströmt. Die zweite Art der Bewegung ist ebenfalls eine Wirkung der Sonne und von außerordentlicher Langsamkeit. Ein Teil der Wärme, die in den Aequatorialgegenden eingedrungen ist, bewegt sich nämlich in dem Inneren der Erdrinde gegen die Pole hin, und ergießt sich an den Polen in den Luftkreis und den fernen Weltraum. Die dritte Art der Bewegung ist die langsamste von allen; sie besteht in der säkularen Erkaltung des Erdkörpers, in dem Wenigen, was jetzt noch von der primitiven Wärme des Planeten an die Oberfläche abgegeben wird. Dieser Verlust, den die Centralwärme erleidet, ist in der Epoche der ältesten Erdrevolutionen sehr beträchtlich gewesen, seit den historischen Zeiten aber wird er für unsere Instrumente kaum meßbar. Die Oberfläche der Erde befindet sich demnach zwischen der Glühhitze der unteren Schichten und dem Weltraume, dessen Temperatur wahrscheinlich unter dem Gefrierpunkt des Quecksilbers ist.

Die periodischen Veränderungen der Temperatur, welche an der Oberfläche der Sonnenstand und die meteorologischen Prozesse hervorrufen, pflanzen sich im Inneren der Erde aber nur bis zu sehr geringen Tiefen fort. Diese Langsamkeit der Wärmeleitung des Bodens schwächt auch im Winter den Wärmeverlust und wird tiefwurzelnden Bäumen günstig. Punkte, welche in verschiedenen Tiefen in einer Vertikallinie liegen, erreichen zu sehr verschiedenen Zeiten das Maximum und Minimum der mitgeteilten Temperatur. Je mehr sie sich von der Oberfläche entfernen, desto geringer sind die Unterschiede dieser Extreme. In unseren Breiten der gemäßigten Zone (Br. 48°—52°) liegt die Schicht invariabler Temperatur in 55 bis 66 Fuß (17,9 bis 19,5 m) Tiefe; schon in der Hälfte dieser Tiefe erreichen die Oszillationen des Thermometers durch Einfluß der Jahreszeiten kaum noch einen halben Grad. Dagegen wird in dem Tropenklima die invariable Schicht schon einen Fuß (0,32 m) tief unter der Oberfläche gefunden, und diese Thatsache ist von Boussingault auf eine scharfsinnige Weise zu einer bequemen und, wie er glaubt, sicheren Bestimmung der mittleren Lufttemperatur des Ortes benutzt worden. Diese mittlere Lufttemperatur an einem bestimmten Punkte oder in einer Gruppe nahegelegener Punkte der Oberfläche ist gewissermaßen das Grundelement der klimatischen und Kulturverhältnisse einer Gegend; aber die mittlere Temperatur der ganzen Oberfläche ist von der des Erdkörpers selbst sehr verschieden. Die so oft angeregte Frage, ob jene im Lauf der Jahrhunderte beträchtliche Veränderungen erlitten, ob das Klima eines Landes sich verschlechtert hat, ob nicht etwa gleichzeitig die Winter milder und die Sommer kälter geworden sind, kann nur durch das Thermometer entschieden werden; und die Erfindung dieses Instruments ist kaum dritthalbhundert Jahre, seine verständige Anwendung kaum 120 Jahre alt. Die Natur und Neuheit des Mittels setzt also hier den Forschungen über die Lufttemperatur sehr enge Grenzen. Ganz anders ist die Lösung des größeren Problems der inneren Wärme des ganzen Erdkörpers. Wie man aus der unveränderten Schwingungsdauer eines Pendels auf die bewahrte Gleichheit seiner Temperatur schließen kann, so belehrt uns die unveränderte Umdrehungsgeschwindigkeit der Erde über das Maß der Stabilität ihrer mittleren Temperatur. Diese Einsicht in das Verhältnis der **Tageslänge** zur **Wärme** gehört zu den glänzendsten Anwendungen einer langen Kenntnis der **Himmelsbewegungen** auf den **thermischen** Zustand unseres Planeten. Die Umdrehungsgeschwindigkeit der Erde hängt nämlich von ihrem Volum ab. Sowie in der durch Strahlung allmählich erkaltenden Masse die Rotationsachse kürzer würde, müßten mit Abnahme der Temperatur die Umdrehungsgeschwindigkeit vermehrt und die Tageslänge vermindert werden. Nun ergibt die Vergleichung der säkularen Ungleichheiten in den Bewegungen des Mondes mit den in älteren Zeiten beobachteten Finsternissen, daß seit Hipparchs Zeiten, also seit vollen 2000 Jahren, die Länge des Tages gewiß nicht um den hundertsten Teil einer Sekunde abgenommen hat. Es ist demnach innerhalb der äußersten [**] Grenze dieser Abnahme die mittlere Wärme des Erdkörpers seit 2000 Jahren nicht um $^1/_{170}$ eines Grades verändert worden.

Diese Unveränderlichkeit der Form setzt auch eine große Unveränderlichkeit in der Verteilung der Dichtigkeitsverhältnisse im Inneren des Erdkörpers voraus. Die translatorischen Bewegungen, welche die Ausbrüche der jetzigen Vulkane, das Hervorbringen eisenhaltiger Laven, das Ausfüllen vorher leerer Spalten und Höhlungen mit dichten Steinmassen verursachen, sind demnach nur als kleine Oberflächenphänomene, als Ereignisse eines Teiles der Erdrinde zu betrachten, welcher der Dimension nach gegen die Größe des Erdhalbmessers verschwindet.

Die innere Wärme des Planeten habe ich in ihrer Ursache und Verteilung fast ausschließlich nach dem Resultate der schönen Untersuchungen Fouriers geschildert. Poisson bezweifelt die ununterbrochene Zunahme der Erdwärme von der Oberfläche der Erde zum Centrum. Er glaubt, daß alle Wärme von außen nach innen eingedrungen ist, und daß die Temperatur des Erdkörpers abhängig ist von der sehr hohen oder sehr niedrigen Temperatur der Welträume, durch welche sich das Sonnensystem bewegt hat. Diese Hypothese, von einem der tiefsinnigsten Mathematiker unserer Zeit ersonnen, hat fast nur ihn, wenig die Physiker und Geognosten befriedigt. Was aber auch die Ursache der inneren Wärme unseres Planeten und der begrenzten oder unbegrenzten Zunahme in den tieferen Schichten sein mag: immer führt sie uns in diesem Entwurfe eines allgemeinen Naturgemäldes, durch den inneren Zusammenhang aller primitiven Erscheinungen der Materie, durch das gemeinsame Band, welches die Molekularkräfte umschlingt, in das dunkle Gebiet des Magnetismus. Temperaturveränderungen bringen magnetische und elektrische Ströme hervor. Der tellurische Magnetismus, dessen Hauptcharakter in der dreifachen Aeußerung seiner Kräfte eine ununterbrochene periodische Veränderlichkeit ist, wird entweder der ganzen, ungleich erwärmten Erdmasse selbst,[99] oder jenen galvanischen Strömen zugeschrieben, die wir als Elektrizität in Bewegung, als Elektrizität in einem in sich selbst zurückkehrenden Kreislaufe betrachten. Der geheimnisvolle Gang der Magnetnadel ist von der Zeit und dem Raume, von dem Sonnenlaufe und der Veränderung des Ortes auf der Erdoberfläche gleichmäßig bedingt. Man erkennt an der Nadel, wie an den Schwankungen des Barometers zwischen den Wendekreisen, die Stunde des Tages. Sie wird durch das ferne Nordlicht, durch die Himmelsglut, welche an einem der Pole farbig ausstrahlt, urplötzlich, doch nur vorübergehend, affiziert. Wenn die ruhige stündliche Bewegung der Nadel durch ein magnetisches Ungewitter gestört ist, so offenbart sich die Perturbation oftmals über Meer und Land, auf Hunderte und Tausende von Meilen im strengsten Sinne des Worts gleichzeitig, oder sie pflanzt sich in kurzen Zeiträumen allmählich in jeglicher Richtung über die Oberfläche der Erde fort.[100] Im ersteren Falle könnte die Gleichzeitigkeit des Ungewitters, wie Jupiterstrabanten, Feuersignale und wohl beachtete Sternschnuppen, innerhalb gewisser Grenzen zur geographischen Längenbestimmung dienen. Man erkennt mit Verwunderung, daß die Zuckungen zweier kleinen Magnetnadeln, und wären sie tief in unterirdischen Räumen aufgehangen, die Entfernung messen, welche sie voneinander trennt; daß sie lehren, wie weit Kasan östlich von Göttingen oder von den Ufern der Seine liegt. Es gibt auch Gegenden der Erde, wo der Seefahrer, seit vielen Tagen in Nebel gehüllt, ohne Sonne und Sterne,

ohne alle Mittel der Zeitbestimmung, durch die Neigungsver=
änderung der Nadel mit Sicherheit wissen kann, ob er sich
nördlich oder südlich von einem Hafen befindet,[101] in den er
einlaufen soll.

Wenn die plötzlich in ihrem stündlichen Gange gestörte
Nadel das Dasein eines magnetischen Ungewitters verkündigt,
so bleibt der Sitz der Perturbationsursache, ob sie in der Erd=
rinde selbst oder im oberen Luftkreise zu suchen sei, leider!
für uns noch unentschieden. Betrachten wir die Erde als
einen wirklichen Magnet, so sind wir genötigt, nach dem Aus=
spruch des tiefsinnigen Gründers einer allgemeinen Theorie
des Erdmagnetismus, Friedrich Gauß, durchschnittlich wenig=
stens jedem Teile der Erde, der ein achtel Kubikmeter,
d. i. 3⁷/₁₀ Kubikfuß, groß ist, eine ebenso starke Magnetisierung
beizulegen, als ein einpfündiger Magnetstab enthält. Wenn
Eisen und Nickel, wahrscheinlich auch Kobalt (nicht Chrom[102],
wie man lange geglaubt hat), die alleinigen Substanzen sind,
welche dauernd magnetisch werden und die Polarität durch
eine gewisse Koerzitivkraft zurückhalten, so beweisen dagegen
die Erscheinungen von Aragos Rotationsmagnetismus und
Faradays induzierten Strömen, daß wahrscheinlich alle tellu=
rischen Stoffe vorübergehend sich magnetisch verhalten
können. Nach den Versuchen des ersteren der eben genannten
großen Physiker wirken auf die Schwingungen einer Nadel
Wasser, Eis, Glas und Kohle ganz wie Quecksilber in den
Rotationsversuchen. Fast alle Stoffe zeigen sich in einem ge=
wissen Grade magnetisch, wenn sie leitend sind, d. h. von der
Elektrizität durchströmt werden.

So uralt auch bei den westlichen Völkern die Kenntnis
der Ziehkraft natürlicher Eisenmagnete zu sein scheint, so
war doch (und diese historisch sehr fest begründete Thatsache
ist auffallend genug) die Kenntnis der Richtkraft einer
Magnetnadel, ihre Beziehung auf den Erdmagnetismus nur
dem äußersten Osten von Asien, den Chinesen, eigentümlich.
Tausend und mehr Jahre vor unserer Zeitrechnung, zu der
dunklen Epoche des Kodros und der Rückkehr der Herakliden
nach dem Peloponnes hatten die Chinesen schon magnetische
Wagen, auf denen der bewegliche Arm einer Menschengestalt
unausgesetzt nach Süden wies, um sicher den Landweg durch
die unermeßlichen Grasebenen der Tatarei zu finden; ja im
dritten Jahrhundert nach unserer Zeitrechnung, also wenigstens
700 Jahre vor der Einführung des Schiffskompasses in den

europäischen Meeren, segelten schon chinesische Fahrzeuge in dem Indischen Ozean nach magnetischer Südweisung. Ich habe in einem anderen Werke gezeigt, welche Vorzüge[103] dieses Mittel topographischer Orientierung, diese frühe Kennt- nis und Anwendung der dem Westen unbekannten Magnet- nadel den chinesischen Geographen vor den griechischen und römischen gegeben hat, denen z. B. die wahre Richtung der Apenninen und Pyrenäen stets unbekannt blieb.

Die magnetische Kraft unseres Planeten offenbart sich an seiner Oberfläche in drei Klassen von Erscheinungen, deren eine die veränderliche Intensität der Kraft, zwei andere die veränderliche Richtung in der Neigung und in der hori- zontalen Abweichung vom terrestrischen Meridiane des Ortes darbieten. Die Gesamtwirkung nach außen wird also graphisch durch drei Systeme von Linien bezeichnet: die der isodyna- mischen, isoklinischen und isogonischen (gleicher Kraft, gleicher Neigung und gleicher Abweichung). Der Abstand und die relative Lage dieser stets bewegten, oszillierend fortschrei- tenden Kurven bleiben nicht immer dieselben. Die totale Ab- weichung (Variation oder Deflination der Magnetnadel) ver- ändert sich an gewissen Punkten[104] der Erde, z. B. in dem westlichen Teil der Antillen und in Spitzbergen, in einem ganzen Jahrhundert gar nicht oder auf eine bisher kaum be- merkbare Weise. Ebenso zeigt sich, daß die isogonischen Kurven, wenn sie in ihrer säkularen Bewegung von der Oberfläche des Meeres auf einen Kontinent oder eine Insel von beträchtlichem Umfange geraten, lange auf demselben verweilen und dann im Fortschreiten sich krümmen.

Diese allmähliche Umwandlung der Gestaltungen, welche die Translation begleiten und die Gebiete der östlichen und westlichen Abweichung im Laufe der Zeiten so ungleich er- weitern, macht es schwer, in den graphischen Darstellungen, welche verschiedenen Jahrhunderten angehören, die Uebergänge und Analogie der Formen aufzufinden. Jeder Zweig einer Kurve hat seine Geschichte; aber diese Geschichte steigt bei den westlichen Völkern nirgends höher hinauf als bis zu der denk- würdigen Epoche (13. September 1492), wo der Wiederent- decker der Neuen Welt 3° westlich vom Meridian der azorischen Insel Flores eine Linie ohne Abweichung erkannte.[105] Ganz Europa hat jetzt, einen kleinen Teil von Rußland abgerechnet, eine westliche Abweichung: während daß am Ende des 17. Jahr- hunderts, erst in London 1657 und dann 1669 in Paris (also troß der kleinen Entfernung mit einem Unterschiede von 12 Jahren), die Nadel gerade nach dem Nordpol wies. Im östlichen Rußland, im Osten von dem Ausfluß der Wolga, von Saratow, Nischni-Nowgorod und Archangelsk, bringt von Asien her die östliche Abweichung zu uns ein. In dem weitausgedehnten Gebiete des nördlichen Asiens haben uns zwei vortreffliche Beobachter, Hansteen und Adolf Erman, die wunderbare doppelte Krümmung der Abweichungslinien kennen gelehrt: konkav gegen den Pol gerichtet zwischen Obdorsk am Obi und Turuchansk, konvex zwischen dem Baikalsee und dem Ochozkischen Meerbusen. In diesem letzteren Teile der Erde, im nordöstlichen Asien, zwischen dem Werchojansker Gebirge, Jakutsk und dem nördlichen Korea, bilden die isogonischen Linien ein merkwürdiges in sich geschlossenes System. Diese eiförmige Gestaltung [106] wiederholt sich regelmäßiger und in einem größeren Umfange in der Südsee, fast im Meridian von Pitcairn und der Inselgruppe der Marquesas, zwischen 20° nördlicher und 45° südlicher Breite. Man könnte geneigt sein, eine so sonderbare Konfiguration in sich geschlossener, fast konzentrischer Abweichungslinien für die Wirkung einer Lokalbeschaffenheit des Erdkörpers zu halten; sollten aber auch diese isoliert scheinenden Systeme sich in dem Laufe der Jahrhunderte fortbewegen, so muß man hier, wie bei allen großen Naturkräften, auf eine allgemeinere Ursache der Erscheinung schließen.

Die stündlichen Veränderungen der Abweichung, von der wahren Zeit abhängig, scheinbar von der Sonne beherrscht, solange sie über dem Horizonte eines Ortes ist, nehmen mit der magnetischen Breite in ihrem angularen Werte ab. Nahe am Aequator, z. B. auf der Insel Rawak, sind sie kaum drei bis vier Minuten, wenn sie im mittleren Europa 13 bis 14 Minuten betragen. Da nun in der ganzen nördlichen Hemisphäre das Nordende der Nadel im Durchschnitt von 8½ Uhr morgens bis 1½ Uhr mittags von Ost gen West, und in derselben Zeit in der südlichen Hemisphäre dasselbe Nordende von West gen Ost fortschreitet, so hat man neuerlichst mit Recht darauf aufmerksam gemacht, daß es eine Region der Erde, wahrscheinlich zwischen dem terrestrischen und magnetischen Aequator, geben muß, in welcher keine stündliche Veränderung der Abweichung zu bemerken ist. Diese vierte Kurve, die der Nichtbewegung oder vielmehr Nichtveränderung der stündlichen Abweichung, ist bis jetzt noch nicht aufgefunden worden.

Wie man magnetische Pole die Punkte der Erdober=
fläche nennt, wo die horizontale Kraft verschwindet, und diesen
Punkten mehr Wichtigkeit zuschreibt, als ihnen eigentlich zu=
kommt, so wird der magnetische Aequator diejenige Kurve
genannt, auf welcher die Neigung der Nadel null ist. Die
Lage dieser Linie und ihre säkulare Gestaltveränderung ist in
neueren Zeiten ein Gegenstand sorgfältiger Untersuchung gewesen.
Nach der vortrefflichen Arbeit Duperreys, welcher den mag=
netischen Aequator zwischen den Jahren 1822 und 1825 sechs=
mal berührt hat, sind die Knoten der beiden Aequatoren, die
zwei Punkte, in denen die Linie ohne Neigung den
terrestrischen Aequator schneidet und demnach aus einer Hemi=
sphäre in die andere übergeht, so ungleich verteilt, daß im
Jahre 1825 der Knoten bei der Insel St. Thomas an der
Westküste von Afrika 188 ° ¹/₂ von dem Knoten in der Südsee
bei den kleinen Gilbertsinseln (fast in dem Meridian der
Vitigruppe) auf dem kürzesten Wege entfernt lag. Ich
habe am Anfang dieses Jahrhunderts auf einer Höhe von
11 200 Fuß (3538 m) über dem Meere den Punkt (7° 1'
südl. Breite und 80° 54' westl. Länge) astronomisch bestimmen
können, wo im Inneren des neuen Kontinents die Andeskette
zwischen Quito und Lima von dem magnetischen Aequator
durchkreuzt wird. Von da in Westen verweilt dieser fast durch
die ganze Südsee, dem terrestrischen Aequator sich langsam
nähernd, in der südlichen Halbkugel. Er geht erst in die
nördliche Halbkugel über kurz vor dem Indischen Archipelagus,
berührt nur die Südspitzen von Asien, und tritt in das afri=
kanische Festland ein, westlich von Sokotora, fast in der Meer=
enge von Bab=el=Mandeb, wo er sich dann am meisten von
dem terrestrischen Aequator entfernt. Das unbekannte Land
von Innerafrika durchschneidend in der Richtung nach Süd=
west, kehrt der magnetische Aequator in dem Golf von Guinea
in die südliche Tropenzone zurück, und entfernt sich vom
terrestrischen Aequator so sehr, daß er die brasilianische Küste
bei Os Ilheos nördlich von Porto Seguro in 15 ° südl. Breite
berührt. Von da an bis zu der Hochebene der Kordilleren,
zwischen den Silbergruben von Micuipampa und dem alten
Inkasitze von Caxamarca, wo ich die Inklination beobachten
konnte, durchläuft er ganz Südamerika, das für jetzt unter
diesen südlichen Breiten eine magnetische Terra incognita,
wie das Innere von Afrika ist.

Neue von Sabine [107] gesammelte Beobachtungen haben

uns gelehrt, daß der Knoten der Insel St. Thomas von 1825 bis 1837 bereits 4° von Osten gegen Westen gewandert ist. Es wäre ungemein wichtig, zu wissen, ob der entgegengesetzte Pol der Gilbertsinseln in der Südsee ebensoviel gegen Westen sich dem Meridian der Karolinen genähert hat. Die hier gegebene allgemeine Uebersicht muß genügen, um die verschiedenen Systeme nicht ganz paralleler isoklinischer Linien an die große Erscheinung des Gleichgewichts, welche sich im magnetischen Aequator offenbart, zu knüpfen. Für die Ergründung der Gesetze des tellurischen Magnetismus ist es kein geringer Vorzug, daß der magnetische Aequator, dessen oszillierender Gestaltenwechsel und dessen Knotenbewegung, mittels der veränderten magnetischen Breiten, einen Einfluß auf die Neigung der Nadel in den fernsten Weltgegenden ausüben, in seiner ganzen Länge, bis auf 1/5, ozeanisch ist und daher, durch ein merkwürdiges Raumverhältnis zwischen Meer und Land, um so zugänglicher wird, als man gegenwärtig im Besitz von Mitteln ist, beides, Abweichung und Inklination, während der Schiffahrt mit vieler Genauigkeit zu bestimmen.

Wir haben die Verteilung des Magnetismus auf der Oberfläche unseres Planeten nach den zwei Formen der Abweichung und der Neigung geschildert. Es bleibt uns die dritte Form, die der Intensität der Kraft, übrig, welche graphisch durch isodynamische Kurven (Linien gleicher Intensität) ausgedrückt wird. Die Ergründung und Messung dieser Kraft durch Schwingung einer vertikalen oder horizontalen Nadel hat erst seit dem Anfange des 19. Jahrhunderts in ihren tellurischen Beziehungen ein allgemeines und lebhaftes Interesse erregt. Die Messung der horizontalen Kraft ist, besonders durch Anwendung feiner optischer und chronometrischer Hilfsmittel, eines Grades der Genauigkeit fähig geworden, welcher die aller anderen magnetischen Bestimmungen weit übertrifft. Wenn für die unmittelbare Anwendung auf Schiffahrt und Steuerung die isogonischen Linien die wichtigeren sind, so zeigen sich nach den neuesten Ansichten die isodynamischen, vornehmlich die, welche die Horizontalkraft bezeichnen, als diejenigen, welche der Theorie des Erdmagnetismus die fruchtbringendsten Elemente darbieten. Am frühesten ist durch Beobachtung die Thatsache erkannt worden,[108] daß die Intensität der Totalkraft vom Aequator gegen die Pole hin zunimmt.

Die Kenntnis des Maßes dieser Zunahme und die Ergründung aller numerischen, den ganzen Erdkörper umfassenden Verhältnisse des Intensitätsgesetzes verdankt man besonders seit dem Jahre 1829 der rastlosen Thätigkeit von Eduard Sabine, welcher, nachdem er am amerikanischen Nordpol, in Grönland, in Spitzbergen, an den Küsten von Guinea und in Brasilien dieselben Nadeln hat schwingen lassen, fortwährend alles sammelt und ordnet, was die Richtung der isodynamischen Linien aufklären kann. Den ersten Entwurf eines isodynamischen Systems, in Zonen geteilt, habe ich selbst für einen kleinen Teil von Südamerika geliefert. Es sind diese Linien nicht den Linien gleicher Neigung parallel; die Intensität der Kraft ist nicht, wie man anfangs geglaubt hat, am schwächsten auf dem magnetischen Aequator, sie ist nicht einmal gleich auf allen Teilen desselben. Wenn man Ermans Beobachtungen im südlichen Teile des Atlantischen Ozeans, wo eine schwächende Zone sich von Angola über die Insel St. Helena bis an die brasilianische Küste (0,706) hinzieht, mit den neuesten Beobachtungen des großen Seefahrers James Clark Roß vergleicht, so findet man, daß an der Oberfläche unseres Planeten die Kraft gegen den magnetischen Südpol hin, da wo das Viktorialand sich vom Kap Crozier gegen den 11 600 Fuß (3768 m) hohen, aus dem Eise aufsteigenden Vulkan Erebus verlängert, fast im Verhältnis wie 1 zu 3 zunimmt.[109] Wenn die Intensität nahe bei dem magnetischen Südpol durch 2,052 ausgedrückt wird (man nimmt noch immer zur Einheit die Intensität, welche ich auf dem magnetischen Aequator im nördlichen Peru gefunden), so fand sie Sabine dem magnetischen Nordpol nahe in Melvilles Insel (Br. 74° 27′ N.) nur 1,624, während sie in den Vereinigten Staaten bei New York (also fast unter einer Breite mit Neapel) 1,803 ist.

Durch die glänzenden Entdeckungen von Oersted, Arago und Faraday ist die elektrische Ladung des Luftkreises der magnetischen Ladung des Erdkörpers näher gerückt. Wenn durch Oersted aufgefunden worden ist, daß die Elektrizität in der Umgebung des sie fortleitenden Körpers Magnetismus erregt, so werden dagegen in Faradays Versuchen durch den freigewordenen Magnetismus elektrische Strömungen hervorgerufen. Magnetismus ist eine der vielfachen Formen, unter denen sich die Elektrizität offenbart. Die uralte dunkle Ahnung von der Identität der elektrischen und magnetischen Anziehung ist in unserer Zeit in Erfüllung gegangen. „Wenn das

Elektrum (der Bernstein)," sagte Plinius [110] im Sinne der ionischen Naturphilosophie des Thales, „durch Reibung und Wärme beseelt wird, so zieht es Bast und dürre Blätter an, ganz wie der Magnetstein das Eisen." Dieselben Worte finden wir in der Litteratur eines Volkes, das den östlichen Teil von Asien bewohnt, bei dem chinesischen Physiker Kuopho in der Lobrede des Magneten. [111] Nicht ohne Ueberraschung bemerkte ich auch an den waldigen Ufern des Orinoko, bei den Kinderspielen der Wilden, unter Volksstämmen, welche auf der untersten Stufe der Roheit stehen, daß ihnen die Erregung der Elektrizität durch Reibung bekannt ist. Knaben rieben die trockenen, platten und glänzenden Samen eines rankenden Schotengewächses (wahrscheinlich einer Negretia) so lange, bis sie Fasern von Baumwolle und Bambusrohr anzogen. Was die nackten kupferbraunen Eingeborenen ergötzt, ist geeignet, einen tiefen und ernsten Eindruck zu hinterlassen. Welche Kluft trennt nicht das elektrische Spiel jener Wilden von der Erfindung eines gewitterentladenden metallischen Leiters, einer viele Stoffe chemisch zersetzenden Säule, eines lichterzeugenden magnetischen Apparates! In solcher Kluft liegen Jahrtausende der geistigen Entwickelungsgeschichte der Menschheit vergraben!

Der ewige Wechsel, die oszillatorische Bewegung, welche man in allen magnetischen Erscheinungen, denen der Neigung, der Abweichung, und der Intensität der Kräfte, wahrnimmt: nach den Stunden des Tages und auch der Nacht, nach den Jahreszeiten und dem Verlauf der ganzen Jahre, läßt sehr verschiedenartige partielle Systeme von elektrischen Strömen in der Erdrinde vermuten. Sind diese Strömungen, wie in Seebecks Versuchen, thermo=magnetisch unmittelbar durch ungleiche Verteilung der Wärme erregt? oder soll man sie nicht vielmehr als durch den Stand der Sonne, durch die Sonnen= wärme induziert [112] betrachten? Hat die Rotation des Planeten und das Moment der Geschwindigkeit, welches die einzelnen Zonen nach ihrem Abstande vom Aequator erlangen, Einfluß auf die Verteilung des Magnetismus? Soll man den Sitz der Strömungen, d. i. der bewegten Elektrizität, in dem Luft= kreise, in den interplanetaren Räumen oder in der Polarität der Sonne und des Mondes suchen? Schon Galilei war in seinem berühmten Dialogo geneigt, die parallele Richtung der Erdachse einem magnetischen Anziehungspunkt im Welt= raume zuzuschreiben.

Wenn man sich das Innere des Erdkörpers als geschmolzen und einen ungeheuren Druck erleidend, als zu einer Temperatur erhoben denkt, für die wir kein Maß haben, so muß man wohl auf einen magnetischen Kern der Erde verzichten. Allerdings geht erst bei der Weißglühhitze aller Magnetismus verloren;[113] er äußert sich noch, wenn das Eisen dunkelrot glühend ist; und so verschieden auch die Modifikationen sein mögen, welche der Molekularzustand und die davon abhängige Koerzitivkraft der Stoffe in den Versuchen erzeugen, so bleibt immer noch eine beträchtliche Dicke der Erdschicht über, die man als Sitz der magnetischen Ströme annehmen möchte. Was die alte Erklärung der stündlichen Variationen der Abweichung durch die progressive Erwärmung der Erde im scheinbaren Sonnenlauf von Osten nach Westen anbetrifft, so muß man sich dabei freilich auf die äußerste Oberfläche beschränken, da die in den Erdboden eingesenkten, jetzt an so vielen Orten genau beobachteten Thermometer zeigen, wie langsam die Sonnenwärme selbst auf die geringe Tiefe von einigen Fußen eindringt. Dazu ist der thermische Zustand der Meeresfläche, welche $\frac{2}{3}$ des Planeten bedeckt, solchen Erklärungen wenig günstig, wenn von unmittelbarer Einwirkung die Rede ist, nicht von Induktion aus der Luft- und Dunsthülle des Planeten.

Auf alle Fragen nach den letzten physischen Ursachen so komplizierter Erscheinungen ist in dem jetzigen Zustande unseres Wissens bisher keine befriedigende Antwort zu geben. Nur was in den dreifachen Manifestationen der Erdkraft sich als meßbare Verhältnisse des Raumes und der Zeit, als das Gesetzmäßige im Veränderlichen darbietet, hat durch Bestimmung numerischer Mittelwerte neuerdings die glänzendsten Fortschritte gemacht. Von Toronto in Oberkanada an bis zum Vorgebirge der guten Hoffnung und zu Vandiemensland, von Paris bis Peking ist die Erde seit dem Jahre 1828 mit magnetischen Warten bedeckt worden, in denen ununterbrochen durch gleichzeitige Beobachtungen jede regelmäßige oder unregelmäßige Regung der Erdkraft erspähet wird. Man mißt eine Abnahme von $\frac{1}{40000}$ der magnetischen Intensität, man beobachtet zu gewissen Epochen 24 Stunden lang, alle $2\frac{1}{2}$ Minuten. Ein großer englischer Astronom und Physiker hat berechnet,[114] daß die Masse der Beobachtungen, welche zu diskutieren sind, in drei Jahren auf 1958000 anwachsen wird. Nie ist eine so großartige, so erfreuliche Anstrengung gezeigt worden, um das Quantitative der Gesetze in einer Naturerscheinung zu ergründen. Man darf daher wohl mit Recht hoffen, daß diese Gesetze, mit denen verglichen, welche im Luftkreise und in noch ferneren Räumen walten, uns allmählich dem Genetischen der magnetischen Erscheinungen selbst näher führen werden. Bis jetzt können wir uns nur rühmen, daß eine größere Zahl möglicher, zur Erklärung führender Wege eröffnet worden sind. In der physischen Lehre vom Erdmagnetismus, welche mit der rein mathematischen nicht verwechselt werden darf, finden sich, wie in der Lehre von den meteorologischen Prozessen des Luftkreises, diejenigen vollkommen befriedigt, die in den Erscheinungen bequem alles Faktische wegleugnen, was sie nicht nach ihren Ansichten erklären können.

Der tellurische Magnetismus, die elektrodynamischen, von dem geistreichen Ampère [115] gemessenen Kräfte, stehen gleichzeitig in innigem Verkehr mit dem Erd- oder Polarlichte, wie mit der inneren und äußeren Wärme des Planeten, dessen Magnetpole als Kältepole [116] betrachtet werden. Wenn Halley vor 128 Jahren nur als eine gewagte Vermutung aussprach, daß das Nordlicht eine magnetische Erscheinung sei, so hat Faradays glänzende Entdeckung (Lichtentwickelung durch magnetische Kräfte) jene Vermutung zu einer empirischen Gewißheit erhoben. [117] Es gibt Vorboten des Nordlichtes. Bereits am Morgen vor der nächtlichen Lichterscheinung verkündigt gewöhnlich der unregelmäßige stündliche Gang der Magnetnadel eine Störung des Gleichgewichts in der Verteilung des Erdmagnetismus. Wenn diese Störung eine große Stärke erreicht, so wird das Gleichgewicht der Verteilung durch eine von Lichtentwickelung begleitete Entladung wieder hergestellt. „Das Nordlicht [118] selbst ist dann nicht als eine äußere Ursache der Störung anzusehen, sondern vielmehr als eine bis zum leuchtenden Phänomen gesteigerte tellurische Thätigkeit, deren eine Seite jenes Leuchten, die andere die Schwingungen der Nadel sind.“ Die prachtvolle Erscheinung des farbigen Polarlichtes ist der Akt der Entladung, das Ende eines magnetischen Ungewitters, wie in dem elektrischen Ungewitter ebenfalls eine Lichtentwickelung, der Blitz, die Wiederherstellung des gestörten Gleichgewichts in der Verteilung der Elektrizität bezeichnet. Das elektrische Ungewitter ist gewöhnlich auf einen kleinen Raum eingeschränkt, und außerhalb desselben bleibt der Zu-

stand der Luftelektrizität ungeändert. Das magnetische Un=
gewitter dagegen offenbart seine Wirkung auf den Gang der
Nadel über große Teile der Kontinente; wie Arago zuerst
entdeckt hat, fern von dem Orte, wo die Lichtentwickelung
sichtbar wird. Es ist nicht unwahrscheinlich, daß, wie bei
schwer geladenem, drohendem Gewölke und bei oftmaligem
Uebergehen der Luftelektrizität in einen entgegengesetzten Zu=
stand es doch nicht immer zur Entladung in Blitzen kommt,
so auch magnetische Ungewitter große Störungen des stünd=
lichen Ganges der Nadel in weitem Umkreise hervorrufen
können, ohne daß das Gleichgewicht der Verteilung not=
wendig durch Explosion, durch leuchtendes Ueberströmen von
einem Pol zum Aequator oder gar von Pol zu Pol erneuert
werden müsse.

Wenn man alle Einzelheiten der Erscheinung in ein Bild
zusammenfassen will, so sind die Entstehung und der Verlauf
eines sich ganz ausbildenden Nordlichtes also zu bezeichnen:
Tief am Horizont, ungefähr in der Gegend, wo dieser vom
magnetischen Meridian durchschnitten wird, schwärzt sich der
vorher heitere Himmel. Es bildet sich wie eine dicke Nebel=
wand, die allmählich aufsteigt und eine Höhe von 8 bis 10
Graden erreicht. Die Farbe des dunklen Segmentes geht ins
Braune oder Violette über. Sterne sind sichtbar in dieser,
wie durch einen dichten Rauch verfinsterten Himmelsgegend.
Ein breiter, aber hellleuchtender Lichtbogen, erst weiß, dann
gelb, begrenzt das dunkle Segment; da aber der glänzende
Bogen später entsteht als das rauchgraue Segment, so kann
man nach Argelander letzteres nicht einem bloßen Kontraste
mit dem helleren Lichtsaume zuschreiben. Der höchste Punkt
des Lichtbogens ist, wo er genau gemessen worden ist, ge=
wöhnlich nicht ganz im magnetischen Meridian, sondern 5° bis
18° abweichend nach der Seite, wohin die Magnetdeklination
des Ortes sich richtet. Im hohen Norden, dem Magnetpole
sehr nahe, erscheint das rauchähnliche Kugelsegment weniger
dunkel, bisweilen gar nicht. Dort auch, wo die Horizontal=
kraft am schwächsten ist, sieht man die Mitte des Lichtbogens
von dem magnetischen Meridian am weitesten entfernt.

Der Lichtbogen, in stetem Aufwallen und formverändern=
dem Schwanken, bleibt bisweilen stundenlang stehen, ehe
Strahlen und Strahlenbündel aus demselben hervorschießen
und bis zum Zenith hinaufsteigen. Je intensiver die Ent=
ladungen des Nordlichtes sind, desto lebhafter spielen die

Farben vom Violetten und bläulich Weißen durch alle Ab=
stufungen bis in das Grüne und Purpurrote. Auch bei der
gewöhnlichen, durch Reibung erregten Elektrizität ist der Funke
erst dann gefärbt, wenn nach großer Spannung die Explosion
sehr heftig ist. Die magnetischen Feuersäulen steigen bald
aus dem Lichtbogen allein hervor, selbst mit schwarzen,
einem dicken Rauche ähnlichen Strahlen gemengt, bald erheben
sie sich gleichzeitig an vielen entgegengesetzten Punkten des
Horizonts und vereinigen sich in ein zuckendes Flammenmeer,
dessen Pracht keine Schilderung erreichen kann, da es in jedem
Augenblick seinen leuchtenden Wellen andere und andere Ge=
staltungen gibt. Die Intensität dieses Lichtes ist zuzeiten
so groß, daß Lowenörn (29. Januar 1786) bei hellem Sonnen=
scheine Schwingungen des Polarlichtes erkannte. Die Be=
wegung vermehrt die Sichtbarkeit der Erscheinung. Um den
Punkt des Himmelsgewölbes, welcher der Richtung der Nei=
gungsnadel entspricht, scharen sich endlich die Strahlen zu=
sammen und bilden die sogenannte Krone des Nordlichtes.
Sie umgibt wie den Gipfel eines Himmelszeltes mit einem
milderen Glanze und ohne Wallung im ausströmenden Lichte.
Nur in seltenen Fällen gelangt die Erscheinung bis zur voll=
ständigen Bildung der Krone; mit derselben hat sie aber stets
ihr Ende erreicht. Die Strahlungen werden nun seltener,
kürzer und farbenloser. Die Krone und alle Lichtbogen brechen
auf. Bald sieht man am ganzen Himmelsgewölbe unregel=
mäßig zerstreut nur breite, blasse, fast aschgrau leuchtende,
unbewegliche Flecke; auch sie verschwinden früher als die Spur
des dunklen rauchartigen Segmentes, das noch tief am Hori=
zonte steht. Es bleibt oft zuletzt von dem ganzen Schauspiel
nur ein weißes, zartes Gewölk übrig, an den Rändern ge=
fiedert oder in kleine rundliche Häufchen (als Cirrokumulus)
mit gleichen Abständen geteilt.

Dieser Zusammenhang des Polarlichtes mit den feinsten
Cirruswölkchen verdient eine besondere Aufmerksamkeit, weil
er uns die elektromagnetische Lichtentwickelung als Teil eines
meteorologischen Prozesses zeigt. Der tellurische Magne=
tismus offenbart sich hier in seiner Wirkung auf den Dunst=
kreis, auf die Kondensation der Wasserdämpfe. Was Thiene=
mann, welcher die sogenannten Schäfchen für das Substrat
des Nordlichtes hält, in Island gesehen, ist in neueren Zeiten
von Franklin und Richardson nahe am amerikanischen Nord=
pole, vom Admiral Wrangel an den sibirischen Küsten des

Eismeeres bestätigt worden. Alle bemerkten, „daß das Nordlicht die lebhaftesten Strahlen dann schoß, wenn in der hohen
Luftregion Massen des Cirrostratus schwebten, und wenn diese
so dünn waren, daß ihre Gegenwart nur durch die Entstehung
eines Hofes um den Mond erkannt werden konnte". Die
Wolken ordneten sich bisweilen schon bei Tage auf eine ähnliche
Art als die Strahlen des Nordlichtes, und beunruhigten dann
wie diese die Magnetnadel. Nach einem großen nächtlichen
Nordlichte erkannte man früh am Morgen dieselben aneinander
gereihten Wolkenstreifen, welche vorher leuchtend gewesen
waren.[119] Die scheinbar konvergierenden Polarzonen
(Wolkenstreifen in der Richtung des magnetischen Meridians),
welche mich auf meinen Reisen auf der Hochebene von Mexiko
wie im nördlichen Asien anhaltend beschäftigt haben, gehören
wahrscheinlich zu derselben Gruppe der Tageserscheinungen.[120]

Südlichter sind oft von dem scharfsinnigen und fleißigen
Beobachter Dalton in England, Nordlichter in der südlichen
Hemisphäre bis 45° Breite (14. Januar 1831) gesehen worden.
In nicht sehr seltenen Fällen ist das Gleichgewicht an beiden
Polen gleichzeitig gestört. Ich habe bestimmt ergründet, daß
bis in die Tropenregion, selbst in Mexiko und Peru, Nord-
polarlichter gesehen worden sind. Man muß unterscheiden
zwischen der Sphäre gleichzeitiger Sichtbarkeit der Erscheinung
und der Erdzone, in welcher die Erscheinung fast jede Nacht
gesehen wird. Jeder Beobachter sieht gewiß, wie seinen eigenen
Regenbogen, so auch sein eigenes Polarlicht. Ein großer Teil
der Erde erzeugt zugleich das ausströmende Lichtphänomen.
Man kann viele Nächte angeben, in denen es in England
und in Pennsylvanien, in Rom und in Peking gleichzeitig
beobachtet wurde. Wenn man behauptet, daß die Polarlichter
mit der abnehmenden Breite abnehmen, so muß man die
Breite als eine magnetische, durch den Abstand vom Magnetpole gemessene betrachten. In Island, in Grönland, in Terre
Neuve, an den Ufern des Sklavensees oder zu Fort Enter-
prise in Nordkanada entzünden sie sich zu gewissen Jahreszeiten fast jede Nacht und feiern, wie die Einwohner der
Shetlandinseln[121] es nennen, in zuckenden Strahlen den
„lustigen Himmelstanz". Während in Italien das Nordlicht
eine große Seltenheit ist, sieht man es wegen der südlichen
Lage des amerikanischen Magnetpols überaus häufig in der
Breite von Philadelphia (39° 57'). Aber auch in den Gegenden, welche in dem neuen Kontinent und an den sibirischen

Küsten sich durch große Frequenz des Phänomens auszeichnen, gibt es sozusagen besondere Nordlichtstriche: Längenzonen, in denen das Polarlicht vorzüglich glänzend und prachtvoll ist. Oertliche Einflüsse sind nicht zu verkennen. Wrangel sah den Glanz abnehmen, so wie er sich um Nishne-Kolymsk vom Litorale des Eismeeres entfernte. Die auf der Nordpolexpedition gesammelten Erfahrungen scheinen zu beweisen, daß ganz nahe um den Magnetpol die Lichtentbindung auf das wenigste um nichts stärker und häufiger als in einiger Entfernung davon ist.

Was wir von der Höhe des Polarlichtes wissen, gründet sich auf Messungen, die ihrer Natur nach wegen der beständigen Oszillation der Lichterscheinung und daraus entstehender Unsicherheit des parallaktischen Winkels nicht viel Vertrauen einflößen können. Die erlangten Resultate schwanken, um nicht veralteter Angaben zu erwähnen, zwischen einigen Meilen und einer Höhe von drei- bis viertausend Fuß (975 bis 1300 m).[122] Es ist nicht unwahrscheinlich, daß das Nordlicht zu verschiedenen Zeiten eine sehr verschiedene Entfernung habe. Die neuesten Beobachter sind geneigt, das Phänomen nicht an die Grenze der Atmosphäre, sondern in die Wolkenregion selbst zu versetzen; sie glauben sogar, daß die Nordlichtstrahlen durch Winde und Luftströmungen bewegt werden können, wenn wirklich das Lichtphänomen, durch welches uns allein das Dasein einer elektromagnetischen Strömung bemerkbar wird, an materielle Gruppen beweglicher Dunstbläschen gebunden ist oder, besser zu sagen, dieselben durchdringt, von einem Bläschen zum anderen überspringend. Franklin hat am Bärensee ein strahlendes Nordlicht gesehen, von dem er glaubte, daß es die untere Seite der Wolkenschicht erleuchtete, während daß nur 4½ geogr. Meilen (33,4 km) davon Kendal, welcher die ganze Nacht über die Wache hatte und das Himmelsgewölbe keinen Augenblick aus den Augen verlor, gar keine Lichterscheinung bemerkte. Das neuerdings mehrfach behauptete Niederschießen von Nordlichtstrahlen nahe zur Erde, zwischen dem Beobachter und einem nahen Hügel, bietet, wie beim Blitze und bei dem Fall von Feuerkugeln, eine vielfache Gefahr optischer Täuschung dar.

Ob das magnetische Gewitter, von dem wir soeben ein merkwürdiges Beispiel großer örtlicher Beschränktheit angegeben, mit dem elektrischen Gewitter außer dem Lichte auch das Geräusch gemein habe, ist überaus zweifelhaft geworden,

da man nicht mehr unbedingt den Erzählungen der Grönland=
fahrer und sibirischen Fuchsjäger traut. Die Nordlichter sind
schweigsamer geworden, seitdem man sie genauer zu beobachten
und zu belauschen versteht. Parry, Franklin und Richardson
am Nordpol, Thienemann in Island, Gieseke in Grönland,
Lottin und Bravais am Nordkap, Wrangel und Anjou an
der Küste des Eismeeres haben zusammen an tausend Nord=
lichter gesehen, und nie irgend ein Geräusch vernommen. Will
man diese negativen Zeugnisse gegen zwei positive von Hearne
an der Mündung des Kupferflusses und von Henderson in
Island nicht gelten lassen, so muß man in Erinnerung bringen,
daß Hood dasselbe Geräusch wie von schnell bewegten Flinten=
kugeln und von leisem Krachen zwar während eines Nordlichtes,
aber dann auch am folgenden Tage ohne alles Nordlicht ver=
nahm; man muß nicht vergessen, wie Wrangel und Gieseke
zur festen Ueberzeugung gelangten, daß das gehörte Geräusch
dem Zusammenziehen des Eises und der Schneekruste, bei
einer plötzlichen Erkaltung des Luftkreises, zuzuschreiben sei.
Der Glaube an ein knisterndes Geräusch ist nicht in dem
Volke, sondern bei gelehrten Reisenden wohl deshalb entstan=
den, weil man schon in früher Zeit, wegen des Leuchtens der
Elektrizität in luftverdünnten Räumen, das Nordlicht für eine
Wirkung atmosphärischer Elektrizität erklärte, und hörte, was
man zu hören wünschte. Neue mit sehr empfindlichen Elektro=
metern angestellte Versuche haben gegen alle Erwartung bisher
nur negative Resultate gegeben. Der Zustand der Luftelektri=
zität ward während der stärksten Nordlichter nie verändert
gefunden.

Dagegen werden alle drei Kraftäußerungen des tellurischen
Magnetismus, Abweichung, Inklination und Intensität, zu=
gleich von dem Polarlichte verändert. In einer und derselben
Nacht wirkt dasselbe auf das eine Ende der Nadel bald an=
ziehend, bald abstoßend, in verschiedenen Stunden seiner Ent=
wickelung. Die Behauptung, daß nach den von Parry in der
Nähe des Magnetpoles auf Melvilles Insel gesammelten
Thatsachen die Nordlichter die Magnetnadel nicht affizierten,
sondern vielmehr als eine „beruhigende" Potenz wirkten, ist
durch die genauere Untersuchung von Parrys eigenem Reise=
journale und durch die schönen Beobachtungen von Richardson,
Hood und Franklin in Nordkanada, wie zuletzt von Bravais
und Lottin in Lappland hinlänglich widerlegt worden.[123] Der
Prozeß des Nordlichtes ist, wie wir schon oben bemerkt, der

Akt der Wiederherstellung eines gestörten Gleichgewichtes. Die Wirkung auf die Nadel ist nach dem Maß der Stärke in der Explosion verschieden. Sie war in der nächtlichen Winterstation zu Bosekop nur dann unmerklich, wenn die Lichterscheinung sich sehr schwach und tief am Horizont zeigte. Die aufschießenden Strahlencylinder hat man scharfsinnig mit der Flamme verglichen, welche in dem geschlossenen Kreise der Voltaschen Säule zwischen zwei weit voneinander entfernten Kohlenspitzen, oder nach Fizeau zwischen einer Silber= und einer Kohlenspitze entsteht, und die von dem Magnete angezogen und abgestoßen wird. Diese Analogie macht wenigstens die Annahme metallischer Dämpfe im Dunstkreise entbehrlich, welche berühmte Physiker als Substrat des Nordlichtes betrachten.

Wenn das leuchtende Phänomen, das wir einem galvanischen Strome, d. h. einer Bewegung der Elektrizität in einem in sich selbst zurückkehrenden Kreislaufe, zuschreiben, durch den unbestimmten Namen des Polarlichtes bezeichnet wird, so ist damit nur die örtliche Richtung angegeben, in welcher am häufigsten, keineswegs immer, der Anfang der Lichtentwickelung gesehen wird. Was diesem Naturphänomen seine größere Wichtigkeit gibt, ist die Thatsache, daß die Erde leuchtend wird, daß ein Planet, außer dem Lichte, welches er von dem Centralkörper, der Sonne, empfängt, sich eines eigenen Lichtprozesses fähig zeigt. Die Intensität des Erdlichtes, oder vielmehr die Erhellung, welche dasselbe verbreiten kann, übertrifft bei dem höchsten Glanze farbiger und nach dem Zenith aufsteigender Strahlung um ein weniges das Licht des ersten Mondviertels. Bisweilen (7. Januar 1831) hat man ohne Anstrengung Gedrucktes lesen können. Dieser, in den Polargegenden fast ununterbrochene Lichtprozeß der Erde leitet uns durch Analogieen auf die denkwürdige Erscheinung, welche die Venus darbietet. Der von der Sonne nicht erleuchtete Teil dieses Planeten leuchtet bisweilen mit einem eigenen phosphorischen Scheine. Es ist nicht unwahrscheinlich, daß der Mond, Jupiter und die Kometen außer dem, durch Polariskope erkennbaren, reflektierten Sonnenlichte auch von ihnen selbst hervorgebrachtes Licht ausstrahlen. Ohne der problematischen, aber sehr gewöhnlichen Art des Wetterleuchtens zu erwähnen, in der ein ganzes tiefstehendes Gewölk viele Minuten lang ununterbrochen flimmernd leuchtet, finden wir in unserem Dunstkreise selbst noch andere Beispiele irdischer Lichterzeugung. Dahin gehören der berühmte bei

Nacht leuchtende trockene Nebel der Jahre 1783 und 1831; der stille, von Rozier und Beccaria beobachtete Lichtprozeß großer Wolken, ohne alles Flimmern; ja, wie Arago scharfsinnig bemerkt, das schwache diffuse Licht, welches in tief bewölkten, mond- und sternlosen Herbst- und Winternächten, ohne Schnee, unter freiem Himmel unsere Schritte leitet. Wie im Polarlichte, im elektromagnetischen Ungewitter, in hohen Breiten die Flut des bewegten, oft farbigen Lichtes den Luftkreis durchströmt, so sind in der heißen Zone der Tropen viele tausend Quadratmeilen des Ozeans gleichzeitig lichterzeugend. Hier gehört der Zauber des Lichtes den organischen Kräften der Natur an. Lichtschäumend kräuselt sich die überschlagende Welle. Funken sprühet die weite Fläche, und jeder Funke ist die Lebensregung einer unsichtbaren Tierwelt. So mannigfaltig ist der Urquell des irdischen Lichtes. Soll man es sich gar noch verborgen, unentfesselt, in Dämpfen gebunden denken, zur Erklärung der Moserschen Bilder aus der Ferne? einer Entdeckung, in welcher uns die Wirklichkeit bisher wie ein geheimnißschweres Traumbild erscheint.

So wie die innere Wärme unseres Planeten auf der einen Seite mit der Erregung elektromagnetischer Strömungen und dem Lichtprozeß der Erde (einer Folge des Ausbruchs) eines magnetischen Ungewitters zusammenhängt, so offenbart sie sich auch auf der anderen Seite als eine Hauptquelle geognostischer Phänomene. Wir betrachten diese in ihrer Verkettung und in ihrem Uebergange von einer bloß dynamischen Erschütterung und von der Hebung ganzer Kontinente und Gebirgsmassen zu der Erzeugung und zum Erguß von gasförmigen und tropfbaren Flüssigkeiten, von heißem Schlamme, von glühenden und geschmolzenen Erden, die sich als kristallinische Gebirgsarten erhärten. Es ist ein nicht geringer Fortschritt der neueren Geognosie (des mineralogischen Teils der Physik der Erde), die hier bezeichnete Verkettung der Erscheinungen ergründet zu haben. Die Einsicht derselben leitet von den spielenden Hypothesen ab, durch welche man vormals jede Kraftäußerung des alten Erdballs einzeln zu erklären suchte: sie zeigt die Verbindung von dem Hervortreten verschiedenartiger Stoffe mit dem, was nur der räumlichen Veränderung (Erschütterung oder Hebung) angehört; sie reiht Gruppen von Erscheinungen, welche auf den ersten Anblick sich als sehr heterogen darbieten: Thermalquellen, Ausströmungen von Kohlensäure

und Schwefeldämpfen, harmlose Salfen (Schlammausbrüche)
und die furchtbaren Verheerungen feuerspeiender Berge, an=
einander. In einem großen Naturbilde schmilzt dies alles in
den einigen Begriff der Reaktion des Inneren eines
Planeten gegen seine Rinde und Oberfläche zusammen.
So erkennen wir in den Tiefen der Erde, in ihrer mit dem
Abstand von der Oberfläche zunehmenden Temperatur gleich=
zeitig die Keime erschütternder Bewegung, allmählicher Hebung
ganzer Kontinente (wie der Bergketten auf langen Spalten),
vulkanischer Ausbrüche und mannigfaltiger Erzeugung von
Mineralien und Gebirgsarten. Aber nicht die unorganische
Natur allein ist unter dem Einflusse dieser Reaktion des
Inneren gegen das Aeußere geblieben. Es ist sehr wahr=
scheinlich, daß in der Urwelt mächtigere Ausströmungen von
kohlensaurem Gas, dem Luftkreise beigemengt, den kohle=
abscheidenden Prozeß des Pflanzenlebens erhöhten, und
daß so in waldzerstörenden Revolutionen ein unerschöpfliches
Material von Brennstoff (Ligniten und Steinkohlen) in den
oberen Erdschichten vergraben wurde. Auch die Schicksale der
Menschheit erkennen wir als teilweise abhängig von der Ge=
staltung der äußeren Erdrinde, von der Richtung der Gebirgs=
züge und Hochländer, von der Gliederung der gehobenen
Kontinente. Dem forschenden Geiste ist es gegeben, in der
Kette der Erscheinungen von Glied zu Glied bis dahin auf=
zusteigen, wo bei Erstarrung des Planeten, bei dem ersten
Uebergange der geballten Materie aus der Dunstform, sich
die innere Erdwärme entwickelte, welche nicht der Wirkung
der Sonne zugehört.

Um den Kausalzusammenhang der geognostischen Erschei=
nungen übersichtlich zu schildern, beginnen wir mit denen,
deren Hauptcharakter dynamisch ist, in Bewegung und räum=
licher Veränderung besteht. Erdbeben, Erderschütterungen
zeichnen sich aus durch schnell aufeinander folgende senkrechte,
oder horizontale, oder rotatorische Schwingungen. Bei der
nicht unbeträchtlichen Zahl derselben, die ich in beiden Welt=
teilen, auf dem festen Lande und zur See erlebt, haben die
zwei ersten Arten der Bewegung mir sehr oft gleichzeitig ge=
schienen. Die minenartige Explosion, senkrechte Wirkung von
unten nach oben, hat sich am auffallendsten bei dem Umsturze
der Stadt Riobamba (1797) gezeigt, wo viele Leichname der
Einwohner auf den mehrere hundert Fuß hohen Hügel la Cullca,
jenseits des Flüßchens von Lican, geschleudert wurden. Die

Fortpflanzung geschieht meist in linearer Richtung wellenförmig, mit einer Geschwindigkeit von 5 bis 7 geographischen Meilen (37 bis 52 km) in der Minute; teils in Erschütterungskreisen oder großen Ellipsen, in denen wie aus einem Centrum die Schwingungen sich mit abnehmender Stärke gegen den Umfang fortpflanzen. Es gibt Gegenden, die zu zwei sich schneidenden Erschütterungskreisen gehören. Im nördlichen Asien, in welchem der Vater der Geschichte,[124] wie später Theophylactus Simocatta, die skythischen Länder frei von Erdbeben nannte, habe ich den südlichen metallreichen Teil des Altaigebirges unter dem zweifachen Einflusse der Erschütterungsherde vom Baikalsee und von den Vulkanen des Himmelsgebirges (Thianschan) gefunden. Wenn die Erschütterungskreise sich durchschneiden, wenn z. B. eine Hochebene zwischen zwei gleichzeitig in Ausbruch begriffenen Vulkanen liegt, so können mehrere Wellensysteme gleichzeitig existieren und, wie in den Flüssigkeiten, sich gegenseitig nicht stören. Selbst Interferenz kann hier, wie bei den sich durchkreuzenden Schallwellen, gedacht werden. Die Größe der fortgepflanzten Erschütterungswellen wird an der Oberfläche der Erde nach dem allgemeinen Gesetze der Mechanik vermehrt, nach welchem bei der Mitteilung der Bewegung in elastischen Körpern die letzte auf einer Seite freiliegende Schicht sich zu trennen strebt.

Die Erschütterungswellen werden durch Pendel und Sismometerbecken ziemlich genau in ihrer Richtung und totalen Stärke, keineswegs aber in der inneren Natur ihrer Alternanz und periodischen Intumescenz untersucht. In der Stadt Quito, die am Fuß eines thätigen Vulkans (des Rufu-Pichincha) 8950 Fuß (2907 m) über der Meeresfläche liegt, und schöne Kuppeln, hohe Kirchengewölbe und massive Häuser von mehreren Stockwerken aufzuweisen hat, bin ich oft über die Heftigkeit nächtlicher Erdstöße in Verwunderung geraten, welche so selten Risse in dem Gemäuer verursachen, während in den peruanischen Ebenen viel schwächer scheinende Oszillationen niedrigen Rohrhäusern schaden. Eingeborene, die viele hundert Erdbeben erlebt haben, glauben, daß der Unterschied weniger in der Länge oder Kürze der Wellen, in der Langsamkeit oder Schnelligkeit[125] der horizontalen Schwingung, als in der Gleichmäßigkeit der Bewegung in entgegengesetzter Richtung liege. Die kreisenden (rotatorischen) Erschütterungen sind die seltensten, aber am meisten gefahrbringend. Umwenden von Gemäuer ohne Umsturz, Krümmung von vorher parallelen

Baumpflanzungen, Verdrehung von Aeckern, die mit verschiedenen Getreidearten bedeckt waren, sind bei dem großen Erdbeben von Riobamba, in der Provinz Quito (4. Februar 1797), wie bei dem von Kalabrien (5. Februar bis 28. März 1783) beobachtet worden. Mit dem letzteren Phänomen des Verdrehens oder Verschiebens der Aecker und Kulturstücke, von welchen gleichsam eines den Platz des anderen angenommen, hängt eine translatorische Bewegung oder Durchdringung einzelner Erdschichten zusammen. Als ich den Plan der zerstörten Stadt Riobamba aufnahm, zeigte man mir die Stelle, wo das ganze Hausgerät einer Wohnung unter den Ruinen einer anderen gefunden worden war. Das lockere Erdreich hatte sich wie eine Flüssigkeit in Strömen bewegt, von denen man annehmen muß, daß sie erst niederwärts, dann horizontal und zuletzt wieder aufwärts gerichtet waren. Streitigkeiten über das Eigentum solcher viele hundert Toisen weit fortgeführten Gegenstände sind von der Audiencia (dem Gerichtshofe) geschlichtet worden.

In Ländern, wo die Erdstöße vergleichungsweise seltener sind (z. B. im südlichen Europa), hat sich nach einer unvollständigen Induktion [126] der sehr allgemeine Glaube gebildet, daß Windstille, drückende Hitze, ein dunstiger Horizont immer Vorboten der Erscheinung seien. Das Irrtümliche dieses Volksglaubens ist aber nicht bloß durch meine eigene Erfahrung widerlegt, es ist es auch durch das Resultat der Beobachtungen aller derer, welche viele Jahre in Gegenden gelebt haben, wo, wie in Cumana, Quito, Peru und Chile, der Boden häufig und gewaltsam erbebt. Ich habe Erdstöße gefühlt bei heiterer Luft und frischem Ostwinde, wie bei Regen und Donnerwetter. Auch die Regelmäßigkeit der stündlichen Veränderungen in der Abweichung der Magnetnadel und im Luftdrucke [127] blieb zwischen den Wendekreisen an dem Tage der Erdstöße ungestört. Damit stimmen die Beobachtungen überein, welche Adolf Erman in der gemäßigten Zone bei einem Erdbeben in Irkutsk nahe am Baikalsee (8. März 1829) anstellte. Durch den starken Erdstoß von Cumana (4. November 1799) fand ich zwar Abweichung und Intensität der magnetischen Kraft gleich unverändert, aber die Neigung der Nadel war zu meinem Erstaunen um 48' gemindert. Es blieb mir kein Verdacht eines Irrtums; und doch bei so vielen anderen Erdstößen, die ich auf dem Hochlande von Quito und in Lima erlebte, war neben den anderen Elementen des tellurischen

Magnetismus auch die Neigung stets unverändert. Wenn im allgemeinen, was tief in dem Erdkörper vorgeht, durch keinen meteorologischen Prozeß, durch keinen besonderen Anblick des Himmelsgewölbes vorherverkündigt wird, so ist es dagegen, wie wir bald sehen werden, nicht unwahrscheinlich, daß in gewissen sehr heftigen Erderschütterungen der Atmosphäre etwas mitgeteilt werde, und daß daher diese nicht immer rein dynamisch wirken. Während des langen Erzitterns des Bodens in den piemontesischen Thälern von Pelis und Clusson wurden bei gewitterlosem Himmel die größten Veränderungen in der elektrischen Spannung des Luftkreises bemerkt.

Die Stärke des dumpfen Getöses, welches das Erd=beben größtenteils begleitet, wächst keineswegs in gleichem Maße als die Stärke der Oszillationen. Ich habe genau ergründet, daß der große Stoß im Erdbeben von Riobamba (4. Februar 1797) — einem der furchtbarsten Phänomene der physischen Geschichte unseres Erdkörpers — von gar keinem Getöse begleitet war. Das ungeheure Getöse (el gran ruido), welches unter dem Boden der Städte Quito und Ibarra, nicht aber dem Centrum der Bewegung näher in Tacunga und Hambato, vernommen wurde, entstand 18 bis 20 Minuten nach der eigentlichen Katastrophe. Bei dem berühmten Erd=beben von Lima und Callao (28. Oktober 1746) hörte man das Getöse wie einen unterirdischen Donnerschlag in Truxillo auch erst $^1\!/_4$ Stunde später und ohne Erzittern des Bodens. Ebenso wurden lange nach dem großen von Boussingault be=schriebenen Erdbeben von Neu=Granada (16. November 1827) im ganzen Caucathale, ohne alle Bewegung, von 30 zu 30 Se=kunden mit großer Regelmäßigkeit unterirdische Detonationen gehört. Auch die Natur des Getöses ist sehr verschieden: rollend, rasselnd, klirrend wie bewegte Ketten, ja in der Stadt Quito bisweilen abgesetzt wie ein naher Donner; oder hell klingend, als würden Obsidian= und andere verglaste Massen in unterirdischen Höhlungen zerschlagen. Da feste Körper vortreffliche Leiter des Schalles sind, dieser z. B. in gebranntem Thon 10 bis 12mal schneller sich fortpflanzt als in der Luft, so kann das unterirdische Getöse in großer Ferne von dem Orte vernommen werden, wo es verursacht wird. In Caracas, in den Grasfluren von Calabozo und an den Ufern des Rio Apure, welcher in den Orinoko fällt, in einer Landstrecke von 2300 Quadratmeilen (126 645 qkm), hörte man überall am 30. April 1812, ohne alles Erdbeben, ein ungeheures donner=

artiges Getöse, als 158 Meilen (1170 km) davon, im Nord=
osten, der Vulkan von St. Vincent in den kleinen Antillen
aus seinem Krater einen mächtigen Lavastrom ergoß. Es
war also der Entfernung nach, als wenn man einen Ausbruch
des Vesuvs im nördlichen Frankreich vernähme. Im Jahre 1744,
bei dem großen Ausbruch des Vulkans Cotopaxi, hörte man
in Honda am Magdalenenstrome unterirdischen Kanonendonner.
Der Krater des Cotopaxi liegt aber nicht bloß 17 000 Fuß
(5520 m) höher als Honda; beide Punkte sind auch durch die
kolossalen Gebirgsmassen von Quito, Pasto und Popayan,
durch zahllose Thäler und Klüfte, in 109 Meilen (809 km)
Entfernung getrennt. Der Schall ward bestimmt nicht durch
die Luft, sondern durch die Erde aus großer Tiefe fortgepflanzt.
Bei dem heftigen Erdbeben von Neu=Granada (Februar 1835)
hörte man unterirdischen Donner gleichzeitig in Popayan,
Bogota, Santa Marta und Caracas (hier 7 Stunden lang
ohne alle Erschütterung), in Hayti, Jamaika und um den
See von Nicaragua.

Diese Schallphänomene, wenn sie von gar keinen fühl=
baren Erschütterungen (Erdstößen) begleitet sind, lassen einen
besonders tiefen Eindruck selbst bei denen, die schon lange
einen oft erbebenden Boden bewohnt haben. Man harrt mit
Bangigkeit auf das, was nach dem unterirdischen Krachen
folgen wird. Das auffallendste, mit nichts vergleichbare Bei=
spiel von ununterbrochenem unterirdischem Getöse, ohne alle
Spur von Erdbeben, bietet die Erscheinung dar, welche auf
dem mexikanischen Hochlande unter dem Namen des Ge=
brülles und unterirdischen Donners (bramidos y truenos
subterraneos) von Guanaxuato [128] bekannt ist. Diese berühmte
und reiche Bergstadt liegt fern von allen thätigen Vulkanen.
Das Getöse dauerte seit Mitternacht des 9. Januar 1784
über einen Monat. Ich habe eine umständliche Beschreibung
davon geben können, nach der Aussage vieler Zeugen und
nach den Dokumenten der Munizipalität, welche ich benutzen
konnte. Es war (vom 13. bis 16. Januar), als lägen unter
den Füßen der Einwohner schwere Gewitterwolken, in denen
langsam rollender Donner mit kurzen Donnerschlägen ab=
wechselte. Das Getöse verzog sich, wie es gekommen war,
mit abnehmender Stärke. Es fand sich auf einen kleinen
Raum beschränkt; wenige Meilen davon, in einer basaltreichen
Landstrecke, vernahm man es gar nicht. Fast alle Einwohner
verließen vor Schrecken die Stadt, in der große Massen

Silberbarren angehäuft waren; die Mutigeren, an den unter=
irdischen Donner gewöhnt, kehrten zurück und kämpften mit
der Räuberbande, welche sich der Schätze bemächtigt hatte.
Weder an der Oberfläche der Erde, noch in den 1500 Fuß
(488 m) tiefen Gruben war irgend ein leises Erdbeben be=
merkbar. In dem ganzen mexikanischen Hochlande ist nie
vorher ein ähnliches Getöse vernommen worden, auch hat in
der folgenden Zeit die furchtbare Erscheinung sich nicht wieder=
holt. So öffnen und schließen sich Klüfte im Inneren der
Erde; die Schallwellen gelangen zu uns oder werden in ihrer
Fortpflanzung gehindert.

Die Wirkung eines feuerspeienden Berges, so furchtbar
malerisch auch das Bild ist, welches sie den Sinnen darbietet,
ist doch immer auf einen sehr kleinen Raum eingeschränkt.
Ganz anders ist es mit den Erdstößen, die, dem Auge kaum
bemerkbar, bisweilen gleichzeitig in tausend Meilen Entfernung
ihre Wellen fortpflanzen. Das große Erdbeben, welches am
1. November 1755 Lissabon zerstörte und dessen Wirkungen
der große Weltweise Immanuel Kant so trefflich nachgespürt
hat, wurde in den Alpen, an den schwedischen Küsten, auf
den antillischen Inseln (Antigua, Barbados und Martinique),
in den großen Seen von Kanada, wie in Thüringen und in
dem nördlichen Flachlande von Deutschland, in kleinen Binnen=
wassern der baltischen Ebenen empfunden. Ferne Quellen
wurden in ihrem Lauf unterbrochen, eine Erscheinung bei Erd=
stößen, auf die im Altertume schon Demetrius der Kallatianer
aufmerksam gemacht hatte. Die Teplitzer Thermen versiegten
und kamen, alles überschwemmend, mit vielem Eisenocker ge=
färbt, zurück. In Cadix erhob sich das Meer zu 60 Fuß
(19,5 m) Höhe, während in den kleinen Antillen die, ge=
wöhnlich nur 26 bis 28 Zoll (693—743 mm) hohe Flut
urplötzlich tintenschwarz 20 Fuß (6,5 m) hoch stieg. Man
hat berechnet, daß am 1. November 1755 ein Erdraum gleich=
zeitig erbebte, welcher an Größe viermal die Oberfläche von
Europa übertraf. Auch ist noch keine andere Aeußerung einer
Kraft bekannt geworden (die mörderischen Erfindungen unseres
eigenen Geschlechts mit eingerechnet), durch welche in dem kurzen
Zeitraum von wenigen Sekunden oder Minuten eine größere
Zahl von Menschen (sechzigtausend in Sizilien 1693, dreißig=
bis vierzigtausend im Erdbeben von Riobamba 1797, vielleicht
fünfmal so viel in Kleinasien und Syrien unter Tiber und Justin
dem Aelteren um die Jahre 19 und 526) getötet wurden.

Man hat Beispiele in der Andeskette von Südamerika, daß die Erde mehrere Tage hintereinander ununterbrochen erbebte; Erschütterungen aber, die fast zu jeder Stunde monatelang gefühlt wurden, kenne ich nur fern von allen Vulkanen: am östlichen Abfall der Alpenkette des Mont Cenis bei Fenestrelles und Pignerol seit April 1808, in den Vereinigten Staaten von Nordamerika zwischen Neu=Madrid und Little Prairie ¹²⁹ (nördlich von Cincinnati) im Dezember 1811 wie den ganzen Winter 1812, im Paschalik von Aleppo in den Monaten August und September 1822. Da der Volksglaube sich nie zu allgemeinen Ansichten erheben kann und daher immer große Erscheinungen lokalen Erd= und Luftprozessen zuschreibt, so entsteht überall, wo die Erschütterungen lange dauern, die Besorgnis vor dem Ausbrechen eines neuen Vulkans. In einzelnen, seltenen Fällen hat sich allerdings diese Besorgnis begründet gezeigt: so bei plötzlicher Erhebung vulkanischer Eilande, so in der Entstehung des Vulkans von Jorullo (eines neuen Berges von 1580 Fuß [513 m] Höhe über der alten benachbarten Ebene) am 29. September 1759, nach 90 Tagen Erdbebens und unterirdischen Donners.

Wenn man Nachricht von dem täglichen Zustande der gesamten Erdoberfläche haben könnte, so würde man sich sehr wahrscheinlich davon überzeugen, daß fast immerdar, an irgend einem Punkte, diese Oberfläche erbebt, daß sie ununterbrochen der Reaktion des Inneren gegen das Aeußere unterworfen ist. Diese Frequenz und Allverbreitung einer Erscheinung, die wahrscheinlich durch die erhöhte Temperatur der tiefsten geschmolzenen Schichten begründet wird, erklärt ihre Unabhängigkeit von der Natur der Gebirgsarten, in denen sie sich äußert. Selbst in den lockersten Alluvialschichten von Holland, um Middelburg und Vliessingen, sind (23. Februar 1828) Erdstöße empfunden worden. Granit und Glimmerschiefer werden wie Flözkalk und Sandstein, wie Trachyt und Mandelstein erschüttert. Es ist nicht die chemische Natur der Bestandteile, sondern die mechanische Struktur der Gebirgsarten, welche die Fortpflanzung der Bewegung (die Erschütterungswelle) modifiziert. Wo letztere längs einer Küste oder an dem Fuß und in der Richtung einer Gebirgskette regelmäßig fortläuft, bemerkt man bisweilen, und dies seit Jahrhunderten, eine Unterbrechung an gewissen Punkten. Die Undulation schreitet in der Tiefe fort, wird aber an jenen Punkten an der Oberfläche nie gefühlt. Die Peruaner ¹³⁰ sagen von diesen un=

bewegten oberen Schichten, „daß sie eine Brücke bilden". Da die Gebirgsketten auf Spalten erhoben scheinen, so mögen die Wände dieser Höhlungen die Richtung der den Ketten parallelen Undulationen begünstigen; bisweilen durchschneiden aber auch die Erschütterungswellen mehrere Ketten fast senkrecht. So sehen wir sie in Südamerika die Küstenkette von Venezuela und die Sierra Parime gleichzeitig durchbrechen. In Asien haben sich die Erdstöße von Lahore und vom Fuß des Himalaya (22. Januar 1832), quer durch die Kette des Hindu-Khu, bis Badachschan, bis zum oberen Oxus, ja bis Bochara fortgepflanzt. Leider erweitern sich auch die Erschütterungskreise infolge eines einzigen sehr heftigen Erdbebens. Erst seit der Zerstörung von Cumana (14. Dezember 1797) empfindet die, den Kalkhügeln der Festung gegenüberliegende Halbinsel Maniquarez in ihren Glimmerschieferfelsen jeden Erdstoß der südlichen Küste. Bei den fast ununterbrochenen Undulationen des Bodens in den Flußthälern des Mississippi, des Arkansas und des Ohio von 1811 bis 1813 war das Fortschreiten von Süden nach Norden sehr auffallend. Es ist, als würden unterirdische Hindernisse allmählich überwunden; und auf dem einmal geöffneten Wege pflanzt sich dann die Wellenbewegung jedesmal fort.

Wenn das Erdbeben dem ersten Anscheine nach ein bloßes dynamisches, räumliches Phänomen der Bewegung zu sein scheint, so erkennt man doch nach sehr wahrhaft bezeugten Erfahrungen, daß es nicht bloß ganze Landstrecken über ihr altes Niveau zu erheben vermag (z. B. Ulla-Bund nach dem Erdbeben von Cutsch im Juni 1819, östlich von dem Delta des Indus, oder längs der Küste von Chile im November 1822), sondern daß auch während der Erdstöße heißes Wasser (bei Catania 1818), heiße Dämpfe (im Mississippithale bei Neu-Madrid 1812), Mofetten (irrespirable Gasarten), den weidenden Herden in der Andeskette schädlich, Schlamm, schwarzer Rauch, und selbst Flammen (bei Messina 1783, bei Cumana 14. November 1797) ausgestoßen wurden. Während des großen Erdbebens von Lissabon am 1. November 1755 sah man nahe bei der Hauptstadt Flammen und eine Rauchsäule aus einer neugebildeten Spalte des Felsens von Alvidras aufsteigen. Der Rauch war jedesmal um so dicker, als das unterirdische Getöse an Stärke zunahm. Bei der Zerstörung von Riobamba im Jahre 1797, wo die Erdstöße von keinem Ausbruch der sehr nahen Vulkane begleitet waren, wurde die

Moya, eine sonderbare, mit Kohle, Augitkristallen und Kiesel=
panzern der Infusionstiere gemengte Masse, in zahlreichen
kleinen fortschreitenden Kegeln aus der Erde hervorgehoben.
Der Ausbruch des kohlensauren Gases auf Spalten während
des Erdbebens von Neu=Granada (16. November 1827) im
Magdalenathale verursachte das Ersticken vieler Schlangen,
Ratten und anderer in Höhlen lebender Tiere. Auch plötzliche
Veränderungen der Witterung, plötzliches Eintreten der Regen=
zeit zu einer unter den Tropen ungewöhnlichen Epoche sind
bisweilen in Quito und Peru auf große Erdbeben gefolgt.
Werden gasförmige, aus dem Inneren der Erde aufsteigende
Flüssigkeiten der Atmosphäre beigemischt? oder sind diese me=
teorologischen Prozesse die Wirkung einer durch das Erdbeben
gestörten Luftelektrizität? In den Gegenden des tropischen
Amerikas, wo bisweilen in zehn Monaten kein Tropfen Regen
fällt, halten die Eingeborenen sich oft wiederholende Erdstöße,
die den niedrigen Rohrhütten keine Gefahr bringen, für glück=
liche Vorboten der Fruchtbarkeit und der Regenmenge.

Der innere Zusammenhang aller hier geschilderten Er=
scheinungen ist noch in Dunkel gehüllt. Elastische Flüssigkeiten
sind es gewiß, die sowohl das leise, ganz unschädliche, mehrere
Tage dauernde Zittern der Erdrinde (wie 1816 zu Scaccia in
Sizilien vor der vulkanischen Erhebung der neuen Insel Julia)
als die, sich durch Getöse verkündigenden, furchtbareren Ex=
plosionen verursachen. Der Herd des Uebels, der Sitz der
bewegenden Kraft liegt tief unter der Erdrinde; wie tief,
wissen wir ebensowenig, als welches die chemische Natur so
hochgespannter Dämpfe sei. An zwei Kraterrändern gelagert,
am Vesuv und auf dem turmartigen Fels, welcher den un=
geheuren Schlund des Pinchincha bei Quito überragt, habe
ich periodisch und sehr regelmäßig Erdstöße empfunden, jedes=
mal 20 bis 30 Sekunden früher als brennende Schlacken oder
Dämpfe ausgestoßen wurden. Die Erschütterung war um so
stärker, als die Explosionen später eintraten und also die Dämpfe
länger angehäuft blieben. In dieser einfachen, von so vielen
Reisenden bestätigten Erfahrung liegt die allgemeine Lösung
des Phänomens. Die thätigen Vulkane sind als Schutz= und
Sicherheitsventile für die nächste Umgegend zu betrachten. [131]
Die Gefahr des Erdbebens wächst, wenn die Oeffnungen der
Vulkane verstopft, ohne freien Verkehr mit der Atmosphäre
sind; doch lehrt der Umsturz von Lissabon, Caracas, Lima,
Kaschmir (1554), und so vieler Städte von Kalabrien, Syrien

und Kleinasien, daß im ganzen doch nicht in der Nähe noch
brennender Vulkane die Kraft der Erdstöße am größten ist.

Wie die gehemmte Thätigkeit der Vulkane auf die Erschütterung des Bodens wirkt, so reagiert diese wiederum auf
die vulkanischen Erscheinungen selbst. Eröffnung von Spalten
begünstigt das Aufsteigen der Eruptionskegel und die Prozesse,
welche in diesen Kegeln in freiem Kontakt mit dem Luftkreise
vorgehen. Eine Rauchsäule, die man monatelang in Südamerika aus dem Vulkan von Pasto aufsteigen sah, verschwand
plötzlich, als 48 Meilen weit in Süden (am 4. Februar 1797)
die Provinz Quito das große Erdbeben von Riobamba erlitt.
Nachdem lange in ganz Syrien, in den Kykladen und auf
Euböa der Boden erbebt hatte, hörten die Erschütterungen
plötzlich auf, als sich in der lelantischen Ebene bei Chalcis
ein Strom „glühenden Schlammes“ (Lava aus einer Spalte)
ergoß.[182] Der geistreiche Geograph von Amasea, der uns
diese Nachricht aufbewahrt, setzt hinzu: „Seitdem die Mün-
dungen des Aetna geöffnet sind, durch welche das Feuer empor-
bläst, und seitdem Glühmassen und Wasser hervorstürzen können,
wird das Land am Meeresstrande nicht mehr so oft erschüttert
als zu der Zeit, wo, vor der Trennung Siziliens von Unter-
italien, alle Ausgänge in der Oberfläche verstopft waren.“

In dem Erdbeben offenbart sich demnach eine vulkanisch-
vermittelnde Macht; aber eine solche Macht, allverbreitet wie
die innere Wärme des Planeten, und überall sich selbst ver-
kündend, wird selten und dann nur an einzelnen Punkten bis
zu wirklichen Ausbruchsphänomenen gesteigert. Die Gang-
bildung, d. h. die Ausfüllung der Spalten mit kristallinischen,
aus dem Inneren hervorquellenden Massen (Basalt, Melaphyr
und Grünstein), stört allmählich die freie Kommunikation der
Dämpfe. Durch Spannung wirken diese dann auf dreierlei
Weise: erschütternd; oder plötzlich, d. i. ruckweise, hebend; oder,
wie zuerst in einem großen Teil von Schweden beobachtet
worden ist, ununterbrochen, und nur in langen Perioden bemerkbar, das Niveauverhältnis von Meer und Land umändernd.

Ehe wir diese große Erscheinung verlassen, die hier nicht
sowohl in ihren Einzelheiten als in ihren allgemeinen physikalischen und geognostischen Verhältnissen betrachtet worden
ist, müssen wir noch die Ursache des unaussprechlich tiefen und
ganz eigentümlichen Eindrucks berühren, welchen das erste Erdbeben, das wir empfinden, sei es auch von keinem unterirdischen
Getöse begleitet, in uns zurückläßt. Ein solcher Eindruck,

glaube ich, ist nicht Folge der Erinnerung an die Schreckens=
bilder der Zerstörung, welche unserer Einbildungskraft aus
Erzählungen historischer Vergangenheit vorschweben. Was uns
so wunderbar ergreift, ist die Enttäuschung von dem ange=
borenen Glauben an die Ruhe und Unbeweglichkeit des
Starren, der festen Erdschichten. Von früher Kindheit sind
wir an den Kontrast zwischen dem beweglichen Element des
Wassers und der Unbeweglichkeit des Bodens gewöhnt, auf
dem wir stehen. Alle Zeugnisse unserer Sinne haben diesen
Glauben befestigt. Wenn nun urplötzlich der Boden erbebt,
so tritt geheimnisvoll eine unbekannte Naturmacht als das
Starre bewegend, als etwas Handelndes auf. Ein Augenblick
vernichtet die Illusion des ganzen früheren Lebens. Enttäuscht
sind wir über die Ruhe der Natur; wir fühlen uns in den
Bereich zerstörender, unbekannter Kräfte versetzt. Jeder Schall,
die leiseste Regung der Lüfte spannt unsere Aufmerksamkeit.
Man traut gleichsam dem Boden nicht mehr, auf den man
tritt. Das Ungewöhnliche der Erscheinung bringt dieselbe
ängstliche Unruhe bei Tieren hervor. Schweine und Hunde
sind besonders davon ergriffen. Die Krokodile im Orinoko, sonst
so stumm als unsere kleinen Eidechsen, verlassen den erschüt=
terten Boden des Flusses und laufen brüllend dem Walde zu.

Dem Menschen stellt sich das Erdbeben als etwas All=
gegenwärtiges, Unbegrenztes dar. Von einem thätigen Aus=
bruchkrater, von einem auf unsere Wohnung gerichteten Lava=
strom kann man sich entfernen, bei dem Erdbeben glaubt man
sich überall, wohin auch die Flucht gerichtet sei, über dem Herd
des Verderbens. Ein solcher Zustand des Gemüts, aus unserer
innersten Natur hervorgerufen, ist aber nicht von langer Dauer.
Folgt in einem Lande eine Reihe von schwachen Erdstößen
aufeinander, so verschwindet bei den Bewohnern fast jegliche
Spur der Furcht. An den regenlosen Küsten von Peru kennt
man weder Hagel, noch den rollenden Donner und die leuch=
tenden Explosionen im Luftkreise. Den Wolkendonner ersetzt
dort das unterirdische Getöse, welches die Erdstöße begleitet.
Vieljährige Gewohnheit und die sehr verbreitete Meinung, als
seien gefahrbringende Erschütterungen nur zwei= oder dreimal
in einem Jahrhundert zu befürchten, machen, daß in Lima
schwache Oszillationen des Bodens kaum mehr Aufmerksamkeit
erregen als ein Hagelwetter in der gemäßigten Zone.

Nachdem wir so die Thätigkeit, gleichsam das innere
Leben der Erde in ihrem Wärmegehalt, in ihrer elektromagne=

tischen Spannung, in ihrer Lichtausströmung an den Polen, in ihren unregelmäßig wiederkehrenden Erscheinungen der Bewegung übersichtlich betrachtet haben, gelangen wir zu den **stoffartigen** Produktionen (chemischen Veränderungen in der Erdrinde und in der Zusammensetzung des Dunstkreises), welche ebenfalls die Folge planetarischer Lebensthätigkeit sind. Wir sehen aus dem Boden ausströmen: Wasserdämpfe und gasförmige Kohlensäure, meist frei von aller Beimengung von Stickstoff; gekohltes Wasserstoffgas (in der chinesischen Provinz Sjetschuan[133] seit Jahrtausenden, in dem nordamerikanischen Staate von New York im Dorfe Fredonia ganz neuerdings zum Kochen und zur Beleuchtung benutzt); Schwefelwasserstoffgas und Schwefeldampf, seltener[134] schweflige und Hydrochlorsäure. Solche Ausströmungen aus Erdspalten bezeichnen nicht bloß die Gebiete noch brennender oder längst erloschener Vulkane, man beobachtet sie auch ausnahmsweise in Gegenden, in denen nicht Trachyt und andere vulkanische Gesteine unbedeckt zu Tage ausstehen. In der Andeskette von Quindiu habe ich Schwefel in einer Höhe von 6410 Fuß (2082 m) über dem Meere sich im Glimmerschiefer aus warmen Schwefeldämpfen niederschlagen gesehen, während daß dieselbe, einst für uranfänglich gehaltene Gebirgsart in dem Cerro Cuello bei Ticsan (südlich von Quito) ein ungeheures Schwefellager in reinem Quarze zeigt.

Unter allen **Luftquellen** sind die Exhalationen der Kohlensäure (sogenannte Mofetten) noch heute, der Zahl und Quantität der Produktion nach, die wichtigsten. Unser deutsches Vaterland lehrt uns, wie in den tief eingeschnittenen Thälern der Eifel, in der Umgebung des Laacher Sees, im Kesselthal von Wehr und in dem westlichen Böhmen, gleichsam in den Brandstätten der Vorwelt, oder in ihrer Nähe, sich die Ausströmungen der Kohlensäure, als letzte Regungen der vulkanischen Thätigkeit, offenbaren. In den früheren Perioden, wo, bei erhöhter Erdwärme und bei der Häufigkeit noch unausgefüllter Erdspalten, die Prozesse, welche wir hier beschreiben, mächtiger wirkten, wo Kohlensäure und heiße Wasserdämpfe in größeren Massen sich der Atmosphäre beimischten, muß, wie Adolf Brongniart scharfsinnig entwickelt hat, die junge Pflanzenwelt, fast überall und unabhängig von der geographischen Ortsbreite, zu der üppigsten Fülle und Entwickelung ihrer Organe gelangt sein. In den immer warmen, immer feuchten, mit Kohlensäure überschwängerten Luftschichten müssen

die Gewächse in solchem Grade Lebenserregung und Ueberfluß
an Nahrungsstoff gefunden haben, daß sie das Material zu
den Steinkohlen- und Lignitenschichten hergeben konnten, welche
in schwer zu erschöpfenden Massen die physischen Kräfte und
den Wohlstand der Völker begründen. Solche Massen sind
vorzugsweise, und wie in Becken verteilt, gewissen Punkten
Europas eigen. Sie sind angehäuft in den britischen Inseln,
in Belgien, in Frankreich, am Niederrhein und in Oberschlesien.
In derselben Urzeit allverbreiteter vulkanischer Thätigkeit ist
auch dem Schoße der Erde entquollen die ungeheure Menge
Kohlenstoffes, welchen die Kalkgebirge in ihrer Zusammensetzung
enthalten und welcher, vom Sauerstoff getrennt und in fester
Substanz ausgeschieden, ungefähr den achten Teil der räumlichen Mächtigkeit jener Gebirge ausmachen würde. Was un-
aufgenommen von den alkalischen Erden dem Luftkreis an
Kohlensäure noch beigemengt war, wurde allmählich durch die
Vegetation der Vorwelt aufgezehrt, so daß davon der Atmosphäre, wenn sie der Prozeß des Pflanzenlebens gereinigt,
nur der so überaus geringe Gehalt übrig blieb, welcher der
jetzigen Organisation der Tiere unschädlich ist. Auch häufiger
ausbrechende schwefelsaure Dämpfe haben in den vielbelebten
Binnenwassern der Urwelt den Untergang von Mollusken- und
Fischgattungen, wie die Bildung der vielgekrümmten, wahrscheinlich oft durch Erdbeben erschütterten Gipsflöze bewirkt.

Unter ganz ähnlichen physischen Verhältnissen steigen aus
dem Schoße der Erde hervor: Luftarten, tropfbare Flüssigkeiten, Schlamm und durch den Ausbruchkegel der Vulkane,
welche selbst nur eine Art intermittierender Quellen
sind, geschmolzene Erden. Alle diese Stoffe verdanken ihre
Temperatur und ihre chemische Naturbeschaffenheit dem Ort
ihres Ursprungs. Die mittlere Wärme der Wasserquellen
ist geringer als die des Luftkreises an dem Punkte, wo sie
ausbrechen, wenn die Wasser von den Höhen herabkommen,
ihre Wärme nimmt mit der Tiefe der Erdschichten zu, welche
sie bei ihrem Ursprunge berühren. Das numerische Gesetz
dieser Zunahme haben wir bereits oben angegeben. Das Gemisch der Wasser, welche aus der Höhe der Berge oder aus
der Tiefe der Erde kommen, macht die Lage der Isogeothermen [135] (Linien gleicher innerer Erdwärme) schwierig zu
bestimmen, wenn nämlich diese Bestimmung aus der Temperatur der ausbrechenden Wasserquellen geschlossen werden soll.
So haben es eigene Beobachtungen mich und meine Gefährten

in dem nördlichen Asien gelehrt. Die Temperatur der Quellen, welche seit einem halben Jahrhundert ein so viel bearbeiteter Gegenstand der physikalischen Untersuchungen geworden ist, hängt, wie die Höhe des ewigen Schnees, von vielen, sehr verwickelten Ursachen gleichzeitig ab. Sie ist Funktion der Temperatur der Erdschicht, in der sie entspringt, der Wärmekapazität des Bodens, der Menge und Temperatur der Meteorwasser, welche letztere selbst wiederum nach der Art ihrer Entstehung von der Lufttemperatur der unteren Atmosphäre verschieden [136] ist.

Die sogenannten kalten Quellen können die mittlere Lufttemperatur nur dann anzeigen, wenn sie, ungemischt mit den aus großer Tiefe aufsteigenden oder von beträchtlichen Berghöhen herabkommenden Wassern, einen sehr langen Weg (in unseren Breiten zwischen vierzig und sechzig Fuß (20,7 m), in der Aequinoktialzone nach Boussingault einen Fuß [137]) unter der Oberfläche der Erde zurückgelegt haben. Die hier bezeichneten Tiefen sind nämlich die der Erdschicht, in welcher, in der gemäßigten und in der heißen Zone, die Unveränderlichkeit der Temperatur beginnt, in der die stündlichen, täglichen oder monatlichen Wärmeveränderungen der Luft nicht mehr gespürt werden.

Heiße Quellen brechen aus den allerverschiedenartigsten Gebirgsarten hervor; ja die heißesten unter den permanenten, die man bisher beobachtet und die ich selbst aufgefunden, zeigen sich fern von allen Vulkanen. Ich führe hier aus meinem Reiseberichte die Aguas calientes de las Trincheras in Südamerika, zwischen Porto Cabello und Nueva Valencia, und die Aguas de Comangillas im mexikanischen Gebiete bei Guanaxuato an; die ersten, aus Granit ausbrechend, hatten 90°,3, die zweiten aus Basalt ausbrechend, 96°,4. Die Tiefe des Herdes, aus welchem Wasser von dieser Temperatur aufsteigen, ist nach dem, was wir von dem Gesetz der Wärmezunahme im Inneren der Erde wissen, wahrscheinlich an 6700 Fuß (2176 m, über ¼ einer geographischen Meile). Wenn die Ursache der Thermalquellen wie der thätigen Vulkane die allverbreitete Erdwärme ist, so wirken die Gebirgsarten nur durch ihre Wärmekapazität und ihre wärmeleitende Kraft. Die heißesten aller permanenten Quellen (zwischen 95° und 97°) sind merkwürdigerweise die reinsten, die, welche am wenigsten Mineralstoffe aufgelöst enthalten. Ihre Temperatur scheint im ganzen auch minder beständig als die der Quellen zwischen 50° und 74°, deren Unveränderlichkeit in Wärme und Mineralgehalt, in Europa wenigstens, seit den fünfzig bis sechzig Jahren, in denen man genaue Thermometer und genaue chemische Analysen angewandt, sich so wunderbar bewährt hat. Boussingault hat gefunden, daß die Therme von las Trincheras seit meiner Reise in 23 Jahren (zwischen 1800 und 1823) von 90°,3 auf 97° gestiegen ist. [138] Diese überaus ruhig fließende Quelle ist also jetzt fast 7° heißer als die intermittierenden Springbrunnen des Geiser und des Strokr, deren Temperatur Krug von Nidda neuerlichst sorgfältiger bestimmt hat. Einen der auffallendsten Beweise von der Entstehung heißer Quellen durch das Herabsinken kalter Meteorwasser in das Innere der Erde und durch Berührung mit einem vulkanischen Herde hat erst im vorigen Jahrhundert ein vor meiner amerikanischen Reise unbekannter Vulkan, der von Jorullo in Mexiko, dargeboten. Als sich derselbe im September 1759 plötzlich als ein Berg von 1580 Fuß (513 m) über die umliegende Ebene erhob, verschwanden die zwei kleinen Flüsse, Rios de Cuitimba y de San Pedro, und erschienen einige Zeit nachher unter furchtbaren Erdstößen als heiße Quellen. Ich fand im Jahre 1803 ihre Temperatur zu 65°,8.

Die Quellen in Griechenland fließen erweislich noch an denselben Orten wie in dem hellenischen Altertume. Die Erasinusquelle, zwei Stunden Weges südlich von Argos am Abhange des Chaon, erwähnt schon Herodot. Bei Delphi sieht man noch die Kassotis (jetzt Brunnen des heil. Nikolaos), südlich von der Lesche entspringend und unter dem Apollotempel durchfließend; auch die Kastalia am Fuß der Phädriaden und die Pirene bei Akrokorinth, wie die heißen Bäder von Aedepsos auf Euböa, in denen Sulla während des Mithridatischen Krieges badete. [139] Ich führe gern diese Einzelheiten an, weil sie lebhaft daran erinnern, wie in einem so häufigen und heftigen Erderschütterungen ausgesetzten Lande doch das Innere unseres Planeten in kleinen Verzweigungen offener und Wasser führender Spalten, wenigstens 2000 Jahre lang seine alte Gestaltung hat bewahren können. Auch die Fontaine jaillissante von Lillers im Departement du Pas de Calais ist bereits im Jahre 1126 erbohrt worden, und seitdem ununterbrochen zu derselben Höhe mit derselben Wassermenge gestiegen; ja, der vortreffliche Geograph der caramanischen Küste, Kapitän Beaufort, hat dieselbe Flamme, genährt von ausströmendem brennbarem

Gas, im Gebiet des Phaselis leuchten sehen, welche Plinius als die Flamme der Chimära in Lycien beschreibt.

Die von Arago 1821 gemachte Beobachtung, daß die tieferen artesischen Brunnen die wärmeren sind, hat zuerst ein großes Licht auf den Ursprung der Thermalquellen und auf die Auffindung des Gesetzes der mit der Tiefe zunehmenden Erdwärme verbreitet. Auffallend ist es und erst in sehr neuer Zeit beachtet, daß schon der heilige Patricius, wahrscheinlich Bischof von Pertusa, durch die bei Karthago ausbrechenden heißen Quellen am Ende des 3. Jahrhunderts auf eine sehr richtige Ansicht der Erscheinungen geleitet wurde. Als man ihn nach der Ursache der siedenden, dem Erdschoß entquellenden Wasser befragte, antwortete er: „Feuer wird in den Wolken genährt und im Inneren der Erde, wie der Aetna samt einem anderen Berge in der Nähe von Neapel euch lehren. Die unterirdischen Wasser steigen wie durch Heber empor. Die Ursache der heißen Quellen ist diese: die Wasser, welche vom unterirdischen Feuer entfernter sind, zeigen sich kälter; die, welche dem Feuer näher entquellen, bringen, durch dasselbe erwärmt, eine unerträgliche Hitze an die Oberfläche, die wir bewohnen."

So wie die Erderschütterungen oft von Wasser- und Dampfausbrüchen begleitet sind, so erkennt man in den Salsen oder kleinen Schlammvulkanen einen Uebergang von den wechselnden Erscheinungen, welche die Dampfausbrüche und Thermalquellen darbieten, zu der mächtigen und grausenvollen Thätigkeit lavaspeiender Berge. Wenn diese als Quellen geschmolzener Erden vulkanische Gebirgsarten hervorbringen, so erzeugen heiße, mit Kohlensäure und Schwefelgas geschwängerte Quellwasser ununterbrochen, durch Niederschlag, horizontal aufeinander gelagerte Schichten von Kalkstein (Travertino), oder bauen konische Hügel auf, wie im nördlichen Afrika (Algerien) und in den Baños von Caxamarca, an dem westlichen Abhange der peruanischen Andeskette. In dem Travertino von Vandiemensland (unweit Hobarttown) sind nach Charles Darwin Reste einer untergegangenen Vegetation enthalten. Wir deuten hier durch Lava und Travertino (zwei Gebirgsarten, die fortfahren sich unter unseren Augen zu bilden) auf die Hauptgegensätze geognostischer Verhältnisse.

Die Salsen oder Schlammvulkane verdienen mehr Aufmerksamkeit, als die Geognosten ihnen bisher geschenkt haben.

Man hat die Größe des Phänomens verkannt, weil von den zwei Zuständen, die es durchläuft, in den Beschreibungen gewöhnlich nur bei dem letzteren, dem friedlicheren Zustande, in dem sie jahrhundertelang beharren, verweilt wird. Die Entstehung der Salsen ist durch Erdbeben, unterirdischen Donner, Hebung einer ganzen Länderstrecke und einen hohen, aber auf eine kurze Dauer beschränkten Flammenausbruch bezeichnet. Als auf der Halbinsel Apscheron, am Kaspischen Meere, östlich von Baku, die Salse von Jokmali sich zu bilden anfing (27. November 1827), loderten die Flammen drei Stunden lang zu einer außerordentlichen Höhe empor; die nachfolgenden 20 Stunden erhoben sie sich kaum 3 Fuß (1 m) über dem schlammauswerfenden Krater. Bei dem Dorfe Baklichli, westlich von Baku, stieg die Feuersäule so hoch, daß man sie in sechs Meilen (44,5 km) Entfernung sehen konnte. Große Felsblöcke, der Tiefe entrissen, wurden weit umhergeschleudert. Diese findet man auch um die gegenwärtig so friedlichen Schlammvulkane von Monte Zibio, nahe bei Sassuolo im nördlichen Italien. Der Zustand des zweiten Stadiums hat sich über 1½ Jahrtausende in den von den Alten beschriebenen Salsen von Girgenti (den Macalubi) auf Sizilien erhalten. Dort stehen, nahe aneinander gereihet, viele kegelförmige Hügel von 8, 10, ja 30 Fuß (2,5, 3,25 und 9,75 m) Höhe, die veränderlich ist, wie ihre Gestaltung. Aus dem oberen, sehr kleinen und mit Wasser gefüllten Becken fließt, unter periodischer Entwickelung von Gas, lettiger Schlamm in Strömen herab. Dieser Schlamm ist gewöhnlich kalt, bisweilen (auf der Insel Java bei Damak in der Provinz Samarang) von hoher Temperatur. Auch die mit Geräusch ausströmenden Gasarten sind verschiedenartig: Wasserstoffgas mit Naphtha gemengt, Kohlensäure und, wie Parrot und ich erwiesen haben (auf der Halbinsel Taman und in den südamerikanischen Volcancitos de Turbaco), fast reines Stickgas. [140]

Die Schlammvulkane bieten dem Beobachter, nach dem ersten gewaltsamen Feuerausbruch, der vielleicht in gleichem Maße nicht einmal allen gemein ist, das Bild einer meist ununterbrochen fortwirkenden aber schwachen Thätigkeit des inneren Erdkörpers dar. Die Kommunikation mit den tiefen Schichten, in denen eine hohe Temperatur herrscht, wird bald wieder in ihnen verstopft, und die kalten Ausströmungen der Salsen scheinen zu lehren, daß der Sitz des Phänomens im Beharrungszustande nicht sehr weit von der Oberfläche entfernt sein könne.

Von ganz anderer Mächtigkeit zeigt sich die Reaktion des inneren Erdkörpers auf die äußere Rinde in den eigentlichen Vulkanen oder feuerspeienden Bergen, d. i. in solchen Punkten der Erde, in welchen eine bleibende oder wenigstens von Zeit zu Zeit erneuerte Verbindung mit einem tiefen Herde sich offenbart. Man muß sorgfältig unterscheiden zwischen mehr oder minder gesteigerten vulkanischen Erscheinungen, als da sind: Erdbeben, heiße Wasser- und Dampfquellen, Schlammvulkane, das Hervortreten von glocken- und domförmigen ungeöffneten Trachytbergen, die Oeffnung dieser Berge oder der emporgehobenen Basaltschichten als Erhebungskrater, endliches Aufsteigen eines permanenten Vulkans in dem Erhebungskrater selbst oder zwischen den Trümmern seiner ehemaligen Bildung. Zu verschiedenen Zeiten, bei verschiedenen Graden der Thätigkeit und Kraft, stoßen die permanenten Vulkane Wasserdämpfe, Säuren, weitleuchtende Schlacken oder, wenn der Widerstand überwunden werden kann, bandförmig schmale Feuerströme geschmolzener Erden aus.

Als Folge einer großen, aber lokalen Kraftäußerung im Inneren unseres Planeten heben elastische Dämpfe entweder einzelne Teile der Erdrinde zu domförmigen, ungeöffneten Massen feldspatreichen Trachyts und Dolerits (Puy de Dôme und Chimborazo) empor, oder es werden die gehobenen Schichten durchbrochen, und dergestalt nach außen geneigt, daß auf der entgegengesetzten inneren Seite ein steiler Felsrand entsteht. Dieser Rand wird dann die Umgebung eines Erhebungskraters.[141] Wenn derselbe, was keineswegs immer der Fall ist, von dem Meeresgrunde selbst aufgestiegen ist, so hat er die ganze physiognomische Gestaltung der gehobenen Insel bestimmt. Dies ist die Entstehung der zirkelrunden Form von Palma, die Leopold von Buch so genau und geistreich beschrieben, und von Nisyros im Aegäischen Meere. Bisweilen ist die eine Hälfte des ringförmigen Randes zerstört, und in dem Busen, den das eingedrungene Meer gebildet, haben gesellige Korallentiere ihre zelligen Wohnungen aufgebaut. Auch auf den Kontinenten sind die Erhebungskrater oft mit Wasser gefüllt und verschönern auf eine ganz eigentümliche Weise den Charakter der Landschaft.

Ihre Entstehung ist nicht an eine bestimmte Gebirgsart gebunden; sie brechen aus in Basalt, Trachyt, Leucitporphyr (Somma), oder in doleritartigem Gemenge von Augit und Labrador. Daher die so verschiedene Natur und äußere

Gestaltung dieser Art der Kraterränder. „Von solchen Um=
gebungen gehen keine Eruptionserscheinungen aus; es ist durch
sie kein bleibender Verbindungskanal mit dem Inneren er=
öffnet, und nur selten findet man in der Nachbarschaft oder
im Inneren eines solchen Kraters Spuren von noch wirkender
vulkanischer Thätigkeit. Die Kraft, welche eine so bedeutende
Wirkung hervorzubringen vermochte, muß sich lange im Inneren
gesammelt und verstärkt haben, ehe sie den Widerstand der
darauf drückenden Masse überwältigen konnte. Sie reißt bei
Entstehung neuer Inseln körnige Gebirgsarten und Konglo=
merate (Tuffschichten voll Seepflanzen) über die Oberfläche
des Meeres empor. Durch den Erhebungskrater entweichen
die gespannten Dämpfe; eine so große erhobene Masse fällt
aber wieder zurück und verschließt sofort die nur für solche
Kraftäußerung gebildete Oeffnung. Es entsteht kein Vulkan. [142]

Ein eigentlicher Vulkan entsteht nur da, wo eine bleibende
Verbindung des inneren Erdkörpers mit dem Luftkreise er=
rungen ist. In ihm ist die Reaktion des Inneren gegen die
Oberfläche in langen Epochen dauernd. Sie kann, wie einst
beim Vesuv (Fisove [143]), jahrhundertelang unterbrochen sein
und dann doch wieder in erneuerter Thätigkeit sich darbieten.
Zu Neros Zeiten war man in Rom schon geneigt, den Aetna
in die Klasse allmählich erlöschender Feuerberge zu setzen; ja
später behauptete Aelian sogar, die Seefahrer fingen an, den
einsinkenden Gipfel weniger weit vom hohen Meere aus zu
sehen. Wo die Zeugen des ersten Ausbruchs, ich möchte sagen,
das alte Gerüste sich vollständig erhalten hat, da steigt der
Vulkan aus einem Erhebungskrater empor, da umgibt den
isolierten Kegelberg cirkusartig eine hohe Felsmauer, ein Mantel,
der aus stark aufgerichteten Schichten besteht. Bisweilen ist
von dieser cirkusartigen Umgebung keine Spur mehr sicht=
bar, und der Vulkan, nicht immer ein Kegelberg, steigt auch
als ein langgedehnter Rücken, wie der Pichincha, an dessen
Fuß die Stadt Quito liegt, unmittelbar aus der Hochebene auf.

Wie die Natur der Gebirgsarten, d. h. die Verbindung
(Gruppierung) einfacher Mineralien zu Granit, Gneis und
Glimmerschiefer, zu Trachyt, Basalt und Dolerit, unabhängig
von den jetzigen Klimaten, unter den verschiedensten Himmels=
strichen dieselbe ist, so sehen wir auch überall in der an=
organischen Natur gleiche Gesetze der Gestaltung sich enthüllen,
Gesetze, nach welchen die Schichten der Erdrinde sich wechsel=
seitig tragen, gangartig durchbrechen, durch elastische Kräfte

sich heben. In den Vulkanen ist dieses Wiederkehren derselben Erscheinungen besonders auffallend. Wo dem Seefahrer nicht mehr die alten Sterne leuchten, auf Inseln ferner Meere, von Palmen und fremdartigen Gewächsen umgeben, sieht er in den Einzelheiten des landschaftlichen Charakters den Vesuv, die domförmigen Gipfel der Auvergne, die Erhebungskrater der kanarischen und azorischen Inseln, die Ausbruchsspalten von Island wiederkehrend abgespiegelt; ja ein Blick auf den Begleiter unseres Planeten, den Erdmond, verallgemeinert die hier bemerkte Analogie der Gestaltung. In den, mittels großer Fernröhre entworfenen Karten des luft= und wasserlosen Satelliten erkennt man mächtige Erhebungskrater, welche Kegelberge umgeben oder sie auf ihren Ringwällen tragen: unbestreitbare Wirkungen der Reaktion des Inneren gegen die Oberfläche des Mondes, begünstigt von dem Einfluß einer geringeren Schwere.

Wenn in vielen Sprachen Vulkane mit Recht feuerspeiende Berge genannt werden, so ist ein solcher Berg darum keineswegs durch eine allmähliche Anhäufung von ausfließenden Lavaströmen gebildet; seine Entstehung scheint vielmehr allgemein die Folge eines plötzlichen Emporhebens zäher Massen von Trachyt oder labradorhaltigem Augitgesteine zu sein. Das Maß der hebenden Kraft offenbart sich in der Höhe der Vulkane, und diese ist so verschieden, daß sie bald die Dimension eines Hügels (Vulkan von Cosima, einer der japanischen Kurilen), bald die eines 18000 Fuß (5850 m) hohen Kegels hat. Es hat mir geschienen, als sei das Höhenverhältnis von großem Einfluß auf die Frequenz der Ausbrüche, als wären diese weit häufiger in den niedrigeren als in den höheren Vulkanen. Ich erinnere an die Reihenfolge: Stromboli (2175 Fuß = 706 m), der fast täglich donnernde Guacamayo in der Provinz Quixos (ich habe ihn oft in 22 Meilen [163 km] Entfernung in Chillo bei Quito gehört), der Vesuv (3637 F. = 1181 m), Aetna (10200 F. = 3313 m), Pik von Tenerifa (11424 F. = 3711 m) und Cotopaxi (17892 F. = 5812 m). Ist der Herd dieser Vulkane in gleicher Tiefe, so gehört eine größere Kraft dazu, die geschmolzenen Massen zu einer sechs= und achtmal größeren Höhe zu erheben. Während daß der niedrige Stromboli (Strongyle) rastlos arbeitet, wenigstens seit den Zeiten homerischer Sagen, und, ein Leuchtturm des Tyrrhenischen Meeres, den Seefahrern zum leitenden Feuerzeichen wird, sind die höheren Vulkane durch

lange Zwischenzeiten von Ruhe charakterisiert. So sehen wir
die Eruptionen der meisten Kolosse, welche die Andeskette
krönen, fast durch ein ganzes Jahrhundert voneinander getrennt.
Wo man Ausnahmen von diesem Gesetze bemerkt, auf welches
ich längst schon aufmerksam gemacht habe, mögen sie in dem
Umstande gegründet sein, daß die Verbindungen zwischen dem
vulkanischen Herde und dem Ausbruchkrater nicht bei allen
Vulkanen, die man vergleicht, in gleichem Maße als permanent frei gedacht werden können. In den niedrigen mag eine
Zeitlang der Verbindungskanal verschlossen sein, so daß ihre
Ausbrüche seltener werden, ohne daß sie deshalb dem Er-
löschen näher sind.

Mit den Betrachtungen über das Verhältnis der absoluten Höhe zur Frequenz der Entflammung des Vulkans, insofern dieselbe äußerlich sichtbar ist, steht in genauem Zusammenhange der Ort, an welchem die Lava sich ergießt. Bei
vielen Vulkanen sind die Ausbrüche aus dem Krater überaus
selten; sie geschehen meist, wie am Aetna im sechzehnten Jahrhundert der berühmte Geschichtschreiber Bembo [144] schon als
Jüngling bemerkte, auf Seitenspalten, da wo die Wände des
gehobenen Berges durch ihre Gestaltung und Lage am wenigsten Widerstand leisten. Auf diesen Spalten steigen bisweilen
Auswurfskegel aus: große, die man fälschlich durch den
Namen neuer Vulkane bezeichnet und die aneinander gereihet die Richtung einer bald wieder geschlossenen Spalte bezeichnen; kleine, in Gruppen zusammengedrängt, eine ganze
Bodenstrecke bedeckend, glocken- und bienenkorbartig. Zu den
letzteren gehören die hornitos de Jorullo, und die Kegel des
Vesuvausbruchs im Oktober 1822, des Vulkans von Awatscha
nach Postels und des Lavenfeldes bei den Baidarenbergen
nach Erman, auf der Halbinsel Kamtschatka.

Stehen die Vulkane nicht frei und isoliert in einer Ebene,
sind sie, wie in der Doppelkette der Andes von Quito, von
einem neun- bis zwölftausend Fuß (2924 bis 3400 m) hohen
Taffellande umgeben, so kann dieser Umstand wohl dazu
beitragen, daß sie bei den furchtbarsten Ausbrüchen feuriger
Schlacken, unter Detonationen, die über hundert Meilen weit
vernommen werden, keine Lavaströme erzeugen. [145] So die
Vulkane von Popayan, der Hochebene von los Pastos, und
der Andes von Quito, vielleicht unter den letzten den einzigen Vulkan von Antisana ausgenommen.

Die Höhe des Aschenkegels und die Größe und Form

des Kraters sind Elemente der Gestaltung, welche vorzugs=
weise den Vulkanen einen individuellen Charakter geben; aber
beide, Aschenkegel und Krater, sind von der Dimension des
ganzen Berges völlig unabhängig. Der Vesuv ist mehr als
dreimal niedriger als der Pik von Teneriffa; und sein Aschen=
kegel erhebt sich doch zu $\frac{1}{3}$ der ganzen Höhe des Berges, während
der Aschenkegel des Piks nur $\frac{1}{22}$ derselben beträgt. Bei
einem viel höheren Vulkan als dem von Teneriffa, bei dem
Rucu-Pichincha, tritt dagegen ein Verhältnis ein, das wiederum
dem des Vesuvs näher kommt. Unter allen Vulkanen, die
ich in beiden Hemisphären gesehen, ist die Kegelform des
Cotopaxi die schönste und regelmäßigste. Ein plötzliches
Schmelzen des Schnees an seinem Aschenkegel verkündigt die
Nähe des Ausbruchs. Ehe noch Rauch sichtbar wird in den
dünnen Luftschichten, die den Gipfel und die Krateröffnung
umgeben, sind bisweilen die Wände des Aschenkegels von
innen durchglüht, und der ganze Berg bietet dann den grausen=
vollsten, unheilverkündigenden Anblick der Schwärze dar.

Der Krater, welcher, sehr seltene Fälle ausgenommen,
stets den Gipfel der Vulkane einnimmt, bildet ein tiefes, oft
zugängliches Kesselthal, dessen Boden beständigen Verände=
rungen unterworfen ist. Die größere oder geringere Tiefe
des Kraters ist bei vielen Vulkanen ebenfalls ein Zeichen des
nahen oder fernen Bevorstehens einer Eruption. Es öffnen und
schließen sich wechselsweise in dem Kesselthale langgedehnte
dampfausströmende Spalten oder kleine rundliche Feuerschlünde,
die mit geschmolzenen Massen gefüllt sind. Der Boden steigt
und sinkt; in ihm entstehen Schlackenhügel und Auswurfs=
kegel, die sich bisweilen hoch über die Ränder des Kraters
erheben, den Vulkanen ganze Jahre lang eine eigentümliche
Physiognomie verleihen, aber urplötzlich während einer neuen
Eruption zusammenstürzen und verschwinden. Die Oeffnungen
dieser Auswurfskegel, die aus dem Kraterboden aufsteigen,
dürfen nicht, wie nur zu oft geschieht, mit dem Krater selbst,
der sie einschließt, verwechselt werden. Ist dieser unzugäng=
lich durch ungeheure Tiefe und durch senkrechten Absturz der
Ränder nach innen, wie auf dem Vulkan Rucu-Pichincha
(14946 Fuß = 4855 m), so blickt man von jenen Rändern
auf die Gipfel der Berge hinab, die aus dem teilweise mit
Schwefeldampf gefüllten Kesselthale emportragen. Einen wunder=
bareren und großartigeren Naturanblick habe ich nie genossen.
In der Zwischenzeit zweier Eruptionen bietet ein Krater ent=

weder gar kein leuchtendes Phänomen, sondern bloß offene Spalten und aufsteigende Wasserdämpfe dar, oder man findet auf seinem kaum erhitzten Boden Schlackenhügel, denen man sich gefahrlos nähern kann. Sie ergötzen gefahrlos den wandernden Geognosten durch das Auswerfen feurig-glühender Massen, die auf den Rand des Schlackenkegels herabfallen und deren Erscheinen kleine, ganz lokale Erdstöße regelmäßig vorher verkündigen. Lava ergießt sich bisweilen aus offenen Spalten und kleinen Schlünden in den Krater selbst, ohne den Kraterrand zu durchbrechen und überzufließen. Geschicht aber ein solcher Durchbruch, so fließt die neueröffnete Erdquelle meist dergestalt ruhig und auf so bestimmten Wegen, daß das große Kesselthal, welches man Krater nennt, selbst in dieser Eruptionsepoche besucht werden kann. Ohne eine genaue Darstellung von der Gestaltung, gleichsam dem Normalbau der feuerspeienden Berge können Erscheinungen nicht richtig aufgefaßt werden, die durch phantastische Beschreibungen und durch die Vieldeutigkeit oder vielmehr durch den so unbestimmten Sprachgebrauch der Wörter Krater, Ausbruchkegel und Vulkane lange verunstaltet worden sind. Die Ränder des Kraters zeigen sich teilweise weit weniger veränderlich, als man es vermuten sollte. Saussures Messungen, mit den meinigen verglichen, haben z. B. am Vesuv das merkwürdige Resultat gegeben, daß in 49 Jahren (1773 bis 1822) der norwestliche Rand des Vulkans (Rocca del Palo) in seiner Höhe über der Meeresfläche in den Grenzen der Genauigkeit unserer Messungen als fast unverändert betrachtet werden darf.

Vulkane, welche, wie die der Andeskette, ihren Gipfel hoch über die Grenze des ewigen Schnees erheben, bieten eigentümliche Erscheinungen dar. Die Schneemassen erregen nicht bloß durch plötzliches Schmelzen während der Eruption furchtbare Ueberschwemmungen, Wasserströme, in denen dampfende Schlacken auf dicken Eismassen schwimmen; sie wirken auch ununterbrochen, während der Vulkan in vollkommner Ruhe ist, durch Infiltration in die Spalten des Trachytgesteins. Höhlungen, welche sich an dem Abhange oder am Fuß der Feuerberge befinden, werden so allmählich in unterirdische Wasserbehälter verwandelt, die mit den Alpenbächen des Hochlandes von Quito durch enge Oeffnungen vielfach kommunizieren. Die Fische dieser Alpenbäche vermehren sich vorzugsweise im Dunkel der Höhlen; und wenn dann Erdstöße, die allen Eruptionen der Andeskette vorhergehen, die ganze Masse

des Vulkans mächtig erschüttern, so öffnen sich auf einmal die
unterirdischen Gewölbe, und es entstürzen ihnen gleichzeitig
Wasser, Fische und tuffartiger Schlamm. Dies ist die sonderbare Erscheinung, welche der kleine Wels der Cyklopen, die
Preñadilla der Bewohner der Hochebene von Quito, gewährt.
Als in der Nacht vom 19. zum 20. Juni 1698 der Gipfel
des 18000 Fuß (5847 m) hohen Berges Carguairazo zusammenstürzte, so daß vom Kraterrande nur zwei ungeheure Fels-
hörner stehen blieben, da bedeckten flüssiger Tuff und Unfrucht-
barkeit verbreitender Lettenschlamm (lodazales), tote Fische
einhüllend, auf fast zwei Quadratmeilen (110 qkm) die Felder
umher. Ebenso wurden, sieben Jahre früher, die Faulfieber
in der Gebirgsstadt Ibarra, nördlich von Quito, einem Fisch-
auswurfe des Vulkans Imbaburu zugeschrieben.

Wasser und Schlamm, welche in der Andeskette nicht
dem Krater selbst, sondern den Höhlen in der Trachytmasse des
Berges entströmen, sind demnach im engeren Sinne des Wortes
nicht den eigentlichen vulkanischen Phänomenen beizuzählen.
Sie stehen nur in mittelbarem Zusammenhange mit der Thätigkeit der Vulkane, fast in demselben Maße wie der sonderbare
meteorologische Prozeß, welchen ich in meinen früheren Schriften
mit der Benennung vulkanischer Gewitter bezeichnet habe.
Der heiße Wasserdampf, welcher während der Eruption aus
dem Krater aufsteigt und sich in den Luftkreis ergießt, bildet
beim Erkalten ein Gewölk, von dem die, viele tausend Fuß
hohe Aschen- und Feuersäule umgeben ist. Eine so plötzliche Kondensation der Dämpfe und, wie Gay-Lussac gezeigt
hat, die Entstehung einer Wolke von ungeheurer Oberfläche
vermehren die elektrische Spannung. Blitze fahren schlängelnd
aus der Aschensäule hervor, und man unterscheidet dann (wie
am Ende des Ausbruches des Vesuves in den letzten Tagen
des Oktobers 1822) deutlich den rollenden Donner des vulkanischen Gewitters von dem Krachen des Inneren des
Vulkans. Die aus der vulkanischen Dampfwolke herabfahren-
den Blitze haben einst auf Island (am Vulkan Katlagia
17. Oktober 1755), nach Olaffens Bericht, elf Pferde und
zwei Menschen getötet.

Nachdem wir so in dem Naturgemälde den Bau und
die dynamische Thätigkeit der Vulkane geschildert haben, müssen
wir noch einen Blick auf die stoffartige Verschiedenheit ihrer
Erzeugnisse werfen. Die unterirdischen Kräfte trennen alte
Verbindungen der Stoffe, um neue Verbindungen hervorzu-

bringen; sie bewegen zugleich das Umgewandelte fort, solange es, in Wärme aufgelöst, noch verschiebbar ist. Das Erstarren des Zähen oder des Beweglich-Flüssigen unter größerem oder geringerem Drucke scheint hauptsächlich den Unterschied der Bildung plutonischer und vulkanischer Gebirgsarten zu bestimmen. Eine Gebirgsart, in schmalen Längenzonen einer vulkanischen Mündung (einem Erdequell) entflossen, heißt Lava. Wo mehrere Lavaströme sich begegnen und in ihrem Laufe aufgehalten werden, dehnen sie sich in der Breite aus und füllen große Becken, in welchen sie zu aufeinander gelagerten Schichten erstarren. Diese wenigen Sätze enthalten das Allgemeine der produktiven Thätigkeit der Vulkane.

Gebirgsarten, welche die Vulkane bloß durchbrechen, bleiben oft in den Feuerprodukten eingeschlossen. So habe ich feldspatreiche Syenitmassen in den schwarzen Augitlaven des mexikanischen Vulkans von Jorullo, als eckige Stücke eingewachsen, gefunden; die Massen von Dolomit und körnigem Kalkstein aber, welche prachtvolle Drusen kristallisierter Fossilien (Vesuviane und Granaten, von Mejonit, Nephelin und Sodalit bedeckt) enthalten, sind nicht Auswürflinge des Vesuvs: „sie gehören vielmehr einer sehr allgemein verbreiteten Formation, Tuffschichten an, welche älter als die Erhebung der Somma und des Vesuvs, wahrscheinlich Erzeugnisse einer submarinischen, tief im Inneren verborgenen, vulkanischen Wirkung sind.“ Unter den Produkten der jetzigen Vulkane finden sich fünf Metalle: Eisen, Kupfer, Blei, Arsenik, und das von Stromeyer im Krater von Volcano entdeckte Selen. Durch dampfende Fumarolen sublimieren sich Chloreisen, Chlorkupfer, Chlorblei und Chlorammonium; Eisenglanz und Kochsalz (das letzte oft in großer Menge) erscheinen als Gangtrümmer in frischgeflossenen Lavaströmen oder auf neuen Spalten der Kraterränder.

Die mineralische Zusammensetzung der Laven ist verschieden nach der Natur des kristallinischen Gesteins, aus welchem der Vulkan besteht, nach der Höhe des Punktes, wo der Ausbruch geschieht (ob am Fuß des Berges oder in der Nähe des Kraters), nach dem Temperaturzustande des Inneren. Glasartige vulkanische Bildungen, Obsidian, Perlstein oder Bimsstein fehlen einigen Vulkanen ganz, wenn dieselben bei anderen nur aus dem Krater selbst oder wenigstens aus beträchtlichen Höhen entspringen. Diese wichtigen und verwickelten Verhältnisse können allein durch sehr genaue kristallographische und chemische Untersuchungen ergründet werden. Mein sibirischer Reisebegleiter Gustav Rose, wie später Hermann Abich haben mit vielem Glück und Scharfsinn angefangen, über das dichte Gewebe so verschiedenartiger vulkanischer Felsarten ein helles Licht zu verbreiten.

Von den aufsteigenden Dämpfen ist der größere Teil reiner Wasserdampf. Kondensiert wird derselbe als Quelle z. B. auf der Insel Pantellaria von Ziegenhirten benutzt. Was man am Morgen des 26. Oktober 1822 aus dem Krater des Vesuvs durch eine Seitenspalte sich ergießen sah und lange für siedendes Wasser hielt, war nach Monticellis genauer Untersuchung trockene Asche, die wie Triebsand herabschoß, eine durch Reibung zu Staub zerfallene Lava. Das Erscheinen der Asche aber, welche stunden=, ja tagelang die Luft verfinstert und durch ihren Fall, den Blättern anklebend, den Weingärten und Oelbäumen so verderblich wird, bezeichnet durch ihr säulenförmiges Emporsteigen, von Dämpfen getragen, jedes Ende einer großen Eruption. Das ist die prachtvolle Erscheinung, die am Vesuv schon der jüngere Plinius in dem berühmten Briefe an Cornelius Tacitus mit der Gestalt einer hochgezweigten, aber schattigen Pinie verglichen hat. Was man bei Schlackenausbrüchen als Flammen beschreibt, ist, wie der Lichtglanz der roten Glutwolken, die über dem Krater schweben, gewiß nicht brennendem Wasserstoffgas zuzuschreiben. Es sind vielmehr Lichtreflexe, die von den hochgeschleuderten geschmolzenen Massen ausgehen, teils auch Lichtreflexe aus der Tiefe, welche die aufsteigenden Dämpfe erleuchten. Was aber die Flammen sein mögen, die man bisweilen während der Thätigkeit von Küstenvulkanen oder kurz vor der Hebung eines vulkanischen Eilandes seit Strabos Zeiten aus dem tiefen Meere hat aufsteigen gesehen, entscheiden wir nicht.

Wenn die Frage aufgeworfen wird, was in den Vulkanen brenne, was die Wärme errege, welche Erden und Metalle schmelzend mischt, ja Lavaströmen von großer Dicke mehrere Jahre lang eine erhöhte Temperatur gibt; so liegt einer solchen Frage das Vorurteil zum Grunde, Vulkane müßten notwendig, wie die Erdbrände der Steinkohlenflöze, an das Dasein gewisser feuerernährender Stoffe gebunden sein. Nach den verschiedenen Phasen chemischer Ansichten wurden so bald Erdpech, bald Schwefelkies oder der feuchte Kontakt von fein zerteiltem Schwefel und Eisen, bald pyrophorartige Substanzen, bald die Metalle der Alkalien und Erden als die Ursache der vulkanischen Erscheinungen in ihrer intensiven Thätigkeit bezeichnet. Der große Chemiker, welchem wir die Kenntnis der brennbarsten metallischen Substanzen verdanken, Sir Humphry Davy, hat in seinem letzten, ein wehmütiges Gefühl erregenden Werke (Consolation in travel and last days of a Philosopher) seiner kühnen chemischen Hypothese selbst entsagt. Die große mittlere Dichtigkeit des Erdkörpers (5,44) verglichen mit dem spezifischen Gewichte des Kalium (0,865) und Natrium (0,972) oder der Erdmetalle (1,2), der Mangel von Wasserstoffgas in den luftförmigen Emanationen der Kraterspalten und der nicht erkalteten Lavaströme, viele chemische Betrachtungen endlich stehen im Widerspruch mit den früheren Vermutungen von Davy und Ampère. Entwickelte sich Hydrogen bei dem Ausbruch von Lava, wie groß müßte nicht dessen Masse sein, wenn bei einer sehr niedrigen Lage des Eruptionspunktes die ausfließende Lava, wie in dem denkwürdigen von Mackenzie und Soemund Magnussen beschriebenen Ausbruch am Fuß des Skaptar=Jökul auf Island (11. Juni bis 3. August 1783), viele Quadratmeilen Landes bedeckt, und angedämmt mehrere hundert Fuß Dicke erreicht! Eben solche Schwierigkeiten zeigen sich bei der geringen Menge ausströmenden Stickgases, wenn man das Eindringen der atmosphärischen Luft in den Krater oder, wie man bildlich sich ausdrückt, ein Einatmen des Erdkörpers annimmt. Eine so allgemeine, so tief wirkende, sich im Inneren so weit fortpflanzende Thätigkeit als die der Vulkane kann wohl nicht ihren Urquell in der chemischen Verwandtschaft, in dem Kontakt einzelner, nur örtlich verbreiteter Stoffe haben. Die neuere Geognosie sucht diesen Urquell lieber in der unter jeglichem Breitegrade mit der Tiefe zunehmenden Temperatur; in der mächtigen inneren Wärme, welche der Planet seinem ersten Erstarren, seiner Bildung im Weltraume, der kugelförmigen Zusammenziehung dunstförmiger, elliptisch kreisender Stoffe verdankt. Neben dem sicheren Wissen steht das Vermuten und Meinen. Eine philosophische Naturkunde strebt sich über das enge Bedürfnis einer bloßen Naturbeschreibung zu erheben. Sie besteht, wie wir mehrmals erinnert haben, nicht in der sterilen Anhäufung isolierter Thatsachen. Dem neugierig regsamen Geiste des Menschen muß es erlaubt sein, aus der Gegenwart in die Vorzeit hinüberzuschweifen, zu ahnen, was noch nicht klar erkannt werden kann, und sich an den alten, unter so vielerlei Formen immer wiederkehrenden

Mythen der Geognosie zu ergötzen. Wenn wir Vulkane als unregelmäßig intermittierende Quellen betrachten, die ein flüssiges Gemenge von oxydierten Metallen, Alkalien und Erden ausstoßen, sanft und still fließen, wo dies Gemenge, durch den mächtigen Druck der Dämpfe gehoben, irgendwo einen Ausgang findet, so erinnern wir uns unwillkürlich an Platons geognostische Phantasieen, nach denen die heißen Quellen, wie alle vulkanischen Feuerströme, Ausflüsse des Pyriphlegethon [146], einer im Inneren des Erdkörpers allgegenwärtigen Ursache, sind.

Die Art der Verteilung der Vulkane auf der Erdfläche, unabhängig von allen klimatischen Verschiedenheiten, ist sehr scharfsinnig und charakteristisch auf zwei Klassen zurückgeführt worden: auf Central= und Reihenvulkane, „je nachdem dieselben den Mittelpunkt vieler, fast gleichmäßig nach allen Seiten hin wirkender Ausbrüche bilden, oder in einer Richtung, wenig voneinander entfernt, liegen, gleichsam als Essen auf einer langgedehnten Spalte. Die Reihenvulkane sind wiederum zweierlei Art. Entweder erheben sie sich als einzelne Kegel= inseln von dem Grunde des Meeres, und es läuft ihnen meist zur Seite, in derselben Richtung, ein primitives Gebirge, dessen Fuß sie zu bezeichnen scheinen, oder die Reihenvulkane stehen auf dem höchsten Rücken dieser Gebirgsreihe und bilden die Gipfel selbst.“ [147] Der Pik von Teneriffa z. B. ist ein Centralvulkan, der Mittelpunkt der vulkanischen Gruppe, von welchem die Ausbrüche von Palma und Lancerote her= zuleiten sind. Die lange, mauerartig fortlaufende, bald ein= fache, bald in zwei und drei parallele Ketten geteilte und dann durch schmale Querjöcher gegliederte Andeskette bietet vom südlichen Chile bis zur Nordwestküste von Amerika die großartigste Erscheinung des Auftretens von Reihenvulkanen in einem Festlande dar. In der Andeskette verkündigt sich die Nähe thätiger Vulkane durch das plötzliche Auftreten ge= wisser Gebirgsarten (Dolerit, Melaphyr, Trachyt, Andesit, Dioritporphyr), welche die sogenannten uranfänglichen, wie die schieferigen und sandsteinartigen Uebergangsschichten und die Flözformationen trennen. Ein solches immer wiederkehren= des Phänomen hatte früh in mir die Ueberzeugung angeregt, daß jene sporadischen Gebirgsarten der Sitz vulkanischer Er= scheinungen wären und daß sie die vulkanischen Ausbrüche bedingten. Am Fuß des mächtigen Tunguragua, bei Penipe (an den Ufern des Rio Puela), sah ich zum erstenmal und deutlich einen Glimmerschiefer, der auf Granit ruht, vom vulkanischen Gestein durchbrochen.

Auch die Reihenvulkane des neuen Kontinents sind teilweise, wo sie nahe liegen, in gegenseitiger Abhängigkeit voneinander; ja man sieht seit Jahrhunderten sich die vulkanische Thätigkeit in gewissen Richtungen (in der Provinz Quito von Norden nach Süden) allmählich fortbewegen. Der Herd selbst liegt unter dem ganzen Hochlande dieser Provinz; die einzelnen Verbindungsöffnungen mit der Atmosphäre sind die Berge, welche wir, mit besonderen Namen, als Vulkane von Pichincha, Cotopaxi oder Tunguragua bezeichnen, und die durch ihre Gruppierung, wie durch Höhe und Gestaltung den erhabensten und malerischten Anblick darbieten, der irgendwo in einer vulkanischen Landschaft auf einem schmalen Raume zu finden ist. Da die äußersten Glieder solcher Gruppen von Reihenvulkanen durch unterirdische Kommunikationen miteinander verbunden sind, wie vielfache Erfahrungen lehren, so erinnert diese Thatsache an Senecas alten und wahren Ausspruch,[118] daß „der Feuerberg nur der Weg der tiefer liegenden vulkanischen Kräfte sei". Auch im mexikanischen Hochlande scheinen die Vulkane (Orizaba, Popocatepetl, Jorullo, Colima), von denen ich nachgewiesen, daß sie alle in einer Richtung zwischen 18° 59' und 19° 12' nördl. Breite liegen, eine Querspalte von Meer zu Meer und eine Abhängigkeit voneinander anzudeuten. Der Vulkan von Jorullo ist den 29. September 1729 genau in dieser Richtung, auf derselben Querspalte ausgebrochen, und zu einer Höhe von 1580 Fuß (513 m) über der umherliegenden Ebene emporgestiegen. Der Berg gab nur einmal einen Erguß von Lava, genau wie der Epomeo auf Ischia im Jahre 1302.

Wenn aber auch der Jorullo, von jedem thätigen Vulkan zwanzig Meilen (148 km) entfernt, im eigentlichsten Sinne des Wortes ein neuer Berg ist, so darf man ihn doch nicht mit der Erscheinung des Monte Nuovo (19. September 1538) bei Pozzuoli verwechseln, welcher den Erhebungskratern beigezählt wird. Naturgemäßer glaube ich schon ehemals den Ausbruch des neu entstandenen mexikanischen Vulkans mit der vulkanischen Hebung des Hügels von Methone (jetzt Methana) auf der trözenischen Halbinsel verglichen zu haben. Diese, von Strabo und Pausanias beschriebene Hebung hat einen der phantasiereichsten römischen Dichter veranlaßt, Ansichten zu entwickeln, welche mit denen der neueren Geognosie auf eine merkwürdige Art übereinstimmen. „Einen Tumulus sieht man bei Trözene, schroff und baumlos, einst eine Ebene, jetzt einen Berg. Die in finsteren Höhlen eingeschlossenen Dämpfe suchen vergebens eine Spalte als Ausweg. Da schwillt durch der eingezwängten Dämpfe Kraft der sich dehnende Boden wie eine luftgefüllte Blase empor; er schwillt wie das Fell eines zweigehörnten Bockes. Die Erhebung ist dem Orte geblieben, und der hoch emporragende Hügel hat sich im Laufe der Zeit zu einer nackten Felsmasse erhärtet.“ So malerisch und, wie analoge Erscheinungen uns zu glauben berechtigen, zugleich auch so wahr schildert Ovidius die große Naturbegebenheit, die sich zwischen Trözene und Epidaurus, da, wo Roßegger noch Trachytdurchbrüche gefunden, 282 Jahre vor unserer Zeitrechnung, also 45 Jahre vor der vulkanischen Trennung von Thera (Santorin) und Therasia, ereignete.[149]

Unter den Eruptionsinseln, welche den Reihenvulkanen zugehören, ist Santorin die wichtigste. „Sie vereinigt in sich die ganze Geschichte der Erhebungsinseln. Seit vollen 2000 Jahren, so weit Geschichte und Tradition reicht, haben die Versuche[130] der Natur nicht aufgehört, in der Mitte des Erhebungskraters einen Vulkan zu bilden.“ Aehnliche insulare Hebungen, und dazu noch fast in regelmäßiger Wiederkehr von 80 oder 90 Jahren,[131] offenbaren sich bei der Insel San Miguel in der Gruppe der Azoren; doch ist der Meeresgrund hier nicht ganz an denselben Punkten gehoben worden. Die von Kapitän Tillard benannte Insel Sabrina ist leider zu einer Zeit erschienen (30. Januar 1811), wo der politische Zustand der seefahrenden Völker im Westen von Europa wissenschaftlichen Instituten nicht erlaubt hat, diesem großen Ereignis die Aufmerksamkeit zu schenken, welche später, in dem Meere von Sizilien (2. Juli 1831), der neuen und bald wieder zertrümmerten Feuerinsel Ferdinandea, zwischen der Kalksteinküste von Sciacca und der rein vulkanischen Pantellaria, zu teil wurde.

Die geographische Verteilung der Vulkane, welche in historischen Zeiten thätig geblieben sind, hat bei der großen Zahl von Insel- und Küstenvulkanen, wie bei den noch immer sich von Zeit zu Zeit, wenn auch nur ephemer, darbietenden Ausbrüchen im Meeresgrunde, früh den Glauben erzeugt, als stehe die vulkanische Thätigkeit in Verbindung mit der Nähe des Meeres, als könne sie ohne dieselbe nicht fortdauern. „Viele Jahrhunderte schon,“ sagt Justinus,[132] ober vielmehr Trogus Pompejus, dem er nachschreibt, „brennen der Aetna und die äolischen Inseln; und wie wäre diese lange Dauer möglich, wenn nicht das nahe Meer dem Feuer Nahrung gäbe?" Um die Notwendigkeit der Meeresnähe zu erklären, hat man selbst in den neueren Zeiten die Hypothese des Eindringens des Meerwassers in den Herd der Vulkane, d. h. in tiefliegende Erdschichten, aufgestellt. Wenn ich alles zusammenfasse, was ich der eigenen Anschauung oder fleißig gesammelten Thatsachen entnehmen kann, so scheint mir in dieser verwickelten Untersuchung alles auf den Fragen zu beruhen: ob die unleugbar große Masse von Wasserdämpfen, welche die Vulkane, selbst im Zustande der Ruhe, aushauchen, dem mit Salzen geschwängerten Meerwasser oder nicht viel=mehr den sogenannten süßen Meteorwassern ihren Ur=sprung verdanken; ob bei verschiedener Tiefe des vulkanischen Herdes (z. B. bei einer Tiefe von 88 000 Fuß (28 585 m), wo die Expansivkraft des Wasserdampfes an 2800 Atmosphären beträgt) die Expansivkraft der erzeugten Dämpfe dem hydro=statischen Drucke des Meeres das Gleichgewicht halten und den freien Zutritt des Meeres zu dem Herde unter gewissen Bedingungen [153] gestatten könne; ob die vielen metallischen Chlorüren, ja die Entstehung des Kochsalzes in den Krater=spalten, ob die oftmalige Beimischung von Hydrochlorsäure in den Wasserdämpfen notwendig auf jenen Zutritt des Meer=wassers schließen lassen; ob die Ruhe der Vulkane (die tem=poräre oder die endliche und völlige Ruhe) von der Verstopfung der Kanäle abhange, welche vorher die Meer= oder Meteor=wasser zuführten, oder ob nicht vielmehr der Mangel von Flammen und von ausgehauchtem Hydrogen (das geschwefelte Wasserstoffgas ist mehr den Solfataren als den thätigen Vul=kanen eigen) mit der Annahme großer Massen zersetzten Wassers in offenbarem Widerspruch stehe?

Die Erörterung so wichtiger physikalischer Fragen gehört nicht in den Entwurf eines Naturgemäldes. Wir ver=weilen hier bei der Angabe der Erscheinungen, bei dem That=sächlichen in der geographischen Verteilung der noch entzündeten Vulkane. Diese lehrt, daß in der Neuen Welt drei derselben, der Jorullo, der Popocatepetl und der Volcan de la Fragua. 20, 33 und 39 geographische Meilen (148, 244, 290 km) von der Meeresküste entfernt sind; ja daß in Centralasien, worauf Abel=Rémusat die Geognosten zuerst aufmerksam ge=macht hat, eine große vulkanische Gebirgskette, der Tian=schan

(Himmelsgebirge)[154], mit dem lavaspeienden Pe=schan, der Solfatare von Urumtsi und dem noch brennenden Feuerberge (Ho=tschen) von Turfan, fast in gleicher Entfernung (370 bis 382 Meilen = 2745 bis 2830 km) von dem Litorale des Eismeeres und dem des Indischen Ozeans liege. Der Ab= stand des Pe=schan vom Kaspischen Meere ist auch noch volle 340 Meilen (2520 km); von den großen Seen Issikul und Balkasch ist er 43 und 52 Meilen (311 und 385 km).[155] Merk= würdig scheint dabei, daß sich von den vier großen Gebirgs= ketten, dem Altai, dem Tian=schan, dem Kuen=lün und dem Himalaya, welche den asiatischen Kontinent von Osten nach Westen durchstreichen, nicht die einem Ozean nähere Gebirgs= kette (der Himalaya), sondern die zwei inneren (der Tian= schan und Kuen=lün), in 400 und 180 Meilen (2970 und 1335 km) Entfernung vom Meere, feuerspeiend, wie der Aetna und Vesuv, Ammoniak erzeugend, wie die Vulkane von Guatemala gezeigt haben. Die chinesischen Schriftsteller beschreiben auf das unverkennbarste in den Rauch= und Flammenausbrüchen des Pe=schan, welche im ersten und siebenten Jahrhunderte unserer Zeitrechnung die Umgegend ver= heerten, 10 Li lange Lavaströme. „Brennende Steinmassen," sagen sie, „flossen dünn wie geschmolzenes Fett." Die hier zusammengedrängten, bisher nicht genug beachteten Thatsachen machen es wahrscheinlich, daß Meeresnähe und das Eindringen von Meerwasser in den Herd der Vulkane nicht unbedingt notwendig zum Ausbrechen des unterirdischen Feuers sei; und daß das Litorale dieses Ausbrechen wohl nur deshalb befördere, weil es den Rand des tiefen Meerbeckens bildet, welches, von Wasserschichten bedeckt, einen geringeren Widerstand leistet und viele tausend Fuß tiefer liegt als das innere und höhere Festland.

Die jetzt thätigen, durch permanente Krater gleichzeitig mit dem Inneren des Erdkörpers und mit dem Luftkreise kommunizierenden Vulkane haben sich zu einer so späten Epoche eröffnet, daß damals die obersten Kreideschichten und alle Tertiärgebilde schon vorhanden waren. Dies bezeugen die Trachyteruptionen, auch die Basalte, welche oft die Wände der Erhebungskrater bilden. Melaphyre reichen bis in die mittleren Tertiärschichten, fangen aber schon an, sich zu zeigen unter der Juraformation, indem sie den bunten Sandstein durchbrechen. Mit den jetzt durch Krater thätigen Vulkanen sind die früheren Ergießungen von Granit, Quarzporphyr und Euphotide auf offenen, sich bald wieder schließenden Spalten (Gängen) im alten Uebergangsgebirge nicht zu verwechseln.

Das Erlöschen der vulkanischen Thätigkeit ist entweder ein nur partielles, so daß in derselben Gebirgskette das unterirdische Feuer einen anderen Ausweg sucht; oder ein totales, wie in der Auvergne; spätere Beispiele liefern, in ganz historischer Zeit, der Vulkan Mosychlos [156] auf der dem Hephästos geweihten Insel, dessen „emporwirbelnde Flammenglut" noch Sophokles kannte, und der Vulkan von Medina, welcher nach Burckhardt noch am 2. November 1276 einen Lavastrom ausstieß. Jedes Stadium der vulkanischen Thätigkeit, von ihrer ersten Regung bis zu ihrem Erlöschen, ist durch eigene Produkte charakterisiert: zuerst durch feurige Schlacken, durch Trachyt-, Pyroxen- und Obsidianlaven in Strömen, durch Rapilli und Tuffasche unter Entwickelung vieler, meist reiner Wasserdämpfe; später, als Solfatare, durch Wasserdämpfe, gemischt mit Schwefelwasserstoffgas und mit Kohlensäure; endlich bei völligem Erkalten durch kohlensaure Exhalationen allein. Ob die wunderbare Klasse von Feuerbergen, die keine Lava, sondern nur furchtbar verheerende heiße Wasserströme, [157] angeschwängert mit brennendem Schwefel und zu Pulver zerfallenem Gestein, ausstoßen (z. B. der Galunggung auf Java), einen Normalzustand oder nur eine gewisse vorübergehende Modifikation des vulkanischen Prozesses offenbaren, bleibt so lange unentschieden, als sie nicht von Geognosten besucht werden, welche zugleich mit den Kenntnissen der neueren Chemie ausgerüstet sind.

Dies ist die allgemeinste Schilderung der Vulkane, eines so wichtigen Teils des Erdenlebens, welche ich hier zu entwerfen versucht habe. Sie gründet sich teilweise auf meine eigenen Beobachtungen, in der Allgemeinheit ihrer Umrisse aber auf die Arbeiten meines vieljährigen Freundes, Leopold von Buch, des größten Geognosten unseres Zeitalters, welcher zuerst den inneren Zusammenhang der vulkanischen Erscheinungen und ihre gegenseitige Abhängigkeit voneinander nach ihren Wirkungen und räumlichen Verhältnissen erkannt hat.

Die Vulkanizität, d. h. die Reaktion des Inneren eines Planeten auf seine äußere Rinde und Oberfläche, ist lange Zeit nur als ein isoliertes Phänomen, in der zerstörenden Wirkung ihrer finsteren unterirdischen Gewalten betrachtet worden; erst in der neuesten Zeit hat man angefangen, zum größten Vorteil einer auf physikalische Analogieen gegründeten Geognosie, die vulkanischen Kräfte als neue Gebirgsarten bildend oder als ältere Gebirgsarten umwandelnd zu betrachten. Hier ist der schon früher angedeutete Punkt, wo eine tiefer ergründete Lehre von der Thätigkeit brennender oder Dämpfe ausströmender Vulkane uns in dem allgemeinen Naturgemälde auf Doppelwegen: einmal zu dem mineralogischen Teile der Geognosie (Lehre vom Gewebe und von der Folge der Erdschichten), dann zu der Gestaltung der über dem Meeresspiegel gehobenen Kontinente und Inselgruppen (Lehre von der geographischen Form und den Umrissen der Erdteile) leitet. Die erweiterte Einsicht in eine solche Verkettung von Erscheinungen ist eine Folge der philosophischen Richtung, welche die ernsten Studien der Geognosie so allgemein genommen haben. Größere Ausbildung der Wissenschaften leitet, wie die politische Ausbildung des Menschengeschlechts, zur Einigung dessen, was lange getrennt blieb.

Wenn wir die Gebirgsarten nicht nach Unterschieden der Gestaltung und Reihung in geschichtete und ungeschichtete, schiefrige und massige, normale und abnorme einteilen, sondern den Erscheinungen der Bildung und Umwandlung nachspüren, welche noch jetzt unter unseren Augen vorgehen, so finden wir einen vierfachen [158] Entstehungsprozeß der Gebirgsarten: 1) Eruptionsgestein aus dem Inneren der Erde, vulkanisch-geschmolzen, oder in weichem, mehr oder minder zähem Zustande plutonisch ausgebrochen; 2) Sedimentgestein, aus einer Flüssigkeit, in der die kleinsten Teile aufgelöst waren oder schwebten, an der Oberfläche der Erdrinde niedergeschlagen und abgesetzt (der größere Teil der Flöz- und Tertiärgruppe); 3) umgewandeltes (metamorphosiertes) Gestein, verändert in seinem inneren Gewebe und seiner Schichtenlage entweder durch Kontakt und Nähe eines plutonischen oder vulkanischen (endogenen [159]) Ausbruchsgesteins; oder, was wohl häufiger der Fall ist, verändert durch dampfartige Sublimation von Stoffen, [160] welche das heißflüssige Hervortreten gewisser Eruptionsmassen begleitet; 4) Konglomerate, grob- oder feinkörnige Sandsteine, Trümmergesteine, aus mechanisch zerteilten Massen der drei vorigen Gattungen zusammengesetzt.

Die vierfachen Gesteinbildungen, welche noch gegenwärtig fortschreiten: durch Erguß vulkanischer Massen als schmaler Lavaströme, durch Einwirkung dieser Massen auf früher erhärtete Gesteine, durch mechanische Abscheidung oder chemische Niederschläge aus den mit Kohlensäure geschwängerten tropfbaren Flüssigkeiten, endlich durch Verkittung zertrümmerter, oft ganz ungleichartiger Felsarten, sind Erscheinungen und Bildungsprozesse, die gleichsam nur als ein schwacher Abglanz von dem zu betrachten sein möchten, was bei intensiverer Thätigkeit des Erdenlebens in dem chaotischen Zustande der Urwelt, unter ganz anderen Bedingungen des Druckes und einer erhöhten Temperatur, sowohl der ganzen Erdrinde als des mit Dämpfen überfüllten und weit ausgedehnteren Luftkreises, geschehen ist. Wenn jetzt, wo in der festeren Erdrinde vormals offene, mächtige Spalten durch gehobene, gleichsam herausgeschobene Gebirgsketten oder durch gangartig sich eindrängende Eruptionsgesteine (Granit, Porphyr, Basalt, Melaphyr) mannigfach erfüllt und verstopft sind, auf Flächenräumen so groß als Europa kaum vier Oeffnungen (Vulkane) übrig geblieben sind, durch welche Feuer- und Gesteinausbrüche geschehen, so waren vormals in der vielgespaltenen, dünneren, auf- und abwärts wogenden Erdrinde fast überall Kommunikationswege zwischen dem geschmolzenen Inneren und der Atmosphäre vorhanden. Gasartige Ausströmungen, aus sehr ungleichen Tiefen emporsteigend und deshalb chemisch verschiedene Stoffe führend, belebten die plutonischen Bildungs- und Umwandlungsprozesse. Auch die Sedimentformationen, Niederschläge aus tropfbaren Flüssigkeiten, die wir als Travertinoschichten bei Rom wie bei Hobarttown in Australien aus kalten und warmen Quell- und Flußwassern sich täglich bilden sehen, geben nur ein schwaches Bild von dem Entstehen der Flözformationen. Unsere Meere, durch Prozesse, die noch nicht allgemein und genau genug untersucht worden sind, bauen allmählich durch Niederschlag, durch Anschwemmung und Verkittung (sizilische Küsten, Insel Ascension, König-Georg-Sund in Australien) kleine Kaltsteinbänke auf, deren Härte freilich an einzelnen Punkten fast der des Marmors von Carrara gleichkommt. An den Küsten der antillischen Inseln enthalten diese Bildungen des jetzigen Oceans Töpfe, Werkzeuge des menschlichen Kunstfleißes, ja (auf Guadeloupe) selbst menschliche Skelette vom Karibenstamme. Die Neger der französischen Kolonieen bezeichnen diese Formation mit dem Ausdruck Gottesmauerwerk: maçonne-bon-Dieu. Eine kleine Oolithen- (Rogenstein-) Schicht, welche trotz ihrer Neuheit an Jurakalkstein erinnert, ist auf der kanarischen Insel Lancerote

für ein Erzeugnis des Meeres und der Seestürme erkannt
worden.

Die zusammengesetzten Gebirgsarten sind bestimmte
Associationen gewisser oryktognostisch einfacher Fossilien (Feld-
spate, Glimmer, feste Kieselsäure, Augit, Nephelin). Sehr
ähnliche, aus denselben Elementen bestehende, aber anders
gruppierte Gebirgsarten werden durch vulkanische Prozesse unter
unseren Augen wie in der Vorzeit erzeugt. Die Unabhängigkeit der Gebirgsarten von räumlichen geographischen Verhältnissen ist so groß, daß, wie wir schon oben bemerkt, nördlich
und südlich vom Aequator, in den fernesten Zonen, der Geognost über ihr ganz heimisches Ansehen, über die Wiederholung
der kleinsten Eigenheiten in der periodischen Reihenfolge silu-
rischer Schichten, in der Wirkung des Kontaktes mit augitischen
Eruptionsmassen erstaunt.

Treten wir nun der Ansicht von vier Entstehungsformen der Gebirgsarten (vier Phasen der Bildungszustände) näher, in welchen sich uns die geschichteten und un-
geschichteten Teile der Erdrinde zeigen, so nennen wir in dem
endogenen oder Eruptionsgestein, dem sogenannten
massigen und abnormen der neueren Geognosten, als
unmittelbare Erzeugnisse unterirdischer Thätigkeit folgende
Hauptgruppen:

Granit und Syenit von sehr verschiedenem rela-
tivem Alter; doch häufig der Granit neueren Ursprunges,
den Syenit gangartig durchsetzend, dann also die treibende, hebende Kraft. „Wo der Granit inselförmig als
große Masse, als sanft gewölbtes Ellipsoid auftritt, sei
es am Harz oder in Mysore, oder im unteren Peru, da
ist er mit in Blöcke zersprengten Schalen bedeckt. Ein
solches Felsenmeer verdankt wahrscheinlich seinen Ursprung einer Zusammenziehung der anfänglich mit großer
Ausdehnung aufsteigenden Oberfläche des Granitgewölbes.“
Auch im nördlichen Asien, [161] in der reizenden, romantischen Umgebung des Koliwansees am nordwestlichen Abhange des Altai, wie am Abfall der Küstenkette von Caracas bei las Trincheras habe ich Abteilungen des Granits
in Bänken gesehen, die wohl ähnlichen Zusammenzie-
hungen ihren Ursprung verdanken, aber tief in das Innere
einzudringen scheinen. Weiter im Süden vom See Koli-
wan, gegen die Grenze der chinesischen Provinz Ili-hin
(zwischen Buchtarminsk und dem Flusse Narym), sind die

Gestaltungen des ganz ohne Gneis auftretenden Eruptionsgesteins auffallender, als ich sie in irgend einem Erdteile gesehen. Der Granit, an der Oberfläche immer schalig und durch tafelförmige Absonderung charakterisiert, steigt in der Steppe bald in kleinen, kaum 6 bis 8 Fuß (2 bis 2,60 m) hohen, halbkugelförmigen Hügeln, bald in basaltähnlichen Kuppen auf, die am Fuße zu zwei entgegengesetzten Seiten wie in schmale mauerförmige Ergießungen ausgehen. [162] In den Katarakten des Orinoko, wie am Fichtelgebirge (Seißen), in Galizien, und zwischen der Südsee und der Hochebene von Mexiko (an dem Papagallo) habe ich den Granit in großen abgeplatteten Kugeln gesehen, die wie Basalt sich in konzentrisch abgesonderte Stücke spalten. Im Irtyschthale zwischen Buchtarminsk und Ust-Kamenogorsk bedeckt der Granit eine Meile (7,4 km) lang den Uebergangsthonschiefer [163] und dringt in denselben von oben in schmalen, vielgeteilten, sich auskeilenden Gängen ein. Ich habe diese Einzelheiten beispielsweise nur deshalb angeführt, um an einer weitverbreiteten Gebirgsart den individuellen Charakter der Eruptionsgesteine zu bezeichnen. So wie der Granit in Sibirien und im Departement du Finistère (Jle de Milhau) den Schiefer, so bedeckt er in den Bergen von Oisons (Fermonts) den Jurakalkstein, in Sachsen bei Weinböhla den Syenit und mittels dieses Gesteins die Kreide. Im Ural bei Mursinsk ist der Granit drusig; und diese Drusen sind, wie bei Spalten und Drusen neuer vulkanischer Erzeugnisse, der plutonische Sitz vieler prachtvollen Kristalle, besonders von Beryllen und Topasen.

Quarzporphyre, den Lagerungsverhältnissen nach oft gangförmiger Natur. Die sogenannte Grundmasse ist meist ein feinkörniges Gemenge derselben Elemente, welche als größere eingewachsene Kristalle auftreten. Im granitartigen Porphyr, der sehr arm an Quarz ist, wird die feldspatartige Grundmasse fast körnig blättrig.

Grünsteine, Diorite, körnige Gemenge von weißem Albit und schwärzlichgrüner Hornblende, zu Dioritporphyren gestaltet, wenn eine Grundmasse von dichterem Gewebe vorhanden ist, in der die Kristalle ausgeschieden liegen. Diese Grünsteine, bald rein, bald durch Diallageblätter, die sie einschließen (Fichtelgebirge), in Serpentin

übergehend, sind bisweilen lagerartig auf den alten Schich=
tungsklüften des grünen Thonschiefers in diesen einge=
drungen; öfters aber durchsetzen sie gangartig das Gestein,
oder erscheinen als Grünsteinkugeln, ganz den Basalt=
und Porphyrkugeln analog. [164]

Hypersthenfels, ein körniges Gemenge von Labrador
und Hypersthen.

Euphotid und Serpentin, statt des Diallags bisweilen
Augit= und Uralitkristalle enthaltend und so einem ande=
ren häufigeren, und ich möchte sagen noch thätigeren
Eruptionsgestein, dem Augitporphyr, nahe verwandt.

Melaphyr, Augit=, Uralit= und Oligoklaspor=
phyre. Zu letzteren gehört der als Kunstmaterial so
berühmte echte Verde antico.

Basalt mit Olivin und in Säuren gelatinierenden
Bestandteilen, Phonolith (Porphyrschiefer), Trachyt
und Dolerit; das zweite dieser Gesteine immer, das
erste nur teilweise in dünne Tafeln gespalten, was beiden
auf großen Strecken das Ansehen der Schichtung gibt.
In der Zusammensetzung und dem innigen Gewebe des
Basalts bilden, nach Girard, Mejotyp und Nephelin einen
wichtigen Teil. Der Nephelingehalt des Basaltes mahnt
den Geognosten an den, mit Granit verwechselten, bis=
weilen zirkonhaltigen Miascit des Ilmengebirges im
Ural, wie an den von Gumprecht aufgefundenen Pyroxen=
nephelin bei Löbau und Chemnitz.

Zu der zweiten Klasse der Entstehungsformen, dem
Sedimentgestein, gehört der größere Teil der Formationen,
welche man unter den alten, systematischen, aber nicht gar
korrekten Benennungen von Uebergangs=, Flöz= oder Se=
kundär= und Tertiärformationen begreift. Wenn das
Eruptionsgestein nicht seinen hebenden, und bei gleichzeitigem
Erheben der Erde seinen erschütternden Einfluß auf diese
Sedimentbildungen ausgeübt hätte, so würde die Oberfläche
unseres Planeten aus gleichförmig horizontal übereinander
gelagerten Schichten bestehen. Von allen Gebirgsarten ent=
blößt, an deren Abhang im Pflanzenwuchse und in den Ab=
stufungen der Arten sich die Skala verminderter Luftwärme
malerisch abspiegelt; nur hier und da durch Erosionsthäler
gefurcht, oder durch kleine Anhäufungen von Schuttland,
als Wirkung der schwach bewegten süßen Wasser, zu sanften
Wellen geunebnet, würden die Kontinente von Pol zu Pol,

unter allen Himmelsstrichen, das traurig einförmige Bild der
südamerikanischen Llanos oder der nordasiatischen Steppen
darbieten. Wie in dem größeren Teile von diesen, würden
wir das Himmelsgewölbe auf der Ebene ruhen und die Gestirne aufsteigen sehen, als erhöben sie sich aus dem Schoße
des Meeres. Ein solcher Zustand der Dinge kann aber auch
in der Vorwelt wohl nie von beträchtlicher Dauer und von
räumlicher Allgemeinheit gewesen sein, da die unterirdischen
Mächte ihn in allen Naturepochen zu verändern strebten.

Sedimentschichten sind niedergeschlagen oder abgesetzt
aus tropfbaren Flüssigkeiten, je nachdem die Stoffe vor der
Bildung, sei es des Kalksteins, sei es des Thonschiefers, entweder als chemisch aufgelöst oder als schwebend und beigemengt gedacht werden. Auch wenn Erdarten aus kohlen-
gesäuerten Flüssigkeiten sich niederschlagen, ist doch, während
der Präzipitation, ihr Niedersinken und ihre Anhäufung in
Schichten als ein mechanischer Hergang der Bildung zu betrachten. Diese Ansicht ist von einiger Wichtigkeit bei der
Umhüllung organischer Körper in versteinerungsführenden Kalk-
flözen. Die ältesten Sedimente der Transitions- und Sekundär-
formationen haben sich wahrscheinlich aus mehr oder minder
heißen Wassern gebildet: zu einer Zeit, wo die Wärme der
oberen Erdrinde noch sehr beträchtlich war. In dieser Hinsicht
hat gewissermaßen auch bei den Sedimentschichten, besonders
bei den ältesten, eine plutonische Einwirkung stattgefunden;
aber diese Schichten scheinen schlammartig in schieferiger Struktur und unter großem Drucke erhärtet, nicht wie das dem
Inneren entstiegene Gestein (Granit, Porphyr oder Basalt),
durch Abkühlung erstarrt zu sein. Als die allmählich minder
heißen Urwasser aus der mit Dämpfen und kohlensaurem Gas
überschwängerten Atmosphäre das letztere Gas in reichlichem
Maße sich aneignen konnten, wurde die Flüssigkeit geeignet,
eine größere Masse von Kalkerde aufgelöst zu enthalten.

Die Sedimentschichten, von denen wir hier alle anderen exogenen, rein mechanischen Niederschläge von Sand-
oder Trümmergestein trennen, sind:

Schiefer des unteren und oberen Uebergangsgebirges,
aus den silurischen und devonischen Formationen zusammengesetzt: von den unteren silurischen Schichten an, die
man einst kambrisch nannte, bis zu der obersten, an den
Bergkalk grenzenden Schicht des alten roten Sandsteins
oder der devonischen Gebilde;

Steinkohlenablagerungen;

Kalksteine, den Uebergangsformationen und dem Kohlengebirge eingeschichtet; Zechstein, Muschelkalk, Jura=formation und Kreide, auch der nicht als Sandstein und Agglomerat auftretende Teil der Tertiärgebilde;

Travertino, Süßwasserkalkstein, Kieselguren heißer Quellen; Bildungen, nicht unter dem Druck großer pela=gischer Wasserbedeckungen, sondern fast an der Luft in untiefen Sümpfen und Bächen erzeugt;

Infusorienlager: eine geognostische Erscheinung, deren große Bedeutung, den Einfluß der organischen Thä=tigkeit auf die Bildung der Erdfeste bezeichnend, erst in der neuesten Zeit von meinem geistreichen Freunde und Reisegefährten Ehrenberg entdeckt worden ist.

Wenn wir in dieser kurzen, aber übersichtlichen Betrach=tung der mineralischen Bestandteile der Erdrinde auf das ein=fache Sedimentgestein nicht unmittelbar die, teilweise ebenfalls sedimentartig aus tropfbaren Flüssigkeiten abgesetzten und im Flöz= und Uebergangsgebirge sowohl dem Schiefer als dem Kalkstein mannigfaltig eingelagerten Agglomerate und Sand=steinbildungen folgen lassen, so geschieht es nur, weil diese, neben den Trümmern des Eruptions= und Sedimentgesteins, auch Trümmer von Gneis, Glimmerschiefer und anderen meta=morphischen Massen enthalten. Der dunkle Prozeß und die Wirkung dieser Umwandelung (Metamorphose) müssen dem=nach schon die dritte Klasse der Entstehungsformen bilden.

Das endogene oder Eruptionsgestein (Granit, Porphyr und Melaphyr) wirkt, wie mehrmals bemerkt worden ist, nicht bloß dynamisch, erschütternd oder hebend, die Schichten auf=richtend und seitwärts schiebend; sein Hervortreten bewirkt auch Veränderungen in der chemischen Zusammensetzung der Stoffe wie in der Natur des inneren Gewebes. Es entstehen neue Gebirgsarten: Gneis und Glimmerschiefer, und körniger Kalk=stein (Marmor von Carrara und Paros). Die alten silurischen oder devonischen Transitionsschiefer, der Belemnitenkalkstein der Tarantaise, der seetanghaltige graue unscheinbare Macigno (Kreidesandstein) der nördlichen Apenninen sind, nach ihrer Umwandlung, in einem neuen, oft glänzenden Gewande schwer zu erkennen. Der Glaube an die Metamorphose hat sich erst befestigen können, seitdem es geglückt ist, den einzelnen Phasen der Veränderung schrittweise zu folgen, und durch direkte che=mische Versuche, bei Verschiedenheit des Schmelzgrades, des

Druckes und der Zeit des Erkaltens, den Induktionsschlüssen zu Hilfe zu kommen. Wo nach leitenden Ideen das Studium chemischer Verbindungen erweitert wird, kann auch aus den engen Räumen unserer Laboratorien sich ein helles Licht über das weite Feld der Geognosie, über die große unterirdische, Gestein bildende und Gestein umwandelnde Werkstätte der Natur verbreiten. Der philosophische Forscher entgeht der Täuschung scheinbarer Analogieen, einer kleinlichen Ansicht der Naturprozesse, wenn er ununterbrochen die Komplikation der Bedingungen im Auge hat, welche mit ihrer intensiven, ungemessenen Kraft in der Urwelt die gegenseitige Wirkung einzelner uns wohlbekannter Stoffe modifizieren konnten. Die unzersetzten Körper haben gewiß zu allen Zeiten denselben Anziehungskräften gehorcht; und da, wo jetzt Widersprüche sich finden, wird (es ist meine innigste Ueberzeugung) die Chemie meist selbst den nicht in gleichem Maße erfüllten Bedingungen auf die Spur kommen, welche jene Widersprüche erzeugten.

Genaue, große Gebirgsstrecken umfassende Beobachtungen erweisen, daß das Eruptionsgestein nicht als eine wilde, gesetzlos wirkende Macht auftritt. In den entferntesten Weltgegenden sieht man oft Granit, Basalt oder das Dioritgestein bis in die einzelnsten Kraftäußerungen gleichmäßig auf die Schichten des Thonschiefers und des dichten Kalkes, auf die Quarzkörner des Sandsteins ihre umwandelnde Wirkung ausüben. Wie dieselbe endogene Gebirgsart fast überall dieselbe Art der Thätigkeit übt, so zeigen dagegen verschiedene Gebirgsarten, derselben Klasse der endogenen oder Eruptionsgebilde zugehörig, einen sehr verschiedenen Charakter. Intensive Wärme hat allerdings in allen diesen Erscheinungen gewirkt; aber die Grade der Flüssigkeit (vollkommenerer Verschiebbarkeit der Teile oder zäheren Zusammenhanges) sind im Granit und im Basalt sehr ungleich gewesen: ja in verschiedenen geologischen Epochen (Phasen der Umwandlungen der Erdrinde) sind auch gleichzeitig mit dem Ausbruche von Granit, Basalt, Grünsteinporphyr oder Serpentin andere und andere im Dampf aufgelöste Stoffe aus dem eröffneten Inneren aufgestiegen. Es ist hier der Ort, von neuem daran zu erinnern, daß nach den sinnigen Ansichten der neueren Geognosie die Metamorphose des Gesteins sich nicht auf ein bloßes Kontaktphänomen, auf eine Wirkung der Apposition zweier Gebirgsarten beschränkt, sondern daß sie genetisch alles umfaßt, was das Hervortreten einer bestimmten Eruptionsmasse begleitet hat. Da, wo

nicht unmittelbare Berührung stattfindet, bringt schon die Nähe
einer solchen Masse Modifikationen der Verhärtung, der Ver=
kieselung, des Körnigwerdens, der Kristallbildung hervor.

Alles Eruptionsgestein bringt zu Gängen verästelt in die
Sedimentschichten oder in andere, ebenfalls endogene Massen
ein; aber der Unterschied, der sich zwischen plutonischen Ge=
birgsarten (Granit, Porphyr, Serpentin) und den im engeren
Sinne vulkanisch genannten (Trachyt, Basalt, Lava) offen=
bart, ist von besonderer Wichtigkeit. [165] Die Gebirgsarten,
welche die dem Erdkörper übrig gebliebene Thätigkeit unserer
jetzigen Vulkane erzeugt, erscheinen in bandartigen Strömen,
die da, wo mehrere in Becken zusammenfließen, allerdings ein
weit ausgebreitetes Lager bilden können. Basaltausbrüche,
wo ihnen tief nachgespürt worden ist, hat man mehrmals in
schmale Zapfen endigen sehen. Aus engen Oeffnungen empor=
gequollen, wie (um nur drei vaterländische Beispiele anzu=
führen) in der Pflasterkante bei Marksuhl (2 Meilen = 15 km
von Eisenach), in der blauen Kuppe bei Eschwege (Werraufer),
und am Druidenstein auf dem Hollerter Zuge (Siegen), durch=
bricht der Basalt bunten Sandstein und Grauwackenschiefer,
und breitet sich nach oben zu wie der Hut eines Pilzes in
Kuppen aus, die bald gruppenweise in Säulen gespalten, bald
dünn geschichtet sind. Nicht so Granit, Syenit, Quarzporphyr,
Serpentinfels und die ganze Reihe ungeschichteter massiger
Gebirgsarten, welchen man aus Vorliebe zu einer mytholo=
gischen Nomenklatur den Namen der plutonischen gegeben
hat. Diese sind, einige Gesteingänge abgerechnet, wohl nicht
geschmolzen, sondern nur zäh und erweicht hervorgetreten;
nicht aus engen Klüften, sondern aus weiten thalartigen Spal=
ten, aus langgedehnten Schlünden ausgebrochen. Sie sind
hervorgeschoben, nicht entflossen; sie zeigen sich nicht in
Strömen, lavaartig, sondern als mächtige Massen verbreitet. [166]
In dem Dolerit und Trachytgestein deuten einige Gruppen
auf einen Grad basaltartiger Fluidität; andere, zu mächtigen
Glocken und kraterlosen Domen aufgetrieben, scheinen bei ihrem
Hervortreten nur erweicht gewesen zu sein. Noch andere Tra=
chyte, wie die der Andeskette, welche ich oft auffallend den
silberreichen, und dann quarzlosen Grünstein= und Syenitpor=
phyren verwandt gefunden habe, sind gelagert wie Granit und
Quarzporphyr.

Versuche über die Veränderungen, welche das Gewebe
und die chemische Beschaffenheit der Gebirgsarten durch Feuer

erleiden, haben gelehrt, daß die vulkanischen Massen (Diorit, Augitporphyr, Basalt und Lava vom Aetna) nach Verschieden= heit des Druckes, unter dem sie geschmolzen werden, oder der Dauer ihrer Abkühlung, entweder, bei schnellem Erkalten, ein schwarzes Glas von gleichartigem Bruche, oder, bei lang= samer Abkühlung, eine steinichte Masse von körnigem, kristal= linischem Gefüge geben. Die Kristalle haben sich dann teils in Höhlungen, teils von der Grundmasse umschlossen gebildet. Dasselbe Material (und diese Betrachtung ist für die Natur des Eruptionsgesteins oder für die Umwandlungen, welche es erregt, von großer Wichtigkeit) liefert die verschiedenartigsten Bildungen. Kohlensaure Kalkerde, unter starkem Drucke ge= schmolzen, verliert ihren Gehalt an Kohlensäure nicht; die erkaltete Masse wird körniger Kalkstein, salinischer Marmor. So die Kristallisation auf trockenem Wege; auf nassem Wege entsteht sowohl Kalkspat als Aragonit, ersterer bei einem ge= ringeren, letzterer bei einem höheren Wärmegrade. Nach Temperaturverschiedenheiten ordnen sich anders und anders die fest werdenden Teile in bestimmten Richtungen zur Kristall= bildung aneinander, ja es verändert sich die Form selbst der Kristalle. Es gibt dabei, ohne daß ein flüssiger Zustand ein= tritt, unter gewissen Verhältnissen eine Verschiebbarkeit der kleinsten Teile eines Körpers, die sich durch optische Wirkungen äußert. Die Erscheinungen, welche die Entglasung, die Er= zeugung des Cement= und Gußstahls, der Uebergang des faseri= gen Gewebes des Eisens in körniges durch erhöhte Temperatur, vielleicht selbst durch sehr kleine, aber gleichmäßige und lange fortgesetzte Erschütterungen darbieten, werfen ebenfalls Licht auf die geologischen Prozesse der Metamorphose. Wärme kann in kristallisierten Körpern sogar entgegengesetzte Wirkun= gen gleichzeitig hervorrufen; denn nach Mitscherlichs schönen Versuchen ist es eine Thatsache, daß der Kalkspat, ohne seinen Aggregatzustand zu ändern, sich in einer Achsenrichtung aus= dehnt, in einer anderen zusammenzieht.

Wenn wir von diesen allgemeinen Betrachtungen zu einzelnen Beispielen übergehen, so sehen wir zuerst den Schiefer durch die Nähe plutonischer Eruptionsgesteine in blauschwarzglänzenden Dachschiefer umgewandelt. Die Schich= tungsklüfte sind dann, was eine spätere Einwirkung andeutet, durch ein anderes System von Klüften (Nebenabsonderungen), welche die ersteren fast senkrecht schneiden, unterbrochen. Durch Eindringen von Kieselsäure wird der Thonschiefer von Quarz=

trümmern durchsetzt, in Wetzschiefer und Kieselschiefer (letzterer
bisweilen kohlenstoffhaltig und dann galvanisch nervenreizend)
teilweise verändert. Der höchste Grad der Verkieselung[167]
des Schiefers ist aber ein edles Kunstmaterial, der Band-
jaspis, im Uralgebirge durch Berührung und Ausbruch des
Augitporphyrs (Orsk), des Dioritporphyrs (Auschkul) oder
eines in Kugeln geballten Hyperithengesteins (Bogoslowsk)
hervorgebracht; auf der Insel Elba (Monte Serrato) nach
Friedrich Hoffmann und im Toskanischen nach Alexander
Brongniart durch Kontakt mit Euphotid und Serpentin.

Die Berührung und plutonische Einwirkung des Granits
machen (wie wir, Gustav Rose und ich, im Altai, innerhalb
der Festung Buchtarminsk beobachtet haben) den Thonschiefer
körnig und lassen ihn in eine granitähnliche Masse (in ein
Gemenge von Feldspat und Glimmer, in welchem wieder
größere Glimmerblätter[168] liegen) übergehen. „Daß zwischen
dem Eismeere und dem Finnischen Meerbusen aller Gneis aus
silurischen Schichten der Transitionsformation durch Einwirkung
des Granits entstanden und umgewandelt worden ist, kann
jetzt,“ wie Leopold von Buch sich ausdrückt, „als eine allen
Geognosten geläufige und von den meisten für bewährt an-
genommene Hypothese gelten. In den Alpen am Gotthard
wird Kreidemergel ebenfalls durch Granit erst zu Glimmerschiefer, dann zu Gneis umgewandelt.“ Aehnliche Erscheinungen der Gneis- und Glimmerschieferbildung durch Granit bieten
sich dar: in der Oolithengruppe der Tarantaise,[169] wo Belemniten sich in Gesteinen gefunden haben, die selbst schon auf
den Namen des Glimmerschiefers Anspruch machen können;
in der Schiefergruppe des westlichen Teils der Insel Elba
unfern dem Vorgebirge Calamita, und in dem Baireuther
Fichtelgebirge[170] zwischen Lomitz und Marktleiten.

So wie ein den Alten in großen Massen nicht zugängliches Kunstmaterial,[171] der Jaspis, das Erzeugnis einer vulkanischen Einwirkung des Augitporphyrs ist, kann ein anderes,
von ihnen so vielfach und glücklich angewandtes Kunstmaterial,
der körnige (salinische) Marmor, ebenfalls nur als eine durch
Erdwärme und Nähe eines heißen Eruptionsgesteins veränderte
Sedimentschicht betrachtet werden. Genaue Beobachtung der
Kontaktphänomene und die merkwürdigen Schmelzversuche von
Sir James Hall, die nun schon über ein halbes Jahrhundert
alt sind und neben der ernsten Erforschung der Granitgänge
am meisten zur frühen Begründung unserer jetzigen Geognosie

beigetragen haben, rechtfertigen eine solche Behauptung. Bis=
weilen hat das Eruptionsgestein den dichten Kalk nur in einer
gewissen, der Berührung nahen Zone in körnigen Kalkstein
verwandelt. So zeigt sich eine partielle Umwandlung (wie
ein Halbschatten) in Irland (Belfast), wo Basaltgänge die
Kreide durchsetzen; so in dem dichten Flözkalkstein, den ein
syenitartiger Granit an der Brücke von Boscampo und in der
durch den Grafen Marzari Pencati berühmt gewordenen Kas=
kade von Canzocoli (Tirol) in teilweise gebogenen Schichten
berührt. Eine andere Art der Umwandlung ist die, wo alle
Schichten des dichten Kalksteins durch Einwirkung von Granit,
Syenit oder Dioritporphyr in körnigen Kalkstein umgeändert
sind. [172]

Es sei hier erlaubt, noch speziell des parischen und
carrarischen Marmors zu erwähnen, welche für die edelsten
Werke der Bildhauerkunst so wichtig geworden sind und unseren
geognostischen Sammlungen nur zu lange als Haupttypen
uranfänglichen Kalksteins gedient haben. Die Wirkungen des
Granits offenbaren sich nämlich teils durch unmittelbare Be=
rührung, wie in den Pyrenäen, teils, wie im Kontinent von
Griechenland und in den Inselreihen des Aegeischen Meeres,
gleichsam durch die Zwischenschichten von Gneis oder Glimmer=
schiefer hindurch. Beides setzt einen gleichzeitigen, aber ver=
schiedenartigen Prozeß der Gesteinumwandlung voraus. In
Attika, auf Euböa und im Peloponnes ist bemerkt worden,
„daß der Regel nach der dem Glimmerschiefer aufgelagerte
Kalkstein um so schöner und kristallinischer ist, als sich der
Glimmerschiefer ausgezeichnet reiner, d. h. minder thonhaltig,
zeigt“. Diese letzte Gebirgsart, sowie auch Gneisschichten
treten an vielen tiefen Punkten von Paros und Antiparos
hervor. Wenn nach einer von Origenes erhaltenen Notiz des
alten Eleaten Xenophanes von Kolophon, [173] der sich die ganze
Erdrinde als einst vom Meere bedeckt vorstellte, in den Stein=
brüchen von Syrakus Versteinerungen von Seeprodukten und
in dem tiefsten der Felsen von Paros der „Abdruck von einem
kleinen Fisch“ (einer Sardelle) gefunden wurden, so könnte
man an das Uebrigbleiben einer dort nicht ganz metamor=
phosierten Flözschicht glauben. Der schon vor dem Augusteischen
Zeitalter benutzte Marmor von Carrara (Luna), die Haupt=
quelle des statuarischen Kunstmaterials, solange die Brüche
von Paros nicht wieder eröffnet werden, ist eine durch plu=
tonische Kräfte umgewandelte Schicht desselben Kreidesandsteins

(macigno), welche in der inselförmig aufsteigenden Alp Alpuana zwischen gneisähnlichem Glimmer und Talkschiefer auftritt. Ob an einzelnen Punkten auch in dem Inneren der Erde körniger Kalk gebildet und, gangartig Spalten ausfüllend (Auerbach an der Bergstraße), an die Oberfläche durch Gneis und Syenit emporgedrungen ist, darüber darf ich mir, schon wegen des Mangels eigener Ansicht, kein Urteil erlauben.

Unter aller Einwirkung eines massigen Eruptionsgesteins auf dichte Kalkschichten bieten aber, nach Leopold von Buchs scharfsinnigen Beobachtungen, den merkwürdigen Prozeß der Metamorphose die Dolomitmassen, besonders im südlichen Tirol und in dem italienischen Abfall der Alpenkette, dar. Eine solche Umwandlung des Kalksteins geht von Klüften aus, welche denselben nach allen Richtungen durchsetzen. Die Höhlungen sind überall mit Rhomboiden von Bitterspat bedeckt; ja das ganze Gebilde, dann ohne Schichtung und ohne Spur der Versteinerungen, die es vorher enthielt, besteht nur aus einer körnigen Arhäufung von Dolomitrhomboiden. Talkblätter liegen hier und da vereinzelt in der neuentstandenen Gebirgsart, Serpentintrümmer durchsetzen sie. Im Fassathale steigt der Dolomit senkrecht in glatten Wänden von blendender Weiße zu mehreren tausend Fuß Höhe empor. Er bildet zugespitzte Kegelberge, die in großer Zahl nebeneinander stehen, ohne sich zu berühren. Ihre physiognomische Gestaltung erinnert an die lieblich-phantastische Berglandschaft, mit welcher Leonardo da Vinci das Bild der Mona Lisa als Hintergrund schmückte.

Die geognostischen Erscheinungen, welche wir hier schildern, regen die Einbildungskraft wie das Nachdenken an; sie sind das Werk eines Augitporphyrs, der hebend, zertrümmernd und umwandelnd einwirkt. Der Prozeß der Dolomitisierung wird von dem geistreichen Forscher, der zuerst ihn angedeutet, keineswegs als eine Mitteilung der Talkerde aus dem schwarzen Porphyr, sondern als eine gleichzeitige, das Hervortreten dieses Ausbruchsgesteins auf weiten dampferfüllten Spalten begleitende Veränderung betrachtet. Künftigen Forschungen bleibt es übrig, zu bestimmen, wie da, wo Dolomit in Schichten zwischen Kalkstein eingelagert ist, ohne Berührung mit endogenem Gesteine die Umwandlung erfolgt ist? wo dann die Zuführungskanäle plutonischer Einwirkung verborgen liegen? Vielleicht ist es auch hier noch nicht notwendig, zu dem alten römischen Ausspruch seine Zuflucht zu nehmen, nach welchem

„vieles Gleiche in der Natur auf ganz verschiedenen Wegen gebildet wird". Wenn in einem weit ausgedehnten Erdstriche zwei Erscheinungen, das Emportreten von Melaphyr, und die Kristall= und chemische Mischungsveränderung eines dichten Kalkgesteins, einander immer begleiten, so darf man wohl da, wo die zweite Erscheinung ohne die erste sichtbar wird, mit einigem Rechte vermuten, daß der scheinbare Widerspruch in der Nichterfüllung gewisser die verborgene Haupturfache begleitender Bedingungen gegründet ist. Würde man darum die vulkanische Natur, die Feuerflüssigkeit des Basalts in Zweifel ziehen, weil sich einige seltene Fälle gezeigt haben, in denen Basaltgänge, Steinkohlenflöze, Sandstein oder Kreide= schichten durchsetzend, weder die Kohle wesentlich ihres Brenn= stoffes beraubt, noch den Sandstein gefrittet und verschlackt, noch die Kreide in körnigen Marmor verwandelt haben? Wo in der dunkeln Region der Gesteinbildung ein Dämmerlicht, eine leitende Spur aufgefunden worden, muß man beide nicht darum gleich undankbar verlassen, weil in den Verhältnissen der Uebergänge und der isolierten Einlagerung zwischen unver= änderten Schichten noch manches für jetzt unerklärt bleibt.

Nach der Veränderung des dichten kohlensauren Kalkes in körnigen Kalkstein und in Dolomit muß hier noch einer dritten Umwandlung desselben Gesteins erwähnt werden, welche den in der Urzeit vulkanisch ausgebrochenen schwefel= sauren Dämpfen zuzuschreiben ist. Diese Umwandlung des Kalkes in Gips ist mit dem Eindringen von Steinsalz und Schwefel (letzterer aus schwefelhaltigen Wasserdämpfen nieder= geschlagen) verwandt. In der hohen Andeskette von Quindiu, fern von allen Vulkanen, habe ich auf Klüften im Gneis diesen Niederschlag des Schwefels beobachtet, während Schwefel, Gips und Steinsalz in Sizilien (Cattolica bei Girgenti) zu den neuesten Sekundärschichten der Kreideformation gehören. Spalten mit Steinsalz gefüllt, in beträchtlichen, bisweilen einen unerlaubten Handel begünstigenden Massen, habe ich am Vesuv in dem Rande des Kraters selbst gesehen. An beiden Abhängen der Pyrenäen ist der Zusammenhang des Diorit= (und Pyroxen=?) Gesteins mit dem Auftreten der Dolomite, des Gipses und des Steinsalzes nicht zu bezweifeln. Alles verkündigt in den hier geschilderten Erscheinungen die Ein= wirkung unterirdischer Mächte auf Sedimentschichten des alten Meeres.

Die reinen Quarzlager von ungeheurer Mächtigkeit, welche

für die Andeskette von Südamerika so charakteristisch sind (ich habe, von Caxamarca gegen Guangamarca hin nach der Südsee herabsteigend, Quarzmassen von sieben- bis achttausend Fuß [= 2270 bis 2600 m] mächtig gefunden), sind von rätselhafter Entstehung; sie ruhen bald auf quarzlosem Porphyr, bald auf Dioritgestein. Wurden sie aus Sandstein umgewandelt, wie Elie de Beaumont es von den Quarzschichten am Col de la Poissonière (östlich von Briançon) vermutet? In Brasilien, in den neuerlichst von Clausen so genau untersuchten Diamantdistrikten von Minas Geraes und St. Paul, haben plutonische Kräfte auf Dioritgängen bald gewöhnlichen Glimmer, bald Eisenglimmer in dem Quarzitafolumit entwickelt. Die Diamanten von Grammagoa sind in Schichten fester Kieselsäure enthalten; bisweilen liegen sie von Glimmerblättchen umhüllt, ganz wie die im Glimmerschiefer entstandenen Granaten. Die nördlichsten aller Diamanten, die seit 1829 unter 58° Breite, am europäischen Abfall des Urals, entdeckten, stehen auch in geognostischen Verhältnissen zum schwarzen kohlenstoffhaltigen Dolomit von Adolfskoi, wie zum Augitporphyr, welche durch genaue Beobachtungen noch nicht hinlänglich aufgeklärt sind.

Unter die denkwürdigsten Kontaktphänomene gehört endlich noch die Granitbildung im Thonschiefer bei Berührung mit Basalt und Doleritgestein (Northumberland und Insel Anglesea), wie die Erzeugung einer großen Menge schöner und sehr verschiedenartiger Kristalle (Granat, Vesuvian, Augit und Ceylanit), welche an den Berührungsflächen von Eruptions- und Sedimentgestein, an der Grenze des Monzonivenits mit Dolomit und dichtem Kalkstein sich entwickeln. Auf der Insel Elba haben Serpentinsteinmassen, welche vielleicht nirgends so deutlich als Eruptionsgebirgsarten erscheinen, in den Klüften eines Kreidesandsteins die Sublimation von Eisenglanz und Roteisenstein bewirkt. Denselben Eisenglanz sehen wir noch täglich am Kraterrande und in frischen Lavaströmen des Vulkans von Stromboli, des Vesuvs und des Aetna sich aus der Dampfform an den Spaltwänden offener Gänge sublimieren.[174] Wie hier durch vulkanische Kräfte sich Gangmassen unter unseren Augen bilden, da wo das Nebelgestein schon zu einem Zustande der Starrheit gelangt ist, so haben auf eine ähnliche Weise in den Revolutionen der Erdrinde Gestein- und Erzgänge überall entstehen können, wo die feste, aber noch dünne Rinde des Planeten, öfter durch Erdstöße erschüttert, bei

Volumveränderung im Erkalten zerklüftet und gespalten, mehrfache Verbindungen mit dem Inneren, mehrfache Auswege für aufsteigende, mit Erd= und Metallstoffen geschwängerte Dämpfe darbot. Die den Salbändern parallele, lagenweise Anordnung der Gemengteile, die regelmäßige Wiederholung gleichnamiger Lagen zu beiden Seiten (im Hangenden und Liegenden des Ganges), ja die drusenförmigen langgedehnten Höhlungen der Mitte bezeugen oft recht unmittelbar den plutonischen Prozeß der Sublimation in den Erzgängen. Da die durchsetzenden neueren Ursprunges als die durchsetzten sind, so lehren die Lagerungsverhältnisse des Porphyrs zu den Silbererzformationen, daß diese in dem sächsischen Erzgebirge, also in dem wichtigsten und reichsten Erzgebirge Deutschlands, zum wenigsten jünger als die Baumstämme des Steinkohlen= gebirges und des Rotliegenden sind. [175]

Alles, was mit unseren geologischen Vermutungen über die Bildung der Erdrinde und die Umwandlung der Gebirgs= arten zusammenhängt, hat ein unerwartetes Licht dadurch ge= wonnen, daß man den glücklichen Gedanken gehabt hat, die Schlackenbildung in unseren Schmelzöfen mit der Entstehung natürlicher Mineralien zu vergleichen, und künstlich diese aus ihren Elementen wiederum zusammenzusetzen. Bei allen diesen Operationen wirken dieselben Verwandtschaften, welche in unseren Laboratorien wie in dem Schoße der Erde die Zu= sammensetzung chemischer Verbindungen bestimmen. Der wich= tigste Teil der einfachen Mineralien, welche sehr allgemein verbreitete plutonische und vulkanische Eruptionsgesteine, wie die durch sie metamorphosierten Gebirgsarten charakterisieren, sind schon kristallinisch und in vollkommener Gleichheit unter den künstlichen Mineralbildungen aufgefunden worden. Wir unterscheiden die, welche in den Schlacken zufällig ent= standen sind, und die, welche absichtlich von den Chemikern hervorgebracht wurden. Zu den ersteren gehören Feldspat, Glimmer, Augit, Olivin, Blende, kristallisiertes Eisenoxyd (Eisenglimmer), Magneteisenoktaeder und metallisches Titan; [176] zu den zweiten: Granat, Idokras, Rubin (dem orientalischen an Härte gleich), Olivin und Augit. [177] Die hier genannten Mineralien bilden die Hauptbestandteile von Granit, Gneis und Glimmerschiefer, von Basalt, Dolerit und vielen Por= phyren. Die künstliche Erzeugung von Feldspat und Glimmer ist besonders von großer geognostischer Wichtigkeit für die Theorie der Gneisbildung durch Umwandlung des Thon=

schiefers. Dieser enthält die Bestandteile des Granits, Kali nicht ausgeschlossen. Es wäre demnach, bemerkt mit Recht ein scharfsinniger Geognost, Herr von Dechen, nicht sehr unerwartet, wenn wir an den Wänden eines Schmelzofens, der aus Thonschiefer und Grauwacke aufgeführt ist, einmal ein Gneißfragment sich bilden sähen.

Es bleibt in diesen allgemeinen Betrachtungen über die feste Erdrinde nach Aufzählung von drei Entstehungsformen (dem Eruptions=, Sediment= und metamorphosierten Gestein) noch eine vierte Klasse zu nennen übrig, die der Agglomerat=bildung oder des Trümmergesteins. Dieser Name selbst erinnert an die Zerstörungen, welche die Oberfläche der Erde erlitten; er erinnert aber auch an die Prozesse der Cementierung (Verkittung), welche durch Eisenoxyd, durch thon= und kalkartige Bindemittel die bald abgerundeten, bald eckig gebliebenen Teile wiederum miteinander verbunden hat. Agglomerate und Trümmergesteine im weitesten Sinne des Wortes offenbaren den Charakter einer zweifachen Entstehungsweise. Die Materialien, welche ihre mechanische Zusammensetzung bilden, sind nicht bloß von den flutenden Meereswogen oder bewegten süßen Wassern herbeigeführt; es gibt Trümmer=gesteine, an deren Bildung der Stoß des Wassers keinen Anteil gehabt hat. „Wenn basaltische Inseln oder Trachytberge auf Spalten sich erheben, veranlaßt die Reibung des aufsteigenden Gesteins gegen die Wände der Spalten, daß Basalt und Trachyt sich mit Agglomeraten ihrer eigenen Massen umgeben. In den Sandsteinen vieler Formationen sind die Körner, aus denen sie zusammengesetzt sind, mehr losgerissen durch die Reibung des ausbrechenden (vulkanischen oder plutonischen) Gesteins als zertrümmert durch die Bewegung eines nachbarlichen Meeres. Das Dasein solcher Reibungskonglomerate (die in beiden Weltteilen in ungeheuren Massen gefunden werden) bezeugt die Intensität der Kraft, mit welcher die Eruptionsmassen gegen die Erdoberfläche gestoßen sind, als sie aus dem Inneren emporgetrieben wurden. Die Wasser bemächtigen sich dann der ihres Zusammenhanges beraubten Körner und verbreiten sich in Lagen auf dem Grunde selbst, den sie überdecken."[178] Sandsteingebilde findet man eingelagert durch alle Schichten von dem unteren silurischen Uebergangsgebirge an bis jenseits der Kreide in den Tertiärformationen. An den Rändern der unermeßlichen Ebenen des Neuen Weltteils, in und außerhalb der Tropen sieht man sie mauer=

artig gleichsam das alte Ufer bezeichnen, an dem die mächtige Wellenbrandung schäumte.

Wenn man einen Blick wagen will auf die geographische Verbreitung der Gebirgsarten und ihre räumlichen Verhältnisse in dem Teile der Erdrinde, welcher unseren Beobachtungen zugänglich ist, so erkennt man, daß der am allgemeinsten verbreitete chemische Stoff die Kieselsäure ist, meist in undurchsichtigem Zustande und mannigfach gefärbt. Nach der festen Kieselsäure herrscht zunächst kohlensaurer Kalk; dann kommen die Verbindungen von Kieselsäure mit Thonerde, Kali und Natron, mit Kalkerde, Magnesia und Eisenoxyd. Wenn das, was wir Gebirgsarten nennen, bestimmte Associationen einer kleinen Zahl von Mineralien sind, denen sich, wie parasitisch, einige andere, aber auch nur bestimmte anschließen; wenn in einem Eruptionsgestein, dem Granit, die Association von Quarz (Kieselsäure), Feldspat und Glimmer das Wesentliche ist, so gehen diese Mineralien auch vereinzelt oder gepaart durch viele andere Schichten hindurch. Um nur beispielsweise zu zeigen, wie quantitative Verhältnisse ein Feldspatgestein von einem anderen, glimmerreichen unterscheiden, erinnere ich daran, daß, wenn, nach Mitscherlich, zum Feldspat dreimal mehr Thonerde und ⅓ mehr Kieselsäure, als demselben eigen ist, hinzugefügt wird, man die Zusammensetzung des Glimmers erhält. In beiden ist Kali enthalten, ein Stoff, dessen Existenz in vielen Gebirgsarten wohl über den Anfang aller Vegetation auf dem Erdkörper hinaufsteigt.

Die Reihenfolge und mit ihr das Alter der Formation wird durch die gegenseitige Auflagerung der Sediment=, der umgewandelten und der Aggregatschichten, durch die Natur der Gebilde, bis zu welcher die Eruptionsmassen hinaufsteigen, am sichersten aber durch die Anwesenheit organischer Reste und die Verschiedenartigkeit ihres Baues erkannt. Die Anwendung der botanischen und zoologischen Kennzeichen auf die Bestimmung des Alters der Felsmassen, die Chronometrik der Erdrinde, welche Hookes großer Geist schon ahnte, bezeichnet eine der glänzendsten Epochen der neuen, den semitischen Einflüssen wenigstens auf dem Kontinent endlich entzogenen Geognosie. Paläontologische Studien haben der Lehre von den starren Gebilden der Erde, wie durch einen belebenden Hauch, Anmut und Vielseitigkeit verliehen.

Die versteinerungshaltigen Schichten bieten uns, in

ihren Grabstätten erhalten, die Floren und die Faunen der
verflossenen Jahrtausende dar. Wir steigen aufwärts in die
Zeit, indem wir, die räumlichen Lagerungsverhältnisse ergrün=
dend, von Schicht zu Schicht abwärts dringen. Ein hinge=
schwundenes Tier= und Pflanzenleben tritt vor unsere Augen.
Weit verbreitete Erdrevolutionen, die Erhebung großer Berg=
ketten, deren relatives Alter wir zu bestimmen vermögen, be=
zeichnen den Untergang alter Organismen, das Auftreten
neuer. Einige wenige der älteren erscheinen noch einige Zeit
lang unter den neueren. In der Eingeschränktheit unseres
Wissens vom Werden, in der Bildersprache, welche diese Ein=
geschränktheit verbergen soll, nennen wir neue Schöpfungen
die historischen Phänomene des Wechsels in den Organismen,
wie in der Bewohnung der Urgewässer und des gehobenen
trockenen Bodens. Bald sind diese untergegangenen organischen
Gebilde ganz erhalten, vollständig bis in die kleinsten Gewebe,
Hüllen und gegliederte Teile; bald hat das laufende Tier,
auf feuchtem Thonletten fortschreitend, nur seine Fährte, in
den Koprolithen die Reste unverdauter Nahrung hinterlassen.
In der unteren Juraschicht (Lias von Lyme Regis) ist die
Erhaltung des Tintenbeutels [179] der Sepia so wunderbar
vollkommen, daß dieselbe Materie, welche vor Myriaden von
Jahren dem Tiere hat dienen können, um sich vor seinen
Feinden zu verbergen, noch die Farbe hergegeben hat, mit
der sein Bild entworfen wird. In anderen Schichten ist oft
nur der schwache Abdruck einer Muschelschale übrig geblieben;
und doch kann diese, von Reisenden aus einem fernen Lande
mitgebracht, wenn sie eine Leitmuschel ist, lehren, welche
Gebirgsformation sich dort vorfindet, mit welchen anderen
organischen Resten sie vergesellschaftet war. Sie erzählt die
Geschichte des Landes.

Das zergliedernde Studium des alten Tier= und Pflanzen=
lebens hat eine zweifache Richtung. Die eine ist eine rein
morphologische, und vorzugsweise der Naturbeschreibung und
Physiologie der Organismen zugewandt; sie füllt durch unter=
gegangene Bildungen die Lücken in der Reihe der jetzt noch be=
lebten aus. Die zweite Richtung ist eine geognostische, welche
die fossilen Reste in ihrem Verhältnis zu dem Aufeinander=
liegen und relativen Alter der Sedimentformationen betrachtet.
Lange ist die erstere die vorherrschende gewesen, und eine zu
unvollständige und oberflächliche Vergleichung der Versteine=
rungen mit den jetzt existierenden Arten hatte auf Irrwege

geleitet, deren Spuren noch in den wundersamen Benennungen gewisser Naturkörper zu entdecken sind. Man wollte in allen untergegangenen Arten die lebenden erkennen, wie nach falschen Analogieen man im 16. Jahrhunderte die Tiere des alten und neuen Kontinents miteinander verwechselte. Peter Camper, Sömmering und Blumenbach hatten das Verdienst, durch die wissenschaftliche Anwendung einer feineren vergleichenden Anatomie den osteologischen Teil der Paläontologie (Altertumskunde des organischen Lebens), soweit derselbe die großen fossilen Wirbeltiere betrifft, zuerst aufzuklären; aber die eigentliche geognostische Ansicht der Versteinerungslehre, die glückliche Verbindung der zoologischen Charaktere mit der Alters= und Auflagerungsfolge der Schichten, verdankt man der großen Arbeit von Georg Cuvier und Alexander Brongniart.

Die ältesten Sedimentformationen, die des Transitionsgebirges,[180] bieten in den organischen Resten, welche sie einschließen, ein Gemisch von Bildungen, die auf der Stufenleiter der sich allmählich vervollkommnenden Entwickelung einen sehr verschiedenen Platz einnehmen. Von Pflanzen enthalten sie freilich nur einigen Seetang, Lykopodiaceen, die vielleicht baumartig waren, Equisetaceen und tropische Farne; aber von den tierischen Organismen finden wir sonderbar zusammen: Krustaceen (Trilobiten mit Netzaugen und Kalymenen), Brachiopoden (Spirifer, Orthis), die zierlichen Sphäroniten, welche den Krinoiden nahe stehen, Orthoceratiten aus den Cephalopoden, Steinkorallen, und mit diesen niederen Organismen schon Fische von wunderbarer Gestalt in oberen silurischen Schichten. Die schwergepanzerte Familie der Cephalaspiden, aus welcher Fragmente der Gattung Pterichthys lange für Trilobiten gehalten wurden, gehören dem devonischen Gebilde (Old Red) ausschließlich an, und zeigen, nach Agassiz, in der Reihe der Fischformen einen so eigentümlichen Typus als Ichthyosauren und Plesiosauren unter den Reptilien. Aus der Gruppe der Ammoniten beginnen die Goniatiten ebenfalls in dem Uebergangskalk und der Grauwacke der devonischen Schichten, ja selbst in den letzten silurischen.

Die Abhängigkeit physiologischer Abstufung von dem Alter der Formationen, welche bisher in der Lagerung der wirbellosen Tiere wenig erkannt worden ist, offenbart sich auf das regelmäßigste in den Vertebraten oder Wirbeltieren selbst. Die ältesten unter diesen sind, wie wir eben gesehen, die Fische;

dann folgen nach der Reihe der Formationen, von den unteren zu den oberen übergehend, Reptilien und Säugetiere. Das erste Reptil (ein Saurier, Monitor nach Cuvier), das schon die Aufmerksamkeit von Leibnitz [181] anregte, zeigte sich im Kupferschieferflöz des Zechsteins in Thüringen; mit ihm von gleichem Alter, nach Murchison, Paläosaurus und Thecodontosaurus von Bristol. Die Saurier nehmen zu im Muschelkalk, im Keuper und in der Juraformation, wo sie ihr Maximum erreichen. Zur Zeit dieser Formation lebten: Plesiosauren mit 30 Wirbel langem Schwanenhalse, der Megalosaurus, ein krokodilartiges Ungeheuer von 45 Fuß (14,6 m) Länge und mit Fußknochen wie ein schweres Landsäugetier. 8 Arten großäugiger Ichthyosauren, der Geosaurus oder Sömmerings Lacerta gigantea, endlich 7 scheußlich wunderbare Pterodaktylen [182] oder Saurier mit einer Flughaut. In der Kreide nimmt die Zahl der krokodilartigen Saurier schon ab; doch bezeichnen diese Epoche das sogenannte Krokodil von Mastricht (Mojosaurus von Conybeare) und das kolossale, vielleicht grasfressende Iguanodon. Tiere, die zum jetzigen Geschlechte der Krokodile gehören, hat Cuvier bis in die Tertiärformation aufsteigen sehen; ja Scheuchzers Sintflutmensch (homo diluvii testis), ein großer Salamander, mit dem Axolotl verwandt, welchen ich aus den Seen um Mexiko mitgebracht, gehört der neuesten Süßwasserformation von Oeningen an.

Das relative Alter der Organismen, durch die Auflagerung der Gebirgsschichten bestimmt, hat zu wichtigen Resultaten über die Verhältnisse geführt, welche zwischen den untergegangenen und noch lebenden Geschlechtern und Arten (letzteren, den Arten, in sehr geringer Zahl) erkannt werden. Alte und neue Beobachtungen erweisen, daß die Floren und Faunen um so verschiedener von den jetzigen Gestalten der Pflanzen und Tiere sind, als die Sedimentformationen zu den unteren, d. h. älteren, gehören. [183] Die numerischen Verhältnisse, welche diese große, von Cuvier zuerst aufgeklärte Wechselerscheinung des organischen Lebens darbietet, haben besonders in den verschiedenen Gruppen der Tertiärformation, die eine beträchtliche Masse genau untersuchter Gebilde enthalten, durch die verdienstvolle Arbeit von Deshayes und Lyell zu entscheidenden Ergebnissen geleitet. Agassiz, der von 1700 Arten fossiler Fische Kenntnis genommen, und die Zahl der lebenden Arten, welche beschrieben sind oder in Sammlungen aufbewahrt werden, auf 8000 schätzt, sagt mit Bestimmtheit in seinem Meisterwerke, „daß er mit Ausnahme eines einzigen kleinen, den Thongeoden von Grönland eigentümlichen, fossilen Fisches, in allen Transitions=, Flöz= und Tertiärschichten kein Tier dieser Klasse gefunden habe, das spezifisch identisch mit einem jetzt noch lebenden Fische wäre"; er fügt die wichtige Bemerkung hinzu, „daß in den unteren Tertiärgebilden, z. B. im Grobkalk und London Clay, ⅓ der fossilen Fische bereits ganz untergegangenen Geschlechtern zugehöre; unter der Kreide sei kein einziges Fischgeschlecht der heutigen Zeit mehr zu finden, und die wunderbare Familie der Sauroiden (Fische mit Schmelzschuppen, die in der Bildung sich fast den Reptilien nähern und von der Kohlenformation, in welcher die größten Arten liegen, bis zu der Kreide vereinzelt aufsteigen) verhalte sich zu den beiden Geschlechtern (Lepidosteus und Polypterus), welche die amerikanischen Flüsse und den Nil bevölkern, wie unsere jetzigen Elefanten und Tapire zu den Mastodonten und Anaplotherien der Urwelt".

Kreideschichten aber, welche noch zwei dieser Sauroidenfische, und riesenhafte Reptilien, wie eine ganze bereits untergegangene Welt von Korallen und Muscheln darbieten, sind, nach Ehrenbergs schöner Entdeckung, aus mikroskopischen Polythalamien zusammengesetzt, deren viele noch heute in unseren Meeren, und zwar in mittleren Breiten, in der Nord= und Ostsee leben. Die erste Gruppe der Tertiärformation über der Kreide, eine Gruppe, die man sich gewöhnt hatte durch den Namen: Schichten der Eocänperiode zu bezeichnen, verdient also eigentlich diesen Namen nicht, „da die Morgendämmerung der mit uns lebenden Natur viel tiefer in die Geschichte der Erde reicht, als man bisher geglaubt hatte".

Wie die Fische, die ältesten aller Wirbeltiere, schon in silurischen Transitionsschichten sich zeigen und dann ununterbrochen durch alle Formationen durchgehen, bis in die Schichten der tertiären Zeit, wie wir die Saurier mit dem Zechstein haben beginnen sehen, so finden sich die ersten Säugetiere (Thylacotherium Prevostii und T. Bucklandi, nach Valenciennes mit den Beuteltieren nahe verwandt) in der Juraformation [184] (dem Stonesfieldschiefer), und der erste Vogel in den älteren Kreidegebilden. [185] Das sind nach unserem jetzigen Wissen die unteren Grenzen der Fische, der Saurier, der Säugetiere und der Vögel.

Wenn aber auch von den wirbellosen Tieren in den

ältesten Formationen Steinkorallen und Serpuliten mit sehr ausgebildeten Cephalopoden und Krustaceen gleichzeitig, also die verschiedensten Ordnungen unabgesondert erscheinen, so sind dagegen in vielen einzelnen Gruppen derselben Ordnung sehr bestimmte Gesetze entdeckt worden. Muschelversteinerungen derselben Art, Goniatiten, Trilobiten und Nummuliten, bilden ganze Berge. Wo verschiedene Geschlechter gemengt sind, ist nicht bloß oft eine bestimmte Reihenfolge der Organismen nach Verhältnis der Auflagerung der Formationen erkannt worden, man hat auch in den untergeordneten Schichten derselben Formation die Association gewisser Geschlechter und Arten beobachtet. Durch die scharfsinnige Auffindung der Gesetze der Lobenstellung hat Leopold von Buch die Unzahl der Ammoniten in wohl gesonderte Familien geteilt und erwiesen, wie die Ceratiten dem Muschelkalk, die Widder (Arietes) dem Lias, die Goniatiten dem Transitionskalkstein und der Grauwacke angehören. Belemniten haben ihre untere Grenze im Keuper, den der Jurakalkstein bedeckt; ihre obere in der Kreide. Die Wasser sind zu denselben Epochen in weit voneinander entfernten Weltgegenden durch Schaltiere belebt gewesen, die wenigstens teilweise, wie man heute bestimmt weiß, identisch mit den in Europa fossilen waren. Leopold von Buch hat aus der südlichen Hemisphäre (Vulkan Maypo in Chile Exogyren und Trygonien, d'Orbigny hat aus dem Himalayagebirge und den indischen Ebenen von Cutsch Ammoniten und Grypheen bezeichnet, der Art nach genau identisch mit denen, welche aus dem alten Jurameer in Deutschland und Frankreich abgesetzt worden sind.

Gebirgsschichten, ausgezeichnet durch bestimmte Arten der Petrefakte oder durch bestimmte Geschiebe, die sie enthalten, bilden einen geognostischen Horizont, nach welchem der forschende Geognost, wo er zweifelhaft bleibt, sich orientieren kann, und dessen Verfolgung sichere Aufschlüsse gewährt über die Identität oder das relative Alter der Formationen, über die periodische Wiederkehr gewisser Schichten, ihren Parallelismus oder ihre gänzliche Suppression (Verkümmerung). Wenn man so den Typus der Sedimentgebilde in der größten Einfachheit seiner Verallgemeinerung auffassen will, so folgen von unten nach oben:[186]

1) das sogenannte Uebergangsgebirge in den zwei Abteilungen unterer und oberer Grauwacke (silu-

rischer und devonischer Schichten, letztere vormals als alter roter Sandstein bezeichnet;

2) die untere Trias, [157] als Bergkalk, Steinkohlengebirge samt totliegendem, und Zechstein;

3) die obere Trias, als bunter Sandstein, Muschelkalk und Keuper;

4) der Jurakalk (Lias und Oolithen);

5) Quadersandstein, untere und obere Kreide, als die letzte der Flözschichten, welche mit dem Bergkalk beginnen;

6) Tertiärgebilde in drei Abteilungen, die durch Grobkalk, Braunkohle und Subapenninengerölle bezeichnet werden.

Im Schuttlande folgen dann die riesenmäßigen Knochen vorweltlicher Säugetiere: Mastodonten, Dinotherium, Missurium, und die Megatheriden, unter denen Owens faultierartiger Mylodon 11 Fuß (3,5 m) Länge erreicht. Zu diesen vorweltlichen Geschlechtern gesellen sich die fossilen Reste jetzt lebender Tiere: Elefant, Rhinoceros, Ochs, Pferd und Hirsch. Das mit Mastodontenknochen überfüllte Feld bei Bogota (Campo de Gigantes), in dem ich sorgfältig graben ließ, liegt 8200 Fuß (2663 m) über dem Meeresspiegel, und in den Hochebenen von Mexiko gehören die gefundenen Gebeine untergegangener Arten wahrer Elefanten an. So wie die, gewiß zu sehr ungleichen Epochen gehobene Andeskette, enthalten auch die Vorgebirge des Himalaya (die Sewalikhügel, welche der Kapitän Cautley und Dr. Falconer so eifrig durchsucht haben) neben den zahlreichen Mastodonten, dem Sivatherium und der riesenhaften, 12 Fuß (3,9 m) langen und 6 Fuß (1,95 m) hohen Landschildkröte der Vorwelt (Colossochelys) Geschlechter unserer Zeit: Elefanten, Rhinoceros und Giraffen; ja, was sehr zu beachten ist, in einer Zone, die heute noch dasselbe tropische Klima genießt, welches man zur Zeit der Mastodonten vermuten darf.

Nachdem wir die anorganischen Bildungsstufen der Erdrinde mit den tierischen Resten verglichen haben, welche in derselben begraben liegen, bleibt uns noch übrig, einen anderen Teil der Geschichte des organischen Lebens zu berühren: den der Vegetationsepochen, der mit der zunehmenden Größe des trockenen Landes und den Modifikationen der Atmosphäre wechselnden Floren. Die ältesten Transitionsschichten zeigen, wie schon oben bemerkt, nur zellige Laubpflanzen des Meeres. Erst in den devonischen Schichten hat man von Gefäßpflanzen einige kryptogamische Formen (Kalamiten und Lykopodiaceen) beobachtet. Nichts scheint zu beweisen, wie man aus theoretischen Ansichten über Einfachheit der ersten Lebensformen hat annehmen wollen, daß das vegetabilische Leben früher als das animalische auf der alten Erde erwacht sei, daß dieses durch jenes bedingt sei. Selbst die Existenz von Menschenstämmen, welche in die eisige Gegend der nordischen Polarländer zurückgedrängt worden sind und allein von Fischfang und Cetaceen leben, mahnt uns an die Möglichkeit der Entbehrung alles Pflanzenstoffes. Nach den devonischen Schichten und dem Bergkalk erscheint ein Gebilde, dessen botanische Zergliederung in der neuesten Zeit so glänzende Fortschritte gemacht hat. Die Steinkohlenformation umfaßt nicht bloß farnartige kryptogamische Gewächse und phanerogamische Monokotylen (Gräser, yukkaartige Liliengewächse und Palmen), sie enthält auch gymnosperme Dikotyledonen (Koniferen und Cykadeen). Fast 400 Arten sind schon aus der Flor der Steinkohlengebilde bekannt. Wir nennen nur hier die baumartigen Kalamiten und Lykopodiaceen, schuppige Lepidodendreen, Sigillarien, bis zu 60 Fuß (20 m) Länge, und bisweilen aufwärts stehend eingewurzelt und ausgezeichnet durch ein doppeltes Gefäßbündelsystem; kaktusähnliche Stigmarien, eine Unzahl von Farnkräutern, teils als Stämme, teils als Wedel, und durch ihre Menge die noch ganz insulare Gestalt des trockenen Landes andeutend; Cykadeen), [188] und besonders Palmen, in geringer Zahl, Asterophylliten mit quirlförmigen Blättern, den Najaden verwandt, araukarienartige Koniferen [169] mit schwachen Andeutungen von Jahresringen. Die Verschiedenartigkeit des Charakters einer Vegetation, welche auf den trockengelegten und gehobenen Teilen des alten roten Sandsteins sich üppig entwickelt hat, von der Pflanzenwelt der jetzigen Zeit erhält sich auch in der späteren Vegetationsperiode bis zu den letzten Schichten der Kreide; aber bei großer Fremdartigkeit der Formen zeigt die Steinkohlenflora doch eine sehr auffallende einförmige Verbreitung derselben Geschlechter (wenn auch nicht immer derselben Arten) in allen Teilen der damaligen Erdoberfläche: in Neuholland, Kanada, Grönland und Melvilles Insel.

Die Vegetation der Vorwelt bietet vorzugsweise solche Gestalten dar, welche durch gleichzeitige Verwandtschaft mit mehreren Familien der jetzigen Welt daran erinnern, daß mit

ihr viele Zwischenglieder organischer Entwickelungsstufen unter=
gegangen sind. So stehen, um nur zwei Beispiele anzuführen,
die Arten von Lepidodendron nach Lindley zwischen den Koni=
feren und den Lykopoditen, [190] dahingegen die Arankariten und
Piniten in der Vereinigung der Gefäßbündel etwas Fremd=
artiges zeigen. Bleibt aber auch unsere Betrachtung allein
auf die Jetztwelt beschränkt, so ist die Auffindung von Cyka=
deen und Zapfenbäumen (Koniferen) in der alten Steinkohlen=
flora neben den Sagenarien und dem Lepidodendron doch von
großer Bedeutsamkeit. Die Koniferen haben nämlich nicht
bloß Verwandtschaft mit den Kupuliferen und den Betulineen,
welchen wir sie in der Braunkohlenformation beigesellt sehen,
sie haben sie auch mit den Lykopoditen. Die Familie der
sagoartigen Cykadeen nähert sich im äußeren Ansehen den
Palmen, während sie im Bau der Blüten und Samen wesent=
lich mit den Koniferen übereinstimmt. Wo mehrere Stein=
kohlenflöze übereinander liegen, sind die Geschlechter und Arten
nicht immer gemengt, sondern meist geschlechterweise geordnet,
so daß Lykopoditen und gewisse Farnkräuter sich nur in einem
Flöze, und Stigmarien und Sigillarien in einem anderen
finden. Um sich von der Ueppigkeit des Pflanzenwuchses der
Vorwelt und von der durch Strömungen angehäuften Masse
des, gewiß [191] auf nassem Wege in Kohle verwandelten, vege=
tabilischen Stoffes einen Begriff zu machen, muß man sich
erinnern, daß in dem Saarbrücker Kohlengebirge 120 Kohlen=
lagen übereinander liegen, die vielen schwachen, bis gegen
einen Fuß dicken, ungerechnet; daß es Kohlenflöze von 30,
ja zu Johnstone (Schottland) und in Creuzot (Burgund) von
mehr als 50 Fuß (9,75 bis 16,25 m) Mächtigkeit gibt, während
in der Waldregion unserer gemäßigten Zone die Kohle, welche
die Waldbäume eines gegebenen Flächenraumes enthalten,
diesen Raum in 100 Jahren im Durchschnitt nur mit einer
Schichte von 7 Linien (0,0175 m) Dicke bedecken würde. [192]
Nahe der Mündung des Mississippi und in den vom Admiral
Wrangel beschriebenen sogenannten hölzernen Bergen des
Sibirischen Eismeeres findet sich noch jetzt eine solche Zahl
von Baumstämmen durch Flußverzweigungen und Meeres=
ströme zusammengetrieben, daß die Schichten des Treibholzes
an die Vorgänge mahnen können, welche in den Binnenwassern
und Inselbuchten der Vorwelt die Erzeugung der Steinkohlen=
ablagerungen veranlaßten. Dazu verdanken diese Ablage=
rungen gewiß einen beträchtlichen Teil ihres Materials nicht

den großen Baumstämmen, sondern kleinen Gräsern, Laub-
kräutern und niedrigen Kryptogamen.

Die Zusammengesellung von Palmen und Koniferen, die
wir bereits in dem Steinkohlengebilde bezeichnet haben, geht
fort fast durch alle Formationen bis tief in die Tertiärperiode.
In der jetzigen Welt scheinen sie sich eher zu fliehen. Wir
haben uns, wenngleich mit Unrecht, so gewöhnt, alle Koniferen als eine nordische Form zu betrachten, daß ich selbst,
von den Küsten der Südsee nach Chilpanzingo und den Hoch-
thälern von Mexiko aufsteigend, in Erstaunen geriet, als ich
zwischen der Venta de la Moxonera und dem Alto de los
Caxones (3800 Fuß = 1234 m über dem Meeresspiegel) einen
ganzen Tag durch einen dichten Wald von Pinus occiden-
talis ritt, in welchem dieser, der Weimutsfichte so ähnliche
Zapfenbaum einer mit vielfarbigen Papageien bedeckten Fächerpalme [183] (Corypha dulcis) beigesellt war. Südamerika nährt
Eichen, aber keine einzige Pinusart, und das erste Mal, als
ich wieder die heimische Gestalt einer Tanne sah, erschien sie
mir in der entfremdenden Nähe einer Fächerpalme. Auch im
nordöstlichsten Ende der Insel Cuba [184] ebenfalls unter den
Tropen, doch kaum über dem Meeresspiegel erhoben, sah auf
seiner ersten Entdeckungsreise Christoph Kolombus Koniferen
und Palmen zusammen wachsen. Der sinnige, alles beachtende
Mann merkt es, als eine Sonderbarkeit, in seinem Reise-
journale an, und sein Freund Anghiera, der Sekretär Ferdi-
nands des Katholischen, sagt mit Verwunderung, „daß in dem
neu aufgefundenen Lande man palmeta und pineta beisammen
fände". Es ist für die Geologie von großem Interesse, die
jetzige Verteilung der Pflanzen auf dem Erdboden mit der
zu vergleichen, welche die Floren der Vorwelt offenbaren. Die
temperierte Zone der wasser- und inselreichen südlichen Hemisphäre, in welcher Tropenformen sich wunderbar unter die
Formen älterer Erdstriche mischen, bietet nach Darwins schönen,
lebensfrischen Schilderungen die belehrendsten Beispiele für
alte und neue, vorweltliche und dermalige Pflanzengeographie.
Die vorweltliche ist im eigentlichen Sinne des Wortes ein Teil
der Pflanzengeschichte.

Die Cykadeen, welche der Zahl der Arten nach in der
Vorwelt eine weit wichtigere Rolle als in der jetzigen spielten,
begleiten die ihnen verwandten Koniferen von dem Steinkohlengebilde aufwärts. Sie fehlen fast gänzlich in der Epoche des
bunten Sandsteins, in welchen Koniferen von seltener Bildung

(Voltzia, Haidingera, Albertia) üppig wachſen; die Cykadeen erlangen aber ihr Maximum in den Keuperſchichten und dem Lias, wo an 20 verſchiedene Formen auftreten. In der Kreide herrſchen Meerespflanzen und Najaden. Die Cykadeenwälder der Juraformation ſind dann längſt erſchöpft, und ſelbſt in den älteren Tertiärgebilden bleiben ſie tief hinter den Koniferen und Palmen zurück. [193]

Die Ligniten oder Braunkohlenſchichten, die in allen Abteilungen der Tertiärperiode vorhanden ſind, zeigen in den früheſten kryptogamiſche Landpflanzen, einige Palmen, viel Koniferen mit deutlichen Jahresringen, und Laubhölzer von mehr oder minder tropiſchem Charakter. In der mittleren tertiären Periode bemerkt man das völlige Zurücktreten der Palmen und Cykadeen, in der letzten endlich eine große Aehnlichkeit mit der gegenwärtigen Flora. Es erſcheinen plötz- lich und in Fülle unſere Fichten und Tannen, unſere Kupu- liferen, Ahorn und Pappeln. Die Dikotylenſtämme der Braun- kohle zeichnen ſich bisweilen durch rieſenmäßige Dicke und hohes Alter aus. Bei Bonn wurde ein Stamm gefunden, in dem Nöggerath 792 Jahresringe zählte. Im nördlichen Frankreich bei Yſeux (unfern Abbeville) ſind im Torfmoor der Somme Eichen von 14 Fuß (4,55 m) Durchmeſſer entdeckt, eine Dicke, die im alten Kontinent außerhalb der Wendekreiſe ſehr auf- fallend iſt. Nach Göpperts gründlichen Unterſuchungen, welche hoffentlich bald durch Kupfertafeln erläutert erſcheinen werden, „kommt aller baltiſche Bernſtein von einer Konifere, die, wie die vorhandenen Reſte des Holzes und der Rinde in ver- ſchiedenen Alterszuſtänden beweiſen, unſerer Weiß- und Rot- tanne am nächſten kam, aber eine eigene Art bildete. Der Bernſteinbaum der Vorwelt (Pinites succifer) hatte einen Harzreichtum, welcher mit dem keiner Konifere der Jetztwelt zu vergleichen iſt, da nicht bloß in und auf der Rinde, ſon- dern auch im Holze nach dem Verlauf der Markſtrahlen, die, wie die Holzzellen, unter dem Mikroſkope noch deutlich zu er- kennen ſind, wie peripheriſch zwiſchen den Holzringen große Maſſen Bernſteinharz, bisweilen weißer und gelber Farbe zu- gleich, abgelagert ſind. Unter den im Bernſtein eingeſchloſſenen Vegetabilien finden ſich männliche und weibliche Blüten von hei- miſchem Nadelholz und Kupuliferen; aber deutliche Fragmente von Thuja, Cupressus, Ephedera und Castania vesca, mit Wacholder und Tannen gemengt, deuten auf eine Vegetation, welche nicht die unſerer Oſtſeeküſten und der baltiſchen Ebene iſt".

In dem geologischen Teile des Naturgemäldes sind wir nun die ganze Reihe der Bildungen von dem ältesten Eruptionsgestein und den ältesten Sedimentbildungen an bis zu dem Schuttlande durchlaufen, auf welchem die großen Felsblöcke liegen, über deren Verbreitungsursache noch lange gestritten werden wird, die wir aber geneigt sind, minder tragenden Eisschollen als dem Durchbruch und Herabsturz zurückgehaltener Wassermassen bei Hebung der Gebirgsketten zuzuschreiben.[196] Das älteste Gebilde der Transitionsformation, das wir kennen gelernt, sind Schiefer und Grauwacke, welche einige Reste von Seetang einschließen aus dem Silurischen, einst Kambrischen Meere. Worauf ruhte dies sogenannte älteste Gebilde, wenn Gneis und Glimmerschiefer nur als umgewandelte Sedimentschichten betrachtet werden müssen? Soll man eine Vermutung wagen über das, was nicht Gegenstand einer wirklichen geognostischen Beobachtung sein kann? Nach einer indischen Urmythe trägt ein Elefant die Erde; er selbst, damit er nicht falle, wird wiederum von einer Riesenschildkröte getragen. Worauf die Schildkröte ruhe, ist den gläubigen Brahminen nicht zu fragen erlaubt. Wir wagen uns hier an ein ähnliches Problem, wenn auch mannigfaltigen Tadels der Lösung gewärtig. Bei der ersten Bildung der Planeten, wie wir sie in dem astronomischen Teile des Naturgemäldes wahrscheinlich gemacht, wurden dunstförmige, um die Sonne zirkulierende Ringe in Kugeln geballt, die von außen nach innen allmählich erstarrten. Was wir die älteren silurischen Schichten nennen, sind nur obere Teile der festen Erdrinde. Das Eruptionsgestein, das wir diese durchbrechen und heben sehen, steigt aus uns unzulänglicher Tiefe empor; es existiert demnach schon unter den silurischen Schichten, aus derselben Association von Mineralien zusammengesetzt, die wir als Gebirgsarten, da, wo sie durch den Ausbruch uns sichtbar werden, Granit, Augitfels oder Quarzporphyr nennen. Auf Analogieen gestützt, dürfen wir annehmen, daß das, was weite Spalten gleichsam gangartig ausfüllt und die Sedimentschichten durchbricht, nur Zweige eines unteren Lagers sind. Aus den größten Tiefen wirken die noch thätigen Vulkane, und nach den seltenen Fragmenten zu urteilen, die ich in sehr verschiedenen Erdstrichen in den Lavaströmen habe eingeschlossen gefunden, halte auch ich es für mehr als wahrscheinlich, daß ein uranfängliches Granitgestein die Unterlage des großen, mit so vielen organischen Resten angefüllten Schichtenbaues

sei. Wenn olivinführende Basalte sich erst in der Kreide=
epoche, Trachyte noch später sich zeigen, so gehören die
Ausbrüche des Granits dagegen, wie auch die Produkte
der Metamorphose es lehren, in die Epoche der ältesten
Sedimentschichten der Transitionsformation. Wo die Er=
kenntnis nicht aus der unmittelbaren Sinnesanschauung er=
wachsen kann, ist es wohl erlaubt, auch nach bloßer In=
duktion, wie nach sorgfältiger Vergleichung der Thatsachen
eine Vermutung aufzustellen, die dem alten Granit einen
Teil der bedrohten Rechte und den Ruhm der Uranfäng=
lichkeit wiedergibt.

Die neueren Fortschritte der Geognosie, d. i. die erweiterte
Kenntnis von den geognostischen Epochen, welche durch die
mineralogische Verschiedenheit der Gebirgsformationen, durch
die Eigentümlichkeit und Reihenfolge der Organismen, die
sie enthalten, durch die Lagerung (Aufrichtung oder ungestörte
Horizontalität der Schichten) charakerisiert werden, leiten uns,
dem inneren Kausalzusammenhang der Erscheinungen folgend,
auf die räumliche Verteilung der Feste und des Flüs=
sigen: der Kontinente und der Meere, welche die Oberfläche
unseres Planeten bilden. Wir deuten hier auf einen Ver=
bindungspunkt zwischen der erdgeschichtlichen und der geo=
graphischen Geognosie, auf die Totalbetrachtung der Gestalt
und Gliederung der Kontinente. Die Umgrenzung des Starren
durch das Flüssige, das Arealverhältnis des einen zum anderen
ist sehr verschieden gewesen in der langen Reihenfolge der
geognostischen Epochen: je nachdem Steinkohlenschichten sich
horizontal an die aufgerichteten Schichten von Bergkalk und
altem roten Sandstein, Lias und Jura sich an das Gestade
von Kenper und Muschelkalk, Kreide sich an die Abhänge von
Grünsand und Jurakalk sedimentarisch angelehnt haben. Nennt
man nun mit Elie de Beaumont Jura= und Kreidemeere
die Wasser, unter denen sich Jurakalk und Kreide schlamm=
artig niederschlagen, so bezeichnen die Umrisse der eben ge=
nannten Formationen für zwei Epochen die Grenze zwischen
dem noch steinbildenden Ozean und der schon trockengelegten
Feste. Man hat den sinnreichen Gedanken gehabt, Karten
für den physischen Teil der alten Geographie zu entwerfen:
Karten, die vielleicht sicherer sind als die der Wanderungen
der Jo oder der Homerischen Geographie. Die letzteren stellen
Meinungen, mythische Gebilde graphisch dar, die ersteren
Thatsachen der positiven Formationslehre.

Das Resultat der Untersuchungen über die Raumverhältnisse des trockenen Areals ist: daß in den frühesten Zeiten, in der
silurischen und devonischen Transitionsepoche, wie in der ersten
Flözzeit, über die Trias hinaus, der kontinentale, mit Landpflanzen bedeckte Boden auf einzelne Inseln beschränkt war;
daß diese Inseln sich in späteren Epochen miteinander vereinigten und längs tief eingeschnittener Meerbusen viele Land-
seen umschlossen; daß endlich, als die Gebirgsketten der
Pyrenäen, der Apenninen und die Karpathen emporstiegen,
also gegen die Zeit der älteren Tertiärschichten, große Kontinente fast schon in ihrer jetzigen Größe erschienen. In der
Welt, wie in der Epoche der Cykadeenfülle und riesenartiger
Saurier mochte, von Pol zu Pol, des trockenen Landes wohl
weniger sein als zu unserer Zeit in der Südsee und in dem
Indischen Meere. Wie diese überwiegende Wassermenge in
Gemeinschaft mit anderen Ursachen zur Erhöhung der Temperatur und zu größerer Gleichmäßigkeit der Klimate beigetragen hat, wird später entwickelt werden. Hier muß nur
noch in der Betrachtung der allmählichen Vergrößerung
(Agglutination) der gehobenen trockenen Erdstriche bemerkt
werden, daß kurz vor den Umwälzungen,[197] welche, nach
kürzeren oder längeren Pausen, in der Diluvialperiode
den plötzlichen Untergang so vieler riesenartiger Wirbeltiere
herbeigeführt haben, ein Teil der jetzigen Kontinentalmassen
doch schon vollkommen voneinander getrennt waren. Es
herrscht in Südamerika und in den Australländern eine große
Aehnlichkeit zwischen den dort lebenden und den untergegangenen Tieren. In Neuholland hat man fossile Reste vom
Känguruh, in Neuseeland halbfossile Knochen eines ungeheuren straußartigen Vogels, Owens Dinornis, entdeckt, welcher
nahe mit der jetzigen Apteryx, wenig aber mit dem erst spät
untergegangenen Dronte (Dodo) von der Insel Rodriguez
verwandt ist.

Die derzeitige Gestaltung der Kontinente verdankt vielleicht großenteils ihre Hebung über dem umgebenden Wasserspiegel der Eruption der Quarzporphyre: einer Eruption,
welche die erste große Landflora, das Material des Steinkohlen-
gebirges, so gewaltsam erschüttert hat. Was wir Flachland
der Kontinente nennen, sind aber nur die breiten Rücken von
Hügeln und Gebirgen, deren Fuß in dem Meeresboden liegt.
Jedes Flachland ist nach seinen submarinischen Verhältnissen
eine Hochebene, deren Unebenheiten durch neue Sediment-

formationen, in horizontaler Lage abgesetzt, wie durch angeschwemmtes Schuttland verdeckt werden.

Unter den allgemeinen Betrachtungen, die in ein Naturgemälde gehören, nimmt den ersten Rang ein die Quantität der über dem Meeresspiegel hervorragenden und gehobenen Feste; dieser Bestimmung des räumlichen Maßes folgt dann die Betrachtung der individuellen Gestaltung in horizontaler Ausdehnung (Gliederungsverhältnisse) oder in senkrechter Erhebung (hypsometrische Verhältnisse der Gebirgsketten). Unser Planet hat zwei Umhüllungen: eine allgemeine, den Luftkreis, als elastische Flüssigkeit, und eine partikuläre, nur lokal verbreitete, die Feste umgrenzende und dadurch ihre Figur bedingende, das Meer. Beide Umhüllungen des Planeten, Luft und Meer, bilden ein Naturganzes, welches der Erdoberfläche die Verschiedenheit der Klimate gibt: nach Maßgabe der relativen Ausdehnung von Meer und Land, der Gliederung und Orientierung der Feste, der Richtung und Höhe der Gebirgsketten. Aus dieser Kenntnis der gegenseitigen Einwirkung von Luft, Meer und Land ergibt sich, daß große meteorologische Phänomene, von geognostischen Betrachtungen getrennt, nicht verstanden werden können. Die Meteorologie, wie die Geographie der Pflanzen und Tiere haben erst begonnen, einige Fortschritte zu machen, seitdem man sich von der gegenseitigen Abhängigkeit der zu ergründenden Erscheinungen überzeugt hat. Das Wort Klima bezeichnet allerdings zuerst eine spezifische Beschaffenheit des Luftkreises, aber diese Beschaffenheit ist abhängig von dem perpetuierlichen Zusammenwirken einer all- und tiefbewegten, durch Strömungen von ganz entgegengesetzter Temperatur durchfurchten Meeresfläche mit der wärmestrahlenden trockenen Erde, die mannigfaltig gegliedert, erhöht, gefärbt, nackt oder mit Wald und Kräutern bedeckt ist.

In dem jetzigen Zustande der Oberfläche unseres Planeten verhält sich das Areal der Feste zu dem des Flüssigen wie 1 zu $2^4/_5$ (nach Rigaud wie 100 : 270). Die Inseln bilden dermalen kaum $^1/_{23}$ der Kontinentalmassen. Letztere sind so ungleich verteilt, daß sie auf der nördlichen Halbkugel dreimal so viel Land darbieten als auf der südlichen. Die südliche Hemisphäre ist also recht eigentlich vorherrschend ozeanisch. Von 40° südlicher Breite an gegen den antarktischen Pol hin ist die Erdrinde fast ganz mit Wasser bedeckt. Ebenso vorherrschend und nur von sparsamen Inselgruppen unterbrochen ist das flüssige Element zwischen der Ostküste der Alten und der Westküste der Neuen Welt. Der gelehrte Hydrograph Fleurieu hat dieses weite Meerbecken mit Recht zum Unterschiede aller anderen Meere den Großen Ozean genannt. Es nimmt derselbe unter den Wendekreisen einen Raum von 145 Längengraden ein. Die südliche und westliche Hemisphäre (westlich vom Meridian von Tenerifa aus gerechnet) sind also die wasserreichsten Regionen der ganzen Erdoberfläche.

Dies sind die Hauptmomente der Betrachtung über die relative Quantität des Festlandes und der Meere: ein Verhältnis, das auf die Verteilung der Temperatur, den veränderten Luftdruck, die Windesrichtung und den, die Vegetationskraft wesentlich bestimmenden Feuchtigkeitsgehalt der Atmosphäre so mächtig einwirkt. Wenn man bedenkt, daß fast ³⁄₄ der Oberfläche ¹⁹² des Planeten mit Wasser bedeckt sind, so ist man minder verwundert über den unvollkommenen Zustand der Meteorologie bis zu dem Anfange des jetzigen Jahrhunderts: einer Epoche, in welcher zuerst eine beträchtliche Masse genauer Beobachtungen über die Temperatur des Meeres unter verschiedenen Breiten und in verschiedenen Jahreszeiten erlangt und numerisch miteinander verglichen wurden.

Die horizontale Gestaltung des Festlandes in seinen allgemeinsten Verhältnissen der Ausdehnung ist schon in frühen Zeiten des griechischen Altertums ein Gegenstand sinnreicher Betrachtungen gewesen. Man suchte das Maximum der Ausdehnung von Westen nach Osten, und Dicäarchus nach dem Zeugnis des Agathemerus fand es in der Breite von Rhodos, in der Richtung von den Säulen des Herkules bis Thinä. Das ist die Linie, welche man den Parallel des Diaphragma des Dicäarchus nannte, und über deren astronomische Richtigkeit der Lage, die ich an einem anderen Orte untersucht, man mit Recht erstaunen muß. Strabo, wahrscheinlich durch Eratosthenes geleitet, scheint so überzeugt gewesen zu sein, daß dieser Parallel von 36°, als Maximum der Ausdehnung in der ihm bekannten Welt, einen inneren Grund der Erdgestaltung habe, daß er das Festland, welches er prophetisch in der nördlichen Halbkugel zwischen Iberien und der Küste von Thinä vermutete, ebenfalls unter diesem Breitengrade verkündigte.

Wenn, wie wir schon oben bemerkt, auf der einen Halbkugel der Erde (man mag dieselbe durch den Aequator oder durch den Meridian von Tenerifa halbieren) beträchtlich mehr Land sich über den Meeresspiegel erhoben hat als auf der entgegengesetzten, so haben die beiden großen Ländermassen, wahre vom Ozean auf allen Seiten umgebene Inseln, welche wir die östliche und westliche Feste, den alten und neuen Kontinent nennen, neben dem auffallendsten Kontraste der Totalgestaltung oder vielmehr der Orientierung ihrer größten Achsen doch im einzelnen manche Aehnlichkeit der Konfiguration, besonders der räumlichen Beziehungen zwischen den einander gegenüberstehenden Küsten. In der östlichen Feste ist die vorherrschende Richtung, die Lage der langen Achse, von Osten gegen Westen (bestimmter von Südwest gegen Nordost), in der westlichen Feste aber von Süden nach Norden, meridianartig (bestimmter von SSO nach NNW). Beide Ländermassen sind im Norden in der Richtung eines Breitenparallels (meist in dem von 70°) abgeschnitten; im Süden laufen sie in pyramidale Spitzen aus, meist mit submaritimer Verlängerung in Inseln und Bänken. Dies bezeugen der Archipel der Tierra del Fuego, die Lagulhasbank südlich vom Vorgebirge der guten Hoffnung, Vandiemensland, durch die Baßstraße von Neuholland (Australien) getrennt. Das nördliche asiatische Gestade übersteigt im Kap Taimyr (78° 16' nach Krusenstern) den oben genannten Parallel, während es von der Mündung des großen Tschukotschjaflusses an östlich gegen die Beringsstraße hin im östlichsten Vorgebirge Asiens, in Cooks Ostkap, nur 66° 3' nach Beechey erreicht.[199] Das nördliche Ufer des neuen Kontinents folgt ziemlich genau dem Parallelkreis von 70°, da südlich und nördlich von der Barrowstraße, von Boothia Felix und Viktorialand alles Land nur abgesonderte Inseln sind.

Die pyramidale Gestaltung aller südlichen Endspitzen der Kontinente gehört unter die similitudines physicae in configuratione Mundi, auf welche schon Baco von Verulam im Neuen Organon aufmerksam machte und an die Cooks Begleiter auf der zweiten Weltumsegelung, Reinhold Forster, scharfsinnige Betrachtungen geknüpft hat. Wenn man von dem Meridian von Tenerifa sich gegen Osten wendet, so sieht man die Endspitzen der drei Kontinente, nämlich die Südspitzen von Afrika (als dem Extrem der ganzen Alten Welt), von Australien und von Südamerika, stufenweise sich dem Südpol mehr nähern. Das volle 12 Breitengrade lange Neuseeland bildet sehr regelmäßig ein Zwischenglied zwischen

Australien und Südamerika, ebenfalls mit einer Insel (Neuleinster) endigend. Eine merkwürdige Erscheinung ist noch, daß fast ganz unter denselben Meridianen, unter welchen in der Ländermasse des alten Kontinents sich die größte Ausdehnung gegen Süden zeigt, auch die nördlichen Gestade am höchsten gegen den Nordpol vordringen. Dies ergibt sich aus der Vergleichung des Vorgebirges der guten Hoffnung und der Bank Lagulhas mit dem europäischen Nordkap, der Halbinsel Malakka mit dem sibirischen Kap Taimyr.[200] Ob festes Land die beiden Erdpole umgürtet, oder ob die Pole nur von einem Eismeere umflossen, mit Flözlagen von Eis (erstarrtem Wasser) bedeckt sind, wissen wir nicht. An dem Nordpol ist man bis 82° 55′ Breite, an dem Südpol nur bis zu dem Parallel von 78° 10′ gelangt.[201]

So wie die großen Ländermassen pyramidal enden, so wiederholt sich diese Gestaltung auch mannigfaltig im kleinen: nicht bloß im Indischen Ozean (Halbinseln von Arabien, Hindostan und Malakka), sondern auch, wie schon Eratosthenes und Polybius bemerkten, im Mittelmeer, wo sie die iberische, italische und hellenische miteinander sinnig verglichen haben. Europa, mit einem Areal fünfmal kleiner als das von Asien, ist gleichsam nur eine westliche vielgegliederte Halbinsel des asiatischen, fast ungegliederten Weltteils; auch beweisen die klimatischen Verhältnisse Europas, daß es sich zu Asien verhält wie die peninsulare Bretagne zum übrigen Frankreich.[202] Wie die Gliederung eines Kontinents, die höhere Entwickelung seiner Form zugleich auf die Gesittung und den ganzen Kulturzustand der Völker wirkt, bemerkt schon Strabo, indem er unseres kleinen Weltteils „vielgestaltete Form" als einen besonderen Vorzug preist. Afrika[203] und Südamerika, die ohnedies so viel Aehnlichkeit in ihrer Konfiguration zeigen, sind unter allen großen Ländermassen diejenigen, welche die einfachste Küstenform haben. Nur das östliche Litorale von Asien bietet, wie von der östlichen Meeresströmung zertrümmert (fractas ex aequore terras), eine mannigfaltige, gestaltenreiche Form dar. Halbinseln und nahe Eilande wechseln dort miteinander vom Aequator an bis 60° Breite.

Unser Atlantischer Ozean trägt alle Spuren einer Thalbildung. Es ist als hätten flutende Wasser den Stoß erst gegen Nordost, dann gegen Nordwest, und dann wiederum nordöstlich gerichtet. Der Parallelismus der Küsten nördlich von 10° südl. Breite an, die vor= und einspringenden Winkel, die Konvexität von Brasilien dem Golf von Guinea gegenüber, die Konvexität von Afrika unter einerlei Breiten mit dem antillischen Meerbusen sprechen für diese gewagt scheinende Ansicht. Hier im atlantischen Thale, wie fast überall in der Gestaltung großer Ländermassen, stehen eingeschnittene und inselreiche Ufer den uneingeschnittenen entgegen. Ich habe längst darauf aufmerksam gemacht, wie geognostisch denkwürdig auch die Vergleichung der Westküsten von Afrika und Süd= amerika in der Tropenzone sei. Die busenförmige Einbeugung des afrikanischen Gestades bei Fernando Po ($4\frac{1}{2}$° nördlicher Breite) wiederholt sich in dem Südseegestade unter $18\frac{1}{4}$° südlicher Breite in dem Wendepunkt bei Arica, wo (zwischen dem Valle de Arica und dem Morro de Juan Diaz) die peruanische Küste plötzlich ihre Richtung von Süden nach Norden in eine nordwestliche verwandelt. Diese Veränderung der Richtung erstreckt sich in gleichem Maße auf die, in zwei Paralleljöcher geteilte, hohe Andeskette: nicht bloß auf die dem Litorale [204] nahe, sondern auch auf die östliche: den frühesten Sitz menschlicher Kultur im südamerikanischen Hoch= lande, wo das kleine Alpenmeer von Titicaca von den Berg= kolossen des Sorata und Illimani begrenzt wird. Weiter gegen Süden, von Valdivia und Chiloe an (40° bis 42° südl. Breite) durch den Archipel de los Chonos bis zum Feuer= lande, findet sich die seltene Fjordbildung wiederholt (das Gewirre schmaler, tief eindringender Busen), welche in der nördlichen Hemisphäre die Westküsten von Norwegen und Schottland charakterisiert.

Dies sind die allgemeinsten Betrachtungen über die der= malige Gestaltung der Kontinente (die Ausdehnung des Fest= landes in horizontaler Richtung), wie sie der Anblick der Oberfläche unseres Planeten veranlaßt. Wir haben hier That= sachen zusammengestellt, Analogieen der Form in entfernten Erdstrichen, die wir nicht Gesetze der Form zu nennen wagen. Wenn man an dem Abhange eines noch thätigen Vulkans, z. B. am Vesuv, die nicht ungewöhnliche Erscheinung particler Hebungen beachtet, in denen kleine Teile des Bodens, vor einem Ausbruch oder während desselben, ihr Niveau um mehrere Fuß bleibend verändern und dachförmige Gräten oder flache Erhöhungen bilden, so erkennt der Wanderer, wie von geringfügigen Zufällen der Kraftintensität unterirdischer Dämpfe und der Größe des zu überwindenden Widerstandes es ab= hangen muß, daß die gehobenen Teile diese oder jene Form und Richtung annehmen. Ebenso mögen geringe Störungen des Gleichgewichts im Inneren des Planeten die hebenden elastischen Kräfte bestimmt haben, mehr gegen die nördliche als gegen die südliche Erdhälfte zu wirken, das Festland in der östlichen Erdhälfte als eine breite zusammenhängende Masse mit der Hauptachse fast dem Aequator parallel, in der westlichen, mehr ozeanischen Hälfte schmal und meridianartig aufzutreiben.

Ueber den Kausalzusammenhang solcher großen Begebenheiten der Länderbildung, der Aehnlichkeit und des Kontrastes in der Gestaltung, ist wenig empirisch zu ergründen. Wir erkennen nur das eine: daß die wirkende Ursache unterirdisch ist, daß die jetzige Länderform nicht auf einmal entstanden, sondern, wie wir schon oben bemerkt, von der Epoche der silurischen Formation (neptunischen Abscheidung) bis zu den Tertiärschichten nach mannigfaltigen oszillierenden Hebungen und Senkungen des Bodens sich allmählich vergrößert hat und aus einzelnen kleineren Kontinenten zusammengeschmolzen ist. Die dermalige Gestaltung ist das Produkt zweier Ursachen, die aufeinander folgend gewirkt haben: einmal einer unterirdischen Kraftäußerung, deren Maß und Richtung wir zufällig nennen, weil wir sie nicht zu bestimmen vermögen, weil sie sich für unseren Verstand dem Kreise der Notwendigkeit entziehen; zweitens der auf der Oberfläche wirkenden Potenzen, unter denen vulkanische Ausbrüche, Erdbeben, Entstehung von Bergketten und Meeresströmungen die Hauptrolle gespielt haben. Wie ganz anders würde der Temperaturzustand der Erde, und mit ihm der Zustand der Vegetation, des Ackerbaues und der menschlichen Gesellschaft sein, wenn die Hauptachse des neuen Kontinents einerlei Richtung mit der des alten hätte; wenn die Andeskette, statt meridianartig, von Osten nach Westen aufgestiegen wäre; wenn südlich von Europa kein festes, wärmestrahlendes Tropenland (Afrika) läge; wenn das Mittelmeer, das einst mit dem Kaspischen und Roten Meere zusammenhing und ein so wesentliches Beförderungsmittel der Völkergesittung geworden ist, nicht existierte; wenn sein Boden zu gleicher Höhe mit der lombardischen und kyrenaischen Ebene gehoben worden wäre!

Die Veränderungen des gegenseitigen Höhenverhältnisses der flüssigen und starren Teile der Erdoberfläche (Veränderungen, welche zugleich die Umrisse der Kontinente bestimmen, mehr niedriges Land trocken legen oder dasselbe überfluten) sind mannigfaltigen, ungleichzeitig wirkenden Ursachen zuzuschreiben. Die mächtigsten sind unstreitig gewesen: die Kraft der elastischen Dämpfe, welche das Innere der Erde einschließt; die plötzliche Temperaturveränderung [205] mächtiger Gebirgsschichten; der ungleiche säkulare Wärmeverlust der Erdrinde und des Erdkernes, welcher eine Faltung (Runzelung) der starren Oberfläche bewirkt; örtliche Modifikationen der Anziehungskraft [206] und durch dieselben hervorgebrachte veränderte Krümmung einer Portion des flüssigen Elementes. Daß die Hebung der Kontinente eine wirkliche Hebung, nicht bloß eine scheinbare, der Gestalt der Oberfläche des Meeres zugehörige sei, scheint, nach einer jetzt allgemein verbreiteten Ansicht der Geognosten, aus der langen Beobachtung zusammenhängender Thatsachen, wie aus der Analogie wichtiger vulkanischer Erscheinungen zu folgen. [207] Auch das Verdienst dieser Ansicht gehört Leopold von Buch, der sie in seiner denkwürdigen, in den Jahren 1806 und 1807 vollbrachten Reise durch Norwegen und Schweden [208] aussprach, wodurch sie zuerst in die Wissenschaft eingeführt ward. Während die ganze schwedische und finnländische Küste von der Grenze des nördlichen Schonens (Sölvitsborg) über Gefle bis Torneå, und von Torneå bis Abo sich hebt (in einem Jahrhundert bis 4 Fuß = 1,30 m), sinkt nach Nilson das südliche Schweden. [209] Das Maximum der hebenden Kraft scheint im nördlichen Lappland zu liegen. Die Hebung nimmt gegen Süden bis Kalmar und Sölvitsborg allmählich ab. Linien des alten Meeresniveaus aus vorhistorischen Zeiten sind in ganz Norwegen vom Kap Lindesnäs bis zum äußersten Nordkap durch Muschelbänke des jetzigen Meeres bezeichnet und neuerlichst von Bravais während des langen winterlichen Aufenthaltes in Bosekop auf das genaueste gemessen worden. [210] Sie liegen bis 600° Fuß (195 m) hoch über dem jetzigen mittleren Meeresstande, und erscheinen nach Keilhau und Eugen Robert auch dem Nordkap gegenüber (in NNW) an den Küsten von Spitzbergen. Leopold von Buch, der am frühesten auf die hohe Muschelbank bei Tromsoe (Breite 69° 40') aufmerksam gemacht, hat aber schon gezeigt, daß die älteren Hebungen am nordischen Meere zu einer anderen Klasse von Erscheinungen gehören als das sanfte (nicht plötzliche oder ruckweise) Aufsteigen des schwedischen Litorale im Bottnischen Meerbusen. Die letztere, durch sichere historische Zeugnisse wohl bewährte Erscheinung darf ebenfalls nicht mit der

Niveauveränderung des Bodens bei Erdbeben (wie an den Küsten von Chile und Cutch) verwechselt werden. Sie hat ganz neuerlich zu ähnlichen Beobachtungen in anderen Ländern Veranlassung gegeben. Dem Aufsteigen entspricht bisweilen als Folge der Faltung der Erdschichten ein bemerkbares Sinken: so in West-Grönland (nach Pingel und Graah), in Dalmatien und in Schonen.

Wenn man es für überaus wahrscheinlich hält, daß im Jugendalter unseres Planeten die oszillierenden Bewegungen des Bodens die Hebung und Senkung der Oberfläche intensiver als jetzt waren,[211] so darf man weniger erstaunt sein, im Inneren der Kontinente selbst noch einzelne Teile der Erdoberfläche zu finden, welche tiefer als der dermalige, überall gleiche Meeresspiegel liegen. Beispiele dieser Art bieten dar die vom General Andreossy beschriebenen Natron-seen, die kleinen bitteren Seen auf der Landenge von Suez, das Kaspische Meer, der See Tiberias und vor allem das Tote Meer.[212] Das Niveau der Wasser in den beiden letzten Seen ist 625 und 1230 Fuß (207 und 400 m) niedriger als der Wasserspiegel des Mittelländischen Meeres. Wenn man das Schuttland, welches die Steinschichten in so vielen ebenen Gegenden der Erde bedeckt, plötzlich wegnehmen könnte, so würde sich offenbaren, wie viele Teile der felsigen Erdober-fläche auch dermalen tiefer liegen als der jetzige Wasserspiegel. Das periodische, wenngleich unregelmäßig wechselnde Steigen und Fallen der Wasser des Kaspischen Meeres, wovon ich selbst in dem nördlichen Teile dieses Beckens deutliche Spuren gesehen, scheint zu beweisen,[213] wie die Beobachtungen von Darwin in den Korallenmeeren, daß, ohne eigentliches Erd-beben, der Erdboden noch jetzt derselben sanften und fort-schreitenden Oszillationen fähig ist, welche in der Urzeit, als die Dicke der schon erhärteten Erdrinde geringer war, sehr allgemein gewesen sind.

Die Erscheinungen auf welche wir hier die Aufmerksam-keit heften, mahnen an die Unbeständigkeit der gegenwärtigen Ordnung der Dinge, an die Veränderungen, denen nach langen Zeitintervallen der Umriß und die Gestaltung der Kontinente sehr wahrscheinlich unterworfen sind. Was für die nächsten Menschenalter kaum bemerkbar ist, häuft sich in Perioden an, von deren Länge uns die Bewegung ferner Himmelskörper das Maß gibt. Seit 8000 Jahren ist vielleicht das östliche Ufer der skandinavischen Halbinsel um 320 Fuß (104 m)

gestiegen; in 12000 Jahren werden, wenn die Bewegung gleich=
mäßig ist, Teile des Meerbodens, welche dem Ufer der Halb=
insel nahe liegen und heute noch mit einer Wasserschicht von
beinahe 50 Brassen Dicke bedeckt sind, an die Oberfläche kommen
und anfangen trocken zu liegen. Was ist aber die Kürze dieser
Zeiten gegen die Länge der geognostischen Perioden, welche die
Schichtenfolge der Formationen und die Scharen untergegan=
gener, ganz verschiedenartiger Organismen uns offenbaren!
Wie wir hier nur das Phänomen der Hebung betrachten,
so können wir, auf die Analogieen beobachteter Thatsachen
gestützt, in gleichem Maße auch die Möglichkeit des Sinkens,
der Depression ganzer Landstriche annehmen. Die mittlere
Höhe des nicht gebirgigen Teils von Frankreich beträgt noch
nicht volle 480 Fuß (156 m). Mit älteren geognostischen
Perioden verglichen, in denen größere Veränderungen im
Inneren des Erdkörpers vorgingen, gehört also eben nicht
eine sehr lange Zeit dazu, um sich beträchtliche Teile vom
nordwestlichen Europa bleibend überschwemmt, in ihren Litorale=
umrissen wesentlich anders gestaltet zu denken, als sie es der=
malen sind.

Sinken und Steigen des Festen oder des Flüssigen —
in ihrem einseitigen Wirken so entgegengesetzt, daß das Steigen
des einen das scheinbare Sinken des anderen hervorruft —
sind die Ursache aller Gestaltveränderungen der Kontinente.
In einem allgemeinen Naturgemälde, bei einer freien, nicht
einseitigen Begründung der Erscheinungen in der Natur muß
daher wenigstens auch der Möglichkeit einer Wasservermin=
derung, eines wirklichen Sinkens des Meeresspiegels Erwäh=
nung geschehen. Daß bei der ehemaligen erhöhten Temperatur
der Erdoberfläche, bei der größeren, wasserverschluckenden Zer=
klüftung derselben, bei einer ganz anderen Beschaffenheit der
Atmosphäre einst große Veränderungen im Niveau der Meere
stattgefunden haben, welche von der Zu= oder Abnahme des
Tropfbarflüssigen auf der Erde abhingen: ist wohl keinem
Zweifel unterworfen. In dem dermaligen Zustande unseres
Planeten fehlt es aber bisher gänzlich an direkten Beweisen
für eine reelle, fortdauernde Ab= oder Zunahme des Meeres,
es fehlt auch an Beweisen für allmähliche Veränderungen der
mittleren Barometerhöhe im Niveau der Meere an denselben
Beobachtungspunkten. Nach Daussys und Antonio Nobiles
Erfahrungen würde Vermehrung der Barometerhöhe ohnedies
von selbst eine Erniedrigung des Wasserspiegels hervorbringen.

Da aber der mittlere Druck der Atmosphäre im Niveau des Ozeans aus meteorologischen Ursachen der Windesrichtung und Feuchtigkeit nicht unter allen Breiten derselbe ist, so würde das Barometer allein nicht einen sicheren Zeugen der Niveauveränderung des Tropfbarflüssigen abgeben. Die denkwürdigen Erfahrungen, nach denen im Anfange dieses Jahrhunderts wiederholt einige Häfen des Mittelmeeres viele Stunden lang ganz trocken lagen, scheinen zu beweisen, daß in ihrer Richtung und Stärke veränderte Meeresströmungen, ohne wirkliche Wasserverminderung, ohne eine allgemeine Depression des ganzen Ozeans, ein örtliches Zurücktreten des Meeres und ein permanentes Trockenlegen von einem kleinen Teile des Litorale veranlassen können. Bei den Kenntnissen, die wir neuerlichst von diesen verwickelten Erscheinungen erlangt haben, muß man sehr vorsichtig in ihrer Deutung sein, da leicht einem der „alten Elemente", dem Wasser, zugeschrieben wird, was zwei anderen, der Erde oder der Luft, angehört.

Wie die Gestaltung der Kontinente, die wir bisher in ihrer horizontalen Ausdehnung geschildert haben, durch äußere Gliederung, d. i. vielfach eingeschnittene Küstenumrisse, einen wohlthätigen Einfluß auf das Klima, den Handel und die Fortschritte der Kultur ausübt, so gibt es auch eine Art der inneren Gliederung durch senkrechte Erhebung des Bodens (Bergzüge und Hochebenen), welche nicht minder wichtige Folgen hat. Alles, was auf der Oberfläche des Planeten, dem Wohnsitze des Menschengeschlechtes, Abwechselung der Formen und Vielgestaltung (Polymorphie) erzeugt (neben den Bergketten große Seen, Grassteppen, selbst Wüsten, von Waldgegenden küstenartig umgeben), prägt dem Völkerleben einen eigentümlichen Charakter ein. Schneebedeckte Hochmassen hindern den Verkehr; aber ein Gemisch von niedrigeren abgesonderten Gebirgsgliedern und Tiefländern, wie so glücklich sie das westliche und südliche Europa darbietet, vervielfältigt die meteorologischen Prozesse, wie die Produkte des Pflanzenreichs, es erzeugt auch, weil dann jedem Erdstrich, selbst unter denselben Breitengraden, andere Kulturen angehören, Bedürfnisse, deren Befriedigung die Thätigkeit der Einwohner anregt. So haben die furchtbaren Umwälzungen, welche infolge einer Wirkung des Inneren gegen das Aeußere durch plötzliches Aufrichten eines Teils der oxydierten Erdrinde das Emporsteigen mächtiger Gebirgsketten veranlaßten, dazu gedient, nach Wiederherstellung der Ruhe, nach dem Wieder-

erwachen schlummernder Organismen den Festen beider Erd=
hälften einen schönen Reichtum individueller Bildungen zu ver=
leihen, ihnen wenigstens dem größeren Teile nach die öde
Einförmigkeit zu nehmen, welche verarmend auf die physischen
und intellektuellen Kräfte der Menschheit einwirkt.

Jedem Systeme dieser Bergketten ist nach den großartigen
Ansichten von Elie de Beaumont ein relatives Alter ange=
wiesen, so daß das Aufsteigen der Bergkette notwendig zwischen
die Ablagerungszeiten der aufgerichteten und der bis zum Fuß
der Berge sich horizontal erstreckenden Schichten fallen muß.
Die Faltungen der Erdrinde (Aufrichtungen der Schichten),
welche von gleichem geognostischem Alter sind, scheinen sich
dazu einer und derselben Richtung anzuschließen. Die Strei=
chungslinie der aufgerichteten Schichten ist nicht immer der Achse
der Ketten parallel, sondern durchschneidet bisweilen dieselbe,
so daß dann, meiner Ansicht nach, das Phänomen der Auf=
richtung der Schichten, die man selbst in der angrenzenden
Ebene wiederholt findet, älter sein muß als die Hebung der
Kette. Die Hauptrichtung des ganzen Festlandes von Europa
(Südwest gegen Nordost) ist den großen Erdspalten entgegen=
gesetzt, welche sich (Nordwest gegen Südost) von den Mün=
dungen des Rheins und der Elbe durch das Adriatische und
Rote Meer, wie durch das Bergsystem des Puschti=Kuh in
Luristan nach dem Persischen Meerbusen und dem Indischen
Ozean hinziehen. Ein solches fast rechtwinkeliges Durchkreuzen
geodäsischer Linien hat einen mächtigen Einfluß ausgeübt auf
die Handelsverhältnisse von Europa mit Asien und dem nord=
westlichen Afrika, wie auf den Gang der Civilisation an den
vormals glücklicheren Ufern des Mittelmeers. [214]

Wenn mächtige und hohe Gebirgsketten als Zeugen großer
Erdrevolutionen, als Grenzscheiden der Klimate, als Wasser=
verteiler oder als Träger einer anderen Pflanzenwelt unsere
Einbildungskraft beschäftigen, so ist es um so notwendiger, durch
eine richtige numerische Schätzung ihres Volums zu zeigen,
wie gering im ganzen die Quantität der gehobenen Massen
im Vergleich mit dem Areal ganzer Länder ist. Die Masse
der Pyrenäen z. B., einer Kette, von der die mittlere Höhe
des Rückens und der Flächeninhalt der Basis, welche sie be=
deckt, durch genaue Messungen bekannt sind, würde, auf das
Areal von Frankreich gestreut, letzteres Land nur um 108 Fuß
(35 m) erhöhen. Die Masse der östlichen und westlichen Alpen=
kette würde in ähnlichem Sinne die Höhe des Flachlandes von

Europa nur um 20 Fuß (6,5 m) vermehren. Durch eine mühevolle Arbeit, [215] die aber ihrer Natur nach nur eine obere Grenze, d. i. eine Zahl gibt, welche wohl kleiner, aber nicht größer sein kann, habe ich gefunden, daß der Schwerpunkt des Volums der über dem jetzigen Meeresspiegel gehobenen Länder in Europa und Nordamerika 630 (205 m) und 702 (228 m), in Asien und Südamerika 1062 (341 m) und 1080 Fuß (351 m) hoch liegt. Diese Schätzungen bezeichnen die Niedrigkeit der nördlichen Regionen; die großen Steppen des Flachlandes von Sibirien werden durch die ungeheure Anschwellung des asiatischen Bodens zwischen den Breitengraden von 28½° bis 40°, zwischen dem Himalaya, dem nordtibetischen Kuen-lün und dem Himmelsgebirge, kompensiert. Man liest gewissermaßen in den gefundenen Zahlen, wo die plutonischen Mächte des inneren Erdkörpers am stärksten in der Hebung der Kontinentalmassen gewirkt haben.

Nichts kann uns Sicherheit geben, daß jene plutonischen Mächte im Lauf kommender Jahrhunderte den von Élie de Beaumont bisher aufgezählten Bergsystemen verschiedenen Alters und verschiedener Richtung nicht neue hinzufügen werden. Warum sollte die Erdrinde schon die Eigenschaft sich zu falten verloren haben? Die fast zuletzt hervorgetretenen Gebirgssysteme der Alpen und der Andeskette haben im Montblanc und Monte Rosa, im Sorata, Illimani und Chimborazo Kolosse gehoben, welche eben nicht auf eine Abnahme in der Intensität der unterirdischen Kräfte schließen lassen. Alle geognostischen Phänomene deuten auf periodische Wechsel von Thätigkeit und Ruhe. Die Ruhe, die wir genießen, ist nur eine scheinbare. Das Erdbeben, welches die Oberfläche unter allen Himmelsstrichen, in jeglicher Art des Gesteins erschüttert, das aufsteigende Schweden, die Entstehung neuer Ausbruchsinseln zeugen eben nicht für ein stilles Erdenleben.

Die beiden Umhüllungen der starren Oberfläche unseres Planeten, die tropfbarflüssige und die luftförmige, bieten, neben den Kontrasten, welche aus der großen Verschiedenheit ihres Aggregat- und Elastizitätszustandes entstehen, auch, wegen der Verschiebbarkeit der Teile, durch ihre Strömungen und ihre Temperaturverhältnisse mannigfaltige Analogieen dar. Die Tiefe des Ozeans und des Luftmeeres sind uns beide unbekannt. Im Ozean hat man an einigen Punkten, unter den Tropen, in einer Tiefe von 25300 Fuß (8218 m) (mehr als einer geographischen Meile) noch keinen Grund gefunden; im

letzteren, falls es, wie Wollaston will, begrenzt also und wellen=
schlagend ist, läßt das Phänomen der Dämmerung auf eine
wenigstens neunmal größere Tiefe schließen. Das Luftmeer
ruht teils auf der festen Erde, deren Bergketten und Hoch=
ebenen, wie wir schon oben bemerkt, als grüne, waldbewachsene
Untiefen aufsteigen, teils auf dem Ozean, dessen Oberfläche
den beweglichen Boden bildet, auf dem die unteren dichteren,
wassergetränkten Luftschichten gelagert sind.

Von der Grenze beider, des Luftmeeres und des Ozeans,
an aufwärts und abwärts sind Luft= und Wasserschichten be=
stimmten Gesetzen der Wärmeabnahme unterworfen. In
dem Luftmeer ist diese Wärmeabnahme um vieles langsamer
als im Ozean. Das Meer hat unter allen Zonen eine Ten=
denz, die Wärme seiner Oberfläche in den der Luft nächsten
Wasserschichten zu bewahren, da die erkalteten Teile als die
schwereren hinabsteigen. Eine große Reihe sorgfältiger Tem=
peraturbeobachtungen lehrt, daß in dem gewöhnlichen und
mittleren Zustande seiner Oberfläche der Ozean, vom Aequa=
tor an bis 48° nördlicher und südlicher Breite, etwas wärmer
ist als die zunächst liegenden Luftschichten. Wegen der mit
der Tiefe abnehmenden Temperatur können Fische und andere
Bewohner des Meeres, die vielleicht wegen der Natur ihrer
Kiemen= und Hautrespiration tiefe Wasser lieben, selbst unter
den Wendekreisen nach Willkür die niedrige Temperatur,
das kühle Klima finden, welche ihnen in höheren Breiten
unter der gemäßigten und kalten Zone vorzugsweise zusagten.
Dieser Umstand, analog der milden, ja selbst kalten Alpen=
luft auf den Hochebenen der heißen Zone, übt einen wesent=
lichen Einfluß aus auf die Migration und die geographische
Verbreitung vieler Seetiere. Die Tiefe, in der die Fische
leben, modifiziert durch vermehrten Druck gleichmäßig ihre
Hautrespiration und den Sauer= und Stickstoffgehalt der
Schwimmblase.

Da süßes und salziges Wasser nicht bei derselben Tem=
peratur das Maximum ihrer Dichtigkeit erreichen und der
Salzgehalt des Meeres den Thermometergrad der größten
Dichtigkeit herabzieht, so hat man auf den Reisen von Kotzebue
und Dupetit=Thouars aus den pelagischen Abgründen Wasser
schöpfen können, welche die niedrige Temperatur von 2°,8 und
2°,5 hatten. Diese eisige Temperatur des Meerwassers herrscht
auch in der Tiefe der Tropenmeere, und ihre Existenz hat
zuerst auf die Kenntnis der unteren Polarströme geleitet, die

von den beiden Polen gegen den Aequator hin gerichtet sind. Ohne diese unterseeische Zuströmung würden die Tropenmeere in jenen Abgründen nur diejenige Temperatur haben können, welche dem Maximum der Kälte gleich ist, die örtlich die herabsinkenden Wasserteilchen an der wärmestrahlenden und durch Luftkontakt erkälteten Oberfläche im Tropenklima erlangen. In dem Mittelländischen Meere wird, wie Arago scharfsinnig bemerkt, die große Erkältung der unteren Wasserschichten bloß darum nicht gefunden, weil das Eindringen des tiefen Polarstromes in die Straße von Gibraltar, wo an der Oberfläche das Atlantische Meer von Westen gegen Osten einströmt, durch eine ostwestliche untere Gegenströmung des Mittelländischen Meeres in den Atlantischen Ozean gehindert wird.

Die im allgemeinen die Klimate ausgleichende und mildernde tropfbarflüssige Umhüllung unseres Planeten zeigt da, wo sie nicht von pelagischen Strömen kalter und warmer Wasser durchfurcht wird, fern von den Küsten in der Tropenzone, besonders zwischen 10° nördlicher und 10° südlicher Breite, in Strecken, die Tausende von Quadratmeilen einnehmen, eine bewundernswürdige Gleichheit und Beständigkeit der Temperatur. Man hat daher mit Recht gesagt,[216] daß eine genaue und lange fortgesetzte Ergründung dieser thermischen Verhältnisse der Tropenmeere uns auf die einfachste Weise über das große, vielfach bestrittene Problem der Konstanz der Klimate und der Erdwärme unterrichten könne. Große Revolutionen auf der leuchtenden Sonnenscheibe würden sich demnach, wenn sie von langer Dauer wären, gleichsam in der veränderten mittleren Meereswärme, sicherer noch als in den mittleren Temperaturen der Feste, reflektieren. Die Zonen, in welchen die Maxima der Dichte (des Salzgehaltes) und der Temperatur liegen, fallen nicht mit dem Aequator zusammen. Beide Maxima sind voneinander getrennt, und die wärmsten Wasser scheinen zwei nicht ganz parallele Banden nördlich und südlich vom geographischen Aequator zu bilden. Das Maximum des Salzgehalts[217] fand Lenz auf seiner Reise um die Erde, im Stillen Meere in 22° nördlicher und 17° südlicher Breite. Wenige Grade südlich von der Linie lag sogar die Zone des geringsten Salzgehaltes. In den Regionen der Windstille kann die Sonnenwärme wenig die Verdunstung befördern, weil eine mit Salzdunst geschwängerte Luftschicht dort unbewegt und unerneuert auf der Oberfläche des Meeres ruht.

Die Oberfläche aller miteinander zusammenhangenden
Meere muß im allgemeinen hinsichtlich ihrer mittleren Höhe
als vollkommen in Niveau stehend betrachtet werden. Oertliche
Ursachen (wahrscheinlich herrschende Winde und Strömungen)
haben aber in einzelnen tiefeingeschnittenen Busen, z. B. im
Roten Meere, permanente, wenngleich geringe Verschiedenheiten
des Niveaus hervorgebracht. An der Landenge von Suez
beträgt der höhere Stand der Wasser über denen des Mittelmeers zu verschiedener Tagesstunde 24 und 30 Fuß (7,8 bis
9,75 m). Die Form des Kanals (Bab-el-Mandeb), durch
welchen die indischen Wasser leichter ein- als ausströmen können,
scheint zu dieser merkwürdigen permanenten, schon im Altertum
bekannten Erhöhung der Oberfläche des Roten Meeres mit bei-
zutragen. Die vortrefflichen geodätischen Operationen von
Coraboeuf und Delcros zeigen längs der Kette der Pyrenäen
wie zwischen den Küsten von Nordholland und Marseille
keine bemerkbare Verschiedenheit der Gleichgewichtsoberfläche
des Ozeans und des Mittelmeers. [218]

Störungen des Gleichgewichts und die dadurch erregte
Bewegung der Wasser sind: teils unregelmäßig und vorübergehend vom Winde abhängig, und Wellen erzeugend, die fern
von den Küsten im offenen Meere, im Sturm, über 35 Fuß
(11,37 m) Höhe ansteigen, teils regelmäßig und periodisch
durch die Stellung und Anziehung der Sonne und des Mondes
bewirkt (Ebbe und Flut); teils permanent, doch in ungleicher
Stärke, als pelagische Strömung. Die Erscheinungen der
Ebbe und Flut, über alle Meere verbreitet (außer den kleinen
und sehr eingeschlossenen, wo die Flutwellen kaum oder gar
nicht merklich wird), sind durch die Newtonsche Naturlehre
vollständig erklärt, d. h. in den Kreis des Notwendigen
zurückgeführt. Jede dieser periodisch wiederkehrenden Schwankungen des Meerwassers ist etwas länger als ein halber Tag.
Wenn sie im offenen Weltmeer kaum die Höhe von einigen
Fußen betragen, so steigen sie als Folge der Konfiguration
der Küsten, die sich der kommenden Flutwelle entgegensetzen,
in St. Malo zu 50 (16,25 m), in Acadien zu 65 bis 70 Fuß
(21 bis 22,75 m). „Unter der Voraussetzung, daß die Tiefe
des Meeres vergleichungsweise mit dem Halbmesser der Erde
nicht bedeutend sei, hat die Analyse des großen Geometers
Laplace bewiesen, wie die Stetigkeit des Gleichgewichts des
Meeres fordere, daß die Dichte seiner Flüssigkeit kleiner sei
als die mittlere Dichte der Erde. In der That ist die letztere,

wie wir oben gesehen, fünfmal so groß als die des Wassers. Das hohe Land kann also nie überflutet werden, und die auf den Gebirgen gefundenen Ueberreste von Seetieren können keineswegs durch ehemals höhere Fluten (durch die Stellung der Sonne und des Mondes veranlaßt) in diese Lage gekommen sein." Es ist kein geringes Verdienst der Analyse, die in den unwissenschaftlichen Kreisen des sogenannten bürgerlichen Lebens vornehm verschmäht wird, daß Laplaces vollendete Theorie der Ebbe und Flut es möglich gemacht hat, in unseren astronomischen Ephemeriden die Höhe der bei jedem Neu- und Vollmonde zu erwartenden Springfluten vorher zu verkündigen und so die Küstenbewohner auf die eintretende, besonders bei der Mondnähe noch vermehrte Gefahr aufmerksam zu machen.

Ozeanische Strömungen, welche einen so wichtigen Einfluß auf den Verkehr der Nationen und auf die klimatischen Verhältnisse der Küsten ausüben, sind fast gleichzeitig von einer Menge sehr verschiedenartiger, teils großer, teils scheinbar kleiner Ursachen abhängig. Dahin gehören: die um die Erde fortschreitende Erscheinungszeit der Ebbe und Flut, die Dauer und Stärke der herrschenden Winde, die durch Wärme und Salzgehalt unter verschiedenen Breiten und Tiefen modifizierte Dichte und spezifische Schwere der Wasserteilchen,[219] die von Osten nach Westen succesiv eintretenden und unter den Tropen so regelmäßigen, stündlichen Variationen des Luftdruckes. Die Strömungen bieten das merkwürdige Schauspiel dar, daß sie von bestimmter Breite in verschiedenen Richtungen das Meer flußartig durchkreuzen, während daß nahe Wasserschichten unbewegt gleichsam das Ufer bilden. Dieser Unterschied der bewegten und ruhenden Teile ist am auffallendsten, wo lange Schichten von fortgeführtem Seetang die Schätzung der Geschwindigkeit der Strömung erleichtern. In den unteren Schichten der Atmosphäre bemerkt man bei Stürmen bisweilen ähnliche Erscheinungen der begrenzten Luftströmung. Mitten im dichten Walde werden die Bäume nur in einem schmalen Längenstreifen umgeworfen.

Die allgemeine Bewegung der Meere zwischen den Wendekreisen von Osten nach Westen (Aequatorial- oder Rotationsstrom genannt) wird als eine Folge der fortschreitenden Flutzeit und der Passatwinde betrachtet. Sie verändert ihre Richtung durch den Widerstand, welchen sie an den vorliegenden östlichen Küsten der Kontinente findet. Das neue Resultat,

welches Dauſſy aus der Bewegung aufgefangener, von Reiſen=
den abſichtlich ausgeworfener Flaſchen geſchöpft hat, ſtimmt
bis auf $\frac{1}{18}$ mit der Schnelligkeit der Bewegung überein
(10 franzöſiſche milles marins, jedes zu 952 Toiſen = 1855 m,
alle 24 Stunden), welche ich nach der Vergleichung früherer
Erfahrungen gefunden hatte. Schon in dem Schiffsjournal
ſeiner dritten Reiſe (der erſten, in welcher er gleich im Meri=
dian der kanariſchen Inſeln in die Tropengegend zu gelangen
ſuchte) ſagt Chriſtoph Kolumbus: [220] „Ich halte es für aus=
gemacht, daß die Meereswaſſer ſich von Oſten gen Weſten
bewegen, wie der Himmel (las aguas van con los cielos);“
d. i. wie die ſcheinbare Bewegung von Sonne, Mond und
allen Geſtirnen.

Die ſchmalen Ströme, wahre ozeaniſche Flüſſe, welche
die Weltmeere durchſtreifen, führen warme Waſſer in höhere
oder kalte Waſſer in niedere Breiten. Zu der erſten Klaſſe
gehört der berühmte, von Enghiera und beſonders von Sir
Humphrey Gilbert bereits im 16. Jahrhundert erkannte
Atlantiſche Golfſtrom, deſſen erſter Anfang und Impuls
ſüdlich vom Vorgebirge der guten Hoffnung zu ſuchen iſt, [221]
und der in ſeinem großen Kreislaufe aus dem Meer der An=
tillen und dem Mexikaniſchen Meerbuſen durch die Bahama=
ſtraße ausmündet, von Süd=Süd=Weſt gegen Nord=Nord=Oſt
gerichtet, ſich immer mehr und mehr von dem Litorale der
Vereinigten Staaten entfernt und, bei der Bank von Neu=
fundland oſtwärts abgelenkt, häufig tropiſche Samen (Mimosa
scandens, Guilandina bonduc, Dolichos urens) an die Küſten
von Irland, von den Hebriden und von Norwegen wirft.
Seine nordöſtlichſte Verlängerung trägt wohlthätig zu der
minderen Kälte des Seewaſſers und des Klimas an dem nörd=
lichſten Kap von Skandinavien bei. Wo der warme Golfſtrom
ſich von der Bank von Neufundland gegen Oſten wendet,
ſendet er unweit der Azoren einen Arm gegen Süden. Dort
liegt das Sargaſſomeer, die große Fukusbank, welche ſo
lebhaft die Einbildungskraft von Chriſtoph Kolumbus be=
ſchäftigte und welche Oviedo die Tangwieſen (Praderias
de yerva) nennt. [222] Eine Unzahl kleiner Seetiere bewohnen
dieſe ewig grünenden, von lauen Lüften hin und her bewegten
Maſſen von Fucus natans, einer der verbreitetſten unter den
geſelligen Pflanzen des Meeres.

Das Gegenſtück zu dieſem, faſt ganz der nördlichen Hemi=
ſphäre zugehörigen Strom im Atlantiſchen Meeresthale

zwischen Afrika, Amerika und Europa bildet eine Strömung in der Südsee, deren niedrige, auch auf das Klima des Litorales bemerkbar einwirkende Temperatur ich im Herbst 1802 zuerst aufgefunden habe. Sie bringt die kalten Wasser der hohen südlichen Breiten an die Küsten von Chile, folgt den Küsten dieses Landes und denen von Peru erst von Süden gegen Norden, dann (von der Bucht bei Arica an) von Süd-Süd-Ost gegen Nord-Nord-West. Mitten in der Tropengegend hat dieser kalte ozeanische Strom zu gewissen Jahreszeiten nur 15°,6 (12½° R.), während daß die ruhenden Wasser außerhalb des Stromes eine Temperatur von 27°,5 und 28°,7 (22 bis 23° R.) zeigen. Wo das Litorale von Südamerika, südlich von Payta, am meisten gegen Westen vorspringt, beugt der Strom sich plötzlich in derselben Richtung von dem Lande ab, von Osten gegen Westen gewandt, so daß man, weiter nach Norden schiffend, von dem kalten Wasser plötzlich in das warme gelangt.

Man weiß nicht, wie weit die ozeanischen Ströme, warme und kalte, gegen den Meeresboden hin ihre Bewegung fortpflanzen. Die Ablenkung der südafrikanischen Strömung durch die volle, 70 bis 80 Brassen tiefe Lagulhasbank scheint eine solche Fortpflanzung zu erweisen. Sandbänke und Untiefen, außerhalb der Strömungen gelegen, sind mehrenteils, nach der Entdeckung des edlen Benjamin Franklin, durch die Kälte der Wasser erkennbar, welche auf denselben ruhen. Diese Erniedrigung der Temperatur scheint mir in dem Umstande gegründet, daß durch Fortpflanzung der Bewegung des Meeres tiefe Wasser an den Rändern der Bänke aufsteigen und sich mit den oberen vermischen. Mein verewigter Freund Sir Humphrey Davy dagegen schrieb die Erscheinung, von der die Seefahrer oft für die Sicherheit der Schiffahrt praktischen Nutzen ziehen könnten, dem Herabsinken der an der Oberfläche nächtlich erkalteten Wasserteilchen zu. Diese bleiben der Oberfläche näher, weil die Sandbank sie hindert, in größere Tiefe herabzusinken. Das Thermometer ist durch Franklin in ein Senkblei umgewandelt. Auf den Untiefen entstehen häufig Nebel, da ihre kälteren Wasser den Dunst aus der Seeluft niederschlagen. Solche Nebel habe ich, im Süden von Jamaika und auch in der Südsee, den Umriß von Bänken scharf und fern erkennbar bezeichnen gesehen. Sie stellen sich dem Auge wie Luftbilder dar, in welchen sich die Gestaltungen des unterseeischen Bodens abspiegeln. Eine noch merkwürdigere

Wirkung der wassererkältenden Untiefen ist die, daß sie, fast wie flache Korallen= oder Sandinseln, auch auf die höheren Luftschichten einen bemerkbaren Einfluß ausüben. Fern von allen Küsten, auf dem hohen Meere, bei sehr heiterer Luft sieht man oft Wolken sich über die Punkte lagern, wo die Untiefen gelegen sind. Man kann dann, wie bei einem hohen Gebirge, bei einem isolierten Pik, ihre Richtung mit dem Kompaß aufnehmen.

Aeußerlich minder gestaltenreich als die Oberfläche der Kontinente, bietet das Weltmeer bei tieferer Ergründung seines Inneren vielleicht eine reichere Fülle des organischen Lebens dar, als irgendwo auf dem Erdraume zusammengedrängt ist. Mit Recht bemerkt in dem anmutigen Journal seiner weiten Seereisen Charles Darwin, daß unsere Wälder nicht so viele Tiere bergen als die niedrige Waldregion des Ozeans: wo die am Boden wurzelnden Tanggesträuche der Untiefen oder die frei schwimmenden, durch Wellenschlag und Strömung los= gerissenen Fucuszweige ihr zartes, durch Luftzellen empor= gehobenes Laub entfalten. Durch Anwendung des Mikroskops steigert sich noch mehr, und auf eine bewundernswürdige Weise, der Eindruck der Allbelebtheit des Ozeans: das überraschende Bewußtsein, daß überall sich hier Empfindung regt. In Tiefen, welche die Höhe unserer mächtigen Gebirgsketten übersteigen, ist jede der aufeinander gelagerten Wasserschichten mit poly= gastrischen Seegewürmen, Cyklidien und Ophrydinen belebt. Hier schwärmen, jede Welle in einen Lichtsaum verwandelnd und durch eigene Witterungsverhältnisse an die Oberfläche ge= lockt, die zahllose Schar kleiner, funkelnd=blitzender Leuchttiere: Mammarien aus der Ordnung der Akalephen, Krustaceen, Peridinium und kreisende Nereidinen.

Die Fülle dieser kleinen Tiere und des animalischen Stoffes, den ihre schnelle Zerstörung liefert, ist so unermeß= lich, daß das ganze Meerwasser für viele größere Seegeschöpfe eine nährende Flüssigkeit wird. Wenn schon der Reichtum an belebten Formen, die Unzahl der verschiedenartigsten mikro= skopischen und doch teilweise sehr ausgebildeten Organismen die Phantasie anmutig beschäftigt; so wird diese noch auf eine ernstere, ich möchte sagen feierlichere Weise angeregt durch den Anblick des Grenzenlosen und Unermeßlichen, welchen jede Seefahrt darbietet. Wer, zu geistiger Selbstthätigkeit er= weckt, sich gern eine eigene Welt im Inneren bauet, den erfüllt der Schauplatz des freien, offenen Meeres mit dem

erhabenen Bilde des Unendlichen. Sein Auge fesselt vor=
zugsweise der ferne Horizont, wo unbestimmt wie im Dufte
Wasser und Luft aneinander grenzen, in den die Gestirne
hinabsteigen und aus dem sie sich erneuern vor den Schiffen=
den. Zu dem ewigen Spiel dieses Wechsels mischt sich, wie
überall bei der menschlichen Freude, ein Hauch wehmütiger
Sehnsucht.

Eigentümliche Vorliebe für das Meer; dankbare Erinne=
rung an die Eindrücke, die mir das bewegliche Element, zwischen
den Wendekreisen, in friedlicher nächtlicher Ruhe oder auf=
geregt im Kampf der Naturkräfte gelassen, haben allein mich
bestimmen können, den individuellen Genuß des Anblicks
vor dem wohlthätigen Einflusse zu nennen, welchen unbestreit=
bar der Kontakt mit dem Weltmeer auf die Ausbildung der
Intelligenz und des Charakters vieler Völkerstämme, auf die
Vervielfältigung der Bande, die das ganze Menschengeschlecht
umschlingen sollen, auf die Möglichkeit zur Kenntnis der Ge=
staltung des Erdraums zu gelangen, endlich auf die Vervoll=
kommnung der Astronomie und aller mathematischen und
physikalischen Wissenschaften ausgeübt hat. Ein Teil dieses
Einflusses war anfangs auf das Mittelmeer und die Gestade
des südwestlichen Asiens beschränkt; aber von dem 16. Jahr=
hundert an hat er sich weit verbreitet, und auf Völker er=
streckt, die fern vom Meere im Inneren der Kontinente leben.
Seitdem Kolumbus[223] „den Ozean zu entfesseln ge=
sandt war" (so rief ihm auf seinem Krankenlager, im
Traumgesicht am Flusse Belen, eine unbekannte Stimme zu),
hat auch der Mensch sich geistig freier in unbekannte Re=
gionen gewagt.

Die zweite und zwar äußerste und allgemein verbreitete
Umhüllung unseres Planeten, das Luftmeer, auf dessen
niederem Boden oder Untiefen (Hochebenen und Bergen) wir
leben, bietet sechs Klassen der Naturerscheinungen dar, welche
den innigsten Zusammenhang miteinander zeigen, und aus der
chemischen Zusammensetzung der Atmosphäre, aus den Ver=
änderungen der Diaphanität, Polarisation und Färbung, aus
denen der Dichtigkeit oder des Druckes, der Temperatur, der
Feuchtigkeit und der Elektrizität entstehen. Enthält die Luft
im Sauerstoff das erste Element des physischen Tierlebens,
so muß in ihrem Dasein noch eine andere Wohlthat, man
möchte sagen höherer Art, bezeichnet werden. Die Luft ist
die „Trägerin des Schalles", also auch die Trägerin der

Sprache, der Mitteilung der Ideen, der Geselligkeit unter den
Völkern. Wäre der Erdball der Atmosphäre beraubt, wie unser
Mond, so stellte er sich uns in der Phantasie als eine klang=
lose Einöde dar.

Das Verhältnis der Stoffe, welche den uns zugänglichen
Schichten des Luftkreises angehören, ist seit dem Anfange
des 19. Jahrhunderts ein Gegenstand von Untersuchungen ge=
wesen, an denen Gay=Lussac und ich einen thätigen Anteil
genommen haben. Erst ganz neuerlich hat durch die vortreff=
lichen Arbeiten von Dumas und Boussingault auf neuen und
sicheren Wegen die chemische Analyse der Atmosphäre einen
hohen Grad der Vollkommenheit erreicht. Nach dieser Ana=
lyse enthält die trockene Luft in Volum 20,8 Sauerstoff und
79,2 Stickstoff; dazu 2 bis 5 Zehntausendteile Kohlensäure,
eine noch kleinere Quantität von gekohltem Wasserstoff, [224]
und nach den wichtigen Versuchen von Saussure und Liebig
Spuren von Ammoniakaldämpfen, die den Pflanzen ihre stick=
stoffhaltigen Bestandteile liefern. Daß der Sauerstoffgehalt nach
Verschiedenheit der Jahreszeiten oder der örtlichen Lage auf
dem Meere und im Inneren eines Kontinents um eine kleine,
aber bemerkbare Menge variiere, ist durch einige Beobachtungen
von Lewy wahrscheinlich geworden. Man begreift, daß Ver=
änderungen, welche mikroskopische animalische Organismen in
der in dem Wasser aufgelösten Sauerstoffmenge hervorbringen,
Veränderungen in den Luftschichten nach sich ziehen können,
die zunächst auf dem Wasser ruhen. In einer Höhe von
8226 Fuß (2672 m) (Faulhorn) war die durch Martins ge=
sammelte Luft nicht sauerstoffärmer als die Luft zu Paris.

Die Beimischung des kohlensauren Ammoniaks in der
Atmosphäre darf man wahrscheinlich für älter halten als das
Dasein der organischen Wesen auf der Oberfläche der Erde.
Die Quellen der Kohlensäure [225] in dem Luftkreise sind über=
aus mannigfaltig. Wir nennen hier zuerst die Respiration
der Tiere, welche den ausgehauchten Kohlenstoff aus der vege=
tabilischen Nahrung, wie die Vegetabilien aus dem Luftkreise,
empfangen; das Innere der Erde in der Gegend ausgebrannter
Vulkane und die Thermalquellen; die Zersetzung einer kleinen
Beimischung gekohlten Wasserstoffs in der Atmosphäre durch
die in der Tropengegend so viel häufigere elektrische Entladung
der Wolken. Außer den Stoffen, die wir soeben als der
Atmosphäre in allen uns zugänglichen Höhen eigentümlich ge=
nannt haben, finden sich noch zufällig, besonders dem Boden

nahe, andere ihr beigesellt, welche teilweise als Miasmen und gasförmige Kontagien auf die tierische Organisation gefahrbringend wirken. Ihre chemische Natur ist uns bisher nicht durch unmittelbare Zerlegung erwiesen; wir können aber, durch Betrachtung der Verwesungsprozesse, welche perpetuierlich auf der mit Tier- und Pflanzenstoffen bedeckten Oberfläche unsres Planeten vorgehen, wie durch Kombinationen und Analogieen aus dem Gebiete der Pathologie geleitet, auf das Dasein solcher schädlichen örtlichen Beimischungen schließen. Ammoniakalische und andere stickstoffhaltige Dämpfe, Schwefelwasserstoffsäure, ja Verbindungen, die den vielbasigen (ternären und quaternären) des Pflanzenreiches ähnlich sind, können Miasmen bilden, welche unter mannigfaltiger Gestaltung (keineswegs bloß auf nassem Sumpfboden oder am Meeresstrande, wo er mit faulenden Mollusken oder mit niedrigen Gebüschen von Rhizophora mangle und Avicennien bedeckt ist) Tertiärfieber, ja Typhus erregen. Nebel, welche einen eigentümlichen Geruch verbreiten, erinnern uns in gewissen Jahreszeiten an jene zufälligen Beimischungen des unteren Luftkreises. Winde und der durch die Erwärmung des Bodens erregte aufsteigende Luftstrom erheben selbst feste, aber in feinen Staub zerfallene Substanzen zu beträchtlicher Höhe. Der die Luft auf einem weiten Areal trübende Staub, der um die kapverdischen Inseln niederfällt und auf welchen Darwin mit Recht aufmerksam gemacht hat, enthält nach Ehrenbergs Entdeckung eine Unzahl kieselgepanzerter Infusorien.

Als Hauptzüge eines allgemeinen Naturgemäldes der Atmosphäre erkennen wir: 1) in den Veränderungen des Luftdruckes die regelmäßigen, zwischen den Tropen so leicht bemerkbaren stündlichen Schwankungen, eine Art Ebbe und Flut der Atmosphäre, welche nicht der Massenanziehung[226] des Mondes zugeschrieben werden darf, und nach der geographischen Breite, den Jahreszeiten und der Höhe des Beobachtungsortes über dem Meeresspiegel sehr verschieden ist; 2) in der klimatischen Wärmeverteilung die Wirkung der relativen Stellung der durchsichtigen und undurchsichtigen Massen (der flüssigen und festen Oberflächenräume), wie der hypsometrischen Konfiguration der Kontinente, Verhältnisse, welche die geographische Lage und Krümmung der Isothermenlinien (Kurven gleicher mittlerer jährlicher Temperatur) in horizontaler oder vertikaler Richtung, in der Ebene oder in den übereinander gelagerten Luftschichten bestimmen; 3) in der

Verteilung der Luftfeuchtigkeit die Betrachtung der quantitativen Verhältnisse nach Verschiedenheit der festen und der ozeanischen Oberfläche, der Entfernung vom Aequator und von dem Niveau des Meeres, die Formen des niedergeschlagenen Wasserdampfes und den Zusammenhang dieser Niederschläge mit den Veränderungen der Temperatur und der Richtung wie der Folge der Winde; 4) in den Verhältnissen der Luftelektrizität, deren erste Quelle bei heiterem Himmel noch sehr bestritten wird, das Verhältnis der aufsteigenden Dämpfe zur elektrischen Ladung und Gestalt der Wolken nach Maßgabe der Tages= und Jahreszeit, der kalten und warmen Erdzonen, der Tief= und Hochebenen; die Frequenz und Seltenheit der Gewitter, ihre Periodizität und Ausbildung im Sommer und Winter; den Kausalzusammenhang der Elektrizität mit dem so überaus seltenen nächtlichen Hagel, wie mit den von Peltier so scharfsinnig untersuchten Wettersäulen (Wasser= und Sandhosen).

Die stündlichen Schwankungen des Barometers, in welchen dasselbe unter den Tropen zweimal (9 Uhr oder 9¹⁄₄ Uhr morgens und 10¹⁄₂ oder 10³⁄₄ Uhr abends) am höchsten und zweimal (um 4 Uhr oder 4¹⁄₄ Uhr nachmittags und um 4 Uhr morgens, also fast in der heißesten und kältesten Stunde) am niedrigsten steht, sind lange der Gegenstand meiner sorgfältigsten, täglichen und nächtlichen Beobachtungen gewesen. Ihre Regelmäßigkeit ist so groß, daß man, besonders in den Tages= stunden, die Zeit nach der Höhe der Quecksilbersäule bestimmen kann, ohne sich im Durchschnitt um 15 bis 17 Minuten zu irren. In der heißen Zone des neuen Kontinents, an den Küsten, wie auf Höhen von mehr als 12000 Fuß (3900 m) über dem Meere, wo die mittlere Temperatur auf 7° herabsinkt, habe ich die Regelmäßigkeit der Ebbe und Flut des Luftmeers weder durch Sturm, noch durch Gewitter, Regen und Erdbeben gestört gefunden. Die Größe der täglichen Oszillationen nimmt vom Aequator bis zu 70° nördlicher Breite, unter der wir die sehr genauen, von Bravais zu Bosekop gemachten Beobachtungen besitzen,²²⁷ von 1,32 Lin. bis 0,18 Lin. ab. Daß dem Pole viel näher der mittlere Barometerstand wirklich um 10 Uhr morgens geringer sei als um 4 Uhr nachmittags, so daß die Wendestunden ihren Einfluß miteinander vertauschen, ist aus Parrys Beobachtungen im Hafen Bowen (73° 14′) keineswegs zu schließen.

Die mittlere Barometerhöhe ist, wegen des aufsteigenden

Luftstromes, unter dem Aequator und überhaupt unter den Wendekreisen etwas geringer als in der gemäßigten Zone; sie scheint ihr Maximum im westlichen Europa in den Parallelen von 40° und 45° zu erreichen. Wenn man mit Kämtz die- jenigen Orte, welche denselben mittleren Unterschied zwischen den **monatlichen** Barometerextremen darbieten, durch **iso- barometrische** Linien miteinander verbindet, so entstehen dadurch Kurven, deren geographische Lage und Krümmungen wichtige Aufschlüsse über den Einfluß der Ländergestaltung und Meerverbreitung auf die Oszillationen der Atmosphäre gewähren. Hindostan mit seinen hohen Bergketten und trian- gularen Halbinseln, die Ostküste des neuen Kontinents, da, wo der warme Golfstrom bei Neufundland sich östlich wendet, zeigen größere isobarometrische Schwankungen als die Antillen und das westliche Europa. Die herrschenden Winde üben den hauptsächlichsten Einfluß auf die Verminderung des Luftdrucks aus; dazu nimmt mit derselben, wie wir schon oben erwähnt, nach Daussy, die mittlere Höhe des Meeres zu.

Da die wichtigsten sowohl, nach Stunden und Jahres- zeiten, regelmäßig wiederkehrenden, als die zufälligen, oft gewaltsamen und gefahrbringenden Veränderungen des Luft- drucks, wie alle sogenannten **Witterungserscheinungen,** ihre Hauptursache in der wärmenden Kraft der Sonnenstrahlen haben, so hat man früh, zum Teil nach Lamberts Vorschlag, die Windrichtungen mit den Barometerständen, den Abwech- selungen der Temperatur, der Zu- und Abnahme der Feuchtig- keit verglichen. Tafeln des Luftdruckes bei verschiedenen Winden, mit dem Namen **barometrischer** Windrosen bezeichnet, ge- währen einen tieferen Blick in den Zusammenhang meteoro- logischer Phänomene. Mit bewunderungswürdigem Scharfsinn erkannte Dove in dem **Drehungsgesetze der Winde** beider Hemisphären, das er aufstellte, die Ursache vieler großartiger Veränderungen (Prozesse) im Luftozean.²²⁸ Die Temperatur- differenz zwischen den dem Aequator und den den Polen nahen Gegenden erzeugt zwei entgegengesetzte Strömungen in den oberen Regionen der Atmosphäre und an der Erdoberfläche. Wegen Verschiedenheit der Rotationsgeschwindigkeit der dem Pole oder dem Aequator näher liegenden Punkte wird die vom Pole herströmende Luft östlich, der Aequatorialstrom aber westlich abgelenkt. Von dem Kampfe dieser beiden Ströme, dem Ort des Herabkommens des höheren, dem abwechselnden Verdrängen des einen durch den anderen hangen die größten

Phänomene des Luftdrucks, der Erwärmung und Erkaltung der Luftschichten, der wässerigen Niederschläge, ja, wie Dove genau dargestellt hat, die Bildung der Wolken und ihre Gestaltung ab. Die Wolkenform, eine alles belehrende Zierde der Landschaft, wird Verkündigerin dessen, was in der oberen Luftregion vorgeht, ja bei ruhiger Luft, am heißen Sommerhimmel auch das „projizierte Bild" des wärmestrahlenden Bodens.

Wo dieser Einfluß der Wärmestrahlung durch die relative Stellung großer kontinentaler und ozeanischer Flächen bedingt ist, wie zwischen der Ostküste von Afrika und der Westküste der indischen Halbinsel, mußte diese, sich mit der Deklination der Sonne periodisch verändernde Windesrichtung in den indischen Monsunen,[229] dem Hippalos der griechischen Seefahrer, am frühesten erkannt und benutzt werden. In einer, gewiß seit Jahrtausenden in Hindostan und China verbreiteten Kenntnis der Monsune, im Arabischen östlichen und Malayischen westlichen Meere, lag, wie in der noch älteren und allgemeineren Kenntnis der Land- und Seewinde, gleichsam verborgen und eingehüllt der Keim unseres jetzigen, so schnell fortschreitenden, meteorologischen Wissens. Die lange Reihe magnetischer Stationen, welche nun von Moskau bis Peking durch das ganze nördliche Asien gegründet sind, können, da sie auch die Erforschung anderer meteorologischer Verhältnisse zum Zweck haben, für das Gesetz der Winde von großer Wichtigkeit werden. Die Vergleichung von Beobachtungsorten, die so viele hundert Meilen voneinander entfernt liegen, wird entscheiden, ob z. B. ein gleicher Ostwind von der wüsten Hochebene Gobi bis in das Innere von Rußland wehe, oder ob die Richtung des Luftstromes erst mitten in der Stationskette, durch Herabsenkung der Luft aus den höheren Regionen, ihren Anfang genommen hat. Man wird dann im eigentlichsten Sinne lernen, woher der Wind komme. Wenn man das gesuchte Resultat nur auf solche Orte stützen will, in denen die Windesrichtungen länger als 20 Jahre beobachtet worden sind, so erkennt man (nach Wilhelm Mahlmanns neuester und sorgfältiger Berechnung), daß in den mittleren Breiten der gemäßigten Zone in beiden Kontinenten ein west-süd-westlicher Luftstrom der herrschende ist.

Die Einsicht in die Wärmeverteilung im Luftkreise hat einigermaßen an Klarheit gewonnen, seitdem man versucht hat, die Punkte, in welchen die mittleren Temperaturen des Jahres, des Sommers und des Winters genau ergründet worden sind, durch Linien miteinander zu verbinden. Das System der Isothermen, Isotheren und Isochimenen, welches ich zuerst im Jahre 1817 aufgestellt, kann vielleicht, wenn es durch vereinte Bemühungen der Physiker allmählich vervollkommnet wird, eine der Hauptgrundlagen der vergleichenden Klimatologie abgeben. Auch die Ergründung des Erdmagnetismus hat eine wissenschaftliche Form erst dadurch erlangt, daß man die zerstreuten partiellen Resultate in Linien gleicher Abweichung, gleicher Neigung und gleicher Kraftintensität miteinander graphisch verband.

Der Ausdruck Klima bezeichnet in seinem allgemeinsten Sinne alle Veränderungen in der Atmosphäre, die unsere Organe merklich affizieren: die Temperatur, die Feuchtigkeit, die Veränderungen des barometrischen Druckes, den ruhigen Luftzustand oder die Wirkungen ungleichnamiger Winde, die Größe der elektrischen Spannung, die Reinheit der Atmosphäre oder die Vermengung mit mehr oder minder schädlichen gasförmigen Exhalationen, endlich den Grad habitueller Durchsichtigkeit und Heiterkeit des Himmels, welcher nicht bloß wichtig ist für die vermehrte Wärmestrahlung des Bodens, die organische Entwickelung der Gewächse und die Reifung der Früchte, sondern auch für die Gefühle und ganze Seelenstimmung des Menschen.

Wenn die Oberfläche der Erde aus einer und derselben homogenen flüssigen Masse, oder aus Gesteinschichten zusammengesetzt wäre, welche gleiche Farbe, gleiche Dichtigkeit, gleiche Glätte, gleiches Absorptionsvermögen für die Sonnenstrahlen besäßen und auf gleiche Weise durch die Atmosphäre gegen den Weltraum ausstrahlten, so würden die Isothermen, Isotheren und Isochimenen sämtlich dem Aequator parallel laufen. In diesem hypothetischen Zustande der Erdoberfläche wären dann, in gleichen Breiten, Absorptions- und Emissionsvermögen für Licht und Wärme überall dieselben. Von diesem mittleren, gleichsam primitiven Zustande, welcher weder Strömungen der Wärme im Inneren und in der Hülle des Erdsphäroides, noch die Fortpflanzung der Wärme durch Luftströmungen ausschließt, geht die mathematische Betrachtung der Klimate aus. Alles, was das Absorptions- und Ausstrahlungsvermögen an einzelnen Teilen der Oberfläche, die auf gleichen Parallelkreisen liegen, verändert, bringt Inflexionen in den Isothermen hervor. Die Natur dieser Jnflexionen, der Winkel, unter welchem die Jsothermen, Jsotheren oder Jsochimenen die Parallelkreise schneiden, die Lage der konvexen oder konkaven Scheitel in Bezug auf den Pol der gleichnamigen Hemisphäre sind die Wirkung von wärme= oder kälteerregenden Ursachen, die unter verschiedenen geographischen Längen mehr oder minder mächtig auftreten.

Die Fortschritte der **Klimatologie** sind auf eine merk= würdige Weise dadurch begünstigt worden, daß die europäische Civilisation sich an zwei einander gegenüberstehenden Küsten verbreitet hat, daß sie von unserer westlichen Küste zu einer östlichen jenseits des atlantischen Thales übergegangen ist. Als die Briten, nach den von Jsland und Grönland aus= gegangenen ephemeren Niederlassungen die ersten bleibenden Ansiedelungen in dem Litorale der Vereinigten Staaten von Nordamerika gründeten, als religiöse Verfolgungen, Fanatis= mus und Freiheitsliebe die Kolonialbevölkerung vergrößerten, mußten die Ansiedler (von Nordkarolina und Virginien an bis zum St. Lorenzstrome über die Winterkälte erstaunen, die sie erlitten, wenn sie dieselbe mit der von Italien, Frankreich und Schottland unter denselben Breitengraden verglichen. Eine solche klimatische Betrachtung, so anregend sie auch hätte sein sollen, trug aber nur dann erst Früchte, als man sie auf numerische Resultate mittlerer Jahreswärme gründen konnte. Ver= gleicht man zwischen 58° und 30° nördlicher Breite Nain an der Küste von Labrador mit Gotenburg, Halifax mit Bordeaux, New York mit Neapel, San Augustin in Florida mit Kairo, so findet man unter gleichen Breitengraden die Unterschiede der mittleren Jahrestemperatur zwischen Ostamerika und West= europa, von Norden gegen Süden fortschreitend: 11°,5, 7°,7, 3°,0 und fast 0°. Die allmähliche Abnahme der Unterschiede in der gegebenen Reihe von 28 Breitengraden ist auffallend. Noch südlicher, unter den Wendekreisen selbst, sind die Jso= thermen überall in beiden Weltteilen dem Aequator parallel. Man sieht aus den hier gegebenen Beispielen, daß die in ge= sellschaftlichen Kreisen so oft wiederholten Fragen: um wie viel Grade Amerika (ohne Ost= und Westküsten zu unter= scheiden) kälter als Europa sei? um wie viel die mittleren Jahreswärmen in Kanada und den Vereinigten nordamerika= nischen Staaten niedriger als unter gleicher Breite in Europa seien? allgemein ausgedrückt, keinen Sinn haben. Der Unterschied ist unter jedem Parallel ein anderer, und ohne

spezielle Vergleichung der Winter= und Sommertemperatur
an den gegenüberstehenden Küsten kann man sich von den
eigentümlichen klimatischen Verhältnissen, insofern sie auf den
Ackerbau, auf die Gewerbe und das Gefühl der Behaglichkeit
oder Unbehaglichkeit Einfluß haben, keinen deutlichen Begriff
machen.

Bei der Aufzählung der Ursachen, welche Störungen
in der Gestalt der Isotherme hervorbringen, unterscheide ich
die temperaturerhöhenden und temperaturvermindern=
den Ursachen. Zu der ersten Klasse gehören: die Nähe einer
Westküste in der gemäßigten Zone; die in Halbinseln zer=
schnittene Gestaltung eines Kontinents, seine tiefeintretenden
Busen und Binnenmeere; die Orientierung, d. h. das Stellungs=
verhältnis eines Teils der Feste, entweder zu einem eis=
freien Meere, das sich über den Polarkreis hinaus erstreckt,
oder zu einer Masse kontinentalen Landes von beträchtlicher
Ausdehnung, welches zwischen denselben Meridianen unter dem
Aequator oder wenigstens in einem Teile der tropischen Zone
liegt; ferner das Vorherrschen von Süd= und Westwinden an
der westlichen Grenze eines Kontinents in der gemäßigten
nördlichen Zone; Gebirgsketten, die gegen Winde aus kälteren
Gegenden als Schutzmauern dienen; die Seltenheit von
Sümpfen, die im Frühjahr und Anfang des Sommers lange
mit Eis belegt bleiben, und der Mangel an Wäldern in einem
trockenen Sandboden; endlich die stete Heiterkeit des Himmels
in den Sommermonaten und die Nähe eines pelagischen
Stromes, wenn er Wasser von einer höheren Temperatur, als
das umliegende Meer, herbeiführt.

Zu den, die mittlere Jahrestemperatur verändernden,
kälteerregenden Ursachen zähle ich: die Höhe eines Ortes
über dem Meeresspiegel, ohne daß bedeutende Hochebenen auf=
treten; die Nähe einer Ostküste in hohen und mittleren Breiten,
die massenartige (kompakte) Gestaltung eines Kontinents ohne
Küstenkrümmung und Busen, die weite Ausdehnung der Feste
nach den Polen hin bis zu der Region des ewigen Eises
(ohne daß ein im Winter offen bleibendes Meer dazwischen
liegt); eine Position geographischer Länge, in welcher der
Aequator und die Tropenregion dem Meere zugehören, d. i.
den Mangel eines festen, sich stark erwärmenden, wärmestrah=
lenden Tropenlandes zwischen denselben Meridianen als die
Gegend, deren Klima ergründet werden soll; Gebirgsketten,
deren mauerartige Form und Richtung den Zutritt warmer

Winde verhindert, oder die Nähe isolierter Gipfel, welche längs ihren Abhängen herabsinkende kalte Luftströme verursachen; ausgedehnte Wälder, welche die Insolation des Bodens hindern, durch Lebensthätigkeit der appendikulären Organe (Blätter) große Verdunstung wässeriger Flüssigkeit hervorbringen, mittels der Ausdehnung dieser Organe die durch Ausstrahlung sich abkühlende Oberfläche vergrößern, und also dreifach: durch Schattenkühle, Verdunstung und Strahlung, wirken; häufiges Vorkommen von Sümpfen, welche im Norden bis in die Mitte des Sommers eine Art unterirdischer Gletscher in der Ebene bilden; einen nebeligen Sommerhimmel, der die Wirkung der Sonnenstrahlen auf ihrem Wege schwächt; endlich einen sehr heiteren Winterhimmel, durch welchen die Wärmestrahlung begünstigt wird.

Die gleichzeitige Thätigkeit der störenden (erwärmenden oder erkältenden) Ursachen bestimmt als Totaleffekt (besonders durch Verhältnisse der Ausdehnung und Konfiguration zwischen den undurchsichtigen kontinentalen und den flüssigen ozeanischen Massen) die Inflexionen der auf die Erdoberfläche projizierten Isothermen. Die Perturbationen erzeugen die konvexen und konkaven Scheitel der isothermen Kurven. Es gibt aber störende Ursachen verschiedener Ordnung; jede derselben muß anfangs einzeln betrachtet werden; später, um den Totaleffekt auf die Bewegung (Richtung, örtliche Krümmung) der Isothermenlinie zu ergründen, muß gefunden werden, welche dieser Wirkungen, miteinander verbunden, sich modifizieren, vernichten oder aufhäufen (verstärken): wie das bekanntlich bei kleinen Schwingungen geschieht, die sich begegnen und durchkreuzen. So ist der Geist der Methode, der es, wie ich mir schmeichle, einst möglich werden wird, unermeßliche Reihen scheinbar isoliert stehender Thatsachen miteinander durch empirische, numerisch ausgedrückte Gesetze zu verbinden und die Notwendigkeit ihrer gegenseitigen Abhängigkeit zu erweisen.

Da als Gegenwirkung der Passate (der Ostwinde der Tropenzone) in beiden gemäßigten Zonen West= oder West=Süd=West=Winde die herrschenden Luftströmungen sind und da diese für eine Ostküste Land=, für eine Westküste Seewinde sind (d. h. über eine Fläche streichen, die wegen ihrer Masse und des Herabsinkens der erkalteten Wasserteilchen keiner großen Erkältung fähig ist); so zeigen sich, wo nicht ozeanische Strömungen dem Litorale nahe auf die Temperatur einwirken,

die Oſtküſten der Kontinente kälter als die Weſtküſten.
Cooks junger Begleiter auf der zweiten Erdumſegelung, der
geiſtreiche Georg Forſter, welchem ich die lebhafteſte Anregung
zu weiten Unternehmungen verdanke, hat zuerſt auf eine recht
beſtimmte Weiſe auf die Temperaturunterſchiede der Oſt= und
Weſtküſten in beiden Kontinenten, wie auf die Temperatur=
ähnlichkeit der Weſtküſte von Nordamerika in mittleren Breiten
mit dem weſtlichen Europa aufmerkſam gemacht.

Selbſt in nördlichen Breiten geben ſehr genaue Beob=
achtungen einen auffallenden Unterſchied zwiſchen der mittle=
ren Jahrestemperatur der Oſt= und Weſtküſte von Amerika.
Dieſe Temperatur iſt zu Nain in Labrador (Br. 57° 10′)
volle 3°,8 unter dem Gefrierpunkte, während ſie an der
Nordweſtküſte in Neu = Archangelsk im ruſſiſchen Amerika
(Br. 57° 3′) noch 6°,9 über dem Gefrierpunkte iſt. An dem
erſten Orte erreicht die mittlere Sommertemperatur kaum
6′,2, während ſie am zweiten noch 13°,8 iſt. Peking (39° 54′)
an der Oſtküſte von Aſien hat eine mittlere Jahrestem=
peratur (11°,3), die über 5° geringer iſt als die des etwas
nördlicher liegenden Neapels. Die mittlere Temperatur des
Winters in Peking iſt wenigſtens 3° unter dem Gefrier=
punkt, wenn ſie im weſtlichen Europa, ſelbſt zu Paris (48° 50′),
volle 3°,3 über dem Gefrierpunkt erreicht. Peking hat alſo
eine mittlere Winterkälte, die 2½° größer iſt als das 17 Breiten=
grade nördlichere Kopenhagen.

Wir haben ſchon oben der Langſamkeit gedacht, mit welcher
die große Waſſermaſſe des Ozeans den Temperaturverände=
rungen der Atmoſphäre folgt, und wie dadurch das Meer
temperaturausgleichend wirkt. Es mäßigt dasſelbe gleich=
zeitig die Rauheit des Winters und die Hitze des Sommers.
Daraus entſteht ein zweiter wichtiger Gegenſatz: der zwiſchen
dem Inſel= oder Küſtenklima, welches alle gegliederte,
buſen= und halbinſelreiche Kontinente genießen, und dem Klima
des Inneren großer Maſſen feſten Landes. Dieſer merk=
würdige Gegenſatz iſt in ſeinen mannigfaltigen Erſcheinungen,
in ſeinem Einfluſſe auf die Kraft der Vegetation und das
Gedeihen des Ackerbaues, auf die Durchſichtigkeit des Himmels,
die Wärmeſtrahlung der Erdoberfläche und die Höhe der ewigen
Schneegrenze zuerſt in Leopold von Buchs Werken vollſtändig
entwickelt worden. Im Inneren des aſiatiſchen Kontinents
haben Tobolsk, Barnaul am Obi und Irkutsk Sommer wie
in Berlin, Münſter und Cherbourg in der Normandie; aber

diesen Sommern folgen Winter, in welchen der kälteste Monat die schreckhafte Mitteltemperatur von — 18° bis — 20° hat. In den Sommermonaten sieht man wochenlang das Thermometer auf 30° und 31°. Solche Kontinentalklimate sind daher mit Recht von dem, auch in Mathematik und Physik so erfahrenen Buffon exzessive genannt worden; und die Einwohner, welche in Ländern der exzessiven Klimate leben, scheinen fast verdammt, wie Dante im Purgatorio singt,

a sofferir tormenti caldi e geli.

Ich habe in keinem Erdteile, selbst nicht auf den kanarischen Inseln oder in Spanien oder im südlichen Frankreich, herrlicheres Obst, besonders schönere Weintrauben, gesehen als in Astrachan nahe den Ufern des Kaspischen Meeres (46° 21'). Bei einer mittleren Temperatur des Jahres von etwa 9° steigt die mittlere Sommerwärme auf 21°,2, wie um Bordeaux, während nicht bloß dort, sondern noch weiter südlich, zu Kislar an der Terekmündung (in den Breiten von Avignon und Rimini), das Thermometer im Winter auf — 25° und — 30° herabsinkt.

Irland, Guernsey und Jersey, die Halbinsel Bretagne, die Küsten der Normandie und des südlichen Englands liefern durch die Milde ihrer Winter, die niedrige Temperatur und den nebelverschleierten Himmel ihrer Sommer den auffallendsten Kontrast mit dem Kontinentalklima des inneren östlichen Europas. Im Nordosten Irlands (54° 50') unter einer Breite mit Königsberg in Preußen, vegetiert die Myrte üppig wie in Portugal. Der Monat August, welcher in Ungarn 21° erreicht, hat in Dublin (auf derselben Isotherme von 9½°) kaum 16°; die mittlere Winterwärme, die in Ofen zu — 2°,4 herabsinkt, ist in Dublin (bei der geringen Jahreswärme von 9°,5) noch 4°,3 über dem Gefrierpunkt, d. i. noch 2° höher als in Mailand, Pavia, Padua und der ganzen Lombardei, wo die mittlere Jahreswärme volle 12°,7 erreicht. Auf den Orkney=Inseln (Stromneß), keinen halben Grad südlicher als Stockholm, ist der Winter 4°, also wärmer als in Paris, fast so warm als in London. Selbst auf den Faröer=Inseln in 62° Breite gefrieren unter dem begünstigenden Einflusse der Westwinde und des Meeres die Binnenwasser nie. An der lieblichen Küste von Devonshire, wo der Hafen Salcombe wegen seines milden Klimas das Montpellier des Nordens genannt worden ist, hat man Agave mexicana im Freien blühen, Orangen, die an Spalieren gezogen und kaum mit Matten geschützt wurden, Früchte tragen sehen. Dort, wie zu Penzance und Gosport und an der Küste der Normandie zu Cherbourg steigt die mittlere Wintertemperatur über 5°,5, d. i. nur 1°,3 weniger hoch als die Winter von Montpellier und Florenz. Die hier angedeuteten Verhältnisse zeigen, wie wichtig für die Vegetation, den Ackerbau, die Obstkultur und das Gefühl klimatischer Behaglichkeit die so verschiedene Verteilung einer und derselben mittleren Jahres= temperatur unter die verschiedenen Jahreszeiten ist.

Die Linien, welche ich Jsochimenen und Jsotheren (Linien gleicher Winter= und Sommerwärme) nenne, sind keineswegs den Jsothermen (Linien gleicher Jahrestemperatur) parallel. Wenn da, wo Myrten wild wachsen und die Erde sich im Winter nie bleibend in Schnee einhüllt, die Temperatur des Sommers und Herbstes nur noch (man möchte fast sagen: kaum noch) hinlänglich ist, Aepfel zur vollen Reife zu bringen, wenn die Weinrebe, um trinkbaren Wein zu geben, die Inseln und fast alle Küsten (selbst die westlichen) flieht, so liegt der Grund davon keineswegs allein in der geringeren Sommer= wärme des Litorales, die unsere im Schatten der Luft aus= gesetzten Thermometer anzeigen; er liegt in dem bisher so wenig beachteten und doch in anderen Erscheinungen (der Ent= zündung eines Gemisches von Chlor und Wasserstoffgas) so wirksamen Unterschiede des direkten und zerstreuten Lichtes, bei heiterem oder durch Nebel verschleiertem Himmel. Ich habe seit langer Zeit [230] die Aufmerksamkeit der Physiker und Pflanzen=Physiologen auf diese Unterschiede, auf die unge= messene örtlich in der belebten Pflanzenzelle durch direktes Licht entwickelte Wärme zu leiten gesucht.

Wenn man in der thermischen Skale der Kultur= arten von denen anhebt, die das heißeste Klima erfordern, also von der Vanille, dem Kakao, dem Pisang und der Kokos= palme zu Ananas, Zuckerrohr, Kaffee, fruchttragenden Dattel= bäumen, Baumwolle, Zitronen, Oelbaum, echten Kastanien, trinkbaren Weinen herabsteigt, so lehrt die genaue geographische Betrachtung der Kulturgrenzen gleichzeitig in der Ebene und an dem Abhange der Berge, daß hier andere klimatische Verhältnisse als die mittlere Temperatur des Jahres wirken. Um nur des einzigen Beispiels des Weinbaues zu erwähnen, so erinnere ich, daß, um trinkbaren [231] Wein hervorzubringen, nicht bloß die Jahreswärme 9½° übersteigen, sondern auch

einer Wintermilde von mehr als $+ 0°,5$ eine mittlere Sommer=
temperatur von wenigstens $18°$ folgen muß. Bei Bordeaux
am Flußthal der Garonne (Br. $44° 50'$) sind die Tempera=
turen des Jahres, des Winters, des Sommers und des Herbstes
$13°,8$, $6°,2$, $21°,7$ und $14°,4$. In den baltischen Ebenen
(Br. $52\frac{1}{2}°$), wo ungenießbare Weine erzeugt, und doch ge=
trunken werden, sind diese Zahlen $8°,6$, $— 0°,7$, $17°,6$ und
$8°,6$. Wenn es befremdend scheinen kann, daß die großen
Verschiedenheiten, welche die vom Klima begünstigte oder er=
schwerte Weinkultur zeigt, sich nicht noch deutlicher in unseren
Thermometerangaben offenbaren, so wird diese Befremdung
durch die Betrachtung vermindert, daß ein im Schatten beob=
achtetes, gegen die Wirkungen der direkten Insolation und
nächtlichen Strahlung fast geschütztes Thermometer nicht in
allen Teilen des Jahres bei periodischen Wärmeveränderungen
die wahre oberflächliche Temperatur des die ganze Insolation
empfangenden Bodens anzeigt.

Wie das milde, jahrzeitengleichere Küstenklima der Halb=
insel Bretagne sich zum winterkälteren und sommerheißeren
Klima der übrigen kompakten Ländermasse von Frankreich ver=
hält, so verhält sich gewissermaßen Europa zum großen Festlande
von Asien, dessen westliche Halbinsel es bildet. Europa verdankt
sein sanfteres Klima der Existenz und Lage von Afrika, das in
weiter Ausdehnung, den aufsteigenden Luftstrom begünstigend,
einen festen wärmestrahlenden Boden der Tropenregion dar=
bietet, während südlich von Asien die Aequatorialgegend meist
ganz ozeanisch ist; seiner Gliederung und Meeresnähe an der
westlichen Küste der alten Feste, dem eisfreien Meere, da,
wo es sich gegen Norden ausdehnt. Europa würde demnach
kälter werden, wenn Afrika, vom Meere überflutet, unterginge;
wenn die mythische Atlantis aufstiege und Europa mit Nord=
amerika verbände; wenn der wärmende Golfstrom nicht in
die nördlichen Meere sich ergösse; oder wenn ein anderes festes
Land sich, vulkanisch gehoben, zwischen die skandinavische Halb=
insel und Spitzbergen einschöbe. Sieht man in Europa die
mittleren Jahrestemperaturen sinken, indem man unter denselben
Parallelkreisen von der atlantischen Küste, von Frankreich aus
durch Deutschland, Polen und Rußland gegen die Uralkette,
also von Westen nach Osten fortschreitet, so ist die Haupt=
ursache dieses Erkältungsphänomens in der nach und nach
minder gegliederten, kompakteren, an Breite zunehmenden Form
des Kontinents, in der Entfernung des kälteminderndern Meeres,

wie in dem schwächeren Einflusse der Westwinde zu suchen.
Jenseits des Urals werden diese Westwinde schon erkältende
Landwinde, wenn sie über weite mit Eis und Schnee bedeckte
Länderstrecken fortwehen. Die Kälte des westlichen Sibiriens
wird durch solche Verhältnisse der Ländergestaltung und Luft=
strömung keineswegs [232] aber, wie schon Hippokrates und
Trogus Pompejus annahmen und noch berühmte Reisende
des 18. Jahrhunderts fabelten, durch große Höhe des Bodens
über dem Meeresspiegel erzeugt.

Wenn wir von der Temperaturverschiedenheit in der
Ebene zu den Unebenheiten der polyedrischen Gestalt der Ober=
fläche unseres Planeten übergehen, so betrachten wir die Ge=
birge entweder nach ihrem Einfluß auf das Klima der
benachbarten Tiefländer oder nach den Einwirkungen, die sie
infolge der hypsometrischen Verhältnisse auf ihre eigenen, oft
in Hochebenen erweiterten Gipfel ausüben. Die Gruppierung
der Berge in Bergketten teilt die Erdoberfläche in verschiedene
Becken, in oft eng umwallte Rundthäler, zirkusartige Kessel,
die (wie in Griechenland und in einem Teile von Kleinasien)
das Klima örtlich in Hinsicht auf Wärme, Feuchtigkeit und
Durchsichtigkeit der Luft, auf Häufigkeit der Winde und der
Gewitter individualisieren. Diese Umstände haben von
jeher einen mächtigen Einfluß ausgeübt auf die Natur der Er=
zeugnisse und die Wahl der Kulturen, auf Sitten, Verfassungs=
formen und Abneigung benachbarter Volksstämme gegenein=
ander. Der Charakter der geographischen Individualität
erreicht sozusagen da sein Maximum, wo die Verschiedenheiten
der Bodengestaltung in vertikaler und horizontaler Richtung, im
Relief und in der Gliederung der Kontinente die möglich größten
sind. Mit solchen Bodenverhältnissen kontrastieren die Steppen
des nördlichen Asiens, die Grasebenen (Savanen, Llanos
und Pampas) des Neuen Kontinents, die Heideländer (ericeta)
Europas, die Sand= und Steinwüsten von Afrika.

Das Gesetz der mit der Höhe abnehmenden Wärme unter
verschiedenen Breiten ist einer der wichtigsten Gegenstände
für die Kenntnis meteorologischer Prozesse, für die Geographie
der Pflanzen, die Theorie der irdischen Strahlenbrechung und
die verschiedenen Hypothesen, welche sich auf die Bestimmung
der Höhe der Atmosphäre beziehen. Bei den vielen Bergreisen,
die ich in und außerhalb der Tropen habe unternehmen können,
ist die Ergründung dieses Gesetzes ein vorzüglicher Gegenstand
meiner Untersuchungen gewesen.

Seitdem man die wahren Verhältnisse der Wärmeverteilung auf der Oberfläche der Erde, d. i. die Inflexionen der Isothermen und Isotheren und den ungleichen Abstand derselben voneinander, in den verschiedenen östlichen und westlichen Temperatursystemen von Asien, Mitteleuropa und Nordamerika, etwas genauer kennt, darf man nicht mehr im allgemeinen die Frage aufwerfen, welcher Bruchteil der mittleren Jahres- oder Sommerwärme einer Veränderung der geographischen Breite von 1° entspricht, wenn man auf demselben Meridian fortschreitet. In jedem Systeme gleicher Krümmung der Isothermen herrscht ein inniger und notwendiger Zusammenhang zwischen drei Elementen: der Wärmeabnahme in senkrechter Richtung von unten nach oben, der Temperaturverschiedenheit bei einer Aenderung von 1° in der geographischen Breite, der Gleichheit der mittleren Temperatur einer Bergstation und der Polardistanz eines im Meeresspiegel gelegenen Punktes.

In dem ostamerikanischen Systeme verändert sich die mittlere Jahrestemperatur von der Küste von Labrador bis Boston jeden Breitengrad um 0°,88, von Boston bis Charleston um 0°,95, von Charleston bis zum Wendekreise des Krebses in Cuba hin wird die Veränderung aber langsamer; sie ist dort nur 0°,66. In der Tropenzone selbst nimmt die Langsamkeit dergestalt zu, daß von der Havana bis Cumana die einem Breitengrade zukommende Variation nur noch 0°,20 beträgt.

Ganz anders ist es in dem System der Isothermen von Mitteleuropa. Zwischen den Parallelen von 38° und 71° finde ich die Temperaturabnahme sehr übereinstimmend ½ Grad für einen Breitengrad. Da nun in demselben Mitteleuropa die Abnahme der Wärme 1° in 80 bis 87 Toisen (480 bis 522 Fuß = 160 bis 170 m) senkrechter Höhe beträgt, so ergibt sich hieraus, daß 40 bis 44 Toisen (240 bis 264 Fuß = 80 bis 86 m) der Erhebung über dem Meeresspiegel dort einem Breitengrad entsprechen. Die mittlere Jahrestemperatur des Bernhard-Klosters, das 1278 Toisen (7668 Fuß = 2490 m) hoch in 45° 50′ Breite liegt, würde sich also in der Ebene bei einer Breite von 75° 50′ wiederfinden.

In dem Teil der Andeskette, welcher in die Tropenzone fällt, haben meine bis zu 18000 Fuß (5850 m) Höhe angestellten Beobachtungen die Wärmeabnahme von 1° auf 96 Toisen (576 Fuß = 187 m) gegeben; mein Freund

Boussingault hat 30 Jahre später als Mittelresultat 90 Toisen (540 Fuß = 175 m) gefunden. Durch Vergleichung der Orte, welche in den Kordilleren in gleicher Höhe über dem Meere am Abhange selbst oder in weit ausgedehnten Hochebenen liegen, habe ich in den letzteren eine Zunahme der Jahrestemperatur von 1°,5 bis 2°,3 beobachtet. Ohne die nächtliche erkältende Wärmestrahlung würde der Unterschied noch größer sein. Da die Klimate schichtenweise übereinander gelagert sind, von den Kakaowäldern des Tieflandes bis zum ewigen Schnee, und da die Wärme in der Tropenzone während des ganzen Jahres sich nur sehr wenig ändert, so kann man sich eine ziemlich genaue Vorstellung von den Temperaturverhältnissen machen, welchen die Bewohner der großen Städte in der Andeskette ausgesetzt sind, wenn man diese Verhältnisse mit der Temperatur gewisser Monate in den Ebenen von Frankreich und Italien vergleicht. Während daß an den Waldufern des Orinoko täglich eine Wärme herrscht, welche um 4° die des Monats August zu Palermo übertrifft, findet man, indem man die Andeskette ersteigt, zu Popayan (911 t = 1793 m) die drei Sommermonate von Marseille, zu Quito (1492 t = 2908 m) das Ende des Monats Mai zu Paris, und auf den mit krüppeligem Alpengesträuch bewachsenen, aber noch blütenreichen Paramos (1800 t = 3507 m) den Anfang des Monats April zu Paris.

Der scharfsinnige Peter Martyr de Anghiera, einer der Freunde von Christoph Kolumbus, ist wohl der erste gewesen, welcher (nach der im Oktober 1510 unternommenen Expedition von Rodrigo Enrique Colmenares) erkannt hat, daß die Schneegrenze immer höher steigt, je mehr man sich dem Aequator nähert. Ich lese in dem schönen Werke De rebus Oceanicis: [233] „Der Fluß Gaira kommt von einem Berge (in der Sierra Nevada de Santa Marta) herab, welcher nach Aussage der Reisegefährten des Colmenares höher ist als alle bisher entdeckten Berge. Er muß es ohne Zweifel sein, wenn er in einer Zone, die von der Aequinoktiallinie höchstens 10° absteht, den Schnee dauernd behält." Die untere Grenze des ewigen Schnees in einer gegebenen Breite ist die Sommergrenze der Schneelinie, d. i. das Maximum der Höhe, bis zu welcher sich die Schneelinie im Laufe des ganzen Jahres zurückzieht. Man muß von dieser Höhe drei andere Phänomene unterscheiden: die jährliche Schwankung der Schneegrenze, das Phänomen des sporadischen Schneefalles und das der

Gletscher, welche der gemäßigten und kalten Zone eigentümlich scheinen, und über welche, nach Saussures unsterblichem Werke über die Alpen, in diesen letzten Jahren Venetz, Charpentier und mit ruhmwürdiger, gefahrentrotzender Ausdauer Agassiz neues Licht verbreitet haben.

Wir kennen nur die untere, nicht die obere Grenze des ewigen Schnees; denn die Berge der Erde steigen nicht hinauf bis zu der ätherisch=olympischen Höhe, zu den dünnen, trockenen Luftschichten, von welchen man mit Bouguer vermuten kann, daß sie nicht mehr Dunstbläschen in Eiskristalle verwandelt, dem Auge sichtbar darbieten würden. Die untere Schneegrenze ist aber nicht bloß eine Funktion der geographischen Breite oder der mittleren Jahrestemperatur; der Aequator, ja selbst die Tropenregion ist nicht, wie man lange gelehrt hat, der Ort, an welchem die Schneegrenze ihre größte Erhebung über dem Niveau des Ozeans erreicht. Das Phänomen, das wir hier berühren, ist ein sehr zusammengesetztes: im allgemeinen von Verhältnissen der Temperatur, der Feuchtigkeit und der Berggestaltung abhängig. Unterwirft man diese Verhältnisse einer noch spezielleren Analyse, wie eine große Menge neuerer Messungen[234] es erlauben, so erkennt man als gleichzeitig bestimmende Ursachen, die Temperaturdifferenz der verschiedenen Jahreszeiten, die Richtung der herrschenden Winde und ihre Berührung mit Meer und Land, den Grad der Trockenheit oder Feuchtigkeit der oberen Luftschichten, die absolute Größe (Dicke) der gefallenen und aufgehäuften Schneemassen, das Verhältnis der Schneegrenze zur Gesamthöhe des Berges, die relative Stellung des letzteren in der Bergkette, die Schroffheit der Abhänge, die Nähe anderer, ebenfalls perpetuierlich mit Schnee bedeckter Gipfel, die Ausdehnung, Lage und Höhe der Ebene, aus welcher der Schneeberg isoliert oder als Teil einer Gruppe (Kette) aufsteigt und die eine Seeküste oder der innere Teil eines Kontinents, bewaldet oder eine Grasflur, sandig und dürr und mit nackten Felsplatten bedeckt oder ein feuchter Moorboden sein kann.

Während daß die Schneegrenze in Südamerika unter dem Aequator eine Höhe erreicht, welche der des Gipfels des Montblanc in der Alpenkette gleich ist, und sie im Hochlande von Mexiko gegen den nördlichen Wendekreis hin, in 19° Breite nach neueren Messungen, sich ungefähr um 960 Fuß (312 m) senkt, steigt sie nach Pentland in der südlichen Tropenzone

(Br. 40°,5 bis 18°), nicht in der östlichen, sondern in der meer-
nahen westlichen Andeskette von Chile, mehr als 2500 Fuß
(812 m) höher als unter dem Aequator unfern Quito, am
Chimborazo, am Cotopaxi und am Antisana. Der Dr. Gillies
behauptet sogar noch weit südlicher, am Abhange des Vulkans
von Peuquenes (Br. 33°), die Schneehöhe bis zwischen 2270
und 2350 Toisen (4424 und 4580 m) Höhe gefunden zu
haben. Die Verdunstung des Schnees bei der Strahlung in
einer im Sommer überaus trockenen Luft gegen einen wolken-
freien Himmel ist so mächtig, daß der Vulkan von Acon-
cagua nordöstlich von Valparaiso (Br. 32°,5), welchen die
Expedition des Beagle noch um mehr als 1400 Fuß (454 m)
höher als den Chimborazo fand, einst ohne Schnee gesehen
wurde [233].

In der fast gleichen nördlichen Breite (30°,75 bis 31°)
am Himalaya liegt die Schneegrenze am südlichen Abhange
ungefähr in der Höhe (2030 Toisen oder 12 180 Fuß = 3956 m),
in welcher man sie nach mehrfachen Kombinationen und Vergleichungen mit anderen Bergketten vermuten konnte; am nördlichen Abhange aber, unter der Einwirkung des Hochlandes
von Tibet, dessen mittlere Erhebung an 1800 Toisen (10 800
Fuß = 3507 m) zu sein scheint, liegt die Schneegrenze
2600 Toisen (15 600 Fuß = 5067 m) hoch. Diese in Europa
und Indien oft bestrittene Erscheinung, über deren Ursachen
ich seit dem Jahre 1820 meine Ansichten in mehreren Schriften
entwickelt habe [236], gewährt mehr als ein bloß physikalisches
Interesse: sie hat einen wichtigen Einfluß auf das Leben zahl-
reicher Volksstämme ausgeübt. Meteorologische Prozesse des
Luftkreises gestatten und entziehen dem Ackerbau oder dem
Hirtenleben weite Erdstriche eines Kontinents.

Da mit der Temperatur die Dampfmenge des Luftkreises
zunimmt, so ist dieses für die ganze organische Schöpfung
so wichtige Element nach Stunden des Tages, nach den Jahreszeiten, Breitengraden und Höhen verschieden. Das neuerlichst
so allgemein verbreitete Verfahren, durch Anwendung von
Augusts Psychrometer, nach Daltons und Daniells Ideen,
vermittelst des Unterschiedes des Taupunkts und der Luftwärme die relative Dampfmenge oder den Feuchtigkeitszustand
der Atmosphäre zu bestimmen, hat unsere Kenntnis der hygrometrischen Verhältnisse der Erdoberfläche ansehnlich vermehrt.
Temperatur, Luftdruck und Windrichtung stehen im innigsten
Zusammenhange mit der belebenden Feuchtigkeit der Luft-

schichten. Diese Belebung ist aber nicht sowohl Folge der unter verschiedenen Zonen aufgelösten Dampfmenge, sondern der Art und Frequenz der Niederschläge als Tau, Nebel, Regen und Schnee, welche den Boden benetzen. Nach der Ermittelung des Drehungsgesetzes von Dove und den Ansichten dieses ausgezeichneten Physikers ist in unserer nördlichen Zone „die Elastizität des Dampfes am größten bei Südwestwind, am kleinsten bei Nordostwind. Auf der Westseite der Windrose vermindert sie sich und steigt hingegen auf der Ostseite. Auf der Westseite nämlich verdrängt der kalte, schwere, trockene Luftstrom den warmen, leichten, viel Wasserdampf enthaltenden, während auf der Ostseite dieser durch jenen verdrängt wird. Der Südweststrom ist der durchgedrungene Aequatorialstrom, der Nordoststrom der allein herrschende Polarstrom".

Das anmutig frische Grün vieler Bäume, welches man in solchen Gegenden der Tropenländer bemerkt, wo fünf bis sieben Monate lang kein Gewölk am Himmelsgewölbe aufsteigt, wo bemerkbar kein Tau und Regen fallen, beweist, daß die appendikulären Teile (die Blätter) durch einen eigenen Lebensprozeß, welcher vielleicht nicht bloß der einer kälteerregenden Ausstrahlung ist, die Fähigkeit haben, Wasser der Luft zu entziehen. Mit den regenlosen, dürren Ebenen von Cumana, Coro und Ceare (Nordbrasilien) kontrastiert die Regenmenge, welche in anderen Tropengegenden fällt, z. B. in der Havana nach einem Durchschnitt von sechsjährigen Beobachtungen von Ramon de la Sagra im Mitteljahr 102 Pariser Zoll (2760 mm), vier- bis fünfmal so viel als in Paris und Genf[237]. An dem Abhange der Andeskette nimmt mit der Höhe wie die Temperatur so auch die Regenmenge[238] ab. Sie ist von meinem südamerikanischen Reisegefährten Caldas in Santa Fé de Bogota, auf einer Höhe von fast 8200 Fuß (2664 m), nicht über 37 Zoll (752 mm), also wenig größer wie an einigen westlichen Küsten von Europa, gefunden worden. Boussingault sah bisweilen in Quito bei einer Temperatur von 12° bis 13° das Saussuresche Hygrometer auf 26° zurückgehen. In 6600 Fuß (2143 m) hohen Luftschichten (bei einer Temperatur von 4°) sah Gay-Lussac in seiner großen akrostatischen Aszension an demselben Feuchtigkeitsmesser auch 25°,3. Die größte Trockenheit, die man bisher auf der Erde in den Tiefländern beobachtet hat, ist wohl die, welche wir, Gustav Rose, Ehrenberg und ich, im nördlichen Asien fanden, zwischen

den Flußthälern des Irtysch und Obi. In der Steppe Pla=
towskaja, nachdem die Südwestwinde lange aus dem Inneren
des Kontinents geweht hatten, bei einer Temperatur von
23°,7, fanden wir den Taupunkt 4°,3 unter dem Gefrier=
punkt. Die Luft enthielt nur noch 0,16 Wasserdampf. Gegen
die größere Trockenheit der Bergluft, welche aus Saussures
und meinen Hygrometermessungen in der hohen Region der
Alpen und der Kordilleren zu folgen scheint, haben in diesen
letzten Jahren genaue Beobachter, Kämtz, Bravais und Martins,
Zweifel erregt. Man verglich die Luftschichten in Zürich und
auf dem freilich nur in Europa hoch zu nennenden Faulhorn.
Die Nässe, durch welche in der Tropenregion der Paramos
(nahe der Gegend, wo Schnee zu fallen beginnt, zwischen
11000 und 12000 Fuß = 3570 bis 3900 m Höhe) einige Arten
von großblütigen, myrtenblätterigen Alpensträuchen fast perpe=
tuierlich getränkt werden, zeugt nicht eigentlich für das Dasein
einer großen absoluten Menge des Wasserdunstes in jener
Höhe; diese Nässe beweist nur, wie der häufige Nebel auf dem
schönen Plateau von Bogota, die Frequenz der Niederschläge.
Nebelschichten in solchen Höhen entstehen und verschwinden
bei ruhiger Luft mehrmals in einer Stunde. Solcher schnelle
Wechsel charakterisiert die Hochebenen und Paramos der An
deskette.

Die Elektrizität des Luftkreises, man mag sie
in den unteren Regionen oder in der hohen Wolkenhülle be=
trachten, problematisch in ihrem stillen periodischen täglichen
Gange wie in den Explosionen des leuchtenden und
krachenden Ungewitters, steht in vielfachem Verkehr mit allen
Erscheinungen der Wärmeverteilung, des Drucks der Atmo
sphäre und ihrer Störungen, der Hydrometeore, wahrscheinlich
auch des Magnetismus der äußersten Erdrinde. Sie wirkt
mächtig ein auf die ganze Tier- und Pflanzenwelt, nicht etwa
bloß durch meteorologische Prozesse, durch Niederschläge von
Wasserdämpfen, Säuren oder ammoniakalischen Verbindungen,
die sie veranlaßt, sondern auch unmittelbar als elektrische
(nervenreizende oder Saftumlauf befördernde) Kraft. Es ist
hier nicht der Ort, den Streit über die eigentliche Quelle der
Luftelektrizität bei heiterem Himmel zu erneuern, welche bald
der Verdampfung unreiner (mit Erden und Salzen ge=
schwängerter) Flüssigkeiten, bald dem Wachstum der Pflanzen
oder anderen chemischen Zersetzungen auf der Oberfläche der
Erde, bald der ungleichen Wärmeverteilung in den Luft=

schichten, bald endlich, nach Peltiers scharfsinnigen Untersuchun=
gen, der Einwirkung einer stets negativen Ladung des Erdballs
zugeschrieben worden ist. Auf die Resultate beschränkt, welche
elektrometrische Beobachtungen, besonders die zuerst von Col=
ladon vorgeschlagene sinnreiche Anordnung eines elektromagne=
tischen Apparats, gegeben haben, soll die physische Welt=
beschreibung die mit der Höhe und der baumfreien Umgebung
der Station unbestreitbar zunehmende Stärke der allgemeinen
positiven Luftelektrizität, ihre tägliche Ebbe und Flut (nach
Clarkes Dubliner Versuchen in verwickelteren Perioden, als
Saussure und ich sie gefunden), die Unterschiede der Jahres=
zeiten, des Abstandes vom Aequator, der kontinentalen und
ozeanischen Oberflächen angeben.

Wenn im ganzen da, wo das Luftmeer einen flüssigen
Boden hat, das elektrische Gleichgewicht seltener gestört ist als
in der Landluft, so ist es um so auffallender, zu sehen, wie
in weiten Meeren kleine Inselgruppen auf den Zustand der
Atmosphäre einwirken und die Bildung der Gewitter veran=
lassen. Im Nebel und bei anfangendem Schneefall habe ich
in langen Reihen von Versuchen die vorher permanente Glas=
elektrizität schnell in resinöse übergehen und mehrfach abwech=
seln sehen, sowohl in den Ebenen der kalten Zone als unter
den Tropen in den Paramos der Kordilleren, zwischen 10 000
und 14 000 Fuß (3250 bis 4550 m) Höhe. Der wechselnde Ueber=
gang war dem ganz gleich, welchen die Elektrometer kurz vor und
während des Gewitters angeben [239]. Haben die Dunstbläschen
sich zu Wolken mit bestimmten Umrissen kondensiert, so ver=
mehrt sich nach Maßgabe der Verdichtung die elektrische
Spannung der äußeren Hülle oder Oberfläche [240], auf welche
die Elektrizität der einzelnen Dunstbläschen überströmt. Die
schiefergrauen Wolken haben nach Peltiers zu Paris an=
gestellten Versuchen Harz=, die weißen, rosen= und orange=
farbenen Wolken Glaselektrizität. Gewitterwolken umhüllen
nicht bloß die höchsten Gipfel der Andeskette (ich selbst habe
die verglasenden Wirkungen des Blitzes auf einem der Fels=
türme gefunden, welche in einer Höhe von fast 14 300 Fuß
[4644 m] den Krater des Vulkans von Toluca überragen);
auch über dem Tieflande, in der gemäßigten Zone, sind Ge=
witterwolken in einer vertikalen Höhe von 25 000 Fuß (8120 m)
gemessen worden. Bisweilen senkt sich aber die donnernde
Wolkenschicht bis zu 5000, ja zu 3000 Fuß Abstand über
der Ebene herab.

Nach Aragos Untersuchungen, den umfassendsten, welche wir bisher über diesen schwierigen Teil der Meteorologie besitzen, sind die Lichtentbindungen (Blitze) dreierlei Art: zickzackförmige, scharf an den Rändern begrenzte; Blitze, die das ganze, sich gleichsam öffnende Gewölk erleuchten; Blitze in Form von Feuerkugeln. Wenn die ersteren beiden Arten kaum 0,001 der Sekunde dauern, so bewegen sich dagegen die globulären Blitze weit langsamer, ihre Erscheinung hat eine Dauer von mehreren Sekunden. Bisweilen (und neue Beobachtungen bestätigen das schon von Nicholson und Beccaria beschriebene Phänomen) werden ganz ohne vernehmbaren Donner, ohne Anzeige von Gewitter isolierte Wolken, welche hoch über dem Horizont stehen, ohne Unterbrechung auf lange Zeit leuchtend im Inneren und an den Rändern; auch hat man fallende Hagelkörner, Regentropfen und Schneeflocken ohne vorhergegangenen Donner leuchten gesehen. In der geographischen Verteilung der Gewitter bietet das peruanische Küstenland, in dem es nie blitzt und donnert, den auffallendsten Kontrast mit der ganzen übrigen Tropenzone dar, in welcher sich zu gewissen Jahreszeiten fast täglich, 4 bis 5 Stunden nach der Kulmination der Sonne, Gewitter bilden. Nach den vielen von Arago gesammelten Zeugnissen der Seefahrer (Scoresby, Parry, Roß, Franklin) ist nicht zu bezweifeln, daß im allgemeinen im hohen Norden zwischen 70° und 75° Breite elektrische Explosionen überaus selten [241] sind.

Der meteorologische Teil des Naturgemäldes, welchen wir hier beschließen, zeigt, daß alle Prozesse der Lichtabsorption, der Wärmeentbindung, der Elastizitätsveränderung, des hygrometrischen Zustandes und der elektrischen Spannung, welche das unermeßliche Luftmeer darbietet, so innig miteinander zusammenhangen, daß jeder einzelne meteorologische Prozeß durch alle anderen gleichzeitigen modifiziert wird. Diese Mannigfaltigkeit der Störungen, die unwillkürlich an diejenigen erinnern, welche in den Himmelsräumen die nahen und besonders die kleinsten Weltkörper (Trabanten, Kometen, Sternschnuppen) in ihrem Laufe erleiden, erschwert die Deutung der verwickelten meteorologischen Erscheinungen; sie beschränkt und macht größtenteils unmöglich die Vorherbestimmung atmosphärischer Veränderungen, welche für den Garten- und Landbau, für die Schiffahrt, für den Genuß und die Freuden des Lebens so wichtig wäre. Diejenigen, welche den Wert der Meteorologie nicht in die Kenntnis der Phänomene selbst, sondern in jene problematische Vorherbestimmung setzen, sind von der festen Ueberzeugung durchdrungen, daß der Teil der Naturwissenschaft, um den so viele Reisen in ferne Berggegenden unternommen worden sind, die Meteorologie, sich seit Jahrhunderten keiner Fortschritte zu rühmen habe. Das Vertrauen, das sie den Physikern entziehen, schenken sie dem Mondwechsel und gewissen lange berufenen Kalendertagen.

„Große Abweichungen von der mittleren Temperaturverteilung treten selten lokal auf, sie sind meist über große Länderstrecken gleichmäßig verteilt. Die Größe der Abweichung ist an einer bestimmten Stelle ein Maximum und nimmt dann nach den Grenzen hin ab. Werden diese Grenzen überschritten, so findet man starke Abweichungen im entgegengesetzten Sinne. Gleichartige Witterungsverhältnisse finden sich häufiger von Süden nach Norden als von Westen nach Osten. Am Ende des Jahres 1829 (als ich meine sibirische Reise vollendete) fiel das Maximum der Kälte nach Berlin, während Nordamerika sich einer ungewöhnlichen Wärme erfreute. Es ist eine ganz willkürliche Annahme, daß auf einen strengen Winter ein heißer Sommer, auf einen milden Winter ein kühler Sommer folge.“ Die so verschiedenartig entgegengesetzten Witterungsverhältnisse nebeneinanderliegender Länder oder zweier kornbauender Kontinente bringen eine wohlthätige Ausgleichung in den Preisen vieler Produkte des Wein- und Ackerbaues hervor. Man hat mit Recht bemerkt, daß das Barometer allein uns andeute, was in allen Luftschichten über dem Beobachtungsorte bis zur äußersten Grenze der Atmosphäre in der Veränderung des Druckes vorgeht, während das Thermometer und Psychrometer uns nur über die örtliche Wärme und Feuchtigkeit der unteren, dem Boden nahen Schicht unterrichtet. Die gleichzeitigen thermischen und hygrometrischen Modifikationen der oberen Luftregionen ergründen wir, wo unmittelbare Beobachtungen auf Bergen oder aerostatischen Reisen fehlen, nur aus hypothetischen Kombinationen, da das Barometer allerdings auch als Thermometer und Feuchtigkeitsbestimmer dienen kann. Wichtige Witterungsveränderungen haben nicht eine örtliche Ursache an dem Beobachtungsorte selbst: sie sind Folgen einer Begebenheit, die in weiter Ferne durch Störung des Gleichgewichts in den Luftströmungen begonnen hat, meist nicht an der Oberfläche der Erde, sondern in den höchsten Regionen, kalte oder warme, trockene oder feuchte Luft herbeiführend, die Durchsichtigkeit der Luft trübend

oder aufheiternd, die getürmte Haufenwolke in zart=
gefiederten Cirrus umwandelnd. Weil also Unzugänglichkeit
der Erscheinungen sich zu der Vervielfältigung und Kompli=
kation der Störungen gesellt, hat es mir immer geschienen,
daß die Meteorologie ihr Heil und ihre Wurzel wohl zuerst
in der heißen Zone suchen müsse, in jener glücklichen Region,
wo stets dieselben Lüfte wehen, wo Ebbe und Flut des atmo=
sphärischen Druckes, wo der Gang der Hydrometeore, wo
das Eintreten elektrischer Explosionen periodisch wieder=
kehrend sind.

Nachdem wir, den ganzen Umfang des anorganischen
Erdenlebens durchlaufend, den Planeten in seiner Gestaltung,
seiner inneren Wärme, seiner elektromagnetischen Ladung,
seinem Lichtprozesse an den Polen, seiner, Vulkanismus
genannten Reaktion gegen die starre, mannigfach zusammen=
gesetzte, äußere Rinde, endlich in den Erscheinungen seiner
zweifachen äußeren Hüllen (des Ozeans und des Luftmeers)
mit wenigen Zügen geschildert haben, könnte nach der älteren
Behandlung der physischen Erdbeschreibung das Naturbild
als vollendet betrachtet werden. Wo aber die Weltansicht zu
einem höheren Standpunkte sich zu erheben strebt, würde jenes
Naturbild seines anmutigsten Reizes beraubt erscheinen, wenn
es uns nicht zugleich die Sphäre des organischen Lebens
in den vielen Abstufungen seiner typischen Entwickelung dar=
böte. Der Begriff der Belebtheit ist so an den Begriff von
dem Dasein der treibenden, unablässig wirksamen, entmischend
schaffenden Naturkräfte geknüpft, welche in dem Erdkörper sich
regen, daß in den ältesten Mythen der Völker diesen Kräften
die Erzeugung der Pflanzen und Tiere zugeschrieben, ja der
Zustand einer unbelebten Oberfläche unseres Planeten in die
chaotische Urzeit kämpfender Elemente hinaufgerückt wurde.
In das empirische Gebiet objektiver sinnlicher Betrachtung, in
die Schilderung des Gewordenen, des damaligen Zustandes
unseres Planeten, gehören nicht die geheimnisvollen und un=
gelösten Probleme des Werdens.

Die Weltbeschreibung, nüchtern an die Realität ge=
fesselt, bleibt nicht aus Schüchternheit, sondern nach der Natur
ihres Inhaltes und ihrer Begrenzung den dunkeln Anfängen
einer Geschichte der Organismen[242] fremd, wenn das
Wort Geschichte hier in seinem gebräuchlichsten Sinne ge=
nommen wird. Aber die Weltbeschreibung darf auch daran
mahnen, daß in der anorganischen Erdrinde dieselben Grund=

stoffe vorhanden sind, welche das Gerüste der Tier= und
Pflanzenorgane bilden. Sie lehrt, daß in diesen wie in jener
dieselben Kräfte walten, welche Stoffe verbinden und tren=
nen, welche gestalten und flüssig machen in den organischen
Geweben, aber Bedingungen unterworfen, die noch unergründet
unter der sehr unbestimmten Benennung von **Wirkung der
Lebenskräfte** nach mehr oder minder glücklich geahndeten
Analogieen systematisch gruppiert werden. Der naturbeschauen=
den Stimmung unseres Gemütes ist es daher ein Bedürfnis,
die physischen Erscheinungen auf der Erde bis zu ihrem äußersten
Gipfel, bis zur Formentwickelung der Vegetabilien und der
sich selbst bestimmenden Bewegung im tierischen Organis=
mus zu verfolgen. So schließt sich die **Geographie des
Organisch=Lebendigen** (Geographie der Pflanzen und
Tiere) an die Schilderung der anorganischen Naturerschei=
nungen des Erdkörpers an.

Ohne hier die schwierige Frage zu erörtern über das
„sich selbst Bewegende", d. h. über den Unterschied des vege=
tabilischen und tierischen Lebens, müssen wir zuerst nur darauf
aufmerksam machen, daß, wenn wir von Natur mit mikro=
skopischer Sehkraft begabt, wenn die Integumente der Pflanzen
vollkommen durchsichtig wären, das Gewächsreich uns nicht
den Anblick von Unbeweglichkeit und Ruhe darbieten würde,
in welcher es jetzt unseren Sinnen erscheint. Die inneren
Teile des Zellenbaues der Organe sind unaufhörlich durch die
verschiedenartigsten Strömungen belebt. Es sind: Rotations=
strömungen, auf und ab steigend, sich verzweigend, ihre Rich=
tungen verändernd, durch die Bewegung körnigen Schleims
offenbart, in Wasserpflanzen (Najaden, Characeen, Hydrocha=
riden) und in den Haaren phanerogamischer Landpflanzen;
eine wimmelnde, von dem großen Botaniker Robert Brown
entdeckte Molekularbewegung, welche freilich außerhalb der
Organe bei jeder äußersten Teilung der Materie ebenfalls be=
merkbar wird; die kreisende Strömung der Milchsaftkügelchen
(Cyklose) in einem System eigener Gefäße; endlich die sonder=
baren, sich entrollenden, gegliederten Fadengefäße in den An=
theridien der Chara und den Reproduktionsorganen der Leber=
moose und Tangarten, in welchen der der Wissenschaft zu
früh entrissene Meyen ein Analogon der Spermatozoen der
animalischen Schöpfung zu erkennen glaubte. Zählen wir zu
diesen mannigfaltigen Regungen und Wirbeln noch hinzu, was
der Endosmose, den Prozessen der Ernährung und des Wachs=

tums, was den inneren Luftströmen zugehört, so haben wir ein Bild von den Kräften, welche, uns fast unbewußt, in dem stillen Pflanzenleben thätig sind.

Seitdem ich in den Ansichten der Natur die All=belebtheit der Erdoberfläche, die Verbreitung der organischen Formen nach Maßgabe der Tiefe und Höhe geschildert habe, ist unsere Kenntnis auch in dieser Richtung durch Ehrenbergs glänzende Entdeckungen „über das Verhalten des kleinsten Lebens in dem Weltmeere wie in dem Eise der Polarländer" auf eine überraschende Weise, und zwar nicht durch kombi=natorische Schlüsse, sondern auf dem Wege genauer Beob=achtung vermehrt worden. Die Lebenssphäre, man möchte sagen der Horizont des Lebens, hat sich vor unseren Augen erweitert. „Es gibt nicht nur ein unsichtbar kleines, mikro=skopisches, ununterbrochen thätiges Leben in der Nähe beider Pole, da wo längst das größere nicht mehr gedeiht; die mikro=skopischen Lebensformen des Südpolmeers, auf der antarktischen Reise des Kapitäns James Roß gesammelt, enthalten sogar einen ganz besonderen Reichtum bisher ganz unbekannter, oft sehr zierlicher Bildungen. Selbst im Rückstande des ge=schmolzenen, in rundlichen Stücken umherschwimmenden Eises, unter einer Breite von 78° 10', wurden über fünfzig Arten kieselschaliger Polygastren, ja Koskinodisken, mit ihren grünen Ovarien, also sicher lebend und gegen die Extreme strenger Kälte glücklich ankämpfend, gefunden. In dem Golf des Erebus wurden mit dem Senkblei in 1242 bis 1620 Fuß (403 bis 526 m) Tiefe 68 kieselschalige Polygastren und Phy=tolitharien und mit ihnen nur eine einzige kalkschalige Poly=thalamia heraufgezogen."

Die bisher beobachteten ozeanischen mikroskopischen Formen sind in weit überwiegender Menge die kieselschaligen, ob=gleich die Analyse des Meerwassers die Kieselerde nicht als wesentlichen Bestandteil zeigt (und dieselbe wohl nur als schwebend gedacht werden kann). Der Ozean ist aber nicht bloß an einzelnen Punkten und in Binnenmeeren oder den Küsten nahe mit unsichtbaren, d. h. von nichtbewaffneten Augen ungesehenen Lebensatomen dicht bevölkert; man kann auch nach den von Schayer auf seiner Rückreise aus Van=diemensland geschöpften Wasserproben (südlich vom Vor=gebirge der guten Hoffnung in 75° Breite, wie mitten unter den Wendekreisen im Atlantischen Meere) für erwiesen an=nehmen, daß der Ozean in seinem gewöhnlichen Zustande, ohne besondere Färbung, ohne fragmentarisch schwimmende, den Oszillatorien unserer süßen Wasser ähnliche Filze kieselschaliger Fäden der Gattung Chaetoceros, bei klarster Durchsichtigkeit zahlreiche mikroskopische selbständige Organismen enthalte. Einige Polygastren von den Cockburninseln, mit Pinguinexkrementen und Sand gemengt, scheinen über die ganze Erde verbreitet; andere sind beiden Polen gemeinsam.

Es herrscht demnach, und die neuesten Beobachtungen bestätigen diese Ansicht, in der ewigen Nacht der ozeanischen Tiefen vorzugsweise das Tierleben, während auf den Kontinenten, des periodischen Reizes der Sonnenstrahlen bedürftig, das Pflanzenleben am meisten verbreitet ist. Der Masse nach überwiegt im allgemeinen der vegetabilische Organismus bei weitem den tierischen auf der Erde. Was ist die Zahl großer Cetaceen und Pachydermen gegen das Volum dichtgedrängter, riesenmäßiger Baumstämme von 8 bis 12 Fuß (2,6 bis 3,9 m) Durchmesser in dem einzigen Waldraum, welcher die Tropenzone von Südamerika zwischen dem Orinoko, dem Amazonenfluß und dem Rio da Madeira füllt! Wenn auch der Charakter der verschiedenen Erdräume von allen äußeren Erscheinungen zugleich abhängt, wenn Umriß der Gebirge, Physiognomie der Pflanzen und Tiere, wenn Himmelsbläue, Wolkengestalt und Durchsichtigkeit des Luftkreises den Totaleindruck bewirken, so ist doch nicht zu leugnen, daß das Hauptbestimmende dieses Eindrucks die Pflanzendecke ist. Dem tierischen Organismus fehlt es an Masse, und die Beweglichkeit der Individuen entzieht sie oft unseren Blicken. Die Pflanzenschöpfung wirkt durch stetige Größe auf unsere Einbildungskraft; ihre Masse bezeichnet ihr Alter, und in den Gewächsen allein sind Alter und Ausdruck der stets sich erneuernden Kraft miteinander gepaart. In dem Tierreiche (und auch diese Betrachtung ist das Resultat von Ehrenbergs Entdeckungen) ist es gerade das Leben, das man das kleinste im Raume zu nennen pflegt, welches durch seine Selbstteilung und rasche Vermehrung[243] die wunderbarsten Massenverhältnisse darbietet. Die kleinsten der Infusorien, die Monadinen, erreichen nur einen Durchmesser von $\frac{1}{3000}$ einer Linie, und doch bilden die kieselschaligen Organismen in feuchten Gegenden unterirdische belebte Schichten von der Dicke mehrerer Lachter.

Der Eindruck der Allbelebtheit der Natur, anregend und wohlthätig dem fühlenden Menschen, gehört jeder Zone an;

am mächtigſten wird er gegen den Aequator hin, in der eigent=
lichen Zone der Palmen, der Bambuſen und der baumartigen
Farne, da wo von dem mollusken= und korallenreichen Meeres=
ufer der Boden ſich bis zur ewigen Schneegrenze erhebt. Die
Ortsverhältniſſe der Pflanzen und Tiere umfaſſen faſt alle
Höhen und Tiefen. Organiſche Gebilde ſteigen in das Innere
der Erde herab; nicht bloß da, wo durch den Fleiß des Berg=
mannes große Weitungen entſtanden ſind, auch in natürlichen
Höhlen, die zum erſtenmal durch Sprengarbeit geöffnet
wurden, und in die nur meteoriſche Tagewaſſer auf Spalten
eindringen konnten, habe ich ſchneeweiße Stalaktitenwände mit
dem zarten Geſchlechte einer Usnea bedeckt gefunden. Podu=
rellen bringen in die Eisröhren der Gletſcher am Mont Roſe,
im Grindelwald und dem oberen Aargletſcher; Chionaea ara-
neoides, von Dalman beſchrieben, und die mikroſkopiſche
Discerea nivalis (einſt Protococcus) leben im Schnee der
Polarländer wie in dem unſerer hohen Gebirge. Das Rot=
werden des alten Schnees war ſchon dem Ariſtoteles, wahr=
ſcheinlich in den makedoniſchen Gebirgen, bekannt geworden.
Während auf hohen Gipfeln der Schweizer Alpen nur Leci=
deen, Parmelien und Umbilicarien das von Schnee entblößte
Geſtein farbig, aber ſparſam überziehen, blühen noch ver=
einzelt in der Tropengegend der Andeskette in 14 000 und
14 400 Fuß (4550 bis 4680 m) Höhe ſchöne Phanerogamen: das
wollige Cucitium rufescens, Sida pichinchensis und Saxi-
fraga Boussingaulti. Heiße Quellen enthalten kleine Inſekten
(Hydroporus thermalis), Gallionellen, Oszillatorien und Kon=
ſerven; ſie tränken ſelbſt die Wurzelfaſern phanerogamiſcher
Gewächſe. Wie Erde, Luft und Waſſer bei den verſchieden=
ſten Temperaturen belebt ſind, ſo iſt es auch das Innere der
verſchiedenſten Teile der Tierkörper. Es gibt Bluttiere in
den Fröſchen wie im Lachſe; nach Nordmann ſind oft alle
Flüſſigkeiten der Fiſchaugen mit einem Saugwurme (Diplo-
stomum) gefüllt, ja in den Kiemen des Bleies lebt das
wunderſame Doppeltier (Diplozoon paradoxum), welches
der eben genannte Naturforſcher entdeckt hat, ein Tier, kreuz=
förmig verwachſen, mit 2 Köpfen und 2 Schwanzenden verſehen.
Wenn auch die Exiſtenz von ſogenannten Meteorinfu=
ſorien mehr als zweifelhaft iſt, ſo darf doch die Möglich=
keit nicht geleugnet werden, daß, wie Fichtenblütenſtaub jähr=
lich aus der Atmoſphäre herabfällt, auch kleine Infuſionstiere,
mit dem Waſſerdampf paſſiv gehoben, eine Zeitlang in den

Luftschichten schweben können. [244] Dieser Umstand ist bei dem uralten Zwiste über eine mutterlose Zeugung [245] (generatio spontanea) in ernste Betrachtung zu nehmen, um so mehr als Ehrenberg, wie schon oben bemerkt, entdeckt hat, daß der nebelartig die Luft trübende Staubregen, welchem Seefahrer häufig in der Nähe der kapverdischen Inseln und bis in 380 Seemeilen Entfernung von der afrikanischen Küste ausgesetzt sind, Reste von 18 Arten kieselschaliger polygastrischer Tierchen enthält.

Die Fülle der Organismen, deren räumliche Verteilung die Geographie der Pflanzen und Tiere verfolgt, wird entweder nach der Verschiedenheit und relativen Zahl der Bildungstypen, also nach der Gestaltung der vorhandenen Gattungen und Arten, oder nach der Zahl der Individuen betrachtet, welche auf einem gegebenen Flächenraume einer jeden Art zukommt. Bei den Pflanzen wie bei den Tieren ist es ein wichtiger Unterschied ihrer Lebensweise, ob sie isoliert (vereinzelt) oder gesellig lebend gefunden werden. Die Arten, welche ich gesellige Pflanzen genannt habe, bedecken einförmig große Strecken. Dahin gehören viele Tangarten des Meeres, Kladonien und Moose in den öden Flachländern des nördlichen Asiens, Gräser und orgelartig aufstrebende Kakteen, Avicennia und Manglesträucher in der Tropenwelt, Wälder von Koniferen und Birken in den baltischen und sibirischen Ebenen. Diese Art der geographischen Verteilung bestimmt, neben der individuellen Form der Pflanzengestalt, neben ihrer Größe, Blatt= und Blütenform, hauptsächlich den physiognomischen Charakter einer Gegend. Das bewegliche Bild des Tierlebens, so mannigfaltig und reizend, so mehr angeeignet es unseren Gefühlen der Zuneigung oder des Abscheues ist, bleibt fast demselben fremd, wirkt wenigstens minder mächtig auf ihn. Die ackerbauenden Völker vermehren künstlich die Herrschaft geselliger Pflanzen, und so an vielen Punkten der gemäßigten und nördlichen Zone den Anblick der Einförmigkeit der Natur; auch bereiten sie den Untergang wildwachsenden Pflanzen und siedeln andere, die dem Menschen auf fernen Wanderungen folgen, absichtslos an. Die üppige Zone der Tropenwelt widersteht kräftiger diesen gewaltsamen Umwandelungen der Schöpfung.

Beobachter, welche in kurzer Zeit große Landstrecken durchzogen, Gebirgsgruppen bestiegen hatten, in denen die Klimate schichtenweise übereinander gelagert sind, mußten sich früh an

geregt fühlen von einer gesetzmäßigen Verteilung der Pflanzen=
formen. Sie sammelten rohe Materialen für eine Wissen
schaft, deren Name noch nicht ausgesprochen war. Dieselben
Zonen (Regionen) der Gewächse, welche als Jüngling der
Kardinal Bembo am Abhange des Aetna im sechzehnten Jahr=
hundert beschrieb, fand Tournefort am Ararat wieder. Er
verglich scharfsinnig die Alpenflor mit der Flor der Ebenen
unter verschiedenen Breiten; er bemerkte zuerst, daß die Er
höhung des Bodens über dem Meeresspiegel auf die Ver=
teilung der Gewächse wirke, wie die Entfernung vom Pole
im Flachlande. Menzel in einer unedierten Flora von Japan
sprach zufällig den Namen der Geographie der Pflanzen
aus. Dieser Name findet sich wieder in den phantastischen,
aber anmutigen Studien der Natur von Bernardin de St. Pierre.
Eine wissenschaftliche Behandlung des Gegenstandes hat erst
angefangen, als man die Geographie der Pflanzen mit der
Lehre von der Verteilung der Wärme auf dem Erdkörper in
innige Verbindung brachte, als man die Gewächse nach natür=
lichen Familien ordnen, und so numerisch unterscheiden
konnte, welche Formen vom Aequator gegen die Pole ab=
oder zunehmen, in welchem Zahlenverhältnis in verschiedenen
Erdstrichen jede Familie zu der ganzen daselbst wachsenden
Masse der Phanerogamen stehe. Es ist ein glücklicher Umstand
meines Lebens gewesen, daß zu der Zeit, in welcher ich mich
fast ausschließend mit Botanik beschäftigte, meine Studien,
durch den Anblick einer großartigen, klimatisch kontrastierten
Natur begünstigt, sich auf die eben genannten Gegenstände
der Untersuchung richten konnten.

Die geographische Verbreitung der Tierformen, über welche
Buffon zuerst allgemeine und großenteils sehr richtige An=
sichten aufgestellt, hat in neueren Zeiten aus den Fortschritten
der Pflanzengeographie mannigfaltigen Nutzen gezogen. Die
Krümmungen der Isothermen, besonders die der Isochimenen,
offenbaren sich in den Grenzen, welche gewisse Pflanzen= und
nicht weit wandernde Tierarten gegen die Pole zu, wie gegen
den Gipfel schneebedeckter Gebirge, selten übersteigen. Das
Elentier z. B. lebt auf der skandinavischen Halbinsel fast zehn
Grad nördlicher als im Inneren von Sibirien, wo die Linie
gleicher Winterwärme so auffallend konkav wird. Pflanzen
wandern im Ei. Der Samen vieler ist mit eigenen Organen
zur weiten Luftreise versehen. Einmal angewurzelt, sind sie
abhängiger vom Boden und von der Temperatur der Luft=

schicht, welche sie umgibt. Tiere erweitern nach Willkür ihren Verbreitungsbezirk von dem Aequator gegen die Pole hin: da vorzüglich, wo die Jsotheren sich wölben und heiße Sommer auf eine strenge Winterkälte folgen. Der Königstiger, von dem ostindischen gar nicht verschieden, streift jeden Sommer im nördlichen Asien bis in die Breite von Berlin und Hamburg, wie Ehrenberg und ich an einem anderen Orte entwickelt haben.

Die Gruppierung oder Association der Gewächsarten, welche wir Floren (Vegetationsgebiete) zu nennen gewohnt sind, scheint mir, nach dem, was ich von der Erde gesehen, keineswegs das Vorherrschen einzelner Familien so zu offenbaren, daß man berechtigt sein könnte, Reiche der Umbellaten, Solidagoarten, Labiaten oder Scitamineen geographisch aufzustellen. Meine individuelle Ansicht bleibt in diesem Punkte abweichend von der Ansicht mehrerer der ausgezeichnetsten und mir befreundeten Botaniker Deutschlands. Der Charakter der Floren in den Hochländern von Mexiko, Neu-Granada und Quito, vom europäischen Rußland und von Nordasien liegt, wie ich glaube, nicht in der relativ größeren Zahl der Arten, welche eine oder zwei natürliche Familien bilden, er liegt in den viel komplizierteren Verhältnissen des Zusammenlebens vieler Familien und der relativen Zahlenwerte ihrer Arten. In einem Wiesen- und Steppenlande herrschen allerdings die Gramineen und Cyperaceen, in unseren nördlichen Wäldern die Zapfenbäume, Cupuliferen und Betulineen vor; aber dieses Vorherrschen der Formen ist nur scheinbar, und täuschend wegen des Anblickes, den gesellige Pflanzen gewähren. Der Norden von Europa und Sibirien in der Zone nördlich vom Altai verdienen wohl nicht mehr den Namen eines Reiches der Gramineen oder der Koniferen als die endlosen Llanos zwischen dem Orinoko und der Bergkette von Caracas oder als die Fichtenwaldungen von Mexiko. In dem Zusammenleben der Formen, die sich teilweise ersetzen, in ihrer relativen Menge und Gruppierung liegt der Gesamteindruck von Fülle und Mannigfaltigkeit oder von Armut und Einförmigkeit der vegetabilischen Natur.

Ich bin in dieser fragmentaren Betrachtung der Erscheinungen des Organismus von den einfachsten Zellen, gleichsam dem ersten Hauche des Lebens, zu höheren und höheren Bildungen aufgestiegen. „Das Zusammenhäufen von Schleimkörnchen zu einem bestimmt geformten Cytoblasten, um den sich blasenförmig eine Membrane als geschlossene Zelle bildet", ist entweder durch eine schon vorhandene Zelle veranlaßt, so daß Zelle durch Zelle entsteht, oder der Zellenbildungsprozeß ist wie bei den sogenannten Gärungspilzen in das Dunkel eines chemischen Vorganges gehüllt. Die geheimnisvollste Art des Werdens durfte hier nur leise berührt werden. Die Geographie der Organismen (der Pflanzen und Tiere) behandelt die schon entwickelten Keime, ihre Ansiedelung durch willkürliche oder unwillkürliche Wanderung, ihr relatives Verhältnis, ihre Gesamtverteilung auf dem Erdkörper.

Es würde das allgemeine Naturbild, das ich zu entwerfen strebe, unvollständig bleiben, wenn ich hier nicht auch den Mut hätte, das Menschengeschlecht in seinen physischen Abstufungen, in der geographischen Verbreitung seiner gleichzeitig vorhandenen Typen, in dem Einfluß, welchen es von den Kräften der Erde empfangen und wechselseitig, wenn gleich schwächer, auf sie ausgeübt hat, mit wenigen Zügen zu schildern. Abhängig, wenn gleich in minderem Grade als Pflanzen und Tiere, von dem Boden und den meteorologischen Prozessen des Luftkreises, den Naturgewalten durch Geistesthätigkeit und stufenweise erhöhte Intelligenz, wie durch eine wunderbare, sich allen Klimaten aneignende Biegsamkeit des Organismus leichter entgehend, nimmt das Geschlecht wesentlich teil an dem ganzen Erdenleben. Durch diese Beziehungen gehört demnach das dunkle und vielbestrittene Problem von der Möglichkeit gemeinsamer Abstammung in den Ideenkreis, welchen die physische Weltbeschreibung umfaßt. Es soll die Untersuchung dieses Problems, wenn ich mich so ausdrücken darf, durch ein edleres und rein menschliches Interesse das letzte Ziel meiner Arbeit bezeichnen. Das unermessene Reich der Sprachen, in deren verschiedenartigem Organismus sich die Geschicke der Völker ahnungsvoll abspiegeln, steht am nächsten dem Gebiet der Stammverwandtschaft; und was selbst kleine Stammverschiedenheiten hervorzurufen vermögen, lehrt uns in der Blüte geistiger Kultur die hellenische Welt. Die wichtigsten Fragen der Bildungsgeschichte der Menschheit knüpfen sich an die Ideen von Abstammung, Gemeinschaft der Sprache, Unwandelbarkeit in einer ursprünglichen Richtung des Geistes und des Gemütes.

Solange man nur bei den Extremen in der Variation der Farbe und der Gestaltung verweilte und sich der Leb-

haftigkeit der ersten sinnlichen Eindrücke hingab, konnte man
allerdings geneigt werden, die Rassen nicht als bloße Ab=
arten, sondern als ursprünglich verschiedene Menschenstämme
zu betrachten. Die Festigkeit gewisser Typen [246] mitten unter
der feindlichsten Einwirkung äußerer, besonders klimatischer
Potenzen schien eine solche Annahme zu begünstigen, so kurz
auch die Zeiträume sind, aus denen historische Kunde zu uns
gelangt ist. Kräftiger aber sprechen, auch meiner Ansicht nach,
für die Einheit des Menschengeschlechtes die vielen
Mittelstufen der Hautfarbe und des Schädelbaues, welche die
raschen Fortschritte der Ländererkenntnis uns in neueren Zeiten
dargeboten haben; die Analogie der Abartung in anderen
wilden und zahmen Tierklassen; die sicheren Erfahrungen,
welche über die Grenzen fruchtbarer Bastarderzeugung haben
gesammelt werden können. Der größere Teil der Kontraste,
die man ehemals hatte zu finden geglaubt, ist durch die
fleißige Arbeit Tiedemanns über das Hirn der Neger und
der Europäer, durch die anatomischen Untersuchungen Proliks
und Webers über die Gestalt des Beckens hinweggeräumt.
Wenn man die dunkelfarbigen afrikanischen Nationen, über
die Prichards gründliches Werk so viel Licht verbreitet hat,
in ihrer Allgemeinheit umfaßt und sie dazu noch mit den
Stämmen des südindischen und westaustralischen Archipels,
mit den Papua und Alfuru (Haraforen, Endamenen) ver=
gleicht, so sieht man deutlich, daß schwarze Hautfarbe, wolliges
Haar und negerartige Gesichtszüge keineswegs immer mit=
einander verbunden sind. Solange den westlichen Völkern
nur ein kleiner Teil der Erde aufgeschlossen war, mußten ein=
seitige Ansichten sich bilden. Sonnenhitze der Tropenwelt und
schwarze Hautfarbe schienen unzertrennlich. „Die Aethiopen,"
sang der alte Tragiker Theodektes von Phaselis, [247] „färbt
der nahe Sonnengott in seinem Laufe mit des Rußes finsterem
Glanz; die Sonnenglut kräuselt ihnen dörrend das Haar."
Erst die Heerzüge Alexanders, welche so viele Ideen der phy=
sischen Erdbeschreibung anregten, fachten den Streit über den
unsicheren Einfluß der Klimate auf die Volksstämme an. „Die
Geschlechter der Tiere und Pflanzen," sagt einer der größten
Anatomen unseres Zeitalters, Johannes Müller, in seiner
alles umfassenden Physiologie des Menschen, „verändern
sich während ihrer Ausbreitung über die Oberfläche der Erde
innerhalb der den Arten und Gattungen vorgeschriebenen
Grenzen. Sie pflanzen sich als Typen der Variation der

Arten organisch fort. Aus dem Zusammenwirken verschiedener sowohl innerer als äußerer, im einzelnen nicht nachweisbarer Bedingungen sind die gegenwärtigen Rassen der Tiere hervorgegangen, von welchen sich die auffallendsten Abarten bei denen finden, die der ausgedehntesten Verbreitung auf der Erde fähig sind. Die Menschenrassen sind Formen einer einzigen Art, welche sich fruchtbar paaren und durch Zeugung fortpflanzen; sie sind nicht Arten eines Genus: wären sie das letztere, so würden ihre Bastarde unter sich unfruchtbar sein. Ob die gegebenen Menschenrassen von mehreren oder einem Urmenschen abstammen, kann nicht aus der Erfahrung ermittelt werden."

Die geographischen Forschungen über den alten Sitz, die sogenannte Wiege des Menschengeschlechtes haben in der That einen rein mythischen Charakter. „Wir kennen," sagt Wilhelm von Humboldt in einer noch ungedruckten Arbeit über die Verschiedenheit der Sprachen und Völker, „geschichtlich oder auch nur durch irgend sichere Ueberlieferung keinen Zeitpunkt, in welchem das Menschengeschlecht nicht in Völkerhaufen getrennt gewesen wäre. Ob dieser Zustand der ursprüngliche war oder erst später entstand, läßt sich daher geschichtlich nicht entscheiden. Einzelne an sehr verschiedenen Punkten der Erde ohne irgend sichtbaren Zusammenhang wiederkehrende Sagen verneinen die erstere Annahme und lassen das ganze Menschengeschlecht von einem Menschenpaare abstammen. Die weite Verbreitung dieser Sage hat sie bisweilen für eine Urerinnerung der Menschheit halten lassen. Gerade dieser Umstand aber beweist vielmehr, daß ihr keine Ueberlieferung und nichts Geschichtliches zum Grunde lag, sondern nur die Gleichheit der menschlichen Vorstellungsweise zu derselben Erklärung der gleichen Erscheinung führte, wie gewiß viele Mythen, ohne geschichtlichen Zusammenhang, bloß aus der Gleichheit des menschlichen Dichtens und Grübelns entstanden. Jene Sache trägt auch darin ganz das Gepräge menschlicher Erfindung, daß sie die außer aller Erfahrung liegende Erscheinung des ersten Entstehens des Menschengeschlechtes auf eine innerhalb heutiger Erfahrung liegende Weise und so erklären will, wie in Zeiten, wo das ganze Menschengeschlecht schon Jahrtausende hindurch bestanden hatte, eine wüste Insel oder ein abgesondertes Gebirgsthal mag bevölkert worden sein. Vergeblich würde sich das Nachdenken in das Problem jener ersten Entstehung vertieft haben, da der Mensch so an sein Geschlecht und an die Zeit gebunden ist, daß sich ein einzelner ohne vorhandenes Geschlecht und ohne Vergangenheit gar nicht in menschlichem Dasein fassen läßt. Ob also in dieser, weder auf dem Wege der Gedanken noch der Erfahrung zu entscheidenden Frage wirklich jener angeblich traditionelle Zustand der geschichtliche war, oder ob das Menschengeschlecht von seinem Beginnen an völkerweise den Erdboden bewohnte, darf die Sprachkunde weder aus sich bestimmen, noch, die Entscheidung anderswoher nehmend, zum Erklärungsgrunde für sich brauchen wollen.“

Die Gliederung der Menschheit ist nur eine Gliederung in Abarten, die man mit dem, freilich etwas unbestimmten Worte Rassen bezeichnet. Wie in dem Gewächsreiche, in der Naturgeschichte der Vögel und Fische die Gruppierung in viele kleine Familien sicherer als die in wenige, große Massen umfassende Abteilungen ist, so scheint mir auch, bei der Bestimmung der Rassen, die Aufstellung kleinerer Völkerfamilien vorzuziehen. Man mag die alte Klassifikation meines Lehrers Blumenbach nach fünf Rassen (der kaukasischen, mongolischen, amerikanischen, äthiopischen und malayischen) befolgen oder mit Prichard sieben Rassen (die iranische, turanische, amerikanische, die der Hottentotten und Buschmänner, der Neger, der Papua und der Alfuru) annehmen, immer ist keine typische Schärfe, kein durchgeführtes natürliches Prinzip der Einteilung in solchen Gruppierungen zu erkennen. Man sondert ab, was gleichsam die Extreme der Gestaltung und Farbe bildet, unbekümmert um die Völkerstämme, welche nicht in jene Klassen einzuschalten sind, und welche man bald skythische, bald allophyle Rassen hat nennen wollen. Iranisch ist allerdings für die europäischen Völker ein minder schlechter Name als kaukasisch; aber im allgemeinen darf man behaupten, daß geographische Benennungen als Ausgangspunkt der Rasse sehr unbestimmt sind, wenn das Land, welches der Rasse den Namen geben soll, wie z. B. Turan (Mawerannahr), zu verschiedenen Zeiten [248] von den verschiedensten Volksstämmen — indogermanischen und finnischen, nicht aber mongolischen Ursprungs — bewohnt worden ist.

Die Sprachen als geistige Schöpfungen der Menschheit, als tief in ihre geistige Entwickelung verschlungen, haben, indem sie eine nationelle Form offenbaren, eine hohe Wichtigkeit für die zu erkennende Aehnlichkeit oder Verschiedenheit der Rassen. Sie haben diese Wichtigkeit, weil Gemeinschaft der Abstammung in das geheimnisvolle Labyrinth führt, in welchem die Verknüpfung der physischen (körperlichen) Anlagen mit der geistigen Kraft in tausendfältig verschiedener Gestaltung sich darstellt. Die glänzenden Fortschritte, welche das philosophische Sprachstudium im deutschen Vaterlande seit noch nicht einem halben Jahrhundert gemacht hat, erleichtern die Untersuchungen über den **nationellen Charakter** der Sprachen, über das, was die Abstammung scheint herbeigeführt zu haben. Wie in allen Gebieten idealer Spekulation, steht aber auch hier die Gefahr der Täuschung neben der Hoffnung einer reichen und sicheren Ausbeute.

Positive ethnographische Studien, durch gründliche Kenntnis der Geschichte unterstützt, lehren, daß eine große Vorsicht in dieser Vergleichung der Völker und der Sprachen, welcher die Völker sich zu einer bestimmten Zeitepoche bedienten, anzuwenden sei. Unterjochung, langes Zusammenleben, Einfluß einer fremden Religion, Vermischung der Stämme, wenn auch oft nur bei geringer Zahl der mächtigeren und gebildeteren Einwanderer, haben ein in beiden Kontinenten sich gleichmäßig erneuerndes Phänomen hervorgerufen, daß ganz verschiedene Sprachfamilien sich bei einer und derselben Rasse, daß bei Völkern sehr verschiedener Abstammung sich Idiome desselben Sprachstammes finden. Asiatische Welteroberer haben am mächtigsten auf solche Erscheinungen eingewirkt.

Sprache ist aber ein Teil der Naturkunde des Geistes; und wenn auch die Freiheit, mit welcher der Geist in glücklicher Ungebundenheit die selbstgewählten Richtungen, unter ganz verschiedenartigen physischen Einflüssen, stetig verfolgt, ihn der Erdgewalt mächtig zu entziehen strebt, so wird die Entfesselung doch nie ganz vollbracht. Es bleibt etwas von dem, was den Naturanlagen aus Abstammung, dem Klima, der heiteren Himmelsbläue, oder einer trüben Dampfatmosphäre der Inselwelt zugehört. Da nun der Reichtum und die Anmut des Sprachbaues sich aus dem Gedanken wie aus des Geistes zartester Blüte entfalten, so wollen wir nicht, daß bei der Innigkeit des Bandes, welches beide Sphären, die physische und die Sphäre der Intelligenz und der Gefühle, miteinander verknüpft, unser Naturbild des freundlichen Lichtes und der Färbung entbehre, welche ihm die, hier freilich nur angedeuteten Betrachtungen über das Verhältnis der Abstammung zur Sprache verleihen können.

Indem wir die Einheit des Menschengeschlechtes behaupten,

widerstreben wir auch jeder unerfreulichen Annahme [249] von höheren und niederen Menschenrassen. Es gibt bildsamere, höher gebildete, durch geistige Kultur veredelte, aber keine edleren Volksstämme. Alle sind gleichmäßig zur Freiheit bestimmt, zur Freiheit, welche in roheren Zuständen dem einzelnen, in dem Staatenleben bei dem Genuß politischer Institutionen der Gesamtheit als Berechtigung zukommt. „Wenn wir eine Idee bezeichnen wollen, die durch die ganze Geschichte hindurch in immer mehr erweiterter Geltung sichtbar ist, wenn irgend eine die vielfach bestrittene, aber noch vielfacher mißverstandene Vervollkommnung des ganzen Geschlechtes beweist, so ist es die Idee der Menschlichkeit: das Bestreben, die Grenzen, welche Vorurteile und einseitige Ansichten aller Art feindselig zwischen die Menschen gestellt, aufzuheben, und die gesamte Menschheit, ohne Rücksicht auf Religion, Nation und Farbe, als einen großen, nahe verbrüderten Stamm, als ein zur Erreichung eines Zweckes, der freien Entwickelung innerlicher Kraft, bestehendes Ganzes zu behandeln. Es ist dies das letzte, äußerste Ziel der Geselligkeit, und zugleich die durch seine Natur selbst in ihn gelegte Richtung des Menschen auf unbestimmte Erweiterung seines Daseins. Er sieht den Boden, so weit er sich ausdehnt; den Himmel, so weit, ihm entdeckbar, er von Gestirnen umflammt wird, als innerlich sein, als ihm zur Betrachtung und Wirksamkeit gegeben an. Schon das Kind sehnt sich über die Hügel, über die Seen hinaus, welche seine enge Heimat umschließen; es sehnt sich dann wieder pflanzenartig zurück, denn es ist das Rührende und Schöne im Menschen, daß Sehnsucht nach Erwünschtem und nach Verlorenem ihn immer bewahrt, ausschließlich in dem Augenblicke zu haften. So festgewurzelt in der innersten Natur des Menschen, und zugleich geboten durch seine höchsten Bestrebungen, wird jene wohlwollend menschliche Verbindung des ganzen Geschlechtes zu einer der großen leitenden Ideen in der Geschichte der Menschheit." [250]

Mit diesen Worten, welche ihre Anmut aus der Tiefe der Gefühle schöpfen, sei es dem Bruder erlaubt, die allgemeine Darstellung der Naturerscheinungen im Weltall zu beschließen. Von den fernsten Nebelflecken und von kreisenden Doppelsternen sind wir zu den kleinsten Organismen der tierischen Schöpfung in Meer und Land, und zu den zarten Pflanzenkeimen herabgestiegen, welche die nackte Felsklippe am Abhang eisiger Berggipfel bekleiden. Nach teilweise erkannten

Gesetzen konnten hier die Erscheinungen geordnet werden. Gesetze anderer, geheimnißvollerer Art walten in den höchsten Lebenskreisen der organischen Welt, in denen des vielfach gestalteten, mit schaffender Geisteskraft begabten, spracherzeugenden Menschengeschlechts. Ein physisches Naturgemälde bezeichnet die Grenze, wo die Sphäre der Intelligenz beginnt und der ferne Blick sich senkt in eine andere Welt. Es bezeichnet die Grenze und überschreitet sie nicht.

Anmerkungen.

[1] (S. 60.) Die Zahl der unauflöslichen Nebelflecken und Sternhaufen ist jetzt auf über 5000 gestiegen. Das vollständigste Verzeichnis derselben ist der von J. Herschel im Jahre 1864 veröffentlichte General Catalogue of nebulae and Clusters of Stars. welcher 5079 Positionen und gedrängte Beschreibungen der Nebel enthält. Die meisten sind so schwach, daß sie mit geringeren Fernrohren nicht gesehen werden können. — [D. Herausg.]

[2] (S. 61.) In der That führen die prächtigen neuen Darstellungen des Orionnebels von Bond, Lassell, Lord Rosse, d'Arrest, Tempel im ganzen dazu, daß die Annahme großer Veränderungen in der Gestalt des Nebels nicht begründet ist; höchstens sind Helligkeitsveränderungen einzelner Teile erfolgt. — [D. Herausg.]

[3] (S. 61.) Jetzt kennt man planetarische Nebel von so geringem scheinbaren Durchmesser, daß sie in schwächeren Fernrohren sich von Sternen nicht unterscheiden. — [D. Herausg.]

[4] (S. 61.) „Die beiden Magelhanischen Wolken, Nubecula major und minor, sind höchst merkwürdige Gegenstände. Die größere Wolke ist eine Zusammenhäufung von Sternen und besteht aus Sternhaufen von unregelmäßiger Gestalt, aus kugelförmigen Haufen und aus Nebelsternen von verschiedener Größe und Dichtigkeit. Es liegen dazwischen große, nicht in Sterne aufzulösende Nebelflecke, die wahrscheinlich Sternenstaub (star-dust) sind und selbst mit dem zwanzigfüßigen Teleskop nur als eine allgemeine Helligkeit des Gesichtsfeldes erscheinen und einen glänzenden Hintergrund bilden, auf dem andere Gegenstände von sehr auffallender und unbegreiflicher Gestalt zerstreut sind. An keinem anderen Teile des Himmels sind auf einem so kleinen Raume so viele Nebel- und Sternhaufen zusammengedrängt wie in dieser Wolke. Die Nubecula minor ist viel weniger schön; sie zeigt mehr unauflösliches, nebliges Licht, und die darin befindlichen Sternhaufen sind geringer an Zahl und schwächer." (Aus einem Briefe von Sir John Herschel, Feldhuysen und Kap der guten Hoffnung, 13. Juni 1836.)

[5] (S. 62.) Man erklärt das Zodiakallicht oder Tierkreislicht bisher meist mit der Annahme, daß die Sonne in der Ebene

ihres (mit der Ekliptik nahezu zusammenfallenden) Aequators von
einem Ringe umgeben sei, welcher das Sonnenlicht reflektiere; dem
entgegen sehen neuere Forscher in dem Zodiakallicht eine in den
äußersten Schichten der Atmosphäre vor sich gehende elektrische,
dem Nordlicht analoge Erscheinung, welche im wesentlichen also
der Erde angehört. — [D. Herausg.]

[6] (S. 62.) Den schönen Ausdruck χόρτος οὐρανοῦ, welchen
Hesychius einem unbekannten Dichter entlehnt, hätte ich oben bei
Himmelsgarten angeführt, wenn χόρτος nicht allgemeiner einen
eingeschlossenen Platz und so den „Himmelsraum" bezeichnete. Der
Zusammenhang mit dem germanischen Garten (gotisch gards.
nach Jakob Grimm von gairdan. cingere) ist aber nicht zu verkennen, so wenig als die Verwandtschaft mit dem slawischen grad.
gorod und die von Pott bemerkte mit dem lateinischen chor-
(woher corte, cour) und dem ossetischen khart. Hieran schließt
sich ferner das nordische gard, gård (Umzäunung, dann, ein Ge-
höfte, Landsitz) und das persische gerd. gird (Umkreis, Kreis); dann
ein fürstlicher Landsitz, Schloß oder Stadt, wie in alten Ortsnamen
in Firdusis Schanameh: Siyawaschgird, Darabgird u. a.

[7] (S. 64.) Gyldén hat die Parallaxe des Sirius zu 0",19
berechnet. — [D. Herausg.]

[8] (S. 64.) Ueber die relativen Entfernungen der Sterne verschiedener Ordnung, wie die dritter Größe wahrscheinlich dreifach
entfernter sind, und wie man sich die körperliche Gestaltung
der Sternschichten vorstellen solle, finde ich bei Kepler in der
Epitome Astronomiae Copernicanae 1618 T. I, lib. 1.
p. 34—39 eine merkwürdige Stelle: „Sol hic noster nil aliud
est quam una ex fixis, nobis major et clarior visa, quia pro-
prior quam fixa. Pone terram stare ad latus. una semidia-
metro viae lacteae, tunc haec via lactea apparebit circulus
parvus, vel ellipsis parva. tota declinans ad latus alterum:
eritque simul uno intuitu conspicua, quae nunc non potest
nisi dimidia conspici quovis momento. Itaque fixarum sphaera
non tantum orbe stellarum, sed etiam circulo lactis versus
nos deorsum est terminata."

[9] (S. 65.) Nach unserer jetzigen Kenntniß besteht das Sonnensystem aus einem Centralkörper, der Sonne, 8 Hauptplaneten,
231 Asteroiden oder Planeten (bis Oktober 1882) von äußerst kleinen
Dimensionen, und 20 Monden, Trabanten oder Satelliten. — [D.
Herausg.]

[10] (S. 66.) „Si dans les zones abandonnées par l'atmosphère du soleil il s'est trouvé des molécules trop volatiles
pour s'unir entre elles ou aux planètes; elles doivent en con-
tinuant de circuler autour de cet astre offrir toutes les appa-
rences de la lumière zodiacale, sans opposer de résistance
sensible aux divers corps du système planétaire: soit à cause
de leur extrême rareté. soit parce que leur mouvement est à

fort peu près le même que celui des planètes qu'elles rencontrent." Laplace, Expos. du Syst. du Monde (éd. 5)
p. 415.

[11] (S. 67.) Kepler über die mit den Abständen von der
Sonne zunehmende Dichte und zunehmendes Volum der Planeten,
indem der Centralkörper (die Sonne) als der dichteste aller Weltkörper beschrieben wird, in der Epitome Astron. Copern.
in VII libros digesta, 1618—1622, p. 420. Auch Leibnitz war
der Meinung Keplers und Ottos von Guericke zugethan, daß die
Planeten in Verhältnis der Sonnenferne an Volum zunehmen.
S. dessen Brief an den Magdeburger Bürgermeister (Mainz 1671)
in Leibnitz, deutschen Schriften, herausg. von Guhrauer,
Teil I, S. 264.

[12] (S. 67.) Nach neueren Ermittelungen ist die Dichte des
Uranus 0,24 bezogen auf die Erde, jene des Saturn bloß 0,13,
erreicht mithin nicht einmal diejenige des Wassers. — [D. Herausg.]

[13] (S. 68.) Diese Bezeichnung des „äußersten" Planeten
kommt nicht mehr dem Uranus, sondern dem Neptun zu. — [D.
Herausg.]

[14] (S. 69). Doch hat der äußerste Planet, Neptun, bloß einen
Trabanten. — [D. Herausg.]

[15] (S. 69.) Das Mädlersche Resultat ist angezweifelt worden,
doch hat sich über seine Richtigkeit eine Entscheidung noch nicht
treffen lassen. — [D. Herausg.]

[16] (S. 69.) Wenn der Halbmesser des Mondes nach Burck-
hardts Bestimmung 0,2725 und sein Volum $\frac{1}{9'00}$ ist, so ergibt
sich seine Dichtigkeit 0,5596, nahe $\frac{5}{9}$. Vergl. auch Wilh. Beer
und H. Mädler, der Mond S. 2 und 10, wie Mädlers Astr.
S. 157. Der körperliche Inhalt des Mondes ist nach Hansen nahe
an $\frac{1}{54}$ (nach Mädler $\frac{1}{49'8}$) des körperlichen Inhalts der Erde,
seine Masse $\frac{1}{87'73}$ der Masse der Erde. Bei dem größten aller
Jupiterstrabanten, dem dritten, sind die Verhältnisse zum Hauptplaneten im Volum $\frac{1}{16370}$, in der Masse $\frac{1}{11300}$.

[17] (S. 69.) Das genaue Verhältnis nach Nasmyth und Car-
penter ist 0,64. Das spezifische Gewicht der Mondmaterie entspricht
also nahezu demjenigen des Flintglases oder des Diamanten. —
[D. Herausg.]

[18] (S. 70.) Uranus besitzt bloß vier Trabanten. — [D.
Herausg.]

[19] (S. 72.) Jetzt wohl an die 300. — [D. Herausg.]

[21] (S. 73.) Die vier ältesten Kometen, deren Bahn hat berechnet werden können, und zwar nach chinesischen Beobachtungen,
sind die von 240 (unter Gordian III), 539 (unter Justinian), 565
und 837. Während daß dieser letzte Komet, der nach du Séjour
24 Stunden lang weniger als 500 000 Meilen von der Erde entfernt
war, Ludwig den Frommen dermaßen erschreckte, daß er durch Stiftung
von Klöstern einer drohenden Gefahr zu entgehen hoffte, verfolgten

die chinesischen Astronomen ganz wissenschaftlich die Bahn des Ge=
stirns, dessen 60° langer Schweif bald einfach, bald geteilt erschien.
Der erste Komet, welcher nach europäischen Beobachtungen allein
hat berechnet werden können, ist der von 1456 (der Halleysche, in
der Erscheinung, welche man lange, aber mit Unrecht, für die erste,
sicher bestimmte, gehalten hat.

[21] (S. 73.) So wie bei hellem Sonnenschein der Schweif des
Kometen von 1402 gesehen wurde, sind auch vom letzten großen
Kometen von 1843 Kern und Schweif am 28. Februar in Nord=
amerika (laut J. G. Clarke zu Portland im Staate Maine) zwischen
1 und 3 Uhr nachmittags sichtbar gewesen. Man könnte Abstände
des sehr dichten Kerns vom Sonnenrande mit vieler Genauigkeit
messen. Kern und Schweif erschienen wie ein sehr reines, weißes
Gewölk; nur zwischen dem Schweif und dem Kern war eine dunklere
Stelle.

[22] (S. 74.) Die von Herschel gefundenen Durchmesser der
Kerne waren 538 und 428 engl. Meilen (also 866 und 689 km).

[23] (S. 74.) Bei einigen Kometen ist der Kern mit bloßem
Auge am hellen Tage gesehen, so in diesem Jahrhundert bereits
mehrfach, 1843, 1853, besonders deutlich 1882. Der Kern des
Kometen von 1811 hatte einen Durchmesser von 4000 km, der große
Komet von 1858 hatte einen viel kleineren Kern, der Durchmesser
betrug nur 1000 km und der des Kerns von 1798 gar nur 300 km.
[D. Herausg.]

[24] (S. 75.) Arago, des changemens physiques de la
Comète de Halley du 15—23 Oct. 1835 im Annuaire pour
1836 p. 218—221. Die gewöhnlichere Richtung der Ausströ=
mungen war auch zu Neros Zeiten bemerkt worden: comae radios
solis effugiunt.

[25] (S. 75.) William Herschel glaubt auch in seinen Beobach=
tungen des schönen Kometen von 1811 Beweise der Rotation
des Kerns und Schweifes gefunden zu haben, ebenfalls Dunlop im
dritten Kometen von 1825 zu Paramatta.

[26] (S. 76.) Bei dem Einflusse, den Aristoteles auf das ganze
Mittelalter ausgeübt hat, ist es unendlich zu bedauern, daß er den
großen und der Wahrheit mehr genäherten Ansichten vom Weltbau,
welche die älteren Pythagoräer hatten, so abhold war. Er erklärt
die Kometen für vergängliche, unserer Atmosphäre zugehörige Me=
teore in demselben Buche, in welchem er die Meinung der pytha=
goräischen Schule anführt, nach der die Kometen Planeten von
langem Umlauf sind. Diese Lehre der Pythagoräer, welche nach
dem Zeugnis des Apollonius Myndius noch viel älter bei den
Chaldäern war, ging zu den, immer nur wiederholenden Römern
über. Der Myndier beschreibt die Bahn der Kometen als eine weit
in die oberen Himmelsräume abführende. Daher Seneca: Cometes
non est species falsa, sed proprium sidus sicut solis et lunae:
altiora mundi secat et tunc demum apparet quum in imum

cursum sui venit, und Cometas aeternos esse et sortis ejusdem, cujus caetera (sidera), etiamsi faciem illis non habent similem. Plinius spielt ebenfalls auf den Apollonius Myndius an, wenn er sagt: Sunt qui et haec sidera perpetua esse credant suoque ambitu ire, sed non nisi relicta a soli cerni.

[27] (S. 76.) Schon den Alten war es auffallend, daß man durch die Kometen wie durch eine Flamme sehen kann. Das älteste Zeugnis von den durch Kometen gesehenen Sternen ist das des Demokritos. Diese Angabe führt Aristoteles zu der nicht unwichtigen Bemerkung, daß er selbst die Bedeckung eines der Sterne der Zwillinge durch Jupiter beobachtete. Seneca erwähnt bestimmt nur der Durchsichtigkeit des Schweifes. „Man sieht," sagt er, „Sterne durch den Kometen wie durch ein Gewölk; man sieht aber nicht durch den Körper selbst des Kometen, sondern durch die Strahlen des Schweifes: non in ea parte qua sidus ipsum est spissi et solidi ignis, sed qua rarus splendor occurit et in crines dispergitur. Per intervalla ignium, non per ipsos, vides." Der letzte Zusatz ist überflüssig, da man allerdings, wie Galilei im Saggiatore (Lettera a Monsignor Cesarini 1619) untersuchte, durch eine Flamme sieht, wenn sie nicht eine zu große Dicke hat.

[28] (S. 76.) Bessel in den astron. Nachr. 1836 Nr. 301, S. 204—206; Struve in den Actes de la Séance publique de l'Acad. de St. Pétersb. 1835, p. 140—143 und astr. Nachr. 1836, Nr. 303, S. 238. „Für Dorpat stand der Stern in der Konjunktion nur 2",2 vom hellsten Punkt des Kometen ab. Der Stern blieb unausgesetzt sichtbar und ward nicht merklich geschwächt, während der Kern des Kometen vor dem Glanze des kleinen Sterns (9—10ter Größe) zu verlöschen schien."

[29] (S. 76.) Die spektralanalytischen Untersuchungen haben indes diese Ansicht fast zur Gewißheit erhoben. Der erste Komet, der mit dem Spektroskop beobachtet werden konnte, war der Komet des Jahres 1864, und Donati fand, daß sich die Lichtquelle im gasförmigen Zustande befand; diese Thatsache ist in späterer Zeit an allen anderen Kometen in gleicher Weise bestätigt worden. — [D. Herausg.]

[30] (S. 77.) Die ersten Versuche Aragos, die Polarisation auf den Kometen anzuwenden, geschahen am 3. Juli 1819, am Abend der plötzlichen Erscheinung des großen Kometen. Ich war auf der Sternwarte zugegen und habe mich, wie Mathieu und der jetzt verstorbene Astronom Bouvard, von der Ungleichartigkeit der Lichtstärke im Polariskop, wenn dasselbe Kometenlicht empfing, überzeugt. Bei der Capella, welche dem Kometen nahe und in gleicher Höhe stand, waren die Bilder von gleicher Intensität. Als der Halleysche Komet erschien, im Jahre 1835, wurde der Apparat so abgeändert, daß er nach der von Arago entdeckten chromatischen Polarisation zwei Bilder von Komplementarfarben (grün und

rot gab. Annales de Chimie T. XIII. p. 108. Annuaire
pour 1832, p. 216. „On doit conclure.“ sagt Arago, „de l'en-
semble de ces observations que la lumière de la comète n'était
pas en totalité composée de rayons doués des propriétés de
la lumière directe, propre ou assimilée: il s'y trouvait de
la lumière réfléchie spéculairement ou polarisée, c'est-à-dire
venant du soleil. On ne peut assurer d'une manière absolue
que les comètes brillent seulement d'un éclat d'emprunt.
En effet, en devenant lumineux par eux-mêmes, les corps
ne perdent pas pour cela la faculté de réfléchir des lumières
étrangères.

[31] (S. 77.) Heute wissen wir, daß mehrere Kometen auch
eigenes Licht besitzen, welches bei den hellen Kometen 1882 I und
II vorwiegend aus glühenden Natriumdämpfen zu bestehen schien
und das sonstige eigene und reflektierte Licht des Kometen an
Intensität so sehr überragte, daß der Komet auch ohne Spektroskop
gelblich erschien. [D. Herausg.]

[32] (S. 81.) Zur Beruhigung wollen wir das Resultat der
Berechnungen mitteilen, welches Olbers über die Möglichkeit des
Zusammentreffens eines Kometen mit der Erde überhaupt erhielt.
Es ergab sich, daß nach der Wahrscheinlichkeitsrechnung etwa in
220 Millionen Jahren allerdings einmal ein Komet mit der Erde
zusammentreffen könnte; doch wird es wohl niemand einfallen, sich
über diese so unwahrscheinliche Eventualität einer Sorge hinzu-
geben. — [D. Herausg.]

[33] (S. 82.) Ein nicht glücklicher Beweis von der Existenz
heilbringender Kometen findet sich in Seneca; der Philosoph
spricht von dem Kometen, quem nos Neronis principatu laetissimo
vidimus et qui cometis detraxit infamiam.

[34] (S. 83.) Gegenwärtig unterscheidet man doch zwischen Sternschnuppen und Feuerkugeln oder Meteoriten; es hat sich nämlich
eine Thatsache aus mehrfachen Beobachtungen und Berechnungen
ergeben, die aufs entschiedenste für die Nichtidentität der Sternschnuppen und Meteorite in die Wagschale fällt, und diese liegt in
der Art der Bewegung, welche bei den Sternschnuppen eine elliptische oder parabolische Bahn, bei den Meteoriten aber eine Hyperbel
beschreibt. — [D. Herausg.]

[35] (S. 83.) Einer meiner Freunde, der an genaue trigonometrische Messungen gewöhnt war, sah in Popayan, einer Stadt, die
in 2° 26' nördl. Breite und in 5520' Höhe (1793 m) über dem Meere
liegt, in der Mittagsstunde, bei hellem Sonnenschein und wolken-
losem Himmel, im Jahre 1788 sein ganzes Zimmer durch eine
Feuerkugel erleuchtet. Er stand mit dem Rücken gegen das Fenster
und als er sich umdrehte, war noch ein größerer Teil der von der
Feuerkugel durchlaufenen Bahn vom hellsten Glanze. — Ich würde
mich gern in dem Naturgemälde, statt des widrigen Ausdruckes
Sternschnuppe der ebenfalls echt deutschen Wörter Stern-

schuß oder Sternfall (schweb. stjernfall, engl. star-shoot, ital. stella cadente) bedient haben, wenn ich es mir nicht in allen meinen Schriften zum Gesetz gemacht hätte, da, wo etwas Bestimmtes und allgemein Bekanntes zu bezeichnen ist, das Ungewöhnlichere zu vermeiden. Nach der rohen Volksphysik schneuzen und putzen sich die Himmelslichter. In der Waldgegend des Orinoko, an den einsamen Ufern des Cassiquiare, vernahm ich aus dem Munde der Eingebornen in der Mission Vasiva noch unangenehmere Benennungen. Sternschnuppen wurden von ihnen Harn der Sterne und der Tau, welcher perlartig die schönen Blätter der Helikonien bedeckte, Speichel der Sterne genannt. Edler und erfreulicher offenbart sich die symbolisierende Einbildungskraft in dem litauischen Mythus von dem Wesen und der Bedeutung der Sternschnuppen. „Die Spinnerin, werpeja, beginnt den Schicksalsfaden des neugeborenen Kindes am Himmel zu spinnen, und jeder dieser Fäden endet in einen Stern. Naht nun der Tod des Menschen, so reißt sein Faden, und der Stern fällt erbleichend zur Erde nieder." Jakob Grimm, Deutsche Mythologie 1843, S. 685.

[36] (S. 84.) Nach dem Berichte von Denison Olmsteb, Prof. an Yale College zu New Haven (Connecticut). Kepler, der „Feuerkugeln und Sternschnuppen aus der Astronomie verbannt, weil es nach ihm Meteore sind, die, aus den Ausdünstungen der Erde entstanden, sich dem hohen Aether beimischen", drückt sich im ganzen sehr vorsichtig über sie aus. Stellae *cadentes*, sagt er, sunt materia viscida inflammata. Earum aliquae inter cadendum absumuntur, aliquae vere in terram cadunt, pondere suo tractae. Nec est dissimile vero, quasdam conglobatas esse ex materia foeculentâ, in ipsam auram aetheream immixta: exque aetheris regione, tractu rectilineo, per aërem trajicere, ceu minutos cometas, occultâ causa motus utrorumque. Kepler, Epit. Astron. Copernicanae T. I, p. 80.

[37] (S. 84.) Wenn man in den Sternschnuppen, wie in den Kometen, Kopf (Kern) und Schweif unterscheidet, so erkennt man an dem längeren und stärkeren Glanze des Schweifes die größere Durchsichtigkeit der Atmosphäre in der Tropenregion. Die Erscheinung braucht darum dort nicht häufiger zu sein, weil sie uns leichter sichtbar wird und sichtbar bleibt. Die Einwirkung der Beschaffenheit des Dunstkreises zeigt sich bei Sternschnuppen bisweilen auch in unserer gemäßigten Zone in sehr kleinen Entfernungen. Wartmann berichtet, daß in einem Novemberphänomen an zwei einander ganz nahegelegenen Orten, zu Genf und aux Planchettes, der Unterschied der gezählten Meteore wie 1 : 7 war. Der Schweif der Sternschnuppen, über den Brandes so viele genaue und feine Beobachtungen angestellt hat, ist keineswegs der Fortdauer des Lichtreizes auf der Netzhaut zuzuschreiben. Seine Sichtbarkeit dauert bisweilen eine ganze Minute, in seltenen Fällen länger als das Licht des

Kernes der Sternschnuppe; die leuchtende Bahn steht dann meist unbeweglich. Auch dieser Umstand bezeugt die Analogie zwischen großen Sternschnuppen und Feuerkugeln. Der Admiral Krusen=stern sah auf seiner Reise um die Welt den Schweif einer längst verschwundenen Feuerkugel eine Stunde lang leuchten und sich überaus wenig fortbewegen. Sir Alexander Burnes gibt eine reizende Beschreibung von der Durchsichtigkeit der trocenen, bic Liebe zur Astronomie einst so begünstigenden Atmosphäre von Bo=chara, das 1200' (357 m) über der Meeresfläche und in 39° 43' Breite liegt: „There is a constant serenity in its atmosphere and a clearness in the sky. At night, the stars have un-common lustre, and the *milky way* shines gloriously in the firmament. There is also a never-ceasing display of the most brilliant meteors, which dart like rockets in the sky: ten or twelve of them are sometimes seen in *an hour,* assum-ing every colour: fiery, red, blue, pale and faint. It is a noble country for astronomical science. and great must have been the advantage enjoyed by the famed observatory of Samarcand." Burnes, Travels into Bokhara Vol. II (1834), p. 158. Man darf einem einzelnen Reisenden nicht vor=werfen, daß er viel Sternschnuppen schon 10—12 in der Stunde nennt; erst durch sorgfältige auf denselben Gegenstand gerichtete Beobachtungen ist in Europa aufgefunden worden, daß man für den Gesichtskreis einer Person 8 Meteore als Mittelzahl der Stunde zu rechnen habe, während selbst der so fleißig beobachtende Olbers diese Annahme auf 5—6 beschränkte.

[38] (S. 85.) Ich habe ganz neuerlich an einem anderen Orte (Asie centrale T. 1, p. 408) zu zeigen gesucht, wie die skythische Sage vom heiligen Gold, das glühend vom Himmel fiel und der Besitz der goldenen Horde der Paralaten blieb, wahrscheinlich aus der dunkeln Erinnerung eines Aerolithenfalles entstanden ist. Die Alten fabelten auch sonderbar von Silber, das vom Himmel fiel und mit dem man bronzene Münzen zu überziehen versuchte unter dem Kaiser Severus; doch wurde das metallische Eisen in den Meteorsteinen erkannt. Der oft vorkommende Ausdruck lapi-dibus pluit darf übrigens nicht immer auf Aerolithenfälle gedeutet werden. In Liv. XXV, 7 bezieht er sich wohl auf Auswürflinge (Bimsstein, rapilli) des nicht ganz erloschenen Vulkans Mons Alba-nus, Monte Cavo. In einen anderen Ideenkreis gehört der Kampf des Herkules gegen die Liguer, auf dem Wege vom Kaukasus zu den Hesperiden; es ist ein Versuch, den Ursprung der runden Quarzgeschiebe im ligyschen Steinfelde an der Mündung des Rhobanus, welchen Aristoteles einem Spaltenauswurf bei einem Erdbeben, Posidonius einem wellenschlagenden Binnenwasser zuschreibt, mythisch zu erklären. In den Aeschyleischen Fragmenten des gelösten Prometheus geht aber alles wie in einem Aero=lithenfalle vor: Jupiter zieht ein Gewölk zusammen und läßt

„mit runder Steine Regenguß das Land umher bedecken". Schon Posidonius hat sich erlaubt, die geognostische Mythe von Geschieben und Blöcken zu bespötteln. Das ligysche Steinfeld ist übrigens bei den Alten naturgetreu beschrieben. Die Gegend heißt jetzt la Crau.

[39] (S. 85.) Das spezifische Gewicht der Aerolithen schwankt zwischen 1,9 (Alais) und 4,3 (Tabor). Die gewöhnlichere Dichte ist 3: das Wasser zu 1 gesetzt. Was die in dem Texte angegebenen wirklichen Durchmesser der Feuerkugeln betrifft, so beziehen sich die Zahlen auf die wenigen einigermaßen sicheren Messungen, welche man sammeln kann. Diese Messungen geben für die Feuerkugel von Weston (Connecticut 14. Dez. 1807) nur 500' (162 m), für die von le Roi beobachtete (10. Juli 1771) etwa 1000' (324 m), für die von Sir Charles Blagden geschätzte (18. Januar 1783) an 2600' (844 m) im Durchmesser. Brandes gibt den Sternschnuppen 80—120' (26—40 m), mit leuchtenden Schweifen von 3—4 Meilen (26—30 km) Länge. Es fehlt aber nicht an optischen Gründen, welche es wahrscheinlich machen, daß die scheinbaren Durchmesser der Feuerkugeln und Sternschnuppen sehr überschätzt worden sind. Mit dem Volum des Ceres (sollte man auch diesem Planeten nur „70 engl. Meilen [112 km] Durchmesser" geben wollen) ist das Volum der Feuerkugeln wohl nicht zu vergleichen. — Ich gebe hier zur Erläuterung dessen, was S. 85 über den großen, noch nicht wieder aufgefundenen Aerolithen im Flußbette bei Narni gesagt ist, die von Pertz bekannt gemachte Stelle aus dem Chronicon Benedicti, monachi Sancti Andreae in Monte Soracte, einem Dokumente, das in das zehnte Jahrhundert gehört und in der Bibliothek Chigi zu Rom aufbewahrt wird. Die barbarische Schreibart der Zeit bleibt unverändert. „Anno — 921 — temporibus domini Johannis Decimi pape, in anno pontificatus illius 7. visa sunt signa. Nam iuxta urbem Romam lapides plurimi de coelo cadere visi sunt. In civitate quae vocatur Narnia tam diri ac tetri, ut nihil aliud credatur, quam de infernalibus locis deducti essent. Nam ita ex illis lapidibus unus omnium maximus est, ut decidens in flumen Narnus. ad mensuram unius cubiti super aquas fluminis usque hodie videretur. Nam et ignitae faculae de coelo plurimae omnibus in hac Romani populi visae sunt, ita ut pene terra contingeret. Aliae cadentes etc." Ueber den Aerolithen bei Aegos Potamoi, dessen Fall die Parische Chronik in Ol. 78,1 setzt. (S. auch unten die Noten 47, 60 und 61.) Nach einer mongolischen Volkssage soll nahe an den Quellen des gelben Flusses im westlichen China in einer Ebene ein 40' (13 m) hohes schwarzes Felsstück vom Himmel gefallen sein.

[40] (S. 86.) Mein verewigter Freund Poisson suchte die Schwierigkeit einer Annahme der Selbstentzündung der Meteorsteine in einer Höhe, wo die Dichtigkeit der Atmosphäre fast null

ift, auf eine eigene Weife zu löfen. „A une distance de la terre
où la densité de l'atmosphère est tout-à-fait insensible, il serait
difficile d'attribuer, comme on le fait, l'incandescence des
aërolithes à un frottement contre les molécules de l'air. Ne
pourrait-on pas supposer que le fluide électrique à l'état
neutre forme une sorte d'atmosphère, qui s'étend beaucoup
au-delà de la masse d'air, qui est soumise à l'attraction de la
terre, quoique physiquement impondérable, et qui suit, en
conséquence, notre globe dans ses mouvements? Dans cette
hypothèse, les corps dont il s'agit, en entrant dans cette
atmosphère impondérable, décomposeraient le fluide neutre,
par leur action inégale sur les deux électricités, et ce serait
en s'électrisant qu'ils s'échaufferaient et deviendraient incandescents." (Poiffon, rech. sur la Probabilité des jugements 1837, p. VI.)

[41] (S. 86.) Neuerbings hat Raoul Pictet am 29. Juli 1884
ein überaus glänzendes Meteor beobachtet und darüber fo zu-
verläffige Taten gefammelt, daß fie einer Rechnung zu Grunde
gelegt werben konnten, wonach er ben Ort des Erfcheinens des
Meteors auf 500—600 km oberhalb ber Erdoberfläche firieren
konnte; eine ganz koloffale Höhe verglichen mit ben bisher allgemein üblichen Vorftellungen über bie Grenze unferer Atmofphäre. —
[D. Herausg.]

[42] (S. 86.) Die erfte Ausgabe von Chladnis wichtiger
Schrift über ben Urfprung ber von Pallas gefundenen
und anderen Eifenmaffen erfchien zwei Monate vor bem
Steinregen in Siena und zwei Jahre früher als Lichtenbergs
Behauptung im Göttinger Tafchenbuche: „baß Steine aus bem
allgemeinen Weltraume in unfere Atmofphäre gelangen".

[43] (S. 87.) Encke in Poggenb. Annalen Bb. XXXIII,
1834, S. 213, Arago im Ann. pour 1836 p. 291; zwei Briefe
von mir an Benzenberg vom 19 Mai und 22. Oktober 1837 über
bas mutmaßliche Fortrücken ber Knoten in ber Bahn periodifcher
Sternfchnuppenfröme Auch Olbers hat fich fpäter biefer Meinung von ber allmählichen Verfpätung des Novemberphänomens an-
gefchloffen. Wenn ich zwei von ben Arabern aufgezeichnete Stern=
fchnuppenfälle mit ber von Boguslawski aufgefundenen Epoche des
vierzehnten Jahrhunderts verbinden barf, fo ergeben fich mir folgende, mehr ober minder übereinftimmende Elemente ber Knoten=
bewegung:

Im Oktober 902, in ber Tobesnacht des Königs Jbrahim ben
Ahmed, ein großer Sternfchnuppenfall, „einem feurigen Regen
gleich". Das Jahr warb beshalb das Jahr ber Sterne genannt.

Am 19. Oktober 1202 fchwankten bie Sterne bie ganze Nacht
hindurch. „Sie fielen wie Heufchrecken."

Am 21. Oktober a. St. 1836, *die sequente* post festum XI
millia Virginum, ab hora matutina usque ad horam primam

visae sunt quasi stellae de caelo cadere continuo, et in tanta *multitudine*, quod nemo narrare *sufficit*. Diese merkwürdige Notiz, von der noch weiter unten im Texte die Rede sein wird, hat Herr von Boguslawski der Sohn in Benesses (de Horowic) de Weitmil oder Weitmül Chronicon Ecclesiae Pragensis p. 389 aufgefunden. Die Chronik steht auch im zweiten Teile der Scriptores rerum Bohemicarum von Pelzel und Dobrowsky 1784.

Nacht vom 9.—10. Novbr. 1787 viele Sternschnuppen von Hemmer im südlichen Deutschland, besonders in Mannheim, beobachtet.

Nach Mitternacht am 12. Novbr. 1799 der ungeheure Sternschnuppenfall in Cumana, den Bonpland und ich beschrieben haben und der in einem großen Teil der Erde beobachtet worden ist.

Vom 12—13. Novbr. 1822 wurden Sternschnuppen mit Feuerkugeln gemengt in großer Zahl von Klöden in Potsdam gesehen.

13. Novbr. 1831 um 4 Uhr morgens ein großer Sternschnuppenfall gesehen vom Kapitän Bérard an der spanischen Küste bei Cartagena bei Levante.

In der Nacht vom 13.—14. Novbr. 1833 das denkwürdige von Denison Olmsted in Nordamerika so vortrefflich beschriebene Phänomen.

In der Nacht vom 12.—13. Novbr. 1834 derselbe Schwarm, aber von etwas geringerer Stärke, in Nordamerika.

Am 13. Novbr. 1835 wurde von einer sporadisch gefallenen Feuerkugel bei Belley, im Depart. de l'Ain, eine Scheune entzündet.

Im Jahr 1838 zeigte der Strom sich auf das bestimmteste in der Nacht vom 13. zum 14. November.

[44] (S. 87.) Es ist mir nicht unbekannt, daß von den 62 in Schlesien im Jahr 1823 auf Veranlassung des Prof. Brandes gleichzeitig beobachteten Sternschnuppen einige eine Höhe von $45^7/_{10}$, von 60, ja von 100 Meilen (339, 445 und 740 km) zu erreichen schienen: aber Olbers hält wegen Kleinheit der Parallaxen alle Bestimmungen 30 Meilen (220 km) Höhe für zweifelhaft.

[45] (S. 87.) Die planetarische Translationsgeschwindigkeit, das Fortrücken in der Bahn, ist bei Merkur 6,6, bei Venus 4,8, bei der Erde 4,1 Meilen in der Sekunde (49, 35,6 und 30,4 km).

[45a] (S. 88.) Chladni hat aufgefunden, daß ein italienischer Physiker, Paolo Maria Terzago, 1660, bei Gelegenheit eines Aerolithenfalles zu Mailand, in dem ein Franziskanermönch getötet wurde, zuerst von der Möglichkeit gesprochen habe, daß die Aerolithen Mondsteine sein könnten. Labant philosophorum mentes, sagt er in seiner Schrift (Musaeum Septalianum, Manfredi Septalae. Patricii Mediolanensis, industrioso labore constructum, Tortona 1664, p. 44). sub horum lapidum ponderibus; ni dicere velimus, lunam terram alteram, sive mundum esse, ex cujus montibus divisa frusta in inferiorem nostrum hunc orbem

delabantur. Ohne von dieser Vermutung etwas zu wissen, wurde Olbers im Jahr 1795 nach dem berühmten Steinfall von Siena (16. Juni 1794) auf die Untersuchung geleitet, wie groß die anfängliche Wurfkraft sein müsse, wenn vom Monde ausgeworfene Massen bis zur Erde gelangen sollten. Ein solches ballistisches Problem beschäftigte zehn bis zwölf Jahre lang die Geometer Laplace, Biot, Brandes und Poisson. Die damals noch sehr verbreitete, jetzt aufgegebene Meinung von thätigen Vulkanen im luft- und wasserleeren Monde begünstigte im Publikum die Verwechselung von dem, was mathematisch möglich und physikalisch wahrscheinlich, d. h. anderen Hypothesen vorzuziehen sei. Olbers, Brandes und Chladni glaubten „in der relativen Geschwindigkeit von 4 bis 8 Meilen (29½—60 km), mit welcher Feuerkugeln und Sternschnuppen in unsere Atmosphäre kommen", die Widerlegung ihres selenitischen Ursprungs zu finden. Um die Erde zu erreichen, würde nach Olbers, ohne den Widerstand der Luft in Anschlag zu bringen, eine anfängliche Geschwindigkeit von 7780' (2527 m) in der Sekunde (nach Laplace 7377' oder 2396 m, nach Biot 7771' oder 2524 m, nach Poisson 7123' oder 2314 m) hinlänglich sein. Laplace nennt diese Anfangsgeschwindigkeit nur 5—6mal größer als diejenige, welche die Kraft unserer [damaligen] Geschütze hervorbringt; aber Olbers hat gezeigt, „daß bei einer solchen anfänglichen Geschwindigkeit von 7500—8000' (2436—2600 m) in der Sekunde die Meteorsteine nur mit der Geschwindigkeit von 35 000, (1,53 geogr. Meilen oder 11,4 km) an die Oberfläche unserer Erde gelangen würden. Da nun die gemessene Geschwindigkeit der Meteorsteine im Mittel von 5 geograph. Meilen, über 114 000' (37,1 km) in der Sekunde ist, so müßte die ursprüngliche Wurfgeschwindigkeit im Monde von fast 110 000' (35 732 m), also 14mal größer sein, als sie Laplace annimmt". Der Mangel des Widerstandes der Luft würde allerdings, wenn vulkanische Kräfte noch jetzt als thätig angenommen werden dürften, der Wurfkraft von Mondvulkanen einen Vorzug vor der Wurfkraft der Erdvulkane geben; aber auch über das Maß der Kräfte der letzteren fehlt es an allen sicheren Beobachtungen. Es ist sogar wahrscheinlich, daß dies Maß sehr überschätzt wird. Ein sehr genauer und messender Beobachter der Aetnaphänomene, Dr. Peters, hat die größte Geschwindigkeit der aus dem Krater ausgeworfenen Steine nur 1250' (406 m) in der Sekunde gefunden. Beobachtungen am Pik von Tenerifa 1798 gaben 3000' (975 m). Wenn Laplace auch am Ende seines Werkes (expos. du Syst. du Monde, éd. de 1824 p. 399) von den Aerolithen sehr vorsichtig sagt: „que selon toutes les vraisemblances elles viennent des profondeurs de l'espace céleste," so sieht man doch an einer anderen Stelle, daß er, wahrscheinlich mit der ungeheuren planetarischen Geschwindigkeit der Meteorsteine unbekannt, sich zu der selenitischen Hypothese mit einiger Vorliebe hinneigte, aber immer voraussetzte, daß die vom

Monde ausgeworfenen Steine „deviennent des satellites de la terre, décrivant autour d'elle une orbite plus ou moins allongée, de sorte qu'ils n'atteignent l'atmosphère de la terre qu'après plusieurs et même un très grand nombre de révolutions.“ So wie ein Italiener in Tortona den Einfall hatte, die Aerolithen kämen aus dem Monde, so hatten griechische Physiker auch den Einfall gehabt, sie kämen aus der Sonne. Einer solchen Meinung erwähnt Diogenes Laertius II, 9 von dem Ursprunge der bei Aegos Potamoi niedergefallenen Masse (s. oben Note 40). Der alles registrierende Plinius wiederholt die Meinung und bespöttelt sie um so lieber, weil er mit Früheren den Anaxagoras beschuldigt, den Aerolithenfall aus der Sonne vorhergesagt zu haben: „celebrant Graeci Anaxagoram Clazomenium Olympiadis septuagesimae octavae secundo anno praedixissi caelestium litterarum scientia, quibus diebus saxum casurum esse e sole, idque factum interdiu in Thraciae parte ad Aegos flumen. — Quod si quis praedictum credat, simul fateatur necesse est, majoris miraculi divinitatem Anaxagorae fuisse, solvique rerum naturae intellectum, et confundi omnia, si aut ipse Sol lapis esse aut unquam lapidem in eo fuisse credatur; decidere tamen crebro non erit dubium.“ Auch den Fall des Steines von mäßiger Größe, der im Gymnasium zu Abydos aufbewahrt wird, soll Anaxagoras prophezeit haben. Aerolithenfälle bei hellem Sonnenschein und wenn die Mondscheibe nicht sichtbar war, haben wahrscheinlich auf die Idee der Sonnensteine geführt. Auch war, nach einem der physischen Dogmen des Anaxagoras, die ihn (wie zu unserer Zeit die Geologen) theologischen Verfolgungen aussetzten, die Sonne „eine geschmolzene feurige Masse“ (μύδρος διάπυρος). Im Phaethon des Euripides wurde nach denselben Ansichten des Klazomeniers die Sonne ebenfalls eine „goldene Scholle“ genannt, d. h. eine feuerfarbene, hellleuchtende Materie, woraus man aber nicht auf Aerolithen als goldene Sonnensteine (s. oben Note 39) schließen muß. — Wir finden demnach bei den griechischen Physikern vier Hypothesen: einen tellurischen Ursprung der Sternschnuppen von aufsteigenden Dünsten, Steinmassen von Orkanen gehoben bei Aristoteles, Ursprung aus der Sonne, Ursprung aus den Himmelsräumen als lange unsichtbar gebliebener Himmelskörper. Ueber diese letzte, mit der unsrigen ganz übereinstimmende Meinung des Diogenes von Apollonia, s. den Text S. 95. Merkwürdig ist es, daß man noch in Syrien, wie mich ein gelehrter Orientalist, mein persischer Lehrer, Herr Andrea de Nerciat (jetzt in Smyrna), versichert hat, nach einem alten Volksglauben, in sehr hellen Mondnächten Steinfälle aus der Luft besorgt. Die Alten waren dagegen sehr aufmerksam auf den Fall der Meteormassen bei Mondfinsternissen. Ueber die Unwahrscheinlichkeit, daß die Meteormassen aus metallauflösenden Gasarten entstehen, die nach Fusinieri in den höchsten Schichten unserer Atmosphäre gelagert sein sollen und, vorher in ungeheure Räume zerstreut, plötzlich zusammengerinnen, wie über Penetration und Mischbarkeit der Gasarten s. meine **Relat. hist. T. I, p. 525.**

[46] (S. 88.) **Bessel** in **Schum. astr. Nachr. 1839, Nr. 380 und 381, S. 222 und 346.** Am Schlusse der Abhandlung findet sich eine Zusammenstellung der Sonnenlängen mit den Epochen des Novemberphänomens seit der ersten Beobachtung in Cumana von 1799.

[47] (S. 89.) Dr. **Thomas Forster** berichtet, daß zu Cambridge im Christ Church College ein Manuskript unter dem Titel **Ephemerides rerum naturalium** aufbewahrt wird, das man einem Mönche im vorigen Jahrhundert zuschreibt. In diesem Manuskript sind bei jedem Tage Naturerscheinungen angedeutet: das erste Blühen der Pflanzen, die Ankunft der Vögel u. s. f. Der 10. August ist durch das Wort meteorodes bezeichnet. Diese Bezeichnung und die Tradition der feurigen Thränen des heil. Laurentius hatten Herrn Forster besonders veranlaßt, das Augustphänomen eifrigst zu verfolgen.

[48] (S. 89.) **Arago** sagt vom Novemberphänomen: „Ainsi se confirme de plus en plus à nous l'existence d'une zone composée de millions de petits corps dont les orbites rencontrent le plan de l'écliptique vers le point que la terre va occuper tous les ans, du 11 au 13 novembre. C'est un nouveau monde planétaire qui commence à se révéler à nous.‟

[49] (S. 90.) Vergl. **Muschenbroek, Introd. ad Phil. Nat. 1762, T. II, p. 1061; Howard, Climate of London Vol. II, p. 23:** Beobachtungen vom Jahr 1806, also 7 Jahre nach den frühesten Beobachtungen von **Brandes;** Augustbeobachtungen von **Thomas Forster,** von **Adolf Erman, Boguslawski** und **Kreil.** Ueber den Anfangspunkt im Perseus am 10. August 1839 s. die genauen Messungen von **Bessel** und **Erman;** aber am 10. August 1837 scheint die Bahn nicht rückläufig gewesen zu sein.

[50] (S. 90.) Am 25. April 1095 „sahen unzählbare Augen in Frankreich die Sterne so dicht wie Hagel vom Himmel fallen‟ (ut grando, nisi lucerent, pro densitate putaretur); und dieses Ereignis wurde schon vor dem Konzilium von Clermont als eine Vorbedeutung der großen Bewegung in der Christenheit betrachtet. Am 22. April 1800 ward ein großer Sternschnuppenfall in Virginien und Massachusetts gesehen; es war „ein Raketenfeuer, das zwei Stunden dauerte". **Arago** hat zuerst auf diese trainée d'astéroïdes als eine wiederkehrende aufmerksam gemacht. Merkwürdig sind auch die Aerolithenfälle im Anfang des Monats Dezember. Für ihre periodische Wiederkehr als Meteorstrom sprechen die alte Beobachtung von **Brandes** in der Nacht vom 6—7. Dezember 1798 (wo er 2000 Sternschnuppen zählte) und vielleicht der ungeheure Aerolithenfall vom 11. Dezember 1836 in Brasilien

am Rio Assu bei dem Dorfe Macao. Capocci hat von 1809 bis 1839 zwölf wirkliche Aerolithenfälle zwischen dem 27.—29. Novbr., andere am 13. Novbr., 10. August und 17. Juli aufgefunden. Es ist auffallend, daß in dem Teil der Erdbahn, welcher den Monaten Januar und Februar, vielleicht auch März entspricht, bisher keine periodischen Sternschnuppen= oder Aerolithenströmungen bemerkt worden sind; doch habe ich in der Südsee den 15. März 1803 auffallend viel Sternschnuppen beobachtet, wie auch ein Schwarm derselben in der Stadt Quito kurz vor dem ungeheuren Erdbeben von Riobamba (4. Februar 1797) gesehen ward. Besondere Aufmerksamkeit verdienen demnach bisher die Epochen:

22.—25. April,
17. Juli (17.—26. Juli?).
10. August,
12.—14. November,
27.—29. November,
6.—12. Dezember.

Die Frequenz dieser Strömungen darf, so groß auch die Verschieden=heit ist zwischen isolierten Kometen und mit Asteroiden gefüllten Ringen, nicht in Erstaunen setzen, wenn man der Raumerfüllung des Universums durch Myriaden von Kometen gedenkt [In der Folgezeit ist in der That dieser Periodizität erhöhte Aufmerksamkeit zugewandt worden und dadurch hat sich gefunden, daß wirklich noch manche andere Zeiten des Jahres durch reichere Fälle ausgezeichnet sind. So z. B. die Nächte vom 2.—3. Januar, um den 20. April, 18.—20. Oktober, 6.—8. Dezember, was zum Teil mit den obigen Angaben übereinstimmt. — D. Herausg.]

[51] (S. 90.) Man hat mir in Cumana gesagt, daß kurz vor dem furchtbaren Erdbeben von 1766, also wieder 33 Jahre vor dem Sternschnuppenfall vom 11.—12. November 1799, ein eben solches Feuerwerk am Himmel gesehen worden sei. Aber das Erd=beben war nicht im Anfang des November, sondern bereits am 21. Oktober 1766. Möchten doch Reisende in Quito den Tag er=gründen können, an welchem dort der Vulkan von Cayambe eine Stunde lang wie in Sternschnuppen eingehüllt erschien, so daß man den Himmel durch Prozessionen besänftigen wollte!

[52] (S. 91.) Aus einem Briefe an mich vom 24. Januar 1838. Der ungeheure Sternschnuppenschwarm vom November 1799 wurde fast nur in Amerika, von Neu=Herrnhut in Grönland bis zum Aequator, gesehen. Der Schwarm von 1831 und 1832 war nur in Europa, der von 1833 und 1834 nur in den Vereinigten Staaten von Nordamerika sichtbar.

[53] (S. 91.) Zu Note 20 ist hinzuzufügen, daß die Bahnen von vier Kometen (568, 547, 1337 und 1385) ebenfalls nach alleinigen chinesischen Beobachtungen berechnet worden sind.

[54] (S. 92.) „Il paraît qu'un nombre, qui semble in=épuisable, de corps trop petits pour être observés, se meuvent

dans le ciel, soit autour du soleil, soit autour des planètes, soit peut-être même autour des satellites. On suppose que quand ces corps sont rencontrés par notre atmosphère, la différence entre leur vitesse et celle de notre planète est assez grande pour que le frottement qu'ils éprouvent contre l'air, les échauffe au point de les rendre incandescents, et quelquefois de les faire éclater. — Si le groupe des étoiles filantes forme un anneau continu autour du soleil, sa vitesse de circulation pourra être très-différente de celle de la terre; et ces déplacements dans le ciel, par suite des actions planétaires, pourront encore rendre possible ou impossible, à différentes époques, le phénomène de la rencontre dans le plan de l'écliptique.“ Poiſſon, recherches sur la Probabilité des jugements p. 306—307.

⁵⁵ (S. 92.) Schon Plinius war auf die Farbe der Rinde aufmerkſam: colore adusto; auch das lateribus pluisse deutet auf das gebrannte äußere Anſehen der Aerolithen.

⁵⁶ (S. 93.) Das Eiſen iſt immer mit Nickel und Phosphor verbunden (Schreiberſit); auch findet ſich meteoriſches Einfach-Schwefeleiſen (Troilit). Außerdem finden ſich nach neueren Ergebniſſen, nebſt den im Texte erwähnten Beſtandteilen, Silikate, welche in ihrem kriſtalliniſchen, chemiſchen und optiſchen Verhalten mit unſeren entſprechenden irdiſchen Silikaten ganz übereinſtimmen. Außer Olivin fand man Augit, Orthoklas, Albit, Anorthit, Bronzit, Enſtatit u. a. m., endlich noch kleinere Mengen von Chlor, Kohlenſtoff und, was Graham zuerſt nachwies, Waſſerſtoff. — [D. Herausg.]

⁵⁷ (S. 93.) „Es iſt,“ ſagt der ſcharfſinnige Olbers, „eine denkwürdige und noch unbeachtete Thatſache, daß man nie foſſile Meteorſteine, wie foſſile Muſcheln, in Sekundär- und Tertiärformationen gefunden hat. Sollte man daraus ſchließen können, daß vor der jetzigen letzten Ausbildung der Oberfläche unſerer Erde noch keine Meteorſteine auf dieſelbe herabgefallen ſind, da gegenwärtig nach Schreibers wahrſcheinlich in jedem Jahre an 700 Aerolithenfälle ſtattfinden?“ Problematiſche nickelhaltige Maſſen von gediegenem Eiſen ſind in Nordaſien (Goldſeifenwerk von Petropawlowsk, 20 Meilen (150 km) in SO von Kusnezk) in 31′ (10 m) Tiefe, und neuerlichſt in den weſtlichen Karpathen (Gebirge Magura bei Szlanicz) gefunden worden. Beide ſind den Meteorſteinen ſehr ähnlich.

⁵⁸ (S. 94.) „Sir Isaac said, he took all the planets to be composed of the same matter with this earth, viz. earth, water and stones, but variously concocted.“ Turnor, Collections for the hist. of Grantham, cont. authentic Memoirs of Sir Isaac Newton p. 172.

⁵⁹ (S. 95.) Biot ſchon hatte Zweifel gegen die Wahrſcheinlichkeit erregt, daß der Novemberſtrom Anfang Mai wieder erſcheinen müſſe. Mädler hat die mittlere Temperaturerniedrigung

in den verrufenen drei Maitagen durch 86jährige Berliner Beobach=
tungen geprüft und in den Temperaturen vom 11.—13. Mai einen
Rückschritt von 1°,22 gerade zu einer Zeit gefunden, in welche fast
die schnellste Vermehrung der Wärme fällt. Es wäre zu wünschen,
daß das Phänomen dieser Temperaturerniedrigung, das man ge=
neigt gewesen ist dem Schmelzen der Eismassen im Nordosten von
Europa zuzuschreiben, an sehr entlegenen Punkten in Amerika oder
in der südlichen Hemisphäre ermittelt würde.

[60] (S. 95.) Die Erzählung des Daimachos (Daimachos),
nach welcher 70 Jahre lang ununterbrochen eine feurige Wolke am
Himmel gesehen wurde, die Funken wie Sternschnuppen sprühte
und endlich, sich senkend, den Stein von Aegos Potamoi, „welcher
nur ein unbedeutender Teil der Wolke war“, niederfallen ließ, ist
sehr unwahrscheinlich, weil die Richtung und Geschwindigkeit der
Feuerkugel so viele Tage lang der Erde hätte gleich bleiben müssen,
was bei der von Halley beschriebenen Feuerkugel vom 19. Juli 1686
doch nur Minuten dauerte. Ob übrigens Daimachos, der Schrift=
steller περὶ εὐσεβείας, eine Person mit dem Daimachos aus Plataä
sei, der von Seleucus nach Indien an den Sohn des Androkottos
geschickt wurde und den Strabo „einen Lügenredner“ schimpft,
bleibt ziemlich ungewiß. Man könnte es nach einer anderen Stelle
des Plut. fast glauben; auf jeden Fall haben wir hier nur die
Erzählung eines sehr späten Schriftstellers, der 1½ Jahrhunderte
nach dem berühmten Aerolithenfall in Thracien schrieb und dessen
Wahrhaftigkeit Plutarch ebenfalls bezweifelt (vergl. oben Note 40.)

[61] (S. 96.) Die merkwürdige Stelle bei Plut. de plac.
Philos. II, 13 heißt also: „Anaxagoras lehrt, daß der umgebende
Aether feurig sei der Substanz nach; und durch die Stärke des
Umschwunges reiße er Felsstücke von der Erde ab, entzünde
dieselben und habe sie zu Sternen gemacht.“ Einem solchen Um=
schwunge (Centrifugalkraft) soll der Klazomenier, eine alte Fabel
zu einem physischen Dogma benutzend, auch das Herabfallen des
Nemäischen Löwen aus dem Monde in den Peloponnes zu=
geschrieben haben. Wir haben demnach hier statt der Mondsteine
ein Mondtier! Nach Böckhs scharfsinniger Bemerkung hat der
alte Mythus des Nemäischen Mondlöwen einen astronomischen Ur=
sprung und hängt symbolisch in der Chronologie mit den Schalt=
cyklen des Mondjahres, dem Mondkultus zu Nemea und den dor=
tigen Festspielen zusammen.

[62] (S. 97.) Folgende denkwürdige Stelle, eine der vielen
Keplerschen Inspirationen über Wärmestrahlung der Firsterne, leises
Verbrennen und Lebensprozesse findet sich in den Paralipom.
in Vitell. Astron. pars optica 104 Propos. XXXII, p. 25:
„Lucis proprium est calor, sydera omnia calefaciunt. De syde-
rum luci claritatis ratio testatur, calorem universorum in
minori esse proportione ad calorem unius solis, quam ut ab
homine, cujus est certa caloris mensura, uterque simul percipi

et judicari possit. De cincindularum lucula tenuissima negare
non potes, quin cum calore sit. Vivunt enim et moventur,
hoc autem non sine calefactione perficitur. Sed neque putre-
scentium lignorum lux suo calore destituitur; nam ipsa putredo
quidam lentus ignis est. Inest et stirpibus suus calor.“

⁶³ (S. 99.) „There is another thing, which I recommend
to the observation of mathematical men: which is, that in
February, and for a little before, and a little after that month
(as I have observed several years together), about 6 in the
evening, when the Twilight hath almost deserted the horizon,
you shal see a plainly discernable way of the Twilight striking
up toward the Pleiades, and seeming almost to touch them.
It is so observed any clear night, but it is best *illac nocte*.
There is no such way to be observed at any other time of
the year (that I can perceive), nor any other way at that
time to be perceived darting up elsewhere. And I believe it
hath been, and will be constantly visible at that time of the
year. But what the cause of it in nature should be, I cannot
yet imagine, but leave it to further enquiry.“ Childrey,
Britannia Baconica 1661, p. 183. Dies ist die erste Ansicht und einfache Beschreibung und Erscheinung. In dem eben
angeführten sonderbaren Buche von Childrey finden sich auch
schon verständige Angaben über die Epoche des Eintretens der
Maxima und Minima in der Verteilung der Jahreswärme, wie in
dem Gange der täglichen Temperatur; Angaben über Verspätung
der Extreme des Effekts in den meteorologischen Prozessen. Leider
lehrt aber auch der bakonisch-philosophierende Kaplan des Lord
Henry Somerset (wie Bernardin de St. Pierre), daß die Erde an
den Polen zugespitzt sei. Sie war ursprünglich, sagt er, kugelrund,
aber die ununterbrochen fortschreitende Zunahme der Eisschichten
an beiden Polen verändert die Figur des Erdkörpers; und da das
Eis sich aus Wasser bildet, nimmt die Wassermenge überall ab.

⁶⁴ (S. 99.) Dominikus Cassini und Mairan haben selbst
die Behauptung aufgestellt, daß das 1668 in Persien gesehene Phänomen das Zodiakallicht gewesen sei. Delambre schreibt die
Entdeckung dieses Lichtes bestimmt dem berühmten Reisenden Charbin zu; aber sowohl in Couronnement de Soliman als
in mehreren Stellen seiner Reisebeschreibung erwähnt Charbin als
niazouk (nyzek) oder petite lance nur: „la grande et fameuse
comète qui parut presque par toute la terre en 1668 et dont
la tête étoit cachée dans l'occident de sorte qu'on ne pouvoit
en rien apercevoir sur l'horizon d'Ispahan.“ Der Kopf oder
Kern dieses Kometen ist aber in Brasilien und in Indien gesehen
worden. Ueber die Vermutung der Identität des letzten großen
Kometen vom März 1843 mit dem, welchen Cassini für das Zodiakallicht hielt, s. Schum. astr. Nachr. 1843, Nr. 476 und 480.
Im Persischen werden nîzehi âteschîn (feurige Spieße oder Lanzen)

auch für die Strahlen der auf= oder untergehenden Sonne ge=
braucht, wie nayâzik nach Freytags arabischem Lexikon stellae
cadentes bedeutet. Die Vergleichung der Kometen mit Lanzen
und Schwertern war übrigens besonders dem Mittelalter in allen
Sprachen sehr gewöhnlich. Selbst der große Komet, welcher vom
April bis Juni 1500 gesehen wurde, heißt bei den italienischen
Schriftstellern der Zeit immer il Signor Atsone. — Die vielfach
geäußerten Vermutungen, daß Descartes oder gar Kepler
das Zodiakallicht gekannt hätten, scheinen mir ganz unhaltbar.
Descartes spricht auf eine sehr dunkle Weise, wie Kometen=
schweife entstehen: „par des rayons obliques qui, tombant sur
diverses parties des orbes planétaires, viennent des parties
latérales à notre oeil par une réfraction extraordinaire"; auch
wie morgens und abends Kometenschweife „comme une longue
poutre" gesehen werden könnten, wenn die Sonne zwischen dem
Kometen und der Erde steht. Diese Stelle ist so wenig auf das
Zodiakallicht zu deuten als das, was Kepler von der Existenz
einer Sonnenatmosphäre (limbus circa solem, coma lucida) sagt,
welche in totalen Sonnenfinsternissen hindert, „daß es ganz Nacht
werde". Noch unsicherer oder vielmehr irriger ist die Behauptung,
daß die „trabes quas δοκοὺς vocant" eine Andeutung des zungen=
förmig aufsteigenden Zodiakallichtes seien, wie Cassini und Mairan
vorgeben. Ueberall bei den Alten sind die trabes mit Boliden
(ordores et faces) und anderen feurigen Meteoren in Verbindung
gesetzt, auch wohl gar mit den langbärtigen Kometen.

[65] (S. 99.) Das seltene Manuskript, welches dem Erzbischof
von Reims, le Tellier, gehört hat, enthält sehr verschieden=
artige Auszüge aus einem aztekischen Ritualbuche, aus einem astro=
logischen Kalender und aus historischen Annalen von 1197—1549.
Die letztgenannten geben zugleich Naturerscheinungen, Epochen der
Erdbeben, Kometen, wie die von 1490 und 1529, und für die
mexikanische Chronologie wichtige Sonnenfinsternisse an. In der
handschriftlichen Historia de Tlascala von Camargo wird
das in Osten fast bis zum Zenith aufsteigende Licht sonderbar ge=
nug „funkelnd und wie dick mit Sternen besäet" genannt. Auf
vulkanische Ausbrüche des Popocatepetl, der sehr nahe in Südosten
liegt, paßt die Beschreibung der vierzigtägigen Erscheinung gar
nicht. Neuere Kommentatoren haben diese Erscheinung, die Monte=
zuma als eine der ihm Unglück verheißenden ansah, mit der „estrella
que humeava" (eigentlich: welche sprudelte, mexikanisch choloa,
springen und sprudeln) verwechselt. Ueber den Zusammenhang
dieses Dampfes mit dem Stern Citlal Choloha (Venus) und
dem Sternberge (Citlaltepetl, dem Vulkan von Orizaba) s. meine
Monuments T. II, p. 303.

[66] (S. 100.) Vergl. Sir John Herschels Betrachtungen
über Volum und Lichtschwäche der planetarischen Nebelflecke. Die
Meinung, daß die Sonne ein Nebelstern sei, dessen Atmosphäre

die Erscheinung des Zodiakallichtes darbietet, ist nicht von Domini=
kus Cassini, sondern zuerst 1731 von Mairan aufgestellt wor=
den. Es war eine Erneuerung Keplerscher Ansichten.

⁶⁷ (S. 100.) Schon Dominikus Cassini nahm, wie später
Laplace, Schubert und Poisson, zur Erklärung der Gestalt des
Zodiakallichtes die Hypothese eines abgesonderten Ringes an. Er
sagt bestimmt: „si les orbites de Mercure et de Vénus étoient
visibles (matériellement dans toute l'étendue de leur surface).
nous les verrions habituellement de la même figure et dans
la même disposition à l'égard du Soleil et aux mêmes tems de
l'année que la lumière zodiacale." Cassini glaubte, daß der
dunstförmige Ring des Zodiakallichtes aus einer Unzahl kleiner
planetenartiger Körper, die um die Sonne kreisen, zusammengesetzt
sei. Er war selbst nicht abgeneigt zu glauben, daß der Fall von
Feuerkugeln mit dem Durchgang der Erde durch den Zodiakal=
nebelring zusammenhangen könne. Olmsted und vorzüglich Biot
haben diesen Zusammenhang mit dem Novemberphänomen zu er=
gründen gesucht — einen Zusammenhang, den Olbers bezweifelt.
Ueber die Frage, ob die Ebene des Zodiakallichts mit der Ebene
des Sonnenäquators vollkommen zusammentrifft. [Vergl. Note 5.
D. Herausg.]

⁶⁹ (S. 100.) Heis glaubt mit viel Wahrscheinlichkeit, daß der
Ring des Zodiakallichtes um die Erde innerhalb der Mondbahn
schwebe. Doch ist es noch immer nicht möglich, auf diese Fragen
bestimmte Antwort zu geben. — [D. Herausg.]

⁶⁹ (S. 101.) Mehrere physikalische Thatsachen scheinen anzu=
deuten, daß bei einer mechanischen Trennung der Materie in die
kleinsten Teilchen, wenn die Masse sehr gering im Verhältnis zur
Oberfläche wird, die elektrische Spannung sich bis zur Licht= und
Wärmestrahlung erhöhen kann. Versuche mit einem großen Hohl=
spiegel haben bisher nicht entscheidende Beweise von dem Dasein
strahlender Wärme im Zodiakallichte gegeben.

⁷⁰ (S. 101.) „Was Sie mir von den Lichtveränderungen im
Zodikallichte und den Ursachen sagen, welchen Sie unter den Tropen
solche Veränderungen zuschreiben, hat um so mehr mein Interesse
erregt, als ich seit langer Zeit, in jedem Frühjahr, besonders auf=
merksam auf jene Erscheinung in unseren nördlichen Breiten gewesen
bin. Auch ich habe immer geglaubt, daß das Tierkreislicht rotiere;
aber ich nahm an, daß es sich mit beträchtlich zunehmender Hellig=
keit ganz bis zur Sonne erstrecke (gegen Poissons Aeußerung, die
Sie mir mitteilen). Den lichten Kranz, der sich bei totalen Sonnen=
finsternissen um die verfinsterte Sonne zeigt, habe ich für diesen
glänzendsten Teil des Zodiakallichtes gehalten. Ich habe mich über=
zeugt, daß dieses Licht in einzelnen Jahren sehr verschieden, oft
mehrere Jahre hintereinander sehr hell und ausgedehnt, oft auch,
in anderen Jahren, gar nicht wahrzunehmen ist. Die erste Spur
vom Dasein des Zodiakallichtes glaube ich in einem Briefe von

Rothmann an Tycho zu bemerken, der diesem meldet, er habe im Frühjahr die Tiefe der Sonne unter dem Horizont, bei Ende der Abenddämmerung, 24° gefunden. Gewiß hat Rothmann das Verschwinden des untergehenden Tierkreislichtes in den Dünsten des Abendhorizonts mit dem wirklichen Ende der Abenddämmerung verwechselt. Aufwallungen habe ich selbst, vermutlich wegen der Schwäche, womit in unseren Gegenden das Zodiakallicht erscheint, durchaus nicht bemerken können. Sie haben aber gewiß recht, wenn Sie dergleichen schnelle Lichtveränderungen himmlischer Gegenstände, die Sie in dem Tropenklima wahrgenommen, unserer Atmosphäre, vorzüglich den hohen Regionen derselben, zuschreiben. Das zeigt sich am deutlichsten in den Schweifen großer Kometen. Oft sieht man, besonders bei dem heitersten Wetter, in diesen Schweifen Pulsationen, welche vom Kopfe des Kometen, als dem niedrigsten Punkte, anfangen, und in 1 oder 2 Sekunden den ganzen Schweif durchzittern, wobei sich dann der Schweif schnell um einige Grade zu verlängern und gleich wieder zu verkürzen scheint. Daß diese Aufloderungen, auf die ehemals Robert Hooke und in neueren Zeiten Schröter und Chladni sehr aufmerksam waren, nicht in dem Kometenschweife selbst vorgehen, sondern durch unsere Atmosphäre hervorgebracht sind, wird klar, wenn man bedenkt, daß die einzelnen Teile der (mehrere Millionen Meilen langen) Kometenschweife in sehr verschiedenen Abständen von uns liegen, und daß das Licht von ihnen nur in Zeiträumen zu uns gelangen kann, die um mehrere Minuten voneinander verschieden sind. Ob, was Sie am Orinoko, nicht in Intervallen von Sekunden, sondern von Minuten gesehen, wirkliche Koruskationen des Tierkreislichtes waren, oder ganz und allein den oberen Schichten unseres Lichtkreises zugehörte, will ich nicht entscheiden. Auch weiß ich mir die so merkwürdigen Erhellungen ganzer Nächte, die anomalen Verstärkungen und Verlängerungen der Dämmerung im Jahr 1831 nicht zu erklären, besonders da man bemerkt haben will, daß der hellste Teil dieser sonderbaren Dämmerungen nicht mit dem Orte der Sonne unter dem Horizonte zusammentraf." (Aus einem Briefe des Dr. Olbers an mich, Bremen den 26. März 1833.)

[71] (S. 103.) Vielleicht 1 Million Meilen (7 420 000 km) täglich, auf das mindeste in relativer Geschwindigkeit 834 000 Meilen (6 188 650 km), also mehr als die doppelte Umlaufsgeschwindigkeit der Erde in ihrer Bahn um die Sonne. — [Aus Huggins Beobachtungen einer großen Anzahl von Fixsternspektren leitet Klinkerfues die Bewegung der Sonne zu 62 km in der Sekunde ab, mit einer Unsicherheit von etwa 10 km. D. Herausg.]

[72] (S. 104.) Ueber Bewegung des Sonnensystems nach Bradley, Tobias Mayer, Lambert, Lalande und William Herschel s. Arago im Annuaire pour 1842 p. 388—399; Argelander in Schum. astron. Nachr. Nr. 363, 364 und 398, und in der Abhandlung von der eigenen Bewegung des Sonnensystems 1837

S. 43 über den Perſeus als Centralkörper der ganzen Sternſchicht.
Nach Otto Struve wird durch eine ſpätere Kombination für die Rich=
tung der Sonnenbewegung gefunden: 261° 23′ A. R., + 37° 36′ Dekl.
und im Mittel aus Argelanders und ſeiner eigenen Arbeit durch eine
Kombination von 797 Sternen: 259° A. R., + 34° 36′ Dekl. —
[Gauß glaubte den Apex der Sonnenbewegung in einem Viereck
ſuchen zu müſſen, welches durch die Punkte

$$258° 40′ \text{ A. R.}, \quad 30° 40′ \text{ Dekl.}$$
$$258° 42′ \qquad 30° 57′$$
$$259° 13′ \qquad 31° 9′$$
$$260° 4′ \qquad 30° 32′$$

beſtimmt iſt. D. Herausg.]

[73] (S. 104.) Mädler verlegt dieſe hypothetiſche Centralſonne
in die Plejaden. — [D. Herausg.]

[74] (S. 105.) Will man ſich die etwas früher im Texte be=
zeichnete Entfernung der Firſterne bequemer verſinnlichen, ſo erinnere
man ſich, daß, wenn die Erde von der Sonne in einem Fuß Ent=
fernung angenommen wird, Uranus 19 Fuß (6,17 m) und Wega
der Leier 34½ geographiſche Meilen (256 km) von der Sonne ent=
fernt iſt.

[75] (S. 108.) Sir John Herſchel in einem Briefe aus Feld=
huyſen vom 13. Januar 1836; Nicholl, Archit. of the
Heavens 1838 p. 22. (S. auch einzelne Andeutungen von Sir
William Herſchel über den ſternleeren Raum, der uns in
großem Abſtande von der Milchſtraße trennt, in der Philos.
Transact. for 1818 P. II, p. 328.)

[76] (S. 108.) Sir John Herſchel, Astron. § 624; der=
ſelbe in den Observations of Nebulae and Clusters of Stars
(Philos. Transact. for the year 1833 P. II, p. 479, fig. 25):
„we have here a brother System bearing a real physical resem-
blance and strong analogy of structure of our own."

[77] (S. 108.) Sir William Herſchel in den Philos.
Transact. for 1785 P. I, p. 257; Sir John Herſchel,
Astron. § 616. („The *nebulous* region of the heavens forms a
nebulous milky way, composed of distinct nebulae as the other
of Stars." Derſelbe in einem Briefe an mich vom März 1829.)

[78] (S. 109.) „*An opening in the heavens*", William Herſchel
in den Philos. Transact. for 1785 Vol LXXV, P. I, p. 256.
S. le Français Lalande in der Connaiss. des tems pour
l'an VIII, p. 383; Arago im Annuaire 1842 p. 425.

[79] (S. 110.) Im Dezember 1837 ſah Sir John Herſchel den
Stern η Argo, der bisher als zweiter Größe und ganz unveränderlich
erſchienen war, ſchnell bis zur erſten Größe zunehmen. Im Januar
1838 war die Intenſität ſeines Lichtes ſchon der von α Cent. gleich.
Nach den neueſten Nachrichten fand Maclaer im März 1843 den
Stern ſo glänzend als Canopus; ja α Crucis ſah ganz dämmernd
neben η Argo aus.

[80] (S. 110.) „Hence it follows that the rays of ligth of the remotest nebulae must have been almost two millions of years on their way; and that consequently, so many years ago, this object must already have had *an existence* in the sidereal heaven, in order to send out those rays by which we now perceive it." William Herſchel in den Philos. Transact. for 1802 p. 498; John Herſchel, Astron. § 590; Arago im Annuaire pour 1842 p. 334, 359 und 382—385.

[81] (S. 111). Aus dem ſchönen Sonette meines Bruders: Freiheit und Geſetz.

[82] (S. 114.) Bei den tiefſten Arbeiten der Menſchen im Innern der Erde iſt zu unterſcheiden zwiſchen der abſoluten Tiefe (unter der Oberfläche der Erde an dem Punkte, wo die Arbeit begonnen iſt) und der relativen Tiefe (d. i. der unter dem Spiegel des Meeres). Die größte relative Tiefe, welche die Menſchen bisher erreicht haben, iſt vielleicht das Bohrloch zu Neu=Salzwerk bei Preußiſch Minden; ſie betrug im Juni 1844 genau 1873½ Par. Fuß (607,4 m); die abſolute Tiefe war 2094½ Fuß (680 m). Die Temperatur des Waſſers im Tiefſten ſtieg damals auf 32°,7 Cent., was bei der An= nahme von 9°,6 mittlerer Luftwärme eine Wärmezunahme von 1" auf 29 m,6 gibt. Der arteſiſche Brunnen von Grenelle bei Paris hat nur 1683 Fuß (547 m) abſoluter Tiefe. Nach den Berichten des Miſſionars Imbert aus China wird die Tiefe unſerer arteſiſchen Brunnen von der der Feuerbrunnen, Ho-tsing, weit übertroffen: welche man abteuft, um ſich Waſſerſtoffgas zu verſchaffen, das zum Salzſieden angewendet wird. In der chineſiſchen Provinz Szü=tſchuan ſollen dieſe Feuerbrunnen ſehr gewöhnlich die Tiefe von 1800 bis 2000 Fuß (584—650 m) erreichen; ja bei Tſeu=lieu=tſing (Ort des Immerfließens) ſoll ein Ho=tſing, mit dem Seile im J. 1812 gebohrt, 3000 Fuß (975 m) tief ſein. Die relative Tiefe, welche man zu Monte Maſſi in Toscana, ſüdlich von Volterra, erreicht hat, beträgt nach Matteucci nur 1175 Fuß (382 m). Dem Bohrloch zu Neu=Salzwerk kommt an relativer Tiefe wahrſcheinlich ſehr nahe das Kohlenbergwerk zu Apendale bei Newcaſtle under Lyme (Stafford= ſhire). Man arbeitet dort 725 Yards oder 2045 Par. Fuß (664 m) unter der Oberfläche. Leider iſt mir die Höhe der Hängebank über dem Meeresſpiegel nicht genau bekannt. Die relative Tiefe der Grube Monk Wearmouth bei Newcaſtle iſt nur 1404 Fuß (456 m), die der Lütticher Steinkohlengrube Espérance zu Seraing nach Herrn Berghauptmann von Dechen 1271 Fuß (413 m), die ehemalige der Steinkohlengrube Marihaye bei Val St. Lambert im Maasthale nach dem Ingénieur des Mines Herrn Gernaert 1157 Fuß (376 m). Die abſolut tiefſten Arbeiten, welche die Menſchen unternommen haben, ſind meiſt in ſo hohen Gebirgsebenen oder ſo hohem Thalboden ange= ſetzt worden, daß dieſelben entweder gar nicht das Niveau des Meeres erreicht haben oder zu einer ſehr geringen Tiefe unter dieſes Niveau gelangt ſind. So hatte einſt der unfahrbare Eſelsſchacht zu Kuttenberg

in Böhmen die ungeheure absolute Tiefe von 3545 Fuß (1152 m).
Auch zu St. Daniel und beim Geist am Rörerbühel (Landgericht
Kitzbühl) waren im 16. Jahrhundert die Baue 2916 Fuß (947 m)
tief. Man bewahrt noch die Grubenrisse der Arbeiten am Rörer=
bühel vom Jahre 1539. Man könnte glauben, daß die Kunde von
der außerordentlichen Tiefe des Rörerbühel früh nach England ge=
langt war; denn in Gilbert de Magnete finde ich die Be=
hauptung, daß der Mensch 2400 bis 3000 Fuß (780 bis 975 m) in
die Erdrinde gedrungen sei. („Exigua videtur terrae portio, quae
unquam hominibus spectanda emerget aut eruitur: cum pro-
fundius in ejus viscera, ultra efflorescentis extremitatis cor-
ruptelam, aut propter aquas in magnis fodinis, tanquam
per venas scaturientes, aut propter aëris salubrioris ad vitam
operariorum sustinendam necessarii defectum, aut propter in-
gentes sumptus ad tantos labores exantlandos, multasque diffi-
cultates, ad profundiores terrae partes penetrare non possumus:
adeo ut quadringentas aut [quod rarissime] quingentas orgyas
in quibusdam metallis descendisse, stupendus omnibus videatur
conatus.") Die absoluten Tiefen der Bergwerke im sächsischen Erz=
gebirge bei Freiberg sind im Thurmhofer Zug 1824 Fuß (582 m),
im Hohenbirger Zug 1714 Fuß (557 m); die relativen Tiefen er=
reichen nur 626 und 260 Fuß (203 und 84 m), wenn man, um die
Höhe der Hängebänke jedes Schachtes über dem Meere zu finden,
die Höhe von Freiberg, nach Reichs neuer Bestimmung, zu 1191 Fuß
(387 m) annimmt. Die absolute Tiefe der auch durch Reichtum
berufenen Grubenbaue zu Joachimsthal in Böhmen (Verkreuzung des
Jung Häuer Zechen= und Andreasganges) hat volle 1989 Fuß (646 m)
erreicht, so daß, wenn die Hängebank nach des Herrn von Dechen
Messungen ungefähr 2250 Fuß (733 m) über dem Meere liegt, die
Grubenbaue dort noch nicht einmal den Meeresspiegel erreicht haben.
Am Harz wird auf der Grube Samson zu Andreasberg in 2062 Fuß
(670 m) absoluter Tiefe gebaut. In dem ehemaligen spanischen
Amerika kenne ich keine tiefere Grube als die Valenciana bei Gua=
naxuato (Mexiko), wo ich die absolute Tiefe der Planes de San
Bernardo 1582 Fuß (514 m) gefunden habe. Es fehlen aber den
Planes noch 5592 Fuß (1816 m), um den Meeresspiegel zu erreichen.
Wenn man die Tiefe der ehemaligen Kuttenberger Grubenbaue (eine
Tiefe, welche die Höhe unseres Brockens übertrifft und der des Vesuvs
nur um 200 Fuß [65 m] nachsteht) mit der größten Höhe der von
Menschen aufgeführten Gebäude (der Pyramide des Cheops und des
Straßburger Münsters) vergleicht, so findet man das Verhältnis
von 8 zu 1. Bei den vielen unbestimmten und durch falsche Reduktion
der Maße auf den Pariser Fuß verunstalteten Angaben, welche
unsere geognostischen Schriften noch immer enthalten, schien es mir
wichtig, in dieser Anmerkung alles zusammenzustellen, was ich Sicheres
über die größten absoluten und relativen Tiefen der Grubenbaue
und Bohrlöcher habe auffinden können. Wenn man von Jerusalem

öſtlich gegen das Tote Meer hinabſteigt, ſo genießt man einen An=
blick, ben, nach unſeren jeßigen hypſometriſchen Kenntniſſen der
Oberfläche unſeres Planeten, keine andere Erdgegend darbieten kann:
man ſchreitet, indem man ſich dem Spalte naht, in welchem der
Jordan fließt, an hellem Tage auf Geſteinſchichten, die nach
Bertous und Rußeggers barometriſchem Nivellement 1300 Fuß (422 m)
in ſenkrechter Tiefe unter dem Spiegel des Mittelmeeres liegen.

[83] (S. 114.) Muldenförmig gekrümmte Schichten, die man
ſich einſenken und in einer zu meſſenden Entfernung wieder auf=
ſteigen ſieht, geben, wenn ſie auch in den tiefſten Punkten nicht
durch bergmänniſche Arbeiten erreicht werden, doch ſinnliche Kenntnis
von der Beſchaffenheit der Erdrinde in großen Abſtänden von der
Oberfläche. Angaben dieſer Art gewähren demnach ein großes
geognoſtiſches Intereſſe. Ich verdanke die folgenden dem vortreff=
lichen Geognoſten, Herrn von Dechen. Er ſchreibt: „Die Tiefe
der Steinkohlenmulde zu Lüttich am Mont St. Gilles, welche ich
gemeinſchaftlich mit unſerem Freunde Herrn von Oeynhauſen zu
3650 Fuß (1186 m) unter der Oberfläche ermittelt habe, liegt, ba
der Mont St. Gilles gewiß nicht 400 Fuß (130 m) abſolute Höhe
hat, an 3250 Fuß (1056 m) unter dem Meeresſpiegel; die Stein=
kohlenmulde zu Mons liegt ſogar noch volle 1750 Fuß (568 m) tiefer.
Alle dieſe Tiefen ſind aber nur als gering gegen die zu betrachten,
welche die Lagerungsverhältniſſe der Steinkohlenflöze in dem Saar=
revier (Saarbrücken) offenbaren. Ich habe nach wiederholten Auf=
nahmen gefunden, daß das unterſte Kohlenflöz, welches in der Gegend
von Duttweiler bekannt iſt, bei Bettingen, nordöſtlich von Saarlouis,
bis 19406 und 20656 Fuß ($^9/_{10}$ geogr. Meilen = 6,6 km) unter dem
Meeresſpiegel herabgeht." Dieſes Reſultat übertrifft noch um 8000 Fuß
(2600 m) die Annahme, welche ich im Terte des Kosmos für eine
Mulde devoniſcher Schichten gegeben habe. Jene Steinkohlenflöze
liegen also ſo tief unter dem Niveau des Meeres, als der Chim=
borazo über bemſelben ſich erhebt: in einer Tiefe, in welcher die
Erdwärme an 224° betragen muß. Von den höchſten Gipfeln des
Himalaya bis zu jenen Mulden, welche die Vegetation der Vorwelt
enthalten, iſt demnach ein ſenkrechter Abſtand von 45000 Fuß (14,6 km),
b. i. ¹/₄₃₅ des Erdhalbmeſſers.

[84] (S. 115) Die größte bis jeßt bekannte, vom „Tuscarora"
gemeſſene Tiefe im Stillen Ozean beträgt 8513 m, erreicht also nicht
ganz die höchſte Bergeshöhe, denn der Mount Evereſt im Himalaya
erhebt ſich 8840 m hoch über den Meeresſpiegel. — [D. Herausg.]

[85] (S. 118) Seither iſt 1853 die große, 1817 begonnene, von
Struve und Tenner geleitete, ruſſiſch=ſkandinaviſche Grabmeſſung
vollendet und bie 1861 vom verſtorbenen preußiſchen Generallieutenant
von Baeyer vorgeſchlagene großartige Meſſung, an welcher ſich faſt
ſämtliche Staaten Europas beteiligen, ins Werk geſetzt worden. —
[D. Herausg.]

[86] (S. 118.) El Mundo es poco (die Erbe iſt klein und enge),

schreibt Kolumbus aus Jamaika an die Königin Isabella den 7. Juli 1503, nicht etwa nach den philosophischen Ansichten der beiden Römer, sondern weil es ihm vorteilhaft schien zu behaupten, der Weg von Spanien sei nicht lang, wenn man, wie er sagte, „den Orient von Westen her suche". Vgl. mein Examen crit. de l'hist. de la Géogr. au 15me siècle, wo ich zugleich gezeigt habe, daß die von Delisle, Fréret und Gosselin verteidigte Meinung, nach welcher die übermäßige Verschiedenheit in den Angaben des Erdperimeters bei den Griechen bloß scheinbar sei und auf Verschiedenheit der Stadien beruhe, schon im Jahr 1495 von Jaime Ferrer, in einem Vorschlag über die Bestimmung der päpstlichen Demarkationslinie, vorgetragen wurde.

[87] (S. 119.) Brewster, life of Sir Isaac Newton 1831 p. 162: „The discovery of the spheroidal form of Jupiter by Cassini had probably directed the attention of Newton to the determination of its cause, and consequently to the investigation of the true figure of the earth." Cassini kündigte allerdings die Quantität der Abplattung des Jupiter ($^1/_{15}$) erst 1691 an; aber wir wissen durch Lalande, daß Maraldi einige gedruckte Bogen des von Cassini angefangenen lateinischen Werkes „über die Flecken der Planeten" besaß, aus welchem zu ersehen war, daß Cassini bereits vor 1666, also 21 Jahre vor dem Erscheinen von Newtons Principia, die Abplattung des Jupiter kannte.

[88] (S. 119.) Nach neueren Ermittelungen beträgt die Abplattung der Erde $^1/_{289}$ des größten Durchmessers. — [D. Herausg.]

[89] (S. 119.) Nach Bessels Untersuchung von zehn Gradmessungen, in welcher der von Puissant aufgefundene Fehler in der Berechnung der französischen Gradmessung berücksichtigt wurde, ist die halbe große Achse des elliptischen Rotationssphäroids, dem sich die unregelmäßige Figur der Erde am meisten nähert, 3 272 077 t, 14; die halbe kleine Achse 3 261 139 t, 33; die Abplattung $^1/_{299,153}$; die Länge des mittleren Meridiangrades 57 013 t, 109, mit einem Fehler von $+$ 2 t, 23. Frühere Kombinationen der Gradmessungen schwankten zwischen $^1/_{302}$ und $^1/_{297}$, so Walbeck $^1/_{302,78}$ in 1819; Ed. Schmidt $^1/_{297,19}$ in 1829 aus sieben Gradmessungen. Aus den Mondgleichungen allein fand Laplace zuerst nach den älteren Tafeln von Bürg $^1/_{304,5}$; später nach den Mondsbeobachtungen von Burckhard und Bouvard $^1/_{299,1}$.

[90] (S. 120.) Die Pendelschwingungen gaben als allgemeines Resultat der großen Expedition von Sabine (1822 und 1823, vom Aequator bis 80° nördl. Breite) $^1/_{289,7}$; nach Freycinet, wenn man die Versuchsreihen von Jle de France, Guam und Mowi (Maui) ausschließt, $^1/_{286,2}$; nach Foster $^1/_{289,5}$; nach Duverrey $^1/_{286,4}$; nach Lütke aus 11 Stationen $^1/_{289}$. Dagegen folgt aus den Beobachtungen zwischen Formentera und Dünkirchen nach Mathieu $^1/_{289,2}$, und zwischen Formentera bis Insel Unst nach Biot $^1/_{304}$. Der erste Vorschlag, die Pendellänge zur Maßbestimmung anzuwenden,

und den dritten Teil des Sekundenpendels (als wäre derselbe überall von gleicher Länge) wie einen pes horarius zum allgemeinen, von allen Völkern immer wiederzufindenden Maße festzusetzen, findet sich in Huygens Horologium oscillatorium 1673 Prop. 25. Ein solcher Wunsch wurde 1742 in einem öffentlich unter dem Aequator aufgestellten Monumente von Bouguer, La Condamine und Godin aufs neue ausgesprochen. Es heißt in der schönen Marmortafel, die ich noch unversehrt in dem ehemaligen Jesuiterkollegium in Quito gesehen habe: Penduli simplicis aequinoctialis unius minuti secundi archetypus, mensurae naturalis exemplar, utinam universalis! Aus dem, was La Condamine von unausgefüllten Stellen in der Inschrift und einem kleinen Hader über die Zahlen mit Bouguer sagt, vermutete ich, beträchtliche Unterschiede zwischen der Marmortafel und der in Paris bekannt gemachten Inschrift zu finden. Nach mehrmaliger Vergleichung bemerkte ich aber nur zwei ganz unerhebliche: ex arcu graduum 3½ statt ex arcu graduum plus quam trium, und statt 1742 die Jahrzahl 1745. Die letztere Angabe ist sonderbar, da La Condamine im November 1744, Bouguer im Junius desselben Jahres nach Europa zurückkamen, auch Godin Südamerika schon im Junius 1744 verlassen hatte. Die notwendigste und nützlichste Verbesserung in den Zahlen der Inschrift würde die der astronomischen Länge der Stadt Quito gewesen sein. Nouets an ägyptischen Monumenten eingegrabene Breiten geben uns ein neueres Beispiel von der Gefahr, welche eine feierliche Perpetuierung falscher oder unvorsichtig berechneter Resultate darbietet.

[91] (S. 120.) Ueber die vermehrte Intensität der Anziehung in vulkanischen Inseln (St. Helena, Nalau, Fernando de Noronha, Ile de France, Guaham, Maui und Galapagos) mit Ausnahme der Insel Rawak, vielleicht wegen ihrer Nähe zu dem hohen Lande von Neu-Guinea, s. Mathieu in Delambre, Hist. de l'Astronomie au 18me siècle p. 701.

[92] (S. 120.) Zahlreiche Beobachtungen zeigen auch mitten in den Kontinenten große Unregelmäßigkeiten der Pendellängen, die man Lokalanziehungen zuschreibt. Wenn man im südlichen Frankreich und in der Lombardei von Westen nach Osten fortschreitet, so findet man in Bordeaux die geringste Intensität der Schwerkraft; und diese Intensität nimmt schnell zu in den östlicher gelegenen Orten: Figeac, Clermont-Ferrand, Mailand und Padua. Die letzte Stadt bietet das Maximum der Anziehung dar. Der Einfluß des südlichen Abhanges der Alpenkette ist nicht bloß der allgemeinen Größe ihres Volums, sondern, wie Elie de Beaumont glaubt, am meisten den Melaphyr- und Serpentingesteinen zuzuschreiben, welche die Kette gehoben haben. Am Abhange des Ararat, der mit dem Kaukasus wie im Schwerpunkte des aus Europa, Asien und Afrika bestehenden, alten Kontinents liegt, zeigen Fedorows so genaue Pendelversuche ebenfalls nicht Höhlungen, sondern dichte

vulkanische Massen an. In den geodätischen Operationen von Carlini und Plana in der Lombardei haben sich Unterschiede zwischen den unmittelbaren Breitenbeobachtungen und den Resultaten jener Operationen von 20″ bis 47″,8 gefunden. Mailand auf Bern reduziert, wie es aus der französischen Triangulation folgt, hat die Breite von 45° 27′ 52″, während daß die unmittelbaren astronomischen Beobachtungen die Breite zu 45° 27′ 35″ geben. Da die Perturbationen sich in der lombardischen Ebene bis Parma weit südlich vom Po erstrecken, so kann man vermuten, daß selbst in der Bodenbeschaffenheit der Ebene ablenkende Ursachen wirken. Aehnliche Erfahrungen hat Struve in den flächsten Teilen des östlichen Europas gemacht. Ueber den Einfluß von dichten Massen, welche man in einer geringen, der mittleren Höhe der Alpenkette gleichen Tiefe voraussetzt, s. die analytischen Ausdrücke nach Hossard und Rozet) in den Comptes rendus de l'Acad. des Sc. T. XVIII, 1844. p. 292, welche zu vergleichen sind mit Poisson, traité de Mécanique (2. éd.) T. I, p. 482. Die frühesten Andeutungen von dem Einfluß der Gebirgsarten auf die Schwingungen des Pendels hat übrigens Thomas Young gegeben in den Philosoph. Transactions for 1819 p. 70—96. Bei den Schlüssen von der Pendellänge auf die Erdkrümmung ist wohl die Möglichkeit nicht zu übersehen, daß die Erdrinde kann früher erhärtet gewesen sein, als metallische und dichte basaltische Massen aus der Tiefe durch offene Gangklüfte eingedrungen und der Oberfläche nahe gekommen sind.

[93] (S. 121.) La Cailles Pendelmessungen am Vorgebirge der guten Hoffnung, die Mathieu mit vieler Sorgfalt berechnet hat, geben eine Abplattung von $1/284,4$; aber nach mehrfachen Vergleichungen der Beobachtungen unter gleichen Breiten in beiden Hemisphären (Neuholland und Malouinen verglichen mit Barcelona, New York und Dünkirchen) ist bisher kein Grund vorhanden, die mittlere Abplattung der südlichen Halbkugel für größer als die der nördlichen zu halten.

[94] (S. 121.) Die drei Beobachtungsmethoden geben folgende Resultate: 1) durch Ablenkung des Senkbleis in der Nähe des Berges Shehallien (galisch Thichallin) in Perthire 4,713 bei Maskelyne, Hutton und Playfair (1774—1776 und 1810) nach einer schon von Newton vorgeschlagenen Methode; 2) durch Pendelschwingung auf Bergen 4,837 (Carlinis Beobachtungen auf dem Mont Cenis verglichen mit Biots Beobachtungen in Bordeaux; 3) durch die Drehwage von Cavendish, nach einem ursprünglich von Mitchell ersonnenen Apparate, 5,48 (nach Huttons Revision der Rechnung 5,32; nach der Revision von Eduard Schmidt 5,52; durch die Drehwage von Reich 5,44. In der Berechnung dieser, mit meisterhafter Genauigkeit von Prof. Reich angestellten Versuche war das ursprüngliche mittlere Resultat 5,43 (mit einem wahrscheinlichen Fehler von nur 0,0233), ein Resultat, das, um die Größe vermehrt, um welche die

Schwungkraft der Erde die Schwerkraft vermindert, für die Breite von Freiberg (50° 55′) in 5,44 zu verwandeln ist. Die Anwendung von Massen aus Gußeisen statt des Bleies hat keine merkliche, den Beobachtungsfehlern nicht mit vollem Rechte zuzuschreibende Verschiedenheit der Anziehung, keine Spuren magnetischer Wirkungen offenbart. Durch die Annahme einer zu kleinen Abplattung der Erde und durch die unsichere Schätzung der Gesteinsdichtigkeit der Oberfläche hatte man früher die mittlere Dichtigkeit der Erde ebenfalls, wie in den Versuchen auf und an den Bergen, um ⅙ zu klein gefunden: 4,761 oder 4,785. Ueber die weiter unten angeführte Hallesche Hypothese von der Erde als Hohlkugel (den Keim Franklinscher Ideen über das Erdbeben) s. Philos. Transact. for the year 1693 Vol. XVII. p. 563. Halley hält es für des Schöpfers würdiger, „daß der Erdball, wie ein Haus von mehreren Stockwerken, von innen und außen bewohnt sei. Für Licht in der Hohlkugel würde auch wohl auf irgend eine Weise gesorgt werden können“.

⁹⁷ (S 121.) Prynting wie Jolly ermittelten seither eine mittlere Dichtigkeit der Erde von 5,69, doch fanden 1872—1873 Cornu und Baille durch sehr präzise Messungen mittels der Drehwage die Dichte der Erde nur 5,56 so groß wie die Dichte des Wassers, ein Ergebnis, das wohl bis jetzt als das zuverlässigste betrachtet werden darf. — [D. Herausg.]

⁹⁶ (S. 123.) Dahin gehören die vortrefflichen analytischen Arbeiten von Fourier, Biot, Laplace, Poisson, Duhamel und Lamé. In seinem Werke théorie mathématique de la Chaleur hat Poisson eine von Fouriers Ansicht ganz abweichende Hypothese entwickelt. Er leugnet den gegenwärtigen flüssigen Zustand des Kerns der Erde; er glaubt, „daß bei dem Erkalten durch Strahlung gegen das die Erde umgebende Mittel die an der Oberfläche zuerst erstarrten Teile herabgesunken sind; und daß durch einen doppelten, ab- und aufwärts gehenden Strom die große Ungleichheit vermindert worden ist, welche bei einem festen, von der Oberfläche her erkaltenden Körper stattfinden würde“. Es scheint dem großen Geometer wahrscheinlicher, daß die Erstarrung in den dem Mittelpunkt näher liegenden Schichten angefangen habe; „das Phänomen der mit der Tiefe zunehmenden Wärme erstrecke sich nicht auf die ganze Erdmasse und sei bloß eine Folge der Bewegung unseres Planetensystems im Weltraume, dessen einzelne Teile durch Sternenwärme (chaleur stellaire) eine sehr verschiedene Temperatur haben“. Die Wärme der Wasser unserer artesischen Brunnen wäre also, nach Poisson, bloß eine von außen in den Erdkörper eingedrungene Wärme, und man könnte letzteren „als einen Felsblock betrachten, der vom Aequator nach dem Pole geschafft wurde, aber in einer so kurzen Zeit, daß er nicht ganz zu erkalten vermochte. Die Temperaturzunahme in diesem Blocke würde sich nicht bis zu den Schichten seiner Mitte erstreckt haben“. Die physikalischen

Zweifel, welche man mit Recht gegen diese sonderbare kosmische Ansicht aufgestellt hat (gegen eine Ansicht, welche dem Himmelsraume zuschreibt, was wohl eher dem ersten Uebergange der sich ballenden Materie aus dem gasförmig flüssigen in einen festen Zustand angehört), findet man gesammelt in Poggendorffs Annalen der Physik und Chemie Bd. XXXIX, S. 93—100.

[97] (S. 124.) Die Wärmezunahme ist gefunden worden in dem Puits de Grenelle zu Paris von $98^4/_{10}$ Fuß (32 m), in dem Bohrloch zu Neusalzwerk bei Preußisch Minden fast 91 Fuß (29,6 m); zu Pregny bei Genf, ohnerachtet dort die obere Oeffnung des Bohrloches 1510 Fuß über dem Meeresspiegel liegt, nach Auguste de la Rive und Marcet, ebenfalls von 91 Fuß (29,6 m). Diese Uebereinstimmung der Resultate in einer Methode, welche erst im Jahre 1821 von Arago vorgeschlagen wurde, ist sehr auffallend und von drei Bohrlöchern hergenommen, von 1683 Fuß (547 m), 2094 Fuß (680 m) und 680 Fuß (221 m) absoluter Tiefe. Die zwei Punkte der Erde, in kleiner senkrechter Entfernung untereinander, deren Jahrestemperaturen wohl am genauesten bestimmt sind, sind wahrscheinlich die Temperatur der äußeren Luft der Sternwarte zu Paris und die Temperatur der Caves de l'Observatoire. Jene ist $10^0,822$, diese $11^0,834$: Unterschied $1^0,012$ auf 86 Fuß (28 m) Tiefe. Freilich ist in den letzten 17 Jahren, aus noch nicht ganz ausgemittelten Ursachen, wo nicht die Temperatur der Caves de l'Observatoire, doch die Anzeige des dort stehenden Thermometers, um $0^0,220$ gestiegen. Wenn in Bohrlöchern bisweilen das Eindringen von Wassern aus Seitenklüften einige Störung hervorbringt, so sind in Bergwerken andere Verhältnisse erkältender Luftströmung noch schädlicher für die Genauigkeit mit vieler Mühe erforschter Resultate. Das Gesamtresultat von Reichs großer Arbeit über die Temperatur der Gruben im sächsischen Erzgebirge ist eine etwas langsame Wärmezunahme von $128^1/_2$ Fuß (41 m,84) auf 1^0. Doch hat Phillips in einem Schachte des Kohlenbergwerks von Monk Wearmouth bei Newcastle, wo, wie ich schon oben bemerkt, 1404 Fuß (456 m) unter dem Meeresspiegel gearbeitet wird, auch eine Zunahme der Wärme von $99^6/_{10}$ Fuß (32 m,4), fast ganz identisch mit Aragos Resultat im Puits de Grenelle gefunden.

[98] (S. 126.) Es ist zu bemerken, daß der Bruch $1/_{10}$ eines Centesimalgrades des Quecksilberthermometers, welcher im Texte als Grenze der Stabilität der Erdwärme seit Hipparchs Zeiten angegeben ist, auf der Annahme beruht, daß die Dilatation der Stoffe, aus denen der Erdkörper zusammengesetzt ist, gleich der des Glases sei, d. i. $1/_{100000}$ für 1^0 Wärme.

[99] (S. 127.) William Gilbert von Colchester, den Galilei „bis zum Neid erregen groß" nennt, sagt schon: „magnus magnes ipse est globus terrestris". Er bespöttelt die Magnetberge als Magnetpole des Fracastoro, des großen Zeitgenossen von Christoph

Kolumbus: „rejicienda est vulgaris opinio de montibus magneticis, aut rupe aliqua magnetica, aut polo phantastico a polo mundi distante." Er nimmt die Abweichung der Magnetnadel auf dem ganzen Erdboden für unveränderlich an (variato uniuscujusque loci constans est) und erklärt die Krümmungen der isogonischen Linien aus der Gestaltung der Kontinente und der relativen Lage der Meeresbecken, welche eine schwächere magnetische Ziehkraft ausüben als die über dem Ozean hervorragenden festen Massen.

[100] (S. 127.) Es gibt auch Perturbationen, die sich nicht weit fortpflanzen, mehr lokal sind, vielleicht einen weniger tiefen Sitz haben. Ein seltenes Beispiel solcher außerordentlichen Störung, welche in den Freiberger Gruben und nicht in Berlin gefühlt wurde, habe ich schon vor vielen Jahren bekannt gemacht. Magnetische Ungewitter, die gleichzeitig von Sizilien bis Upsala gefühlt wurden, gelangten nicht von Upsala nach Alten. Unter den vielen in neuerer Zeit aufgefundenen gleichzeitigen und durch große Länderstrecken fortgepflanzten Perturbationen, welche in Sabines wichtigem Werke gesammelt sind, ist eine der denkwürdigsten die vom 25. September 1841, welche zu Toronto in Kanada, am Vorgebirge der guten Hoffnung, in Prag und teilweise in Vandiemensland beobachtet wurde. Die englische Sonntagsfeier, nach der es sündhaft ist, nach Sonnabend Mitternacht eine Scala abzulesen und große Naturphänomene der Schöpfung in ihrer ganzen Entwicklung zu verfolgen, hat, da das magnetische Ungewitter wegen des Längenunterschiedes in Vandiemensland auf einen Sonntag fiel, die Beobachtung desselben unterbrochen!

[101] (S. 128.) Die im Text geschilderte Anwendung der Magnetinklination zu Breitenbestimmungen längs einer N—S laufenden Küste, die wie die Küste von Chile und Peru einen Teil des Jahres in Nebel (garua) gehüllt ist, habe ich angegeben in Lamétheries Journal de Physique T. LIX, 1804, p. 449. Diese Anwendung ist in der bezeichneten Lokalität um so wichtiger, als, bei der heftigen Strömung von Süden nach Norden bis Cabo Pariña, es für die Schiffahrt ein großer Zeitverlust ist, wenn man sich der Küste erst nördlich von dem gesuchten Hafen nähert. In der Südsee habe ich vom Hafen Callao de Lima bis Truxillo, bei einem Breitenunterschiede von $3°57'$, eine Veränderung an der Magnetinklination von $9°$ Cent. und von Callao bis Guayaquil, bei einem Breitenunterschied von $9°50'$, eine Inklinationsveränderung von $23°,05$ gefunden. Von Guarmey (Br. $10°4'$ Süd), Huaura (Br. $11°3'$) bis Chancay (Br. $11°32'$) sind die Neigungen $6°,80$; $9°,00$ und $10°,35$ centes. Einteilung. Die Ortsbestimmung mittels der magnetischen Inklination hat da, wo der Schiffskurs die isoklinischen Linien fast senkrecht schneidet, das Merkwürdige, daß sie die einzige ist, welche jeder Zeitbestimmung, und also des Anblicks der Sonne und der anderen Gestirne entbehren kann. Ich habe vor kurzem erst auf=

gefunden, daß schon am Ende des 16. Jahrhunderts, also kaum 20 Jahre nach der Erfindung des Inklinatoriums von Robert Norman, in dem großen Werke des de Magnete von William Gilbert, Vorschläge, die Breite durch die Neigung der Magnet=nadel zu bestimmen, gemacht worden sind. Gilbert rühmt die Methode als anwendbar „aëre caliginoso". Edward Wright, in der Vorrede, welche er dem großen Werke seines Lehrers beigefügt hat, nennt einen solchen Vorschlag „vieles Goldes wert". Da er mit Gilbert irrigerweise annahm, daß die isoklinischen Linien mit den geographischen Parallelkreisen, wie der magnetische Aequator mit dem geographischen, zusammenfielen, so bemerkte er nicht, daß die erwähnte Methode eine lokale und viel eingeschränktere An=wendung hat.

[102] (S. 128.) Nach Faradays Behauptung ist dem reinen Kobalt der Magnetismus ganz abzusprechen. Es ist mir nicht unbe=kannt, daß andere berühmte Chemiker (Heinrich Rose und Wöhler) diese Behauptung für nicht absolut entscheidend halten. Wenn von zwei mit Sorgfalt gereinigten Kobaltmassen, welche man beide für nickelfrei hält, sich die eine als ganz unmagnetisch (im ruhenden Magnetismus) zeigt, so scheint mir der Verdacht, daß die andere ihre magnetische Eigenschaft einem Mangel von Reinheit verdanke, doch wahrscheinlich und für Faradays Ansicht sprechend.

[103] (S. 129.) Die westlichen Völker, Griechen und Römer, wußten, daß Magnetismus dem Eisen langdauernd mitgeteilt werden kann („sola haec materia ferri vires a magnete lapide accipit *retinetque longo tempore*"; Plin. XXXIV, 14). Die große Entdeckung der tellurischen Richtkraft hing also allein davon ab, daß man im Occident nicht durch Zufall ein längliches Frag=ment Magnetstein oder einen magnetisierten Eisenstab, mittels Holz auf Wasser schwimmend oder an einem Faden hangend, in freier Bewegung beobachtet hatte.

[104] (S. 129.) Ein sehr langsames säkulares Fortschreiten oder gar eine lokale Unveränderlichkeit der Magnetdeklination hebt die Verwirrung auf, welche durch tellurische Einwirkungen in der Quantität des räumlichen Bodenbesitzes da entsteht, wo mit völliger Unbeachtung der Deklinationskorrektion das Grund=eigentum, zu sehr verschiedenen Zeitepochen, durch bloße Anwendung der Bussole vermessen worden ist. „The whole mass of West-India property," sagt Sir John Herschel, „has been saved from the bottomless pit of endless litigation by the invariab-ility of the magnetic declination in Jamaica and the surround-ing archipelago during the whole of the last century, all surveys of property there having been conducted solely by the compass." In dem Mutterlande (England) hat sich die Magnet=deklination in derselben Zeit um volle 14° verändert.

[105] (S. 129.) Ich habe an einem anderen Orte gezeigt, daß man in den auf uns gekommenen Dokumenten über die Schiffahrten

von Christoph Kolumbus mit vieler Sicherheit drei Ortsbestimmungen
der atlantischen Linie ohne Abweichung für den 13. Sep=
tember 1492, den 21. Mai 1496 und den 16. August 1498 erkennen
kann. Die atlantische Kurve ohne Abweichung war zu jenen Epochen
NO — SW gerichtet. Sie berührte den südamerikanischen Kontinent
etwas östlich vom Kap Cobera, während jetzt die Berührung an der
Nordküste von Brasilien beobachtet wird. Aus Gilberts Phy-
siologia nova de Magnete sieht man deutlich (und diese That=
sache ist sehr auffallend), daß im Jahr 1600 die Abweichung noch
null in der Gegend der Azoren war, ganz wie zu Kolumbus Zeit.
Ich glaube, in meinem Examen critique aus Dokumenten er=
wiesen zu haben, daß die berühmte Demarkationslinie, durch welche
der Papst Alexander VI. die westliche Hemisphäre zwischen Portugal
und Spanien teilte, darum nicht durch die westlichste der Azoren
gezogen wurde, weil Kolumbus eine physische Abteilung in eine
politische zu verwandeln wünschte. Er legte nämlich eine große
Wichtigkeit auf die Zone (raya), „auf welcher die Bussole keine
Variation mehr zeige; wo Luft und Meer, letzteres mit Tang wiesen=
artig bedeckt, sich anders gestalten; wo kühle Winde anfangen zu
wehen, und (so lehrten es ihn irrige Beobachtungen des Polarsternes)
die Gestalt (Sphärizität) der Erde nicht mehr dieselbe sei“.

[106] (S. 130.) Es ist eine Frage von dem höchsten Interesse für
das Problem der physischen Ursachen des tellurischen Magnetismus,
ob die beiden ovalen, so wunderbar in sich geschlossenen Systeme
isogonischer Linien im Laufe der Jahrhunderte in dieser geschlossenen
Form fortrücken oder sich auflösen und entfalten werden? In dem
ostasiatischen Knoten nimmt die Abweichung von außen nach innen
zu, im Knoten oder Oval der Südsee findet das Entgegengesetzte
statt; ja man kennt gegenwärtig in der ganzen Südsee, östlich vom
Meridian von Kamtschatka, keine Linie ohne Abweichung, keine,
die unter 2° wäre. Doch scheint Cornelius Schouten am Oster=
tage des Jahres 1616 etwas südöstlich von Nukahiva, bei 15° südl.
Breite und 132° westl. Länge, also mitten in dem jetzigen in sich
geschlossenen isogonischen Systeme, die Abweichung null gefunden
zu haben. Man muß bei allen diesen Betrachtungen nicht ver=
gessen, daß wir die Richtung der magnetischen Linien in ihrem
Fortschreiten nur so verfolgen können, wie sie auf der Erdoberfläche
projiziert sind.

[107] (S. 131.) S. die merkwürdige Karte isoklinischer Linien
im atlantischen Ozean für die Jahre 1825 und 1837 in Sabines
contributions to terrestrial Magnetism 1840 p. 139.

[108] (S. 132.) Folgendes ist der historische Hergang der Auf=
findung des Gesetzes von der (im allgemeinen) mit der magnetischen
Breite zunehmenden Intensität der Kräfte. Als ich mich 1798 der
Expedition des Kapitän Baudin zu einer Erdumsegelung anschließen
wollte, wurde ich von Borda, der einen warmen Anteil an der
Ausführung meiner Entwürfe nahm, aufgefordert, unter verschiedenen

Breiten in beiden Hemisphären eine senkrechte Nadel im magnetischen Meridian schwingen zu lassen, um zu ergründen, ob die Intensität der Kräfte dieselbe oder verschieden sei. Auf meiner Reise nach den amerikanischen Tropenländern machte ich diese Untersuchung zu einer der Hauptaufgaben meiner Unternehmung. Ich beobachtete, daß dieselbe Nadel, welche in 10 Minuten zu Paris 245, in der Havana 246, in Mexiko 242 Schwingungen vollbrachte, innerhalb derselben Zeit zu San Carlos del Rio Negro (Br. 1° 53′ N., 80° 40′ W.) 216, auf dem magnetischen Aequator, d. i. der Linie, auf der die Neigung = 0 ist, in Peru (Br. 7° 1′ S., L. 80° 54′ W.) nur 211, in Lima Br. 12° 2′ S.) wieder 219 Schwingungen zeigte. Ich fand also in den Jahren 1799 bis 1803, daß die Totalkraft, wenn man dieselbe auf dem magnetischen Aequator in der peruanischen Andeskette zwischen Micuipampa und Caxamarca = 1,0000 setzt, in Paris durch 1,3482, in Mexiko durch 1,3155, in San Carlos del Rio Negro durch 1,0480, in Lima durch 1,0773 ausgedrückt werde. Als ich in der Sitzung des Pariser Instituts am 26. Frimaire des Jahres XIII in einer Abhandlung, deren mathematischer Teil Herrn Biot zugehört, dies Gesetz der veränderlichen Intensität der tellurischen Magnetkraft entwickelte und durch den numerischen Wert der Beobachtungen in 104 verschiedenen Punkten erwies, wurde die Thatsache als vollkommen neu betrachtet. Erst nach der Lesung dieser Abhandlung, wie Biot in derselben sehr bestimmt sagt und ich in der Relation hist. T. I, p. 262, note 1 wiederholt habe, teilte Herr de Rossel seine sechs früheren, schon 1791—1794 auf Vandiemensland, Java und Amboina gemachten Schwingungsbeobachtungen an Biot mit. Aus denselben ergab sich ebenfalls das Gesetz abnehmender Kraft im indischen Archipelagus. Es ist fast zu vermuten, daß dieser vortreffliche Mann in seiner eigenen Arbeit die Regelmäßigkeit der Zu= und Abnahme der Intensität nicht erkannt hatte, da er von diesem, gewiß nicht unwichtigen, physischen Gesetze vor der Lesung meiner Abhandlung unseren gemeinschaftlichen Freunden Laplace, Delambre, Prony und Biot nie etwas gesagt hatte. Erst im Jahr 1808, vier Jahre nach meiner Rückkunft aus Amerika, erschienen die von ihm angestellten Beobachtungen. Bis heute hat man die Gewohnheit beibehalten, in allen magnetischen Intensitätstafeln, welche in Deutschland, in England und in Frankreich erschienen sind, die irgendwo auf dem Erdkörper beobachteten Schwingungen auf das Maß der Kraft zu reduzieren, welches ich auf dem magnetischen Aequator im nördlichen Peru gefunden habe, so daß bei dieser willkürlich angenommenen Einheit die Intensität der magnetischen Kraft zu Paris 1,348 gesetzt wird. Noch älter aber als des Admirals Rossel Beobachtungen sind die, welche auf der unglücklichen Expedition von la Pérouse, von dem Aufenthalt in Tenerifa (1785) an bis zur Ankunft in Macao (1787), durch Lamanon angestellt und an die Akademie der Wissenschaften geschickt wurden. Man weiß bestimmt, daß sie schon im Juli 1787

in den Händen Condorcets waren; sie sind aber trotz aller Be=
mühungen nicht aufgefunden worden. Von einem sehr wichtigen
Briefe Lamanons an den damaligen perpetuierlichen Sekretär der
Akademie, den man vergessen in dem Voyage de la Pérouse
abzudrucken, besitzt der Kapitän Duperrey eine Abschrift. Es heißt
darin ausdrücklich: „que la force attractive de l'aimant est moindre
dans les tropiques qu'en avançant vers les pôles, et que l'inten-
sité magnétique déduite du nombre des oscillations de l'aiguille
de la boussole d'inclinaison change et augmente avec la latitude." Hätte die Akademie der Wissenschaften vor der damals ge=
hofften Rückkunft des unglücklichen la Pérouse sich berechtigt ge=
glaubt, im Lauf des Jahres 1787 eine Wahrheit zu publizieren,
welche nacheinander von drei Reisenden, deren keiner den anderen
kannte, aufgefunden ward, so wäre die Theorie des tellurischen
Magnetismus 18 Jahre früher durch die Kenntnis einer neuen Klasse
von Erscheinungen erweitert worden. Diese einfache Erzählung der
Thatsachen kann vielleicht eine Behauptung rechtfertigen, welche der
dritte Band meiner Relation historique (p. 616) enthält: „Les
observations sur les variations du magnétisme terrestre aux-
quelles je me suis livré pendant 32 ans. au moyen d'instru-
mens comparables entre eux, en Amérique, en Europe et en
Asie; embrassent, dans les deux hémisphères, depuis les fron-
tières de la Dzoungarie chinoise jusque vers l'ouest à la Mer
du Sud, qui baigne les côtes du Mexique et du Pérou, un
espace de 188° de longitude, depuis les 60° de latitude nord
jusqu'aux 12° de latitude sud. J'ai regardé la loi du décroisse-
ment des forces magnétiques, du pôle à l'équateur, comme le
résultat le plus important de mon voyage américain." Es ist
nicht gewiß, aber sehr wahrscheinlich, daß Condorcet den Brief
Lamanons vom Julius 1787 in einer Sitzung der Akademie der
Wissenschaften zu Paris vorgelesen hat; und eine solche bloße Vor=
lesung halte ich für eine vollgültige Art der Publikation. Die
erste Erkennung des Gesetzes gehört daher unstreitig dem
Begleiter la Pérouses an; aber, lange unbeachtet oder vergessen,
hat, wie ich glauben darf, die Kenntnis des Gesetzes der mit der
Breite veränderlichen Intensität der magnetischen Erdkraft erst in
der Wissenschaft Leben gewonnen durch die Veröffentlichung meiner
Beobachtungen von 1798 bis 1804. Der Gegenstand und die Länge
dieser Note wird denen nicht auffallend sein, welche mit der neueren
Geschichte des Magnetismus und dem durch dieselbe angeregten
Zweifel vertraut sind, auch aus eigener Erfahrung wissen, daß man
einigen Wert auf das legt, womit man sich fünf Jahre ununter=
brochen unter den Beschwerden des Tropenklimas und gewagter
Gebirgsreisen beschäftigt hat. — [Die Ansicht Humboldts, daß die
Linie ohne Neigung zugleich die Linie schwächster magnetischer
Erdkraft sei, weshalb er auch die an dieser Stelle gefundene Inten=
sität als Einheit annahm, hat sich später nicht bestätigt. Diese

Humboldtsche Einheit blieb aber lange Zeit hindurch das einzige Maß für die Intensität der magnetischen Erdkraft. Gauß hat jedoch infolge seiner für die Wissenschaft des Erdmagnetismus epochemachenden Untersuchungen zur Einheit der magnetischen Kraft jene Kraft gewählt, welche in der Sekunde der Masse eines Milligramms die Beschleunigung von 1 mm erteilt. In England hat man als Längeneinheit den englischen Fuß = 304,8 mm und als Gewichtseinheit 1 Grain = 0,0648 g gewählt. Man verwandelt die englischen Einheiten in die Gaußschen, wenn man sie mit 0,4611 multipliziert (umgekehrt die Gaußschen in die englischen vermittelst des Faktors 2,1688). Die Humboldtschen oder sog. konventionellen Einheiten, nach welchen die Intensität zu Paris, wie oben bemerkt, 1,348 oder 1348 war, werden auf Gauß' Einheiten reduziert vermittelst des Faktors 3,494 oder 0,00349. D. Herausg.]

[109] (S. 133). Das Maximum der Intensität der ganzen Erdoberfläche ist nach den bisher gesammelten Beobachtungen 2,052, das Minimum 0,706. Beide Erscheinungen gehören der südlichen Hemisphäre an, die erste der Br. 73° 47′ S. und Länge 169° 30′ O., nahe bei Mount Crozier, in WNW des südlichen Magnetpols, an einem Punkte, wo Kapitän James Roß die Inklination der Nadel 87″ 11′ fand; die zweite, von Erman beobachtete unter Br. 19° 59′ S. und Länge 37° 24′ W., an 80 Meilen östlich von der brasilianischen Küste der Provinz Espiritu Santo, an einem Punkte, wo die Inklination nur 7° 55′ ist. Das genaue Verhältnis der Intensitäten ist also wie 1 zu 2,906. Man hatte lange geglaubt, die stärkste Intensität der magnetischen Erdkraft sei nur zwei- und ein halbmal so groß als die schwächste, welche die Oberfläche unseres Planeten zeigt.

[110] (S. 134.) Vom Bernstein (succinum, glessum) sagt Plinius: „Genera ejus plura. Attritu digitorum accepta caloris animo trahunt in se paleas ac folia urida quae levia sunt, ac ut magnes lapis ferri ramenta quoque.“ Clemens Alex. Strom. II, p. 370, wo sonderbar genug τὸ σπόγγιον und τὸ ἤλεκτρον unterschieden werden. Wenn Thales und Hippias dem Magnet und dem Bernstein eine Seele zuschreiben, so deutet diese Beseelung nur auf ein bewegendes Prinzip.

[111] (S. 134.) „Der Magnet zieht das Eisen, wie der Bernstein die kleinsten Senfkörner an. Es ist wie ein Windeshauch, der beide geheimnisvoll durchwehet und pfeilschnell sich mitteilt.“ Diese Worte gehören dem Kuopho, einem chinesischen Lobredner des Magnets, Schriftsteller aus dem Anfang des vierten Jahrhunderts.

[112] (S. 134.) „The phenomena of periodical variations depend manifestly on the action of solar heat, operating probably through the medium of thermoelectric currents induced on the earth's surface. Beyond this rude guess however, nothing is as yet known of the physical cause. It is even still a matter of speculation, whether the solar influence be a prin-

cipal, or only a subordinate cause in the phenomena of terrestrial magnetism." (Observ. to be made in the Antarctic Exped. 1840 p. 35.)

[113] (S. 135.) Lange vor Gilbert und Hoofe ward schon in dem chinesischen Werke Ou-thsa-tsou gelehrt, daß die Hitze die Richtkraft der Magnetnadel vermindere.

[114] (S. 135.) Als die erste Aufforderung zur Errichtung dieser Warten (eines Netzes von Stationen, die mit gleichartigen Instrumenten versehen sind) von mir ausging, durfte ich nicht die Hoffnung hegen, daß ich selbst noch die Zeit erleben würde, wo durch die vereinte Thätigkeit trefflicher Physiker und Astronomen, hauptsächlich aber durch die großartige und ausdauernde Unterstützung zweier Regierungen, der russischen und großbritannischen, beide Hemisphären mit magnetischen Häusern gleichsam bedeckt sein würden. Ich hatte in den Jahren 1806 und 1807 zu Berlin mit meinem Freunde und Mitarbeiter, Herrn Oltmanns, besonders zur Zeit der Solstitien und Aequinoktien, 5—6 Tage und ebensoviele Nächte ununterbrochen von Stunde zu Stunde, oft von halber zu halber Stunde, den Gang der Nadel beobachtet. Ich hatte mich überzeugt, daß fortlaufende, ununterbrochene Beobachtungen (observatio perpetua) von mehreren Tagen und Nächten den vereinzelten Beobachtungen vieler Monate vorzuziehen seien. Der Apparat, ein Pronysches magnetisches Fernrohr, in einem Glaskasten an einem Faden ohne Torsion aufgehangen, gab an einem fern aufgestellten, fein geteilten, bei Nacht durch Lampen erleuchteten Signale Winkel von 7—8 Sekunden. Magnetische Perturbationen (Ungewitter), die bisweilen in mehreren aufeinanderfolgenden Nächten zu denselben Stunden wiederkehrten, ließen mich schon damals den lebhaften Wunsch äußern, ähnliche Apparate in Westen und Osten von Berlin benutzt zu sehen, um allgemeine tellurische Phänomene von dem zu unterscheiden, was lokalen Störungen im Inneren des ungleich erwärmten Erdkörpers oder in der wolkenbildenden Atmosphäre zugehört. Meine Abreise nach Paris und die lange politische Unruhe im ganzen westlichen Europa hinderten damals die Erfüllung jenes Wunsches. Das Licht, welches (1820) die große Entdeckung Oersteds über den inneren Zusammenhang der Elektrizität und des Magnetismus verbreitete, erweckte endlich, nach langem Schlummer, ein allgemeines Interesse für den periodischen Wechsel der elektromagnetischen Ladung des Erdkörpers. Arago, der mehrere Jahre früher auf der Sternwarte zu Paris, mit einem neuen vortrefflichen Gambeyschen Deklinationsinstrumente, die längste ununterbrochene Reihe stündlicher Beobachtungen begonnen hatte, welche wir in Europa besitzen, zeigte durch Vergleichung mit gleichzeitigen Perturbationsbeobachtungen in Kasan, welchen Gewinn man aus korrespondierenden Messungen der Abweichung ziehen könne. Als ich nach einem 18jährigen Aufenthalte in Frankreich nach Berlin zurückkehrte, ließ

ich im Herbst 1828 ein kleines magnetisches Haus aufführen, nicht
bloß, um die 1806 begonnene Arbeit fortzusetzen; sondern haupt=
sächlich, damit zu verabredeten Stunden gleichzeitig in Berlin, Paris
und Freiberg (in einer Teufe von 35 Lachtern unter Tage) beob=
achtet werden könne. Die Gleichzeitigkeit der Perturbationen und
der Parallelismus der Bewegungen für Oktober und Dezember 1829
wurde damals schon graphisch dargestellt. Eine auf Befehl des
Kaisers von Rußland im Jahre 1829 unternommene Expedition im
nördlichen Asien gab mir bald Gelegenheit, meinen Plan in einem
größeren Maßstabe auszudehnen. Es wurde dieser Plan in einer
von der kaiserlichen Akademie der Wissenschaften speziell ernannten
Kommission entwickelt, und unter dem Schutze des Chefs des Berg=
korps, Grafen von Cancrin, und der vortrefflichen Leitung des
Prof. Kupffer kamen magnetische Stationen von Nicolajeff an
durch das ganze nördliche Asien über Katharinenburg, Barnaul
und Nertschinsk bis Peking zustande. Das Jahr 1832 bezeichnet
die große Epoche, in welcher der tiefsinnige Gründer einer allge=
meinen Theorie des Erdmagnetismus, Friedrich Gauß, auf der
Göttinger Sternwarte die nach neuen Prinzipien konstruierten Ap=
parate aufstellte. Das magnetische Observatorium war 1834 voll=
endet; und in demselben Jahre verbreitete Gauß seine Instrumente
und Beobachtungsmethode, an denen der sinnreiche Physiker Wilhelm
Weber den lebhaftesten Anteil nahm, über einen großen Teil von
Deutschland, Schweden und ganz Italien. In diesem nun von
Göttingen wie von einem Centrum ausgehenden magnetischen Ver=
eine wurden seit 1836 vier Jahrestermine von 24stündiger Dauer
festgesetzt, welche mit denen der Aequinoktien und Solstitien, die
ich befolgt und 1830 vorgeschlagen hatte, nicht übereinstimmten.
Bis dahin hatte Großbritannien, im Besitz des größten Welthandels
und der ausgedehntesten Schiffahrt, keinen Teil an der Bewegung
genommen, welche seit 1828 wichtige Resultate für die ernstere Er=
gründung des tellurischen Magnetismus zu verheißen anfing. Ich
war so glücklich, durch eine öffentliche Aufforderung, die ich von
Berlin aus unmittelbar an den damaligen Präsidenten der königl.
Sozietät zu London, den Herzog von Sussex, im April 1836 rich=
tete, ein wohlwollendes Interesse für ein Unternehmen zu erregen,
dessen Erweiterung längst das Ziel meiner heißesten Wünsche war.
Ich drang in dem Briefe an den Herzog von Sussex auf permanente
Stationen in Kanada, auf St. Helena, dem Vorgebirge der guten
Hoffnung, Ile de France, Ceylon und Neu=Holland, welche ich schon
fünf Jahre früher als vorteilhaft bezeichnet hatte. Es wurde in
dem Schoße der Royal Society ein joint Physical and Meteoro-
logical Committee ernannt, welches der Regierung neben den
fixed magnetic Observatories in beiden Hemisphären ein equip-
ment of a naval Expedition for magnetic observations in the
Antarctic Seas vorschlug. Was die Wissenschaft in dieser Ange=
legenheit der großen Thätigkeit von Sir John Herrschel, Sabine,

Airy und Lloyd, wie der mächtigen Unterstützung der 1838 zu Newcastle versammelten British Association for the advancement of Science verdankt, brauche ich hier nicht zu entwickeln. Im Juni 1839 wurde die magnetische antarktische Expedition unter dem Befehle des Kapitäns James Clark Roß beschlossen; und jetzt, da sie ruhmvoll zurückgekehrt ist, genießen wir zweifache Früchte: die der wichtigsten geographischen Entdeckungen am Südpole und die gleichzeitiger Beobachtungen in acht bis zehn magnetischen Stationen.

[115] (S. 136). Ampère, statt die innere Erdwärme einem Uebergange der Stoffe aus dem dunstartig-flüssigen in den starren Zustand bei Bildung des Planeten zuzuschreiben, hing der mir sehr unwahrscheinlichen Meinung an, die Erdwärme sei Folge der fortdauernden chemischen Wirkung eines Kernes von Erd- und alkalischen Metallen gegen die sich oxybierende äußere Rinde. „On ne peut douter," sagt er in der meisterhaften théorie des phénomènes électro-dynamiques (1826, p. 199), „qu'il existe dans l'intérieur du Globe des courants électro-magnétiques et que ces courants sont la cause de la chaleur qui lui est propre. Ils naissent d'un noyau métallique central, composé des métaux que Sir Humphry Davy nous a fait connaître, sur la couche oxidée qui entoure le noyau.'

[116] (S. 136). Der denkwürdige Zusammenhang zwischen der Krümmung der magnetischen Linien und der Krümmung meiner Isothermen ist zuerst von Sir David Brewster aufgefunden worden. Dieser berühmte Physiker nimmt in der nördlichen Erdhälfte zwei Kältepole (poles of maximum cold) an, einen amerikanischen (Br. 73°, Länge 102° W., nahe bei Kap Walker) und einen asiatischen (Br. 73°; Länge 78° O.), daraus entstehen nach ihm zwei Wärme- und zwei Kältemeridiane, d. h. Meridiane der größten Wärme und Kälte. Schon im 16. Jahrhundert lehrte Acosta, indem er sich auf die Beobachtungen eines vielerfahrenen portugiesischen Piloten gründete, daß es vier Linien ohne Abweichung gebe. Diese Ansicht scheint durch die Streitigkeiten des Henry Bond (Verfassers des Longitude found 1676) mit Beckborrow auf Halleys Theorie der vier Magnetpole einigen Einfluß gehabt zu haben.

[117] (S. 136). Auf die Frage nach dem Wesen der Polarlichter, nach den physikalischen Bedingungen ihrer Entstehung vermag die Wissenschaft noch keine unbedingte Antwort zu geben. Wohl hat es sich in neuerer Zeit als wahrscheinlich erwiesen, daß die Erdelektrizität bei dem Zustandekommen der Nordlichter eine Rolle spiele, daß sie durch elektrische Ströme verursachte Lichterscheinungen seien. Aber wenn auch die spektroskopischen Beobachtungen zeigen, daß es Bestandteile der Luft sind, welche als Polarlicht glühen, so bleibt doch eine Möglichkeit übrig, daß es auch kosmische Erscheinungen, z. B. kosmischer Staub, sein können, die eine gewisse Rolle dabei spielen. [D. Herausg.]

[118] (S. 136.) Dove in Poggendorffs Annalen Bd. XX, S. 341, Bd. XIX, S. 388: „Die Deklinationsnadel verhält sich ungefähr wie ein atmosphärisches Elektrometer, dessen Divergenz ebenfalls die gesteigerte Spannung der Elektrizität erzeugt, ehe diese so groß geworden ist, daß der Funken (Blitz) überschlagen kann." Vergl. auch die scharfsinnigen Betrachtungen des Prof. Kämtz in seinem Lehrbuch der Meteorologie Bd. III, S. 511—519, Sir David Brewster, treatise on Magnetism p. 280. Ueber die magnetischen Eigenschaften des galvanischen Flammen- oder Lichtbogens an einer Bunsenschen Kohlenzinkbatterie s. Cassel- manns Beob. (Marburg 1844) S. 56—62.

[119] (S. 139.) Parry sah selbst den großen Nordlichtbogen bei Tage stehen bleiben. Etwas ähnliches war am 9. September 1827 in England bemerkt worden. Man unterschied am hellen Mittag einen 20° hohen Lichtbogen und leuchtende, aus ihm aufsteigende Säulen in einem, nach vorhergegangenem Regen klar gewordenen Teile des Himmels.

[120] (S. 139.) Ich habe nach der Rückkunft von meiner ameri- kanischen Reise die aus zarten, wie durch die Wirkung abstoßender Kräfte sehr gleichmäßig unterbrochenen Wolkenhäuschen (Cirro- kumulus) als Polarstreifen (bandes polaires) beschrieben, weil ihre perspektivischen Konvergenzpunkte meist anfangs in den Magnet- polen liegen, so daß die parallelen Reihen der Schäfchen dem magnetischen Meridiane folgen. Eine Eigentümlichkeit dieses rätsel- haften Phänomens ist das Hin- und Herschwanken, oder zu anderer Zeit das allmähliche regelmäßige Fortschreiten des Konvergenzpunktes. Gewöhnlich sind die Streifen nur nach einer Weltgegend ganz aus- gebildet; und in der Bewegung sieht man sie, erst von S nach N, und allmählich von O nach W gerichtet. Veränderten Luftströmen in der obersten Region der Atmosphäre möchte ich das Fortschreiten der Zonen nicht zuschreiben. Sie entstehen bei sehr ruhiger Luft und großer Heiterkeit des Himmels und sind unter den Tropen viel häu- figer als in der gemäßigten und kalten Zone. Ich habe das Phä- nomen in der Andeskette fast unter dem Aequator in 14000 Fuß (4550 m) Höhe, wie im nördlichen Asien in den Ebenen zu Krasnojarsk, südlich von Buchtarminsk, sich so auffallend gleich entwickeln sehen, daß man es als einen weitverbreiteten, von allgemeinen Naturkräften abhängigen Prozeß zu betrachten hat. Bei Südpolarbanden, aus sehr leichtem Gewölk zusammengesetzt, welche Arago bei Tage den 23. Juni 1844 zu Paris bemerkte, schossen aus einem von Osten gegen Westen gerichteten Bogen dunkle Strahlen aufwärts. Wir haben schon oben (S. 107) bei nächtlich leuchtenden Nordpolarlichtern schwarzer, einem dunkeln Rauch ähnlicher Strahlen erwähnt.

[121] (S. 139.) Das Nordlicht heißt auf den Shetlandinseln the merry dancers.

[122] (S. 140.) Ueber die Höhe der Polarlichter über der Erde herrschen noch widerstreitende Meinungen. [D. Herausg.]

[123] (S. 141.) Immerhin weiß man jetzt, daß die Regel der magnetischen Störung durch die Polarlichter in den Polargegenden selbst im allgemeinen nicht gilt. Die Expeditionen in den Circumpolargegenden zwischen 60° und 115° n. L. haben daselbst von Parry bis auf Nares herab keinen oder doch nur einen geringen Zusammenhang zwischen den Störungen und dem Auftreten der Polarlichter gefunden, auch die schwedische Expedition auf Spitzbergen (1873—1874) hat keine hervorstehende Relation zwischen beiden Erscheinungen beobachtet. Hingegen teilte Karl Weyprecht mit, daß bei Franz-Josephs-Land in den Wintern 1872 bis 1874 die Nordlichter und die magnetischen Störungen, die hier überaus häufig und groß waren, eine enge Beziehung zeigten. [D. Herausg.]

[124] (S. 145.) Gegen das alte Vorurteil, daß Aegypten frei von Erdbeben sei, spricht schon der eine wiederhergestellte Koloß des Memnon; aber freilich liegt das Nilthal außerhalb des Erschütterungskreises von Byzanz, dem Archipel und Syrien.

[125] (S. 145.) „Tutissimum est cum vibrat crispante aedificiorum crepitu; et cum intumescit assurgens alternoque motu residet, innoxium et cum concurrentia tecta contrario ictu arietant; quoniam alter motus alteri renititur. Undantis inclinatio et fluctus more quaedam volutatio infesta est, aut cum in unam partem totus se motus impellit." Plin. II, 82.

[126] (S. 146.) Selbst in Italien hat man angefangen die Unabhängigkeit der Erdstöße von den Witterungsverhältnissen, d. h. von dem Anblick des Himmels unmittelbar vor der Erschütterung einzusehen. Friedrich Hoffmanns numerische Angaben stimmten ganz mit den Erfahrungen des Abbate Scina von Palermo überein. Rötliche Nebel am Tage des Erdbebens, kurz vor demselben, habe ich einigemal selbst beobachtet; ja am 4. November 1799 habe ich zwei heftige Erdstöße in dem Augenblicke eines starken Donnerschlages erlebt; der Turiner Physiker Vasalli Eandi hat bei den langdauernden Erdbeben von Pignerol (vom 2. April bis 17. Mai 1808) Voltas Elektrometer heftig bewegt gesehen. Aber diese Zeichen des Nebels, der veränderten Luftelektrizität, der Windstille dürfen nicht als allgemein bedeutsam, als mit der Erschütterung notwendig zusammenhangend betrachtet werden, da man in Quito, Peru und Chile, wie in Kanada und Italien so viele Erdbeben bei dem reinsten, völlig dunstfreien Himmel, bei dem frischesten Land- und Seewinde beobachtet hat. Wenn aber auch an dem Tage des Erdbebens selbst oder einige Tage vorher kein meteorologisches Zeichen die Erschütterung verkündigt, so ist doch der Einfluß der Jahreszeiten (der Frühjahrs- und Herbstäquinoktien), des Eintrittes der Regenzeit nach langer Dürre unter den Tropen, und des Wechsels der Moussons, für die der allgemeine Volksglaube spricht, nicht darum ganz wegzuleugnen, weil uns bis jetzt der genetische Zusammenhang meteorologischer Prozesse

mit dem, was in dem Inneren der Erdrinde vorgeht, wenig klar ist. Numerische Untersuchungen über die Verteilung der Erdbeben unter die verschiedenen Jahreszeiten, wie sie von Herrn von Hoff, Peter Merian und Friedrich Hoffmann mit vielem Fleiße angestellt worden sind, sprechen für die Epochen der Tag- und Nachtgleichen. — Auffallend ist es, wie Plinius am Ende seiner phantastischen Erdbebentheorie die ganze furchtbare Erscheinung ein unterirdi= sches Gewitter nennt, nicht sowohl wegen des rollenden Getöses, welches die Erdstöße so oft begleitet, sondern weil die elastischen, durch Spannung erschütternden Kräfte sich in inneren Erdräumen anhäufen, wenn sie in dem Luftkreise fehlen! „Ventos in causa esse non dubium reor. Neque enim unquam intremiscunt terrae, nisi sopito mari caeloque adeo tranquillo, ut volatus avium non pendeant, subtracto omni spiritu qui vehit; nec unquam nisi post ventos conditos, scilicet in venas et cavernas ejus occulto afflatu. Neque aliud est in terra tremor, quam in nube tonitruum; nec hiatus aliud quam cum fulmen erumpit, incluso spiritu luctante et ad libertatem exire nitente." (Plin. II, 79.) In Seneca (Nat. Quest. VI, 4—31) liegt übrigens ziemlich vollständig der Keim von allem, was man bis zur neuesten Zeit über die Ursachen der Erdbeben beobachtet und gefabelt hat.

[127] (S. 146.) Beweise, daß der Gang der stündlichen Barometerveränderungen vor und nach den Erdstößen nicht gestört werde, habe ich gegeben in Relat. hist. T. I. p. 311 und 513.

[128] (S. 148.) Ueber die bramidos von Guanaxuato s. mein Essai polit. sur la Nouv. Espagne T. I, p. 303. Das unterirdische Getöse, ohne alle bemerkbare Erschütterung in den tiefen Bergwerken und an der Oberfläche (die Stadt Guanaxuato liegt 6420 Fuß [2085 m] über dem Meere) wurde nicht in der nahen Hochebene, sondern bloß in dem gebirgigen Teile der Sierra, von der Cuesta de los Aguilares unweit Marfil bis nördlich von S. Rosa gehört. Nach einzelnen Gegenden der Sierra, 6—7 Meilen (44—52 km) nordwestlich von Guanaxuato, jenseits Chichime= quillo bei der siedenden Quelle von San José de Comangil= las, gelangten die Schallwellen nicht. Wunderbar gewaltsame Maßregeln wurden vom Magistrat der großen Bergstadt schon den 14. Januar (1784), als der Schrecken über den unterirdischen Donner am größten war, angeordnet. „Jede Flucht einer Familie sollte bei Reichen mit 1000 Piastern, bei Armen mit zwei Monat Gefängnis bestraft werden. Die Miliz sollte die Fliehenden zurück= holen." Am denkwürdigsten ist die Meinung, welche die Obrigkeit (el Cabildo) von ihrem Besserwissen hegte. Ich finde in einer der Proclamas den Ausdruck: „die Obrigkeit würde in ihrer Weis= heit (en su Sabiduria) schon erkennen, wenn wirkliche Gefahr vor= handen sei, und dann zur Flucht mahnen; für jetzt seien nur Pro= zessionen abzuhalten." Es entstand Hungersnot, da aus Furcht

vor ben truenos keine Zufuhr aus der kornreichen Hochebene kam.
— Auch die Alten kannten schon Getöse oder Erdstöße. Das
sonderbare Getöse, welches vom März 1822 bis September 1824
auf der dalmatischen Insel Meleba (4 Meilen b. i. 29½ km von
Ragusa) vernommen wurde und über welches Partsch viel Licht
verbreitet hat, war doch bisweilen von Erdstößen begleitet.

¹²⁹ (S. 150.) In der piemontesischen Grafschaft Pignerol
blieben Wassergläser, die man bis zum Ueberlaufen angefüllt hatte,
stundenlang in ununterbrochener Bewegung.

¹³⁰ (S. 150.) Im Spanischen sagt man: rocas que hacen
puente. Mit diesem Phänomen der Nichtfortpflanzung durch obere
Schichten hängt die merkwürdige Erfahrung zusammen, daß im An=
fang dieses Jahrhunderts in den tiefen Silberbergwerken zu Marien=
berg im sächsischen Erzgebirge Erdstöße gefühlt wurden, die man
auf der Oberfläche schlechterdings nicht spürte. Die Bergleute fuhren
erschrocken aus. Umgekehrt bemerkten (November 1823) die in den
Gruben von Falun und Persberg arbeitenden Bergleute nichts von
den heftigen Erschütterungen, welche über Tage alle Einwohner in
Schrecken setzten.

¹³¹ (S. 152.) Diese plutonische Theorie des Vulkanismus ist
seither durch Const. Prévost, Poullet Scrope, Dana, Daubrée u. a.
dahin ergänzt worden, daß auch die Rolle, welche das Wasser bei
den vulkanischen Eruptionen spielt, in das richtige Licht gesetzt
wird. [D. Herausg.]

¹³² (S. 153.) Daß der Ausdruck πηλοῦ διαπύρου ποταμόν nicht
Kot (Schlammauswurf), sondern Lava andeutet, erhellt deutlich aus
Strabo lib. VI, p. 412.

¹³³ (S. 155.) Ueber die artesischen Feuerbrunnen (Ho=tsing)
in China und den alten Gebrauch von tragbarem Gas (in Bambus=
röhren) bei der Stadt Khiungtscheu s. Klaproth in meiner Asie
centrale T. II, p. 519—530.

¹³⁴ (S. 155.) Boussingault bemerkte in den Vulkanen von
Neu=Granada gar keine Ausströmung von Hydrochlorsäure, während
daß Monticelli in der Eruption von 1813 am Vesuv sie in un=
geheurer Menge fand.

¹³⁵ (S. 156.) Ueber die Theorie der Isogeothermen
(Chthonisothermen) s. die scharfsinnigen Arbeiten von Kupffer in
Poggend. Ann. Bd. XV, S. 184 und Bd. XXXII, S. 270, im
Voyage dans l'Orual p. 382—398 und im Edinb. Journal
of Science, new Series Vol. IV, p. 355. Vergl. Kämtz, Lehr=
buch der Meteor. Bd. II, S. 217, und über das Aufsteigen der
Chthonisothermen in Gebirgsgegenden Bischof S. 174—198.

¹³⁶ (S. 157.) Ueber die Temperatur der Regentropfen in
Cumana, welche bis 22⁰,3 herabsinkt, wenn die Lufttemperatur
kurz vorher 30—31⁰ gewesen war und während des Regens 23⁰,4
zeigte, s. meine Rel. hist. T. II, p. 22. Die Regentropfen ver=
ändern, indem sie herabfallen, die Normaltemperatur ihrer

Entstehung, welche von der Höhe der Wolkenschichten und deren Erwärmung an der oberen Fläche durch die Sonnenstrahlen abhängt. Nachdem nämlich die Regentropfen bei ihrer ersten Bildung, wegen der frei werdenden latenten Wärme, eine höhere Temperatur als das umgebende Medium in der oberen Atmosphäre angenommen haben, erwärmen sie sich allerdings etwas mehr, indem sich im Fallen und bei dem Durchgange durch niedere, wärmere Luftschichten Wasserdampf auf sie niederschlägt und sie sich so vergrößern; aber diese Erwärmung wird durch Verdampfung kompensiert. Erkältung der Atmosphäre durch Regen wird (das abgerechnet, was wahrscheinlich dem elektrischen Prozeß bei Gewitterregen angehört) durch die Tropfen erregt, die, selbst von niedriger Temperatur wegen des Ortes ihrer Entstehung, einen Teil der kalten höheren Luftschichten herabbrängen und, den Boden benetzend, Verdampfung hervorbringen. Dies sind die gewöhnlichen Verhältnisse der Erscheinung. Wenn in seltenen Fällen die Regentropfen wärmer als die untere sie umgebende Luft sind, so kann vielleicht die Ursache in oberen warmen Strömungen oder in größerer Erwärmung langgedehnter, wenig dicker Wolken durch Insolation gesucht werden. Wie übrigens das Phänomen der Supplementarregenbogen, welche durch Interferenz des Lichtes erklärt werden, mit der Größe der fallenden Regentropfen und ihrer Zunahme zusammenhänge, ja wie ein optisches Phänomen, wenn man es genau zu beobachten weiß, uns über einen meteorologischen Prozeß nach Verschiedenheit der Zonen belehren kann, hat Arago mit vielem Scharfsinn entwickelt in Annuaire pour 1836 p. 300.

[137] (157.) Nach Boussingaults gründlichen Untersuchungen scheint mir kein Zweifel darüber obzuwalten, daß unter den Tropen in sehr geringen Tiefen die Bodentemperatur im ganzen der mittleren Lufttemperatur gleich ist. Ich begnüge mich folgende Beispiele hier anzuführen:

Stationen in der Tropenzone	1 Fuß (0,32 m) unter der Oberfläche der Erde	mittlere Temperatur der Luft	Höhe über der Meeresfläche in Par. Fuß und m
Guayaquil	26°,0	25°,6	0
Anserma nuevo	23°,7	23°,8	3231 = 1049,5
Zuvia	21°,5	21°,5	3770 = 1224,6
Popayan	18°,2	18°,7	5564 = 1807,4
Quito	15°,5	15°,5	8969 = 2913,4

Die Zweifel über die Erdwärme zwischen den Wendekreisen, zu denen ich selbst vielleicht durch meine Beobachtungen in der Höhle von Caripe (Cueva del Guacharo) Anlaß gegeben habe, werden durch die Betrachtung gelöst, daß ich die vermutete mittlere Lufttemperatur des Klosters Caripe (18°,5) nicht mit der Lufttemperatur in der Höhle (18°,7), sondern mit der Temperatur des unterirdischen Baches (16°,8) verglichen hatte: ob ich gleich selbst schon ausgesprochen, daß zu den Wassern der Höhle sich wohl höhere Bergwasser könnten gemischt haben.

[138] (S. 158.) Die Quelle von Chaudes Aigues in der Auvergne hat nur 80°. Auch ist zu bemerken, daß, während die Aguas calientes de las Trincheras südlich von Portocabello (Venezuela) aus einem in regelmäßige Bänke gespaltenen Granit ausbrechend, fern von allen Vulkanen volle 97° Wärme zeigen, alle Quellen am Abhange der noch thätigen Vulkane (Pasto, Cotopaxi und Tunguragua) nur eine Temperatur von 36°--54° haben.

[139] (S. 158.) Die Kassotis (Brunnen des heil. Nikolaus) und Kastaliaquellen (Fuß der Phädriaden) in Pausanias X, 24, 5 und X, 8, 9; die Pirene (Akrokorinth) in Strabo p. 379; die Erasinosquelle (Berg Chaon südlich von Argos) in Herod. VI, 67 und Pausan. II, 24, 7; die Quellen von Aedepsos (Euböa), von denen einige 31°, andere 62°—75° Wärme haben, in Strabo p. 60 und 447, Athenäus II, 3,73; die warmen Quellen von Thermopylä am Fuß des Oeta, zu 65°, in Pausan. X, 21, 2. (Alles aus handschriftlichen Nachrichten von dem gelehrten Begleiter Otfried Müllers, Herrn Professor Curtius.)

[140] (S. 160.) Ueber die Macalubi (das arabische makhlub, umgestürzt, das Umgekehrte, von der Wurzel khalaba), und wie „die Erde flüssige Erde ausstößt", s. Solinus cap. 5: „idem ager Agrigentinus eructat limosas scaturigines, et ut venae fontium sufficiunt rivis subministrandis, ita in hac Siciliae parte solo nunquam deficiente, aeterna rejectatione terram terra evomit."

[141] (S. 161). Bei der Lektüre der im Texte folgenden Darstellung des Vulkanismus ist nicht zu vergessen, daß über den eigentlichen Sitz und das Wesen der Kraft, die in den Vulkanen wirkt, selbst die genaueste örtliche Untersuchung keine unzweideutige Auskunft zu geben vermag, die Wissenschaft also noch immer vor dem Rätselhaften steht, wenn es sich um die Ursache des Vulkanismus handelt. Natürlich muß sich die Erklärung der vulkanischen Phänomen wesentlich anders gestalten, je nachdem man, wie Buch und Humboldt, einen feurig-flüssigen Zustand des Erdinnern annimmt oder dasselbe, wie viele neuere thun, als längst erstarrt ansieht. Wer für die hohen Temperaturen bei Vulkanausbrüchen die richtige Quelle anzugeben weiß, besitzt, wie Mallet treffend bemerkt, den Schlüssel zum ganzen Geheimnis. Bis jetzt ist aber dieser Schlüssel noch in niemandes Besitz. Was aber die von L. v. Buch und Humboldt gemachte Unterscheidung zwischen Erhebungskrater oder Erhebungskegel und Eruptionskrater oder Eruptionskegel anbelangt, so haben neuere Beobachtungen die sogenannte Erhebungstheorie als in der Natur unbegründet erwiesen und die Aufschüttungstheorie zur Geltung gebracht. Diese Theorie

läßt die größten und kompliziertesten vulkanischen Gerüste ebenso wie
die einfachsten Kegelberge durch allmähliche Aufschüttung, d. h. durch
Uebereinanderlegung von Lavaströmen, von Aschen-, Schlacken- und
Luftschichten allmählich entstehen und betrachtet Ringwälle wie die
Somma am Vesuv und den Zirkus des Pik von Tenerifa als Ruinen
großer Eruptionskegel, welche eingestürzt oder überhaupt zerstört
sind. [D. Herausg.]

[142] (S. 162.) Schon Strabo unterscheidet sehr schön da, wo
er der Trennung Siziliens von Kalabrien erwähnt, die zwiefache
Bildung von Inseln. „Einige Inseln," sagt er, „sind Bruchstücke
des festen Landes; andere sind aus dem Meere, wie noch jetzt sich
zuträgt, hervorgegangen. Denn die Hochseeinseln (die weit hinaus
im Meere liegenden) wurden wahrscheinlich aus der Tiefe emporgehoben, hingegen die an Vorgebirgen liegenden scheinen (vernunft-
gemäß) dem Festlande abgerissen."

[143] (S. 162.) Ocre Fisove (Mons Vesuvius) in umbrischer
Sprache; das Wort ocre ist sehr wahrscheinlich echt umbrisch und
bedeutet, selbst nach Festus, Berg. Aetna würde, wenn nach Voß
Αἴτνη, ein hellenischer Laut ist und mit αἴθω und αἶθος zusammenhängt, ein Brand- und Glanzberg sein; aber der scharfsinnige Parthey bezweifelt diesen hellenischen Ursprung aus etymo-
logischen Gründen, auch weil der Aetna keineswegs als ein leuchtendes Feuerzeichen für hellenische Schiffer und Wanderer dasteht,
wie der rastlos arbeitende Stromboli (Strongyle), den Homer zu
bezeichnen scheint, wenn auch die geographische Lage minder bestimmt angegeben ist. Ich vermute, daß der Name Aetna sich in
der Sprache der Sikuler finden würde, wenn man irgend erhebliche
Reste derselben besäße. Nach Diodor wurden die Sikaner, d. i.
die Eingebornen von Sizilien (Völker, die vor den Sikulern die
Insel bewohnten) durch Eruptionen des Aetna, welche mehrere
Jahre dauerten, gezwungen, sich in den westlichen Teil des Landes
zu flüchten. Die älteste beschriebene Eruption des Aetna ist die
von Pindar und Aeschylus erwähnte unter Hieron Ol. 75, 2. Es
ist wahrscheinlich, daß Hesiodus schon verheerende Wirkungen des
Aetna vor den griechischen Niederlassungen gekannt habe; doch über
den Namen Αἴτνη, im Text des Hesiodus bleiben Zweifel, deren
ich an einem anderen Orte umständlicher gedacht habe.

[144] (S. 164.) Petri Bembi Opuscula (Aetna Dialogus),
Basil. 1556, p. 63: „quicquid in Aetnae matris utero coalescit.
nunquam exit ex cratere superiore, quod vel eo incendere
gravis materia non queat, vel, quia inferius alia spiramenta
sunt. non fit opus. Despumant flammis urgentibus ignei rivi
pigro fluxo totas delambentes plagas, et in lapidem indurescunt."

[145] (S. 164). Daß übrigens nicht die Gestaltung, Lage und
absolute Höhe der Vulkane die Ursache des völligen Mangels
von Lavaströmen bei fortdauernder innerer Thätigkeit sei, lehrt
uns der größere Teil der Vulkane von Java.

[146] (S. 171.) Nach Platons geognostischen Ansichten, wie sie
im Phädon entwickelt sind, spielt der Pyriphlegethon in Hinsicht
auf die Thätigkeit der Vulkane ungefähr dieselbe Rolle, welche wir
jetzt der mit der Tiefe zunehmenden Erdwärme und dem geschmol=
zenen Zustande der inneren Erdschichten zuschreiben. „Innerhalb
der Erde rings umher sind größere und kleinere Gewölbe. Wasser
strömt in Fülle darin, auch viel Feuer und große Feuerströme, und
Ströme von feuchtem Schlamm (teils reinerem, teils schmutzi=
gerem), wie in Sizilien die vor dem Feuerstrome sich ergießenden
Ströme von Schlamm und der Feuerstrom selbst, von denen denn
alle Oerter erfüllt werden, je nachdem jedesmal jeder der Ströme
seinen Umlauf nimmt. Der Pyriphlegethon ergießt sich in eine
weite, mit einem gewaltigen Feuer brennende Gegend, wo er einen
See bildet, größer als unser Meer, siedend von Wasser und Schlamm.
Von hier aus bewegt er sich im Kreise herum um die Erde trübe
und schlammig.“ Dieser Fluß geschmolzener Erde und Schlammes
ist so sehr die allgemeine Ursache der vulkanischen Erscheinungen,
daß Plato ausdrücklich hinzusetzt: „So ist der Pyriphlegethon be=
schaffen, von welchem auch die Feuerströme (οἱ ῥύακες), wo auf
der Erde sie sich auch finden mögen (ὅπη ἂν τύχωσι τῆς
γῆς), kleine Teile (abgerissene Stücke) herausblasen.“ Die vulkani=
schen Schlacken und Lavaströme sind demnach Teile des Pyriphlege=
thon selbst, Teile jener unterirdischen geschmolzenen, stets wogen=
den Masse. Daß aber οἱ ῥύακες Lavaströme und nicht, wie
Schneider, Passow und Schleiermacher wollen, „feuerspeiende Berge“
bedeute, ist aus vielen, teilweise schon von Ukert gesammelten
Stellen sichtbar; ῥύαξ ist das vulkanische Phänomen von seiner
bedeutendsten Seite, dem Lavastrom gefaßt. Daher der Ausdruck:
die ῥύακες des Aetna; Diod. V, 6 und XIV, 59, wo die merk=
würdigen Worte: „viele nahe am Meer unfern dem Aetna gelegenen
Orte wurden zu Grunde gerichtet ὑπὸ τοῦ καλουμένου ῥύακος“;
Strabo VI, p. 269, XIII, p. 628, und von dem berühmten Glüh=
schlamme der lelantischen Ebene auf Euböa. Der Tadel, welchen
Aristoteles über die geognostischen Phantasien im Phädon aus=
spricht, bezieht sich eigentlich nur auf die Quellen der Flüsse, welche
die Oberfläche der Erde durchströmen. Auffallend muß uns die
von Plato so bestimmt ausgesprochene Ansicht sein, nach der „feuchte
Schlammauswürfe in Sizilien den Glühströmen (Lavaströmen) vor=
hergehen.“ Beobachtungen am Aetna können dazu wohl keine
Veranlassung gegeben haben, wenn gleich Rapilli und Asche, wäh=
rend des vulkanisch=elektrischen Gewitters am Eruptionskrater, mit
geschmolzenem Schnee und Wasser breiartig gemischt, für aus=
geworfenen Schlamm zu halten wären. Wahrscheinlicher ist es
wohl, daß bei Plato die feuchten Schlammströme (ὑγροῦ πηλοῦ
ποταμοί) eine dunkle Erinnerung der Salsen (Schlammvulkane) von
Agrigent sind, die mit großem Getöse Letten auswerfen und deren
ich schon oben (Anm. 140) erwähnt habe. Unter den vielen ver=

lorenen Schriften des Theophrast ist in dieser Hinsicht der Verlust des Buches „von dem vulkanischen Strom in Sizilien (περὶ ῥύακος τοῦ ἐν Σικελίᾳ), dessen Diog. Laert. V, 39 gedenkt, zu beklagen.

[147] (S. 171.) Ich zweifle, daß man, wie der geistreiche Charles Darwin zu wollen scheint, Centralvulkane im allgemeinen als Reihenvulkane von kurzer Ausdehnung auf parallelen Spalten betrachten könne. Schon Friedrich Hoffman glaubte in der Gruppe der Liparischen Inseln, die er so trefflich beschrieben und in der zwei Eruptionsspalten sich bei Panaria kreuzen, ein Zwischenglied zwischen den zwei Haupterscheinungsweisen der Vulkane, den von Leopold von Buch erkannten Central= und Reihenvulkanen zu finden.

[148] (S. 172.) Seneca, indem er sehr treffend von der problematischen Erniedrigung des Aetna spricht, sagt in dem 79. Briefe: „Potest hoc accidere, non quia montis altitudo desedit, sed quia ignis evanuit et minus vehemens ac largus effertur: ob eandem causam, fumo quoque per diem segniore. Neutrum autem incredibile est, nec montem qui devoretur quotidie minui, nec ignem non manere eundem; quia non ipse ex se est, sed in aliqua inferna valle conceptus exaestuat et alibi pascitur: in ipso monte non alimentum habet sed viam." Die unterirdische Verbindung „durch Hohlgänge" zwischen den Vulkanen von Sizilien, den Liparen, den Pithecusen (Ischia) und dem Vesuv, „von dem man vermuten darf, er habe ehemals gebrannt und Schlundbecher des Feuers gehabt", ist von Strabo vollkommen erkannt worden. Er nennt die ganze Gegend „unterfeurig".

[149] (S. 173.) Ueber den Ausbruch von Methone Ovidius Metamorph. XV, 296—306):

> Est prope Pittheam tumulus Troezena sine ullis
> Arduus arboribus, quondam planissima campi
> Area, nunc tumulus; nam — res horrenda relatu —
> Vis fera ventorum, caecis inclusa cavernis,
> Exspirare aliqua cupiens, luctataque frustra
> Liberiore frui coelo, cum carcere rima
> Nulla foret toto nec pervia flatibus esset,
> Extentam tumefecit humum; ceu spiritus oris
> Tendere vesicam solet, aut direpta bicorni
> Terga capro. Tumor ille loci permansit, et alti
> Collis habet speciem, longoque induruit aevo.

Diese geognostisch so wichtige Schilderung einer glockenförmigen Hebung auf dem Kontinent stimmt merkwürdig mit dem überein, was Aristoteles über die Hebung einer Eruptionsinsel berichtet. „Das Erdbeben der Erde hört nicht eher auf, als bis jener Wind (ἄνεμος), welcher die Erschütterung verursacht, in der Erdrinde ausgebrochen ist. So ist es vor kurzem zu Heraclea in Pontus geschehen und vormals auf Hiera, einer der äolischen Inseln.

In dieser nämlich ist ein Teil der Erde aufgeschwollen und hat sich mit Getöse zu einem Hügel erhoben, solange, bis der mächtig treibende Hauch (πνεῦμα) einen Ausweg fand und Funken und Asche ausstieß, welche die nahe Stadt der Liparäer bedeckte und selbst bis zu einigen Städten Italiens gelangte." In dieser Beschreibung ist das blasenförmige Auftreiben der Erdrinde (ein Stadium, in welchem viele Trachytberge dauernd verbleiben) von dem Ausbruche selbst sehr wohl unterschieden. Auch Strabo beschreibt das Phänomen von Methone: „bei der Stadt im hermionischen Busen geschah ein flammender Ausbruch; ein Feuerberg ward emporgehoben, sieben (?) Stadien hoch, am Tage unzugänglich vor Hitze und Schwefelgeruch, aber des Nachts wohlriechend (?) und so erhitzend, daß das Meer siedete fünf Stadien weit und trübe war wohl auf zwanzig Stadien, auch durch abgerissene Felsenstücke verschüttet wurde." Ueber die jetzige mineralogische Beschaffenheit der Halbinsel Methana s. Fiedler, Reise durch Griechenland Th. I, S. 257—263.

[150] (173). Eine submarine Insel war wieder in der neuesten Zeit im Erscheinen begriffen im Krater von Santorin. Um das Jahr 1810 war diese Insel noch 15 Brassen unter der Oberfläche des Meeres, aber 1830 nur 3—4 Brassen. Sie erhebt sich steil wie ein großer Zapfen aus dem Meeresgrund; und die fortdauernde unterirdische Thätigkeit des unterseeischen Kraters offenbart sich auch dadurch, daß, wie bei Methana zu Wromolimni, hier in der östlichen Bucht von Neo-Kammeni schwefelsaure Dämpfe sich dem Meerwasser beimischen. Mit Kupfer beschlagene Schiffe legen sich in der Bucht vor Anker, damit in kurzer Zeit auf natürlichem (d. i. vulkanischem) Wege der Kupferbeschlag gereinigt und wiederum glänzend werde.

[151] (S 173.) Erscheinungen der neuen Insel bei der azorischen Insel San Miquel: 11. Juni 1638, 31. Dezember 1719, 13. Juni 1811.

[152] (S. 173.) „Accedunt vicini et perpetui Aetnae montis ignes et insularum Aeolidum, veluti ipsis undis alatur incendium; neque enim aliter durare tot seculis tantus ignis potuisset, nisi humoris nutrimentis aleretur." (Justin., hist. Philipp. IV, 1.) Die vulkanische Theorie, mit welcher hier die physische Beschreibung von Sizilien anhebt, ist sehr verwickelt. Tiefe Lager von Schwefel und Harz, ein sehr dünner, höhlenreicher, leicht zerspaltener Boden, starke Bewegung der Meereswogen, welche, indem sie zusammenschlagen, die Luft (den Wind) mit hinabziehen, um das Feuer anzuschüren, sind die Elemente der Theorie des Trogos. Da er als Physiognomiker auch die Gesichtszüge des Menschen deutete, so darf man vermuten, daß er in seinen vielen, für uns verlorenen Schriften nicht bloß als Historiker auftrat. Die Ansicht, nach welcher Luft in das Innere der Erde hinabgedrängt wird, um dort auf die vulkanische Esse zu wirken, hing übrigens

bei den Alten mit Betrachtungen über den Einfluß der verschiedenen
Windesrichtung auf die Intensität des Feuers, das im Aetna, in
Hiera und Stromboli lodert, zusammen. Die Berginsel Stromboli
(Strongyle) galt deshalb für den Sitz des Aeolus, „des Verwalters
der Winde“: da die Schiffenden nach der Heftigkeit der vulkanischen
Ausbrüche von Stromboli das Wetter vorher verkündigten. Ein
solcher Zusammenhang der Ausbrüche eines kleinen Vulkans mit
dem Barometerstande und der Windrichtung wird noch jetzt allge=
mein anerkannt, so wenig auch, nach unserer jetzigen Kenntnis der
vulkanischen Erscheinungen und den so geringen Veränderungen
des Luftdruckes, die unsere Winde begleiten, eine genügende Er=
klärung gegeben werden kann. — Bembo, als Jüngling in Si=
zilien von geflüchteten Griechen erzogen, erzählt anmutig seine
Wanderungen und stellt in Aetna Dialogus (in der Mitte des
16. Jahrhunderts) die Theorie von dem Eindringen des Meerwassers
in den Herd der Vulkane und von der notwendigen Meeresnähe
der letzteren auf. Es wird bei Besteigung des Aetna folgende
Frage aufgeworfen: „Explana potius nobis quae petimus, ea
incendia unde oriantur et orta quomodo perdurent: In omni
tellure nuspiam majores fistulae aut meatus ampliores sunt
quam in locis, quae vel mari vicina sunt, vel a mari protinus
alluuntur: mare erodit illa facillime pergitque in viscera
terrae. Itaque cum in aliena regna sibi viam faciat, ventis
etiam facit; ex quo fit, ut loca quaeque maritima maxime
terraemotibus subjecta sint, parum mediterranea. Habes quum
in sulfuris venas venti furentes inciderint, unde incendia
oriantur Aetnae tuae. Vides, quae mare in radicibus habeat,
quae sulfurea sit, quae cavernosa, quae a mari aliquando per-
forata ventos admiserit aestuantes, per quos idonea flammae
materies incenderetur.“

[153] (S. 174.) Auf Rückwirkungen des vulkanischen Herdes
durch die spannenden Wassersäulen, wenn nämlich die Expansivkraft
der Dämpfe den hydrostatischen Druck überwindet, lassen uns die
Ausbrüche von Rauch und Wasserdämpfen schließen, die man zu
verschiedenen Zeiten um Lancerote, Island und die kurilischen
Inseln während der Eruption benachbarter Vulkane gesehen hat.

[154] (S. 175). Seit den fünfziger Jahren, als Centralasien
mehr und mehr der europäischen Forschung sich öffnete, wurde für
viele der als vulkanisch angenommenen Gegenden nachgewiesen, daß
dort keine Vulkane vorhanden sind. Namentlich waren es russische
Gelehrte (Schrenck, Säwerzow, Semenow, Wenjukow, Muschketow),
welche die meisten dieser negativen Beweise beibrachten, und zwar,
weil sie gerade mit der Erforschung der genannten Gegenden be=
schäftigt waren. In vielen Fällen wurde nachgewiesen, daß die so=
genannten vulkanischen Erscheinungen in Centralasien großartige
Brände von Steinkohlen waren. Schon im Jahre 1876 wollte
Muschketow keine neuen Vulkane in Centralasien gelten lassen, außer

dem sogenannten Baischan. General Kolpakowsky gab sich schon
seit 1878 Mühe, die Frage durch eine dorthin entsendete Expedition
zu lösen, jedoch die schwere Zugänglichkeit und Unsicherheit der
Gegend erlaubte es vorläufig nicht. Endlich gelang es 1881, und
er schickte folgendes Telegramm an Muschketow: „Der Berg Bai=
schan, chin. Bjonsinssan, liegt 260 Werst von Daschet und 16 Werst
von Kutscha. Er liegt in einem Kessel, von den massiven Bergen
Ainjak umringt. Dort brennen Steinkohlen seit einer so langen
Zeit, daß keiner den Anfang des Brandes anzugeben weiß. Gegen=
über liegt der Berg Kjuntag, wo der Brand der Steinkohlen schon
beendet ist; am Abhange des ersteren liegen Höhlen, aus welchen
Rauch und Schwefelgase ausströmen. Der Brand im Inneren ist
von großem Geräusch begleitet. Der Weg von Daschet aus ist sehr
beschwerlich, die Chinesen halten ihn für unpassierbar. Die Er=
forschung ist gemacht und Gesteinsproben gesammelt." Es scheint
also die Frage über den Vulkanismus in Centralasien entschieden
zu sein, und zwar in negativem Sinne. Die meisten Theorien
des Vulkanismus, welche den Gewässern der Meere eine thätige
Rolle dabei zuweisen, werden durch dieses Resultat bestärkt, denn
die einzigen Ausnahmen, welche man dagegen anführen konnte —
die Vulkane Centralasiens, sind nunmehr beseitigt. [D. Herausg.]

[155] (S. 175.) Das Dasein thätiger Vulkane in Korbofan, in
135 Meilen (1000 km) Entfernung vom Roten Meere, ist von
Rüppell neuerdings geleugnet worden.

[156] (S. 176.) Die von Choiseul veranstaltete hydrographische
Aufnahme von Lemnos macht es sehr wahrscheinlich, daß die aus=
gebrannte Grundfeste des Mosychlos samt der Insel Chryse, Phi=
loktets wüstem Aufenthalt, längst vom Meere verschlungen ist.
Felsenriffe und Klippen im Nordosten von Lemnos bezeichnen noch
die Stelle, wo das Aegäische Meer einst einen dauernd thätigen
Vulkan besaß, gleich dem Aetna, dem Vesuv, dem Stromboli und
dem Volcano der Liparen.

[157] (S. 176.) Die lettigen Schlammausbrüche des Carguairazo,
als der Vulkan 1698 zusammenstürzte, die Lobazales von Igualata,
und die Moya von Pelileo sind ähnliche vulkanische Erscheinungen
im Hochlande von Quito.

[158] (S. 177.) Gegenwärtig unterscheidet man hauptsächlich
bloß zwei Bildungsweisen der Gesteine, nämlich die auf „feurigem
Wege" entstandenen Eruptivgesteine und die auf „wässerigem Wege"
gebildeten Sedimentgesteine. In Bezug auf die Bildung der kri=
stallinischen Schiefergesteine ist man immer noch auf Hypothesen
angewiesen, doch läßt sich der Metamorphismus an denselben wissen=
schaftlich nicht überzeugend nachweisen. Ferdinand von Hochstetten
u. a. denken, es habe wohl eine Diagenese, aber keine eigentliche
Metamorphose stattgefunden. [D. Herausg.]

[159] (S. 177.) In einem Profil der Umgegend von Tezcuco,
Totonilco und Moran, das ich ursprünglich (1803) zu einer nicht

erschienenen Pasigrafia geognostica destinada al uso de los Jovenes del Colegio de Mineria de Mexico bestimmte, habe ich 1832 das plutonische und vulkanische Eruptionsgestein endogen (ein im Inneren erzeugtes), das Sediment- und Flözgestein exogen (ein von außen an der Oberfläche der Erde erzeugtes) genannt. Pasigraphisch wurde das erstere durch einen aufwärts (↑), das zweite durch einen abwärts (↓) gerichteten Pfeil bezeichnet. Diese Bezeichnung gewährt wenigstens den Vorteil, daß die Profile, welche meist horizontal übereinander gelagerte Sedimentformationen darstellen, nicht, wie jetzt nur zu oft geschieht, wenn man Ausbrüche und Durchdringung von Basalt-, Porphyr- oder Syenitmassen andeuten will, durch von unten aufstrebende, sehr willkürlich geformte Zapfen unmalerisch verunstaltet werden. Die Benennungen, welche ich in dem pasigraphisch-geognostischen Profile vorgeschlagen, waren den Decandollischen (endogen für monokotylische, exogen für dikotylische Pflanzen) nachgebildet; aber Mohls genauere Pflanzenzergliederung hat erwiesen, daß das Wachsen der Monokotylen von innen und der Dikotylen von außen für den vegetabilischen Organismus im strengen und allgemeinen Sinne des Wortes nicht stattfinde. Was ich endogen nenne, bezeichnet Lyell charakteristisch durch den Ausdruck „netherformed" oder „hypogene rocks".

[160] (S. 177.) Vergl. Leop. von Buch über Dolomit als Gebirgsart, 1823, S. 36 und denselben über den Grad der Flüssigkeit, welchen man plutonischen Felsarten bei ihrem Heraustreten zuschreiben soll, wie über Entstehung des Gneis aus Schiefern durch Einwirkung des Granits und der mit seiner Erhebung verbundenen Stoffe.

[161] (S. 179.) In dem mauerartig aufsteigenden und in parallele schmale Bänke geteilten Granit des Kolivaner Sees sind Feldspat und Albit vorherrschend, Titanitkristalle selten.

[162] (S. 180.) S. die Abbildung des Biri-tau, den ich von der Südseite gezeichnet, wo Kirgisenzelte standen, in Rose Bd. I, S. 534. — Ueber Granitkugeln mit schalig abgesonderten Stücken s. Humboldt, Rel. hist. T. II, p. 597 und Essai géogn. sur le Gisement des Roches p. 78.

[163] (S. 180.) Humboldt, Asie centrale T. I, p. 299 bis 311, und die Zeichnungen in Roses Reise Bd. I, S. 611, in welchem man die von Leopold von Buch als charakteristisch bezeichnete Krümmung der Granitschalen wiederfindet.

[164] (S. 181.) Eine wichtige Rolle spielen diese eingelagerten Diorite bei Steben in dem Nailaer Bergrevier, in einer Gegend, an welche, solange ich dort im vorigen Jahrhundert mit der Vorrichtung des Grubenbaues beschäftigt war, die frohesten Erinnerungen meines Jugendalters geknüpft sind.

[165] (S. 185.) Die Eruptiv- oder kristallinischen Massengesteine pflegt man jetzt in acht Gruppen zu zerlegen, nämlich in jene des

Granits, der Grünsteine, des Porphyrs, des Melaphyrs, des Trachyts, des Basalts, der Gabbro und des Olivins. [D. Herausg.]

¹⁶⁶ (S. 185.) Die hier gegebene Darstellung der Lagerungsverhältnisse des Granits drückt den allgemeinen oder Hauptcharakter der ganzen Bildung aus. An einzelnen Punkten zeigt freilich der Granit Gestaltungen, die vermuten lassen, daß er bei seinem Ausbruch, wie der Trachyt, nicht immer denselben Mangel an Flüssigkeit gehabt hat. Da im Texte früher der engen Klüfte Erwähnung geschehen ist, durch welche bisweilen sich die Basalte ergießen, so will ich hier noch an die weiten Spalten erinnern, welche bei den, mit den Basalten nicht zu verwechselnden Melaphyren als Zuführungskanäle gedient haben. S. über eine 450 Fuß breite Spalte, durch welche in den Steinkohlengruben bei Cornbrook in Hoar Edge der Melaphyr aufgestiegen ist, die interessante Darstellung von Murchison, the Silurian System p. 126.

¹⁶⁷ (S. 187.) Mit Zusatz von Thon, Kalkerde und Kali: nicht eine bloße durch Eisenoxyd gefärbte Kieselsäure. Ueber die Jaspisentstehung durch Dioritporphyr, Augitgestein und Hypersthenfels s. Rose Bd. II, S. 169, 187 und 192. Vergl. auch Bd. I, S. 427, wo die Porphyrkugeln abgebildet sind, zwischen denen der Jaspis im kalkhaltigen Grauwackengebirge von Bogoslowsk ebenfalls als Folge der plutonischen Einwirkung des Augitgesteins auftritt.

¹⁶⁸ (S. 187.) Für die vulkanische Entstehung des Glimmers ist es wichtig zu erinnern, daß Glimmerkristalle sich finden: im Basalt des böhmischen Mittelgebirges, in der Lava des Vesuvs von 1822, in Thonschieferbruchstücken, die am Hohenfels, unweit Gerolstein in der Eifel von schlackigem Basalt umwickelt sind. Ueber ein Entstehen des Feldspats im Thonschiefer durch Kontakt des Porphyrs zwischen Urval und Poïet (Forez) s. Dufrénoy in der Géol. de la France T. I. p. 137. Einem ähnlichen Kontakt sollen in der Bretagne bei Paimpol die Schiefer einen mandelsteinartigen und zelligen Charakter verdanken; dessen Ansicht bei einer geognostischen Fußreise mit Professor Kunth in diese interessante Gegend mich sehr in Erstaunen gesetzt hat.

¹⁶⁹ (S. 187.) Elie de Beaumont in den Annales des Sciences naturelles T. XV, p. 362—372: „En se rapprochant des masses primitives du Mont Rose et des montagnes situées à l'ouest de Coni, on voit les couches secondaires perdre de plus en plus les caractères inhérents à leur mode de dépôt. Souvent alors elles en prennent qui semblent provenir d'une toute autre cause, sans perdre pour cela leur stratification: rappelant par cette disposition la structure physique d'un tison à moitié charbonné, dans lequel on peut suivre les traces des fibres ligneuses, bien au-delà des points qui présentent encore les caractères mutuels du bois." Zu den auffallendsten Beweisen der Umwandlung des Gesteins durch plutonische Einwirkung gehören die Belemniten in den Schiefern von Nuffenen

(Alpenthal von Eginen und Griesgletscher); wie die Belemniten in sogenanntem uranfänglichen Kalkstein, welche Herr von Charpentier am westlichen Abhange des Col de Seigne, zwischen der Enclove de Monjovet und der Alpenhütte de la Lanchette gefunden und mir in Bex im Herbst 1822 gezeigt hat.

[170] (S. 187.) Hoffmann in Poggend. Annalen Bd. XVI, S. 552. „Schichten von Transitionsthonschiefer des Fichtelgebirges, die in einer Länge von vier Meilen verfolgt werden können und nur an beiden Extremen, wo sie mit dem Granite in Berührung kommen, in Gneis umgewandelt sind. Man verfolgt dort die allmähliche Gneisbildung, die innere Entwickelung des Glimmers und der Feldspatmandeln in Thonschiefer, der ja ohnedies fast alle Elemente dieser Substanzen enthält."

[171] (S. 187.) In dem, was uns von den Kunstwerken des griechischen und römischen Altertums übrig geblieben ist, bemerkt man den Mangel von Jaspissäulen und großen Gefäßen aus Jaspis, die jetzt allein das Uralgebirge liefert. Was man als Jaspis von dem Rhabarberberge (Revennaja sopka) im Altai bearbeitet, gehört zu einem gestreiften prachtvollen Porphyr. Der Name Jaspis, aus den semitischen Sprachen übertragen, scheint sich nach den verwirrten Beschreibungen des Theophrastus und Plinius, welcher den Jaspis unter den undurchsichtigen Gemmen aufführt, auf Fragmente von Jaspachat und sogenannten Opaljaspis zu beziehen, welche die Alten Jasponyx nannten. Daher glaubt Plinius schon als ein seltenes Beispiel der Größe ein 11zölliges Stück Jaspis aus eigener Ansicht anführen zu müssen: „magnitudinem jaspidis undecim unciarum vidimus, formatamque inde effigiem Neronis thoracatam." Nach Theophrastus ist der Stein, den er Smaragd nennt und aus dem große Obelisken geschnitten werden, nichts anderes als ein unreifer Jaspis.

[172] (S. 188.) Ueber die Umwandlung des dichten Kalksteins in körnigen durch Granit in den Pyrenäen (Montagne de Rancie) s. Dufrénoy in den Mémoires géologiques T. II, p. 440, und in den Montagnes de l'Oisans s. Elie de Beaumont, Mém. géol. T. II. p. 379—415; durch Diorit= und Pyroxenporphyre (Ophite; Elie de Beaumont, Géol. de la France T. I, p. 72) zwischen Tolosa und San Sebastian s. Dufrénoy in den Mém. géol. T. II. p. 130: durch Syenit in der Insel Skye, wo in dem veränderten Kalkstein sogar noch Versteinerungen sichtbar geblieben sind, H. von Dechen, Geognosie S. 573. In der Umwandlung der Kreide durch Berührung mit Basalt ist die Verschiebung der kleinsten Teile bei Entstehung der Kristalle und bei dem Körnigwerden um so merkwürdiger, als nach Ehrenbergs scharfsinnigen mikroskopischen Untersuchungen die Kreideteilchen vorher gegliederte Ringe bilden.

[173] (S. 188.) Ich habe der merkwürdigen Stelle in Origenes Philosophumena cap. 14 schon an einem anderen Orte

erwähnt. Nach dem ganzen Zusammenhange ist es sehr unwahrscheinlich, daß Xenophanes einen Lorbeerabdruck (τύτον δάφνης)
statt eines Fischabbruckes (τύτον ἀφύης) gemeint habe. Delarue
tadelt mit Unrecht die Korrektion des Jakob Gronovius, welcher
den Lorbeer in eine Sardelle umgewandelt hat. Die Fisch-
versteinerung ist doch wahrscheinlicher als das natürliche Silensbild,
welches die Steinbrecher aus den parischen Marmorbrüchen des
Berges Marpessos wollen herausgespalten haben.

[171] (S. 191.) Auch in den Höhlungen des Obsidians vom
Cerro del Jacal, den ich aus Mexiko mitgebracht, haben sich (wahr-
scheinlich aus Dämpfen) Olivinkristalle niedergeschlagen. Es kommt
demnach Olivin vor: in Basalt, in Lava, in Obsidian, in künstlichen
Schlacken, in Meteorsteinen, im Syenit von Elfdalen und (als
Hyalosiderit) in der Wacke vom Kaiserstuhle.

[175] (S. 192.) **Konstantin von Beust über die Porphyr-
gebilde**, 1835, S. 89—96, desselben **Beleuchtung der Wer-
nerischen Gangtheorie**, 1840, S. 6; **C. von Weißenbach,
Abbildungen merkwürdiger Gangverhältnisse**, 1836,
Fig. 12. Die **bandförmige** Struktur der Gangmasse ist ebensowenig allgemein, als die bestimmte Altersfolge der einzelnen Glieder dieser Massen.

[176] (S. 192.) In Schlacken: Kristalle von Feldspat, von
Heine beim Ausblasen eines Kupferrohofens unweit Sangerhausen
aufgefunden und von Kersten zerlegt; von Augit in den Schlacken
von Sale, von Olivin, von Glimmer in alten Schlacken von Schloß
Garpenberg, von Magneteisen in Schlacken von Chatillon sur Seine,
von Eisenglimmer in Töpferthon entstanden.

[177] (S. 192.) Absichtlich hervorgebracht: Idokras und Granat,
Rubin, Olivin und Augit. Ohnerachtet nach Gustav Rose Augit
und Hornblende die größte Uebereinstimmung der Kristallform
zeigen und ihre chemische Zusammensetzung auch fast dieselbe ist,
so ist doch noch nie Hornblende neben dem Augit in Schlacken beobachtet worden; ebensowenig ist es den Chemikern geglückt, Hornblende oder Feldspat hervorzubringen.

[178] (S. 193.) **Leopold von Buch, geognostische Briefe**
S. 75—82, wo zugleich gezeigt wird, wie der rote Sandstein
(das Totliegende des thüringischen Flözgebirges) und das Steinkohlengebilde als Erzeugnisse des aufsteigenden Porphyrs betrachtet
werden müssen.

[179] (S. 195.) Eine Entdeckung von Miß Mary Anning,
welche auch die Koprolithen der Fische zuerst aufgefunden hat.
Diese und die Exkremente des Ichthyosaurus werden in England
(z. B. bei Lyme Regis) in solcher Menge gesehen, daß sie nach
Bucklands Ausdruck wie Kartoffeln auf dem Boden zerstreut liegen.
Ueber Hookes Hoffnung to raise a chronology aus dem bloßen
Studium zerbrochener und versteinerter Muschelschalen, and to
state the intervals of the time wherein such or such cata-

strophes and mutations have happened, f. Posth. Works, Lecture Feb. 29, 1688.

¹⁸⁰ (S. 196.) Es ist dies die von den englischen Geologen sogenannte Cambrische Formation das Grenzglied zwischen dem kristallinischen Urgebirge und der Silurformation; in demselben wurden Spuren von Organismen entdeckt, namentlich Bohrgänge von Ringelwürmern nebst den höchst eigentümlichen Resten der Oldhamia antiqua und Oldhamia rodiata, von welcher es zweifel=haft ist, ob man sie zu den Meeresalgen, zu den Bryozoen oder Anthozoen stellen soll, die aber die ältesten, unzweifelhaft organischen Gebilde sind, die man kennt. — [D. Herausg.]

¹⁸¹ (S. 197.) Nach Hermann v. Meyer ein Protosaurus. Die Rippe eines Sauriers, die angeblich dem Bergkalk (Kohlenkalk=stein) von Northumberland angehörte, ist nach Lyell sehr zweifel=haft. Der Entdecker selbst schreibt sie Alluvialschichten zu, welche den Bergkalk bedecken.

¹⁸² (S. 197.) Siehe die scharfsinnigen Betrachtungen von Hermann v. Meyer über die Organisation der fliegenden Saurier in Palaeologica S. 228—252. Auf dem versteinerten Exem=plar des Pterodactylus crassirostris, welcher wie der länger be=rühmte P. longirostris (Ornithocephalus, Sömmering) zu Solen=hofen im lithographischen Schiefer der oberen Juraformation gefunden worden ist, hat Professor Goldfuß selbst Spuren der Flughäute „mit den Abdrücken der gekrümmten flockigen, hie und da zolllangen Haare des Felles" entdeckt.

¹⁸³ (S. 197.) Zugleich ergab sich, daß von den ältesten Bil=dungen bis zu den neueren ein Fortschritt im Range der Lebewesen, sowohl der tierischen, als pflanzlichen stattfand. Die organisierten Wesen haben eine allmähliche Entwickelung von Form zu Form, und zwar von niederen zu immer höheren Formen durchlaufen, ehe sie zu ihrer gegenwärtigen mannigfaltigen Gestaltung gelang=ten. — [D. Herausg.]

¹⁸⁴ (S. 198.) Die ältesten Säugetierreste, die man kennt, nämlich zwei kleine zweiwurzelige Zähne eines kleinen Beuteltieres (Microlestes antiquus), welche bei Steinbrunn in Württemberg gefunden wurden, stammen aus der dem Jura noch vorangehenden rätischen Formation, welche etwa dem Keuper der Trias ent=spricht. — [D. Herausg.]

¹⁸⁵ (S. 198.) Im Weald-Clay; die Ornitholithen nehmen zu im Gips der Tertiärformation. [Im Jahre 1866 wurde im lithographischen Schiefer von Solenhofen, dem weißen Jura an=gehörig, der Archaeopteryx macrurus entdeckt, der als der erste Re=präsentant der Vögel gelten kann. — D. Herausg.]

¹⁸⁶ (S. 199.) Vom heutigen Standpunkte der Erdgeschichte gestaltet sich die Reihenfolge der Sedimentgebilde etwa folgender=maßen:

<table>
<tr><td rowspan="4">Paläozoische Epoche</td><td>{</td><td>Silurische</td><td rowspan="4">Formation</td></tr>
<tr><td></td><td>Devonische</td></tr>
<tr><td></td><td>Steinkohlen=</td></tr>
<tr><td></td><td>Dyas oder permische</td></tr>
<tr><td rowspan="4">Mesozoische Epoche</td><td>{</td><td>Trias</td><td></td></tr>
<tr><td></td><td>Rätische Formation</td></tr>
<tr><td></td><td>Jura=</td></tr>
<tr><td></td><td>Kreide=</td></tr>
<tr><td rowspan="2">Kanäozoische Epoche</td><td>{</td><td>Eocän=</td><td></td></tr>
<tr><td></td><td>Neogen=</td></tr>
</table>

[D. Herausg.]

[187] (S. 200.) Murchison teilt ben bunten Sandstein in zwei Abteilungen, deren obere der Trias von Alberti verbleibt, während er aus der unteren, zu welcher der Vogesensandstein von Élie de Beaumont gehört, aus dem Zechstein und Totliegenden sein permisches System bildet. Mit der oberen Trias, b. h. mit der oberen Abteilung unseres bunten Sandsteins, beginnen ihm erst die sekundären Formationen; das permische System, der Kohlenkalk oder Bergkalk, die devonischen und silurischen Schichten sind ihm paläozoische Gebilde. Nach diesen Ansichten heißen Kreide und Jura die oberen, Keuper, Muschelkalk und der bunte Sandstein die unteren sekundären Formationen; das permische System und der Kohlenkalk heißen das obere, die devonischen und silurischen Schichten zusammen das untere paläozoische Gebilde. Die Fundamente dieser allgemeinen Klassifikation finden sich in dem großen Werke entwickelt, in welchem der unermübete britische Geognost einen großen Teil des ganzen östlichen Europas barstellen wird. [Dasselbe ist 1845 unter dem Titel: „Geology of Russia in Europe and the Ural Mountains" zu London erschienen. — D. Herausg.]

[188] (S. 201.). Dahin gehören die vom Grafen Sternberg entdeckten und von Corba beschriebenen Cykadeen aus der alten Steinkohlenformation zu Rabnitz in Böhmen (zwei Arten Cycadites und Zamites Cordai. Auch in der oberschlesischen Steinkohlenformation zu Königshütte ist eine Cykadee, Pterophyllum gonorrhachis Goepp., gefunden worden.

[189] (S. 201.) Herr Witham hat das große Verdienst, die Existenz der Koniferen in der frühen Vegetation des alten Steinkohlengebildes zuerst erkannt zu haben. Vormals wurden fast alle in dieser Formation vorkommenden Holzstämme als Palmen beschrieben. Die Arten des Geschlechtes Araucarites sind aber nicht der Steinkohlenformation der britischen Inseln allein eigentümlich, sie finden sich auch in Oberschlesien.

[190] (S. 202.) „By means of Lepidodendron a better passage is established from Flowering to Flowerless Plants than by either Equisetum or Cycas or any other known

genus." Lindley und Hutton, Fossil Flora Vol. II. pag. 53.

[191] (S. 202.) Daß Steinkohlen nicht durch Feuer verkohlte Pflanzenfasern sind, sondern sich wahrscheinlich auf nassem Wege, unter Mitwirkung von Schwefelsäure, gebildet haben, beweist auffallend, nach Göpperts scharfsinniger Beobachtung, ein Stück in schwarze Kohle verwandelten Bernsteinbaumes. Die Kohle liegt dicht neben dem ganz unzersetzten Bernstein. Ueber den Anteil, welchen niedrige Gewächse an der Bildung der Kohlenflöze haben können, s. Link in den Abhandlungen der Berliner Akademie der Wissenschaft aus dem Jahre 1838, S. 38.

[192] (S. 202.) Um die 7 Linien dicke Schicht Kohlenstoff mit den Steinkohlenflözen zu vergleichen, muß man noch auf den ungeheueren Druck Rücksicht nehmen, welchen diese Flöze von dem dem darüber liegenden Gestein erleiden und welcher sich meist in der abgeplatteten Gestalt der unterirdischen Baumstämme offenbart. „Die sogenannten hölzernen Berge an dem südlichen Ufer der 1806 von Sirowatskoi entdeckten Insel Neu-Sibirien bestehen nach Hedenström in einer Höhe von 30 Faden aus horizontalen Schichten von Sandstein, die mit bituminösen Baumstämmen abwechseln. Auf dem Gipfel der Berge stehen die Stämme senkrecht. Die Schicht voll Treibholz ist 5 Werste lang sichtbar."

[193] (S. 203.) Diese Corypha ist die soyate (aztekisch zoyatl) oder Palma dulce der Eingebornen. Ein tiefer Kenner der amerikanischen Sprachen, Professor Buschmann, bemerkt, daß die Palma soyate auch in Neves Vocabulario de la Lengua Othomi genannt wird und daß das aztekische Wort zoyatl sich in Ortsnamen Zoyatitlan und Zonapanco in Chiapas wiederfindet.

[194] (S. 203.) Bei Baracoa und Cayos de Moa; s. Tagebuch des Admirals vom 25. und 27. November 1492 und Humboldt, Examen critique de l'hist. de la Géogr. du Nouveau Continent T. II. p. 252 und T. III. p. 23. Kolumbus ist so aufmerksam auf alle Naturgegenstände, daß er schon und zwar zuerst Podocarpus von Pinus unterscheidet. Ich finde, sagt er: „en la tierra aspera del Cibao pinos que no llevan piñas (Tannenzapfen), pero por tal orden compuestos por naturaleza. que (los frutos) parecen azeytunas del Axarafe de Sevilla." Der große Pflanzenkenner Richard, als er seine treffliche Abhandlung über Cykadeen und Koniferen herausgab, hatte nicht geahnt, daß vor L'Héritier schon am Ende des 15. Jahrhunderts Podocarpus von den Abietineen durch einen Seefahrer getrennt worden sei.

[195] (S. 204.) Göppert beschreibt noch drei Cykadeen (Arten von Cycadites und Pterophyllum) aus dem Braunkohlenschieferthon von Altsattel und Kommotau in Böhmen, vielleicht aus der Eocänperiode.

[196] (S. 205.) Diese Ansicht Humboldts ist jetzt wohl gänzlich

aufgegeben. Man denkt sich vielmehr die erratischen Blöcke des europäischen Schwemmlandes als auf dem Rücken einstiger Gletscher dahin gelangt. — [D. Herausg.]

[197] (S. 207.) Bei den Geologen der älteren Schule in der ersten Hälfte dieses Jahrhunderts war die Ansicht vorherrschend, daß der Entwickelungsgang der Erde ein stürmischer, tumultuarischer gewesen sei. Mit einem Ruck ließen sie Gebirge plötzlich aus Spalten aufsteigen, gewaltige Fluten über das Festland hereinbrechen, Meerengen zerreißen u. dgl. Humboldt war ein Hauptvertreter dieser nunmehr überwundenen „Revolutionstheorie“, und dieses ist beim Lesen der im Texte folgenden Ausführungen im Auge zu behalten. Der älteren Schule gegenüber begründeten v. Hoff und Sir Charles Lyell die moderne Schule, welche es sich zur Aufgabe setzt, selbst die größten Veränderungen, welche an der Erdoberfläche im Laufe der Zeiten vor sich gegangen sind, durch die jetzt noch wirkenden, unscheinbaren, aber mit der Zeit die großartigsten Endresultate hervorbringenden Kräfte der Natur zu erklären. Die Geschichte der Erde ist nach den neueren Ansichten eine allmähliche, ruhige, friedliche, nur selten durch Katastrophen unterbrochene Entwickelung. Dies ist die moderne Evolutionstheorie. — [D. Herausg.]

[198] (S. 209.) Im Mittelalter herrschte die Meinung, daß die Meere nur den siebenten Teil der Erdoberfläche bedeckten; eine Meinung, welche der Kardinal d'Ailly auf das apokryphische 4. Buch Esra gründete. Kolumbus, der seine kosmologischen Kenntnisse immer aus den Werken des Kardinals schöpfte, hatte ein großes Interesse, diese Meinung von der Kleinheit der Meere, zu welcher wohl auch der mißverstandene Ausdruck des „Flusses Ozean“ beitrug, zu verteidigen.

[199] (S. 210.) Vergl. über die mittlere Breite der nordasiatischen Küste und die wahre Benennung der Vorgebirge (Kap Siewero-wostotschnoi) und Kap Nordost (Schalagskoi mys) Humboldt, Asie centrale T. III, p. 35. und 37. [Der russische Name Siewero-wostotschnoi oder Nordostkap im Gegensatz zu dem Kap Taimyr oder Nordwestkap kann füglich aufgegeben werden, wie er auch auf den meisten Karten verschwindet. Man ersetzt ihn durch den Namen seines ersten Besuchers, des russischen Lieutenants Tscheljuskin, welcher die Landspitze 1742 zu Schlitten erreichte. Das Kap bildet eine niedrige Landspitze, durch eine Bucht in zwei Teile geteilt. Nach den astronomischen Beobachtungen und Triangulationsmessungen Nordenskjölds 1878, liegt die westlichere Spitze unter 77° 36′ 37″ n. Br. und 103° 25′ 5″ ö. L. v. Gr., und die östlichere unter 77° 41′ n. Br. und 104° 1′ ö. L. v. Gr. — D. Herausg.]

[200] (S. 211.) Auch die Südspitze von Amerika samt dem Archipelagus, welchen wir das Feuerland nennen, liegt im Meridian des nördlichsten Teiles der Baffinsbai und des großen noch unbegrenzten Polarlandes, das vielleicht zu West-Grönland gehört.

[201] (S. 211). Die größte dermalen am Norpol erreichte Breite ist die der Nareß'schen Expedition mit 83° 20′ 26″. Albert H. Markham erreichte sie am 12. Mai 1876. — Gegen den Südpol ist man nicht weiter als bis zu der im Texte angegebenen, von Roß im Februar 1842 erreichten Breite vorgedrungen. Die Frage über die Beschaffenheit der Erdpole ist ebenfalls noch immer nicht endgültig gelöst, doch neigt man zur Annahme eisbedeckter Landmassen. — [D. Herausg.]

[202] (S. 211.) Ich habe schon früh (1817) in meinem Werke: de distributione geographica plantarum secundum coeli temperiem et altitudinem montium auf jene, für Klimatologie und Menschengesittung gleich wichtigen Unterschiede gegliederter und ungegliederter Kontinente aufmerksam gemacht: „Regiones vel per sinus lunatos in longa cornua porrectae, angulosis littorum recessibus quasi membratim discerptae, vel spatia patentia in immensum, quorum littora nullis incisa angulis ambit sine anfractu Oceanus.“ Ueber das Verhältniß der Küstenlängen zum Areal eines Kontinents (gleichsam das Maß der Zugänglichkeit des Inneren) s. die Untersuchungen in Berghaus, Annalen der Erdkunde Bd. XII, 1835, S. 490 und physikal. Atlas 1839, Nr III, S. 69.

[203] (S. 211.) Von Afrika sagt schon Plinius (V, 1): „Nec alia pars terrarum pauciores recipit sinus.“ Auch die kleine indische Halbinsel biesseits des Ganges bietet als Dreieck eine dritte sehr analoge Form dar. Im griechischen Altertume herrschten Meinungen von einer regelmäßigen Gestaltung der Festen. Es sollte vier Busen geben, unter denen der Persische dem Hyrkanischen (d. i. dem Kaspischen Meere) gegenübergestellt wird. Die vier Busen und die Landengen sollen sich sogar, nach den optischen Phantasien des Agesianax, auf der Mondscheibe abspiegeln. Ueber die terra quadrifida, oder die vier Festlande, deren zwei nördlich und zwei südlich vom Aequator liegen, s. Macrobius, comm. in Somnium Scipionis II, 9. Ich habe diesen Teil der alten Geographie, über welchen viel Verwirrung herrscht, einer neuen und sorgfältigen Prüfung unterworfen im Examen crit. de l'hist. de la Géogr. T. I. p. 119, 145. 180—185, wie in Asie centr. T. II, p. 172—178.

[204] (S. 212.) Ueber die merkwürdige Fjordbildung an dem Südostende von Amerika s. Darwin, Journal (narrative of the Voyages of the Adventure and Beagle Vol. III.) 1839, p. 266. Der Parallelismus der beiden Bergketten erhält sich von 5° südlicher bis 5° nördlicher Breite. Die Wendung der Richtung der Küste bei Arica scheint die Folge des veränderten Streichens der Gangkluft (Spalte) zu sein, auf welcher die Cordillera de los Andes aufgestiegen ist.

[205] (S. 214.) „Eine Sandsteinschicht von 5 engl. Meilen Dicke wird, wenn sie sich um 100° Fahr. erwärmt, in ihrer Oberfläche

um 25 Fuß steigen. Erhitzte Lettenschichten müssen dagegen durch Kontraktion ein Sinken des Bodens hervorbringen." Vergl. die Berechnungen für das säkulare Steigen von Schweden, unter der Voraussetzung der geringen Zunahme von 3° Reaum. in einer 140 000 Fuß (45,5 km.) dicken, zu Schmelzhitze erwärmten Schicht, in Bischof, Wärmelehre des Inneren unseres Erd=körpers S. 303.

206 (S. 214.) „Die (bisher so sicher scheinende) Voraussetzung des Gleichbleibens der Schwere an einem Messungspunkte ist durch die neuen Erfahrungen über die langsame Erhebung großer Teile der Erdoberfläche einigermaßen unsicher geworden."

207 (S. 214.) Die Ansicht, daß die sehr langsam erfolgenden säkularen Hebungen der Kontinente nur Scheinbewegungen sind, hervorgerufen durch einen veränderlichen Niveaustand des Ozeans, hat auch heute noch ihre Anhänger. — [D. Herausg.]

208 (S. 214.) Wenn, nicht vor Leopold von Buchs Reise nach Skandinavien, sondern vor der Herausgabe dieses Werkes, schon Playfair 1802 und, wie Keilhau erinnert, vor Playfair der Däne Jessen ebenfalls schon die Vermutung geäußert hat, daß nicht das Meer sinke, sondern das feste Land von Schweden sich erhebe, so sind die Aeußerungen unserem großen Geognosten gänz=lich unbekannt geblieben und haben keinen Einfluß auf die Fort=schritte der physischen Erdbeschreibung ausgeübt. Jessen hat die Ursachen der Veränderung des Niveauverhältnisses des Meeres zur Höhe der Küsten nach den alten Angaben von Celsius, Kalm und Dalin zu ergründen gesucht. Er äußert verworrene Ideen über die Möglichkeit eines inneren Wachsens und Zunehmens der Steine (des felsigen Bodens), erklärt sich aber zuletzt doch für Erhebung des Landes als Folge von Erdbeben. „Obgleich," sagt er, gleich nach dem Erdbeben (bei Egersund) keine solche Erhebung bemerkt worden ist, so könnte doch daburch anderen Ursachen die Gelegenheit dazu eröffnet worden sein."

209 (S 214.) Die Inseln Saltholm, Kopenhagen gegenüber, und Bornholm steigen aber sehr wenig; Bornholm kaum 1 Fuß (32 cm) in einem Jahrhundert.

210 (S. 214.) Erst in jüngster Zeit sind diese „alten Strand=linien" genauer untersucht worden, besonders von Mohn, und end=lich hat Richard Lehmann alles darüber vorhandene Material ge=sammelt und diskutiert. — [D. Herausg.]

211 (S. 215). Vergl. Anmerk. 199.

212 (S. 215.) Die Depression des Toten Meeres ist nach und nach ergründet worden durch die barometrischen Messungen von Graf Bertou, durch die weit sorgfältigeren von Rußegger, und durch die trigonometrische Messung des englischen Schiffs=lieutenants Symond. Die letzte gab, nach einem Briefe, den Herr Ablerson an die geographische Gesellschaft zu London richtete und den mir mein Freund, der Kapitän Washington, mitgeteilt, —

1506 Fuß (489 m) für den Unterschied des Wasserspiegels des Toten Meeres und des höchsten Hauses in Jaffa. Herr Ablerson glaubte damals (28. Nov. 1841), das Tote Meer liege ungefähr 1314 Fuß (427 m) unter dem Niveau des Mittelländischen Meeres. In einer neueren Mitteilung des Lieutenants Symond wird als Endresultat zweier sehr miteinander übereinstimmenden trigonometrischen Operationen die Zahl 1231 Fuß (immer Pariser Maß) = 400 m angegeben.

[213] (S. 215.) Auf meine Aufforderung hat die kaiserliche Akademie der Wissenschaften zu St. Petersburg 1830 bei Baku auf der Halbinsel Abscheron durch den gelehrten Physiker Lenz feste Marken (Zeichen, den mittleren Wasserstand zu einer bestimmten Epoche angebend) an verschiedenen Punkten eingraben lassen. Auch habe ich 1839 in einem der Nachträge zu der Instruktion, welche dem Kapitän Roß für die antarktische Expedition erteilt ward, darauf gedrungen, daß überall an Felsen in der südlichen Hemisphäre, wo sich dazu Gelegenheit fände, Marken, wie in Schweden und am Kaspischen Meere, eingegraben werden möchten. Wäre dies schon auf den ältesten Reisen von Bougainville und Cook geschehen, so würden wir jetzt wissen, ob die säkulare relative Höhenveränderung von Meer und Land ein allgemeines oder nur ein örtliches Naturphänomen sei; ob ein Gesetz der Richtung in den Punkten erkannt werden kann, die gleichzeitig steigen oder sinken.

[214] (S. 218.) Das Adriatische Meer folgt auch der Richtung SO—NW.

[215] (S. 219.) De la hauteur moyenne des continents in der Asie centrale T. I, p. 82—90 und 165—189. Die Resultate, welche ich erhalten, sind als Grenzzahlen (nombres-limites) zu betrachten. Laplace hat die mittlere Höhe der Kontinente zu 3078 Fuß, also wenigstens um das Dreifache zu hoch, angeschlagen. Der unsterbliche Geometer ward zu dieser Annahme durch Hypothesen über die mittlere Tiefe des Meeres veranlaßt. Ich habe gezeigt, wie schon die Alexandrinischen Mathematiker nach dem Zeugnis des Plutarchus diese Meerestiefe durch die Höhe der Berge bedingt glaubten. Die Höhe des Schwerpunktes des Volums der Kontinentalmassen ist in dem Lauf der Jahrtausende wahrscheinlich kleinen Veränderungen unterworfen. [Neuerdings hat Gustav Leipoldt die Humboldtschen Ziffern in Bezug auf Europa einer genauen Prüfung unterzogen und mit Benutzung der Ergebnisse neuerer Höhenmessungen die mittlere Höhe für die einzelnen Staaten und für ganz Europa berechnet. Es ergab sich für Europa eine mittlere Höhe von 296,8 m, ein Resultat, welches das Humboldtsche um mehr als 90 m (45 Prozent) übersteigt. D. Herausg.]

[216] (S. 221.) „On pourra (par la température de l'Océan sous les tropiques) attaquer avec succès une question capitale restée jusqu'ici indécise, la question de la constance des températures terrestres, sans avoir à s'inquiéter des influences

locales naturellement fort circonscrites, provenant du déboisement des plaines et des montagnes, du desséchement des lacs et des marais. Chaque siècle, en léguant aux siècles futurs quelques chiffres bien facilles à obtenir, leur donnera le moyen peut être le plus simple, le plus exact et le plus direct de décider si le soleil, aujourd'hui source première, à peu près exclusive de la chaleur de notre globe, change de constitution physique et d'éclat, comme la plupart des étoiles, ou si au contraire cet astre est arrivé à un état permanent." (Arago.)

[217] (S. 221.) Der durchschnittliche Salzgehalt des Meeres beträgt 3,5 Prozent. [D. Herausg.]

[218] (S. 222.) Durch das geodätische Nivellement, welches auf meine Bitte mein vieljähriger Freund, der General Bolivar, durch Lloyd und Falmarc hat in den Jahren 1828 und 1829 ausführen lassen, ist erwiesen, daß die Südsee höchstens 3²/₃ Fuß (1,1 m) höher als das Antillische Meer liegt, ja daß zu verschiedenen Stunden der relativen Ebbe- und Flutzeit bald das eine, bald das andere Meer das niedere ist. Wenn man bedenkt, daß in einer Länge von 16 Meilen (119 km) und bei 933 Einstellungen des gebrauchten Niveaus in ebensovielen Stationen man sich leicht um eine halbe Toise habe irren können, so findet man hier einen Beweis des Gleichgewichtes der um das Kap Horn strömenden Wasser. Ich hatte durch Barometermessungen, die ich in den Jahren 1799 und 1804 anstellte, schon zu erkennen geglaubt, daß wenn ein Unterschied zwischen dem Niveau der Südsee und des Antillischen Meeres vorhanden wäre, derselbe nicht über 3 m (9 Fuß 3 Zoll) betragen könne. Die Messungen, welche den hohen Stand der Wasser im Golf von Mexiko und in dem nördlichsten Teile des Adriatischen Meeres durch Verbindung der trigonometrischen Operationen von Delcros und Choppin mit denen der schweizerischen und österreichischen Ingenieure beweisen sollen, sind vielem Zweifel unterworfen. Es ist trotz der Form des Adriatischen Meeres unwahrscheinlich, daß der Wasserspiegel in seinem nördlichsten Teile fast 26 Fuß (8,45 m) höher als der Wasserspiegel des Mittelmeeres bei Marseille und 23,4 Fuß (7,71 m) höher als der Atlantische Ozean sei.

[219] (S. 223.) Die relative Dichte der Wasserteilchen hängt (was nicht sorgfältig genug in den Untersuchungen über die Ursache der Strömungen unterschieden wird) gleichzeitig von der Temperatur und der Stärke des Salzgehaltes ab. Der unterseeische Strom, welcher die kalten Polarwasser den Aequatorialgegenden zuführt, würde einer ganz entgegengesetzten Richtung vom Aequator gegen die Pole folgen, wenn die Verschiedenheit des Salzgehaltes allein wirkte. In dieser Hinsicht ist die geographische Verteilung der Temperatur und der Dichte der Wasserteilchen unter den verschiedenen Breiten- und Längenzonen des Weltmeeres von großer Wichtigkeit. Die zahlreichen Beobachtungen von Lenz und die auf Kapitän Beecheys Reise gesammelten verdienen eine besondere Beachtung.

²²⁰ (S. 224.) Kolumbus setzt bald hinzu, daß „in dem Antillischen Meere die Bewegung am stärksten ist". In der That nennt jene Region Rennell „not a current, but a sea in motion".

²²¹ (S. 224.) Durch die neueren Forschungen der Amerikaner ist nachgewiesen, daß der Golfstrom erst bei Barbadoes aus der Aequatorialströmung entsteht. Nachdem die Strömung vom Karibischen Meere in den Busen von Mexiko eingetreten, beschreibt sie keinen Kreis um den letzteren, wie man annahm, sondern läuft im Gegenteil nordwärts und ostwärts in derselben allgemeinen Richtung wie das Yukatanplateau und tritt durch die Floridastraße mit den Verstärkungen hinaus, die ihr aus dem Kanal zwischen Cuba und den Bahamabänken zuströmen. [D. Herausg.]

²²² (S. 224.) Die Existenz der Sargassosee wird durch den deutschen Naturforscher Otto Kuntze in Abrede gestellt. [D. Herausg.]

²²³ (S. 227.) Die unbekannte Stimme sagte ihm: „maravillosamente Dios hizo sonar tu nombre en la tierra; de los atamientos de la mar Oceana, que estaban cereados con cadenas tan fuertes, te dió las llaves." Der Traum des Kolumbus ist erzählt in dem Briefe an die katholischen Monarchen vom 7. Julius 1503.

²²⁴ (S. 228.) Nach Boussingault und Lewy oszillierte der Kohlensäuregehalt des Luftkreises in Andilly, also fern von den Ausdünstungen der Städte, nur zwischen 0,00028 und 0,00031 im Volum.

²²⁵ (S. 228.) In dieser Aufzählung ist des nächtlichen Aushauchens der Kohlensäure durch die Pflanzen, indem sie Sauerstoff einhauchen, nicht gedacht, da diese Vermehrung der Kohlensäure reichlich durch den Respirationsprozeß der Pflanzen während des Tages ersetzt wird.

²²⁶ (S. 229.) Bouvard hat im Jahre 1827 durch Anwendung der Formeln, die Laplace kurz vor seinem Tode dem Längenbureau übergeben hatte, gefunden, daß der Teil der stündlichen Oszillationen des Luftdruckes, welcher von der Anziehung des Mondes herrührt, das Quecksilber im Barometer zu Paris nicht über ¹⁹/₁₀₀₀ eines Millimeters erheben könne, während nach 11jährigen Beobachtungen ebendaselbst die mittlere Barometeroszillation von 9 Uhr morgens bis 3 Uhr nachmittags 9,756 mm, von 3 Uhr nachmittags bis 9 Uhr abends 0,373 mm war.

²²⁷ (S. 230.) Zu Halle (Br. 51° 20') ist die Größe der Oszillation noch 0,28 Linien. Auf den Bergen in der gemäßigten Zone scheint eine große Menge von Beobachtungen erforderlich zu sein, um zu einem sicheren Resultate über die Wendestunden zu gelangen. Vergl. die Beobachtungen stündlicher Variationen, welche auf dem Faulhorn 1832, 1841 und 1842 gesammelt wurden, in Martins, Météorologie p. 254.

²²⁸ (S. 231.) S. Dove, meteorologische Untersuchungen

1837 S. 99—343, und die scharfsinnigen Bemerkungen von Kämtz über das Herabsinken des Westwindes der oberen Luftschichten in höheren Breiten und die allgemeinen Phänomene der Windesrichtung in seinen Vorlesungen über Meteorologie, 1840, S. 58—66, 196—200, 327—336, 353—364; Kämtz in Schumachers Jahrbuch für 1838 S. 291—302. Eine sehr gelungene und lebendige Darstellung meteorologischer Ansichten hat Dove in seiner kleinen Schrift: Witterungsverhältnisse von Berlin, 1842, gegeben. Ueber frühe Kenntniß der Seefahrer von der Drehung des Windes vergl. Churruca, Viage al Magallanes 1793 p. 15; und über einen denkwürdigen Ausspruch von Christoph Kolumbus, den uns sein Sohn Don Fernando Colon in der Vida del Almirante cap. 55 erhalten hat: Humboldt, Examen critique de l'hist. de la Géographie T. IV, p. 253.

[229] (S. 232.) Monsun (malayisch musim, der hippalus der Griechen) wird abgeleitet von dem arabischen Worte mausim: bestimmte Zeit, Jahreszeit, Zeit der Versammlung der Pilger in Mekka. Das Wort ist auf die Jahreszeit der regelmäßigen Winde übergetragen, welche Namen haben von den Gegenden, aus denen sie wehen; so sagt man Mausim von Aden, Guzerat, Malabar u. s. w.

[230] (S. 239.) „Haec de temperie aeris, qui terram late circumfundit, ac in quo, longe a solo, instrumenta nostra meteorologica suspensa habemus. Sed alia est caloris vis, quem radii solis nullis nubibus velati, in foliis ipsis et fructibus maturescentibus, magis minusve coloratis, gignunt, quemque, ut egregia demonstrant experimenta amicissimorum Gay-Lussacii et Thenardi de combustione chlori et hydrogenis, ope thermometri metiri nequis. Etenim locis planis et montanis, vento libe spirante, circumfusi aeris temperies eadem esse potest coelo sudo vel nebuloso; ideoque ex observationibus solis thermometricis, nullo adhibito Photometro, haud, cognosces, quam ob causam Galliae septentrionalis tractus Armoricanus et Nervicus, versus littora, coelo temperato sed sole raro utentia, Vitem fere non tolerant. Egent enim stirpes non solum caloris stimulo, sed et lucis, quae magis intensa locis excelsis quam planis, duplici modo plantas movet, vi sua tum propria, tum calorem in superficie earum excitante." (Humboldt, de distributione geographica Plantarum, 1817, p. 163—164.)

[231] (S. 239.) Hier folgt eine die europäische Weinkultur erläuternde Tabelle in absteigender Skala, gleichsam die Verschlechterung des Weines nach Maßgabe der klimatischen Verhältnisse darstellend. Den Beispielen, welche im Text des Kosmos über die Weinkultur bei Bordeaux und Potsdam gegeben worden, sind noch die numerischen Verhältnisse der Rhein- und Maingegenden (Br. 48° 35′ bis 50° 7′) beigefügt. Cherbourg (Normandie) und Irland

offenbaren am deutlichsten, wie bei Temperaturverhältnissen, welche von denen des inneren Landes nach Angabe der im Schatten beobachteten Thermometer wenig verschieden sind, die Pflanze bei heiterem sonnigen oder durch Nebel verschleiertem Himmel reife oder unreife Frucht trägt.

Orte	Breite	Höhe in m	Jahr	Winter	Frühjahr	Sommer	Herbst	Beobachtungsjahre
Bordeaux	44°50′	7,8	13°,9	6°,1	13°,4	21°,7	14°,4	10
Straßburg	48 35	146,1	9,8	1,2	10,0	18,1	10,0	35
Heidelberg	49 24	101,3	9,7	1,1	10,0	17,9	9,9	20
Mannheim	49 29	91,6	10,3	1,5	10,4	19,5	9,8	12
Würzburg	49 48	171,5	10,1	1,6	10,2	18,7	9,7	27
Frankfurt a. M.	50 7	116,9	9,6	0,8	10,0	18,0	9,7	19
Berlin	52 31	31,1	8,6	—0,6	8,1	17,5	8,6	22
Cherbourg kein Wein	49 39	0	11,2	5,2	10,4	16,5	12,5	3
Dublin	53 23	0	9,5	4,6	8,4	15,3	9,8	13

Die große Uebereinstimmung in der Verteilung der Jahreswärme unter die verschiedenen Jahreszeiten, welche die Angaben vom Rhein- und Mainthale darbieten, zeugt für die Genauigkeit der angewandten meteorologischen Beobachtungen. Als Winter sind, wie in meteorologischen Tabellen am vorteilhaftesten ist, die Monate Dezember, Januar und Februar gerechnet. Die Thermometergrade sind, wie im ganzen Kosmos, in hundertteiliger Skala. Wenn man die Qualität der Weine in Franken oder den baltischen Ländern mit der mittleren Temperatur der Sommer- und Herbstmonate um Würzburg und Berlin vergleicht, so ist man fast verwundert, nur 1°—1°,2 Unterschied zu finden; aber die Frühlingstemperaturen sind um 2° verschieden; und die Blütezeit der Rebe bei späten Maifrösten, nach einem ebenfalls um 2° kälteren Winter, ist ein ebenso wichtiges Element als die Zeit der späten Reife der Traube und die Wirkung des direkten, nicht zerstreuten (diffusen) Lichtes bei unverdeckter Sonnenscheibe. Der im Text berührte Unterschied zwischen der wahren oberflächlichen Bodentemperatur und den Angaben eines im Schatten beobachteten geschützten Thermometers ist von Dove durch fünfzehnjährige Resultate aus dem Garten zu Chiswick bei London ergründet worden.

²³² (S. 241.) Die sibirische Bodenfläche zwischen Tobolsk, Tomsk und Barnaul von Altai zum Eismeere liegt noch so hoch als Mannheim und Dresden; ja selbst weit in Osten vom Jenisei liegt Irkutsk (208 Toisen = 405 m) noch fast ⅓ niedriger als München.

²³³ (S. 243.) In der Sierra de Santa Marta, deren höchste Gipfel 18000 Fuß (5400 m) Höhe zu übersteigen scheinen, heißt noch jetzt eine Spitze Pico de Gaira.

²³⁴ (S. 244.) Vergl. meine Tafel der Höhe des ewigen Schnees in beiden Hemisphären von 71¼° nördlicher bis 53° 54' südlicher Breite in der Asie centrale T. III, p. 360.

²³⁵ (S. 245.) Da der Vulkan von Aconcagua zu der Zeit nicht im Ausbruch begriffen war, so darf man wohl nicht das merkwürdige Phänomen der Schneelosigkeit (wie bisweilen am Cotopaxi) innerer Durchwärmung (dem Ausziehen erhitzter Luft auf Spalten) zuschreiben.

²³⁶ (S. 245.) Während in Indien selbst die grünblichsten und erfahrensten Reisenden: Colebrooke, Webb und Hodgson, Viktor Jacquemont, Forbes Royle, Carl von Hügel und Vigne, welche alle den Himalaya aus eigener Anschauung kannten, die größere Höhe der Schneegrenze am tibetischen Abfall bekräftigt hatten, wurde die Thatsache von John Gerard, von dem Geognosten Mac Clelland, Herausgeber des Calcutta Journal, und vom Lieutenant Thomas Hutton (Assistant Surveyor of the Agra division) in Zweifel gestellt. Die Erscheinung meines Werkes über Centralasien hat den Streit von neuem angefacht. Ein eben angekommenes Stück des ostindischen Journals für Naturgeschichte enthält aber eine merkwürdige und sehr entscheidende Erklärung über die Schneegrenzen am Himalaya. Herr Batten (Bengal service) schreibt aus dem Lager von Semulka am Cosillah River in der Provinz Kumaon: „Erst spät, aber mit Verwunderung, lese ich die Behauptungen des Herrn Thomas Hutton über die Grenze des ewigen Schnees. Ich bin es der Wissenschaft um so mehr schuldig, solchen Behauptungen zu widersprechen, als Herr Mac Clelland so weit geht, von dem Verdienste zu sprechen, welches sich Herr Hutton dadurch soll erworben haben, daß er einen weit verbreiteten Irrtum aufgedeckt. Es wird sogar irrig behauptet, daß jeder, der das Himalayagebirge durchstrichen ist, Huttons Zweifel teilen müsse. Ich bin einer von denen, die den westlichen Teil unserer mächtigen Gebirgskette am meisten besucht haben. Ich war durch den Borendopaß in das Buspathal und das untere Kunawurland gekommen, und durch den hohen Rupinpaß in die Rewaienberge von Gurwal zurückgekehrt. Ich drang vor zu den Quellen des Jumna bis Jumnotri, wendete mich von da zu den Gangeszuflüssen von Mundakni und Wischnu-Alaknunda nach Kabarnath und dem berühmten Schneegipfel von Nundidevi. Mehrmals wanderte ich über den Nitipaß nach dem tibetischen Hochlande. Die Ansiedelung von Bhote-Mehals habe ich selbst gestiftet. Mein Wohnsitz mitten im Gebirge hat mich seit sechs Jahren ununterbrochen mit europäischen und ein-

gebornen Reisenden in Verkehr gesetzt, mit solchen, die ich auf das sorgfältigste über den Anblick des Landes habe befragen können. Nach allen auf diese Weise eingesammelten Erfahrungen bin ich zu der Ueberzeugung gelangt, und bereit, dieselbe überall zu verteidigen, daß in dem Himalaya die Grenze des ewigen Schnees an dem nördlichen (tibetischen) Abhange höher liegt als an dem südlichen indischen Abhange. Herr Hutton verunstaltet das Problem, indem er Humboldts allgemeine Ansicht der Erscheinung zu widerlegen glaubt; er ficht gegen ein von ihm selbst geschaffenes Phantasiebild; er sucht zu beweisen, was wir ihm gern zugeben. „daß an einzelnen Bergen des Himalaya der Schnee länger auf der nördlichen als auf der südlichen Seite liegen geblieben ist". (Vergl. auch oben die Note 5 zu Seite 1.) Wenn die mittlere Höhe des tibetischen Hochlandes 1800 Toisen (10 800 Fuß = 3508 m) ist, so kann man dasselbe mit dem lieblich fruchtbaren peruanischen Plateau von Caxamarca vergleichen. Es ist nach dieser Ansicht aber noch 1200 Fuß (390 m) niedriger als die Hochebene von Bolivia um den See von Titicaca und als das Straßenpflaster der Stadt Potosi. Ladak liegt nach Vignes Messung mittels der Bestimmung des Siedepunktes 1563 Toisen (3048 m) hoch. Wahrscheinlich ist dies auch die Höhe von Hlassa (Ḥul=sung), einer Mönchsstadt, welche chinesische Schriftsteller das Reich der Freude nennen und welche mit Weinbergen umgeben ist. Sollten diese nicht in tief eingeschnittenen Thälern liegen?

[237] (S. 246.) Die mittlere Regenmenge in Paris ist nach Arago von 1805—1822 gewesen: 18 Zoll 9 Linien (498 mm), in London (von 1812—1827) nach Howard 23 Zoll 4 Linien (632 mm), in Genf nach einem Mittel von 32 Jahren 28 Zoll 8 Linien (770 mm). In der Küstengegend von Hindostan ist die Regenmenge 108—120 Zoll (2808—3250 mm), und auf der Insel Cuba fielen 1821 volle 133 Zoll (3596 mm). Vergl. über die Verteilung der Regenmenge im mittleren Europa nach Jahreszeiten die vortrefflichen Beobachtungen von Gasparin, Schouw und Bravais in der Bibliothèque universelle T. XXXVIII. p. 54 und 264, tableau du Climat de l'Italie p. 76 und Martins Noten zu seiner sehr bereicherten französischen Uebersetzung von Kämtz Vorlesungen über Meteorologie p. 142.

[238] (S. 246.) Nach Boussingault (Économie rurale T. II. p. 693) war in Marmato (Breite 5° 27′, Höhe 731 t (1425 m) und mittlere Temperatur 20°,4) in den Jahren 1833 und 1834 die mittlere Regenmenge 60 Zoll 2 Linien (1624 mm), während in Santa Fé de Bogota (Breite 4° 36′, Höhe 1358 t [2647 m] und mittlere Temperatur 14°,5) sie nur 37 Zoll 1 Linie (754 mm) betrug.

[239] (S. 248.) Ich mache hier nur auf diejenigen meiner Versuche aufmerksam, in denen der 3 Fuß (1 m) lange metallische Leiter des Saussureschen Elektrometers weder auf= noch abwärts

bewegt, noch nach Voltas Vorschlag mit brennendem Schwamm
armiert war. Denjenigen meiner Leser, welche die jetzt streitigen
Punkte der Lufteleftrizität genau kennen, wird der Grund dieser
Beschränkung verständlich sein. Ueber die Bildung der Gewitter in
den Tropen s. meine Relat. hist. T. II, p. 45 und 202—209.

[240] (S. 248.) Nach den abweichenden Ansichten von Lamé,
Becquerel und Peltier ist über die Ursache der spezifischen Verteilung
der Elektrizität in Wolken, deren einige eine positive oder eine
negative Spannung haben, bisher schwer zu entscheiden. Auffallend
ist die, zuerst von Tralles aufgefundene, von mir oft in verschie=
denen Breiten bestätigte, negative Elektrizität der Luft, die bei
hohen Wasserfällen Zerstäubung der Wassertropfen veranlaßt und
in 300—400 Fuß (95—130 m) Entfernung für sensible Elektrometer
bemerkbar ist.

[241] (S. 249.) Der um die Meteorologie des asiatischen Nordens
hoch verdiente Akademiker von Baer hat nicht die große Seltenheit
der Gewitter in Island und Grönland in Abrede gestellt, er hat
nur angezeigt, daß man auch in Nowaja Semlja und Spitzbergen
bisweilen habe donnern gehört.

[242] (S. 251.) Die Geschichte der Pflanzen, welche auf
eine geistreiche Art und mit wenigen Zügen Endlicher und Unger
geschildert haben, habe ich vor einem halben Jahrhundert in meiner
„unterirdischen Flora" angehängten Aphorismen auf folgende
Weise von der Pflanzengeographie getrennt: „Geognosia
naturam animantem et inanimam vel, ut vocabulo minus apto,
ex antiquitate saltem haud petito, utar, corpora organica aeque
ac inorganica considerat. Sunt enim tria quibus absolvitur
capita: Geographia oryctologica quam simpliciter Geognosiam
vel Geologiam dicunt, virque acutissimus Wernerus egregie
digessit; Geographia zoologica, cujus doctrinae fundamenta
Zimmermanus et Treviranus jecerunt; et Geographia plantarum
quam aequales nostri diu intactam reliquerunt. Geographia
plantarum vincula et cognationem tradit, quibus omnia vege-
tabilia inter se connexa sint, terrae tractus quos teneant, in
aerem atmosphaericum quae sit eorum vis ostendit, saxa atque
rupes quibus potissimum algarum primordiis radicibusque
destruantur docet, et quo pacto in telluris superficie humus nas-
catur, commemorat. Est itaque quod differat inter Geognosiam
et Physiographiam, historia naturalis perperam nuncupa-
tam, quum Zoognosia, Phytognosia et Oryctognosia a quae qui-
dem omnes in naturae investigatione versantur, non nisi singu-
lorum animalium, plantarum, rerum metallicarum vel (venia
sit verbo) fossilium formas, anatomen, vires scrutantur. Historia
Telluris, Geognosiae magis quam Physiographiae affinis, nemini
adhuc tentata, plantarum animaliumque genera orbem inhabi-
tantia primaevum, migrationes eorum compluriumque interitum,
ortum quem montes, valles, saxorum strata et venae metalli-

ferae ducunt, aerem, mutatis temporum vicibus, modo purum, modo vitiatum, terrae superficiem humo plantisque paulatim obtectam, fluminum inundantium impetu denuo nudatam, iterumque siccatam et gramine vestitam commemorat. Igitur Historia zoologica, Historia plantarum et Historia oryctologica, quae non nisi pristinum orbis terrae statum indicant, a Geognosia probe distinguendae." Ueber die sich selbst bestimmenden Bewegungen, von denen weiter unten im Texte die Rede ist, vergl. die merkwürdige Stelle des Aristoteles, de Coelo II, 2. p. 284 Bekker, wo der Unterschied der belebten und unbelebten Körper in den inneren oder äußeren Bestimmungssitz der Bewegung gesetzt wird. Von der „ernährenden Pflanzenseele", sagt der Stagirite, geht keine Bewegung aus, weil die Pflanzen in einem „stillen, nicht zu erweckenden Schlummer liegen" und keine Begierden haben, die sie zur Selbstbewegung reizen.

[243] (S. 254.) Ueber Vermehrung durch Selbstteilung des Mutterkörpers und durch Einschieben neuer Substanz s. Ehrenberg von den jetzt lebenden Tierarten der Kreidebildung, in den Abhandl. der Berliner Akad. der Wiss. 1839 S. 94. Die größte zeugende Kraft der Natur ist in den Vorticellen. Schätzungen der möglichst raschesten Massenentwickelung finden sich in Ehrenbergs großem Werke: Die Infusionstierchen als vollkommene Organismen, 1838, S. XIII, XIX und 244. „Die Milchstraße dieser Organismen geht durch die Gattungen Monas, Vibrio Bacterium und Bodo." Die Allbelebtheit der Natur ist so groß, daß kleinere Infusionstiere parasitisch auf größeren leben, ja daß die ersteren wiederum anderen zum Wohnsitz dienen.

[244] (S. 256.) Zu der raschen Vermehrung der kleinsten Organismen gesellt sich noch bei einigen (Weizenaalchen, Rädertieren, Wasserbären oder Tardigraden) die wunderbare Ausdauer des Lebens. Trotz einer 28tägigen Austrocknung im luftleeren Raume durch Chlorkalk und Schwefelsäure, trotz einer Erhitzung von 120° wurde die Wiedererweckung aus dem Scheintode beobachtet. Siehe die schönen Versuche des Herrn Doyère im Mém. sur les Tardigrades et sur leur propriété de revenir à la vie, 1842, p. 119. 129. 131 und 133. Vergl. im allgemeinen über das Wiederaufleben jahrelang vertrockneter Tiere Ehrenberg S. 492—496.

[245] (S. 256.) Man vergleiche über die vermeinte „primitive Umbildung" der organisierten oder unorganisierten Materie zu Pflanzen und Tieren Ehrenberg in Poggendorffs Annalen der Physik Bd. XXIV, S. 1—48 und desselben Infusionstierchen S. 121 und 525 mit Joh. Müller, Physiologie des Menschen (4. Aufl. 1844) Bd. I, S. 8—17. Ueberaus merkwürdig scheint mir, daß Augustinus, der Kirchenvater sich in seinen Fragen, wie möglicherweise die Inseln nach der großen Flut haben aufs neue Pflanzen und Tiere empfangen können, der sogenannten „keim- und

mutterlofen Zeugung" (generatio aequivoca, spontanea aut primaria) keineswegs abgeneigt bezeigt. „Haben," fagt er, „die Engel die Tiere nicht auf abgelegene Infeln gebracht oder etwa jagdluftige Bewohner der Kontinente, fo müffen fie aus der Erde unmittelbar entftanden fein; wobei freilich die Frage entfteht, zu welchem Zwecke allerlei Tiere in der Arche verfammelt worden waren." „Si e terra exortae sunt (bestiae) secundum originem primam, quando dixit Deus: *Producat terra animam vivam!* multo clarius apparet, non tam reparandorum animalium causa, quam figurandarum variarum gentium (?) propter ecclesiae sacramentum in Arca fuisse omnia genera, si in insulis, quo transire non possent, multa animalia terra produxit." Auguftinus de Civitate Dei lib. XVI, cap. 7. — Schon 200 Jahre vor dem Bifchof von Hippo finden wir in den Auszügen des Trogus Pompejus die generatio primaria mit der früheften Abtrocfnung der Urwelt und der Hochebene von Afien in Verbindung gefetzt, ganz wie in der paradiefifchen Terraffentheorie des großen Linné und in den Atlantisträumen des 18. Jahrhunderts: „Quodsi omnes quondam terrae submersae profundo fuerunt, profecto editissimam quamque partem decurrentibus aquis primum detectam; humillimo autem solo eandem aquam diutissime immoratam, et quanto prior quaeque pars terrarum siccata sit, tanto prius animalia generare coepisse. Porro Scythiam adeo editorem omnibus terris esse, ut cuncta flumina ibi nata in Maeotim, tum deinde in Ponticum et Aegyptium mare decurrant." Juftinus lib. II, cap. 1. Die irrige Meinung, daß das Land der Skythen eine Hoch= ebene bilde, ift fo uralt, daß wir fie fchon recht deutlich im Hippo= frates ausgedrückt finden. „Skythien," fagt er, „bildet hohe und nackte Ebenen, die, ohne von Bergen gekrönt zu fein, gegen Norden immer höher und höher anfteigen."

²⁴⁶ (S. 260.) Tacitus unterfcheidet in feinen Spekulationen über die Bevölkerung von Britannien fehr fchön, was den klima= tifchen Einwirkungen der Gegend, was, bei eingewanderten Stäm= men, der alten unwandelbaren Kraft eines fortgepflanzten Typus angehören kann: „Britanniam qui mortales initio coluerunt, indigenae an advecti, ut inter barbaros, parum compertum. Habitus corporis varii, atque ex eo argumenta; namque rutilae Caledoniam habitantium comae, magni artus Germanicam originem adseverant. Silurum colorati vultus et torti plerumque crines, et posita contra Hispania, Iberos veteres trajecisse, easque sedes occupasse fidem faciunt; proximi Gallis, et similes sunt: seu durante originis vi; seu, procurrentibus in diversa terris, positio caeli corporibus habitum dedit." Vergl. über die Ausdauer der Geftaltungstypen in heißen und kalten Erd= und Bergftrichen des Neuen Kontinentes meine Relation historique T. I, p. 498—503, T. II, p. 572—574.

²⁴⁷ (S. 260.) Welcker glaubt, die von Strabo citierten Verfe

des **Theodectes** seien einer verlornen Tragödie entlehnt, die vielleicht den Titel **Memnon** führte.

[243] (S. 262.) Die späte Ankunft türkischer und mongolischer Stämme sowohl am Orus als in der Kirgisensteppe steht der Annahme Niebuhrs, daß die Skythen des Herodot und Hippokrates Mongolen waren, entgegen. Es ist weit wahrscheinlicher, daß die Skythen (Scoloten) zu den indogermanischen Massa-Geten (Alanen) zu rechnen sind. Die Mongolen, eigentliche Tataren (der letztere Name ist später fälschlich rein türkischen Stämmen in Rußland und Sibirien gegeben worden), saßen damals weit im Osten von Asien. Ein ausgezeichneter Sprachforscher, Professor Buschmann, erinnert, daß Firdusi im Schahnameh, in seinen halb mythischen historischen Anfängen, „einer Feste der Alanen" am Meere erwähnt, in welche Selm, der älteste Sohn des Königs Feridun (gewiß ein paar Jahrhunderte vor Cyrus), sich flüchten wollte. Die Kirgisen der sogenannten skythischen Steppe sind ursprünglich ein finnischer Stamm; sie sind jetzt wahrscheinlich in ihren drei Horden das zahlreichste aller wandernden Völker und lebten schon im 6. Jahrhundert in der Steppe, in welcher ich sie gesehen. Der Byzantiner Menander erzählt ausdrücklich, wie der Chakan der Türken (Thu-khiu) im Jahre 569 dem vom Kaiser Justinus II abgesandten Zemarchus eine Kirgisen-Sklavin schenkte; er nennt sie eine χερχίς. und auch bei Abulgasi heißen die Kirgisen Kirkis. Die Aehnlichkeit der Sitten ist, wo die Natur des Landes den Hauptcharakter der Sitten hervorruft, ein sehr unsicherer Beweis der Stammähnlichkeit. Das Leben in der Steppe erzeugt bei Türken (Ti, Tukiu), bei Baschkiren (Finnen), bei Kirgisen, bei Torgod und Dsungaren (Mongolen) dieselben Gewohnheiten des nomadischen Lebens, denselben Gebrauch von Filzzelten, die auf Wagen fortgeführt und bei den Viehherden aufgeschlagen werden.

[249] (S. 264.) Das Unerfreulichste und in späteren Zeiten so oft Wiederholte über die ungleiche Berechtigung der Menschen zur Freiheit und über Sklaverei als eine naturgemäße Einrichtung findet sich leider! sehr systematisch entwickelt in Aristoteles Politica I, 3, 5, 6.

[250] (S. 264.) Wilhelm von Humboldt über die Kawisprache Bd. III, S. 426. Ich füge aus demselben Werke noch folgendes hinzu: „Die stürmenden Eroberungen Alexanders, die staatsklug bedächtigen der Römer, die wild grausamen der Mexikaner, die despotischen Ländervereinigungen der Inkas haben in beiden Welten dazu beigetragen, das vereinzelte Dasein der Völker aufzuheben und weitere Verbindungen zu stiften. Große und starke Gemüter, ganze Nationen handelten unter der Macht einer Idee, die ihnen in ihrer Reinheit gänzlich fremd war. In der Wahrheit ihrer tiefen Milde sprach sie zuerst, ob es ihr gleich nur langsam Eingang verschaffen konnte, das Christentum aus. Früher kommen nur einzelne Anklänge vor. Die neuere Zeit hat den Begriff der

Zivilisation lebendiger aufgefaßt, und das Bedürfnis erregt, Ver=
bindungen der Völker und Kultur weiter zu verbreiten; auch die
Selbstsucht gewinnt die Ueberzeugung, daß sie auf diesem Wege
weiter gelangt als auf dem gewaltsamer Absonderung. Die Sprache
umschlingt mehr, als sonst etwas im Menschen, das ganze Geschlecht.
Gerade in ihrer völkertrennenden Eigenschaft vereinigt sie durch das
Wechselverständnis fremdartiger Rede die Verschiedenheit der In=
dividualitäten, ohne ihrer Eigentümlichkeit Eintrag zu thun."

Inhalts-Uebersicht

des I. Bandes des Kosmos.

———

Vorrede S. VII—XII.
Einleitende Betrachtungen über die Verschiedenartigkeit des
Naturgenusses und die wissenschaftliche Ergründung der
Weltgesetze S. 3—28.

Einsicht in den Zusammenhang der Erscheinungen als Zweck
aller Naturforschung. — Natur ist für die denkende Betrachtung
Einheit in der Vielheit. — Verschiedenheit der Stufen des Naturgenusses. — Wirkung des Eintritts in das Freie; Genuß ohne
Einsicht in das Wirken der Naturkräfte, ohne Eindruck von dem
individuellen Charakter einer Gegend. — Wirkung der physiognomischen Gestaltung der Oberfläche oder des Charakters der Vegetation.
Erinnerung an die Waldthäler der Kordilleren und an den Vulkan
von Tenerifa. Vorzüge der Gebirgsgegend dem Aequator nahe:
wo im engsten Raume die Mannigfaltigkeit der Natureindrücke ihr
Maximum erreicht, wo es dem Menschen gegeben ist, alle Gestirne
des Himmels und alle Gestalten der Pflanzen gleichzeitig zu sehen.
S. 3—10. — Trieb nach Aufsuchung der Ursachen physischer Erscheinungen. — Irrige Ansichten über das Wesen der Naturkräfte,
durch Unvollständigkeit der Beobachtung oder der Induktion erzeugt. — Rohe Anhäufung physischer Dogmen, die ein Jahrhundert
dem anderen aufbringt. Verbreitung derselben unter die höheren
Volksklassen. Neben der wissenschaftlichen Physik besteht eine andere,
ein tief eingewurzeltes System ungeprüfter, mißverstandener Erfahrungssätze. — Aufsuchung von Naturgesetzen. Besorgnis, daß
die Natur bei dem Forschen in das innere Wesen der Kräfte von
ihrem geheimnisvollen Zauber verliert, daß der Naturgenuß durch
das Naturwissen notwendig geschwächt werde. Vorzüge der generellen
Ansichten, die der Wissenschaft einen erhabenen und ernsten Charakter verleihen. Mögliche Trennung des Allgemeinen von dem
Besonderen. Beispiele aus der Astronomie, den neuen optischen
Entdeckungen, der physischen Erdkunde und der Geographie der

Pflanzen. Zugänglichkeit des Studiums der physischen Weltbeschrei=
bung. S. 11—25. — Mißverstandenes populäres Wissen
und Verwechselung einer Weltbeschreibung mit einer Encyklopädie
der Naturwissenschaften. Notwendigkeit der gleichzeitigen Würdi=
gung aller Teile des Naturstudiums. Einfluß dieses Studiums auf
den Nationalreichtum und den Wohlstand der Völker; doch ist sein
erster und eigentlicher Zweck ein innerer, der der erhöhten
geistigen Thätigkeit. Form der Behandlung in Vortrag und Dar=
stellung; Wechselverkehr zwischen Gedanken und Sprache S. 25—28.

In den Anmerkungen S. 29—33 (Nr. 1—11): Vergleichende
hypsometrische Angaben; Bergmessungen des Dhawalagiri, Jawahir,
Chimborazo, Aetna nach Sir John Herschel, der Schweizer Alpen u. f. w.
S. 29. — Seltenheit der Palmen und Farne im Himalaya S. 30.
Europäische Pflanzenformen in den indischen Gebirgen S. 30. —
Nördliche und südliche Grenze des ewigen Schnees am Himalaya;
Einfluß der Hochebene von Tibet S. 30—32. — Fische der Vor=
welt S. 33.

Begrenzung und wissenschaftliche Behandlung einer physischen
Weltbeschreibung S. 34—50.

Inhalt der Lehre vom Kosmos oder der physischen Welt=
beschreibung. Sonderung von anderen, verwandten Disziplinen.
S. 34—38. — Der uranalogische Teil des Kosmos ist einfacher
als der tellurische; die Ausschließung von allem Wahrnembaren der
Stoffverschiedenheit vereinfacht die Mechanik des Himmels. — Ur=
sprung des Wortes Kosmos, Schmuck und Weltordnung Das
Seiende ist im Begreifen der Natur nicht absolut vom Werden
zu trennen. Weltgeschichte und Weltbeschreibung. S. 39 bis
44. — Versuche, die Vielheit der Erscheinungen im Kosmos in
der Einheit des Gedankens, in der Form eines rein rationalen
Zusammenhanges zu fassen. — Naturphilosophie ist aller
genauen Beobachtung schon im Altertum vorhergegangen: ein natür=
liches, bisweilen irregeleitetes Streben der Vernunft. — Zwei
Formen der Abstraktion beherrschen die ganze Masse der Erkennt=
nis: quantitative (Verhältnisbestimmungen nach Zahl und
Größe) und qualitative (stoffartige Beschaffenheiten). — Mittel,
die Erscheinungen dem Kalkül zu unterwerfen. Atome, mechanische
Konstruktionsmethoden; sinnbildliche Vorstellungen; Mythen der
imponderablen Stoffe und eigener Lebenskräfte in jeglichem Or=
ganismus. Was durch Beobachtung und Experiment (Hervor=
rufen der Erscheinungen) erlangt ist, führt durch Analogie und
Induktion zur Erkenntnis empirischer Gesetze. Allmählich
Vereinfachung und Verallgemeinerung derselben. — Anordnung
des Aufgefundenen nach leitenden Ideen. Der so viele Jahrhun=
derte hindurch gesammelte Schatz empirischer Anschauung wird nicht
von der Philosophie wie von einer feindlichen Macht bedroht.
S. 45—50.

In den Anmerkungen S. 51—54 (Nr. 1—4): Ueber die allge=
meine und vergleichende Erdkunde des Varenius S. 51—52. —
Philologische Untersuchung über κόσμος und mundus S. 53—54.

Naturgemälde. Uebersicht der Erscheinungen S. 55—265.

Einleitung S. 55—60: Ein beschreibendes Weltgemälde
umfaßt das Universum (τὸ πᾶν) in seinen beiden Sphären, der
himmlischen und irdischen. — Form und Gang der Darstellung.
Es beginnt dieselbe mit den Tiefen des Weltraums, in denen wir
nur die Herrschaft der Gravitationsgesetze erkennen, mit der Region
der fernsten Nebelflecke und Doppelsterne und steigt stufenweise
herab durch die Sternschicht, der unser Sonnensystem angehört, zu
dem luft= und meerumflossenen Erdsphäroid: seiner Gestaltung,
Temperatur und magnetischen Spannung; zu der organischen Lebens=
fülle, welche, vom Lichte angeregt, sich an seiner Oberfläche ent=
faltet. — Partielle Einsicht in die relative Abhängigkeit der Er=
scheinungen voneinander. — Bei allem Beweglichen und Veränder=
lichen im Raume sind mittlere Zahlenwerte der letzte Zweck;
sie sind der Ausdruck physischer Gesetze, die Mächte des Kosmos.
Das Weltgemälde beginnt nicht mit dem Tellurischen, wie aus einem
subjektiven Standpunkte hätte vorgezogen werden können; es be=
ginnt mit dem, was die Himmelsräume erfüllt. Verteilung der
Materie: sie ist teils zu rotierenden und kreisenden Weltkörpern
von sehr verschiedener Dichtigkeit und Größe geballt, teils selbst=
leuchtend, dunstförmig als Lichtnebel zerstreut. Vorläufige Ueber=
sicht der einzelnen Teile des Naturgemäldes, um die Aneinander=
reihung der Erscheinungen kenntlich zu machen.

I. Uranologischer Teil des Kosmos S. 60—111.

II. Tellurischer Teil des Kosmos S. 111—265.

a) Gestalt der Erde, mittlere Dichtigkeit, Wärmegehalt, elektro=
magnetische Thätigkeit. Lichtprozesse S. 111—143.

b) Lebensthätigkeiten des Erdkörpers nach außen. — Reaktion
des Inneren des Planeten gegen seine Rinde und Oberfläche.
Unterirdisches Getöse ohne Erschütterungswellen. Erdbeben als
dynamisches Phänomen S. 143—154.

c) Stoffartige Produktionen, die das Erdbeben oft begleiten.
Luft= und Wasserquellen. Salsen und Schlammvulkane. Hebungen
des Bodens durch elastische Kräfte S. 154—161.

d) Feuerspeiende Berge. Erhebungskrater. Verteilung der
Vulkane auf der Erde S. 161—176.

e) Die vulkanischen Kräfte bilden neue Gebirgsarten und
wandeln ältere um. — Geognostische Klassifikation der Gebirgs=
massen in vier Gruppen. — Kontaktphänomen. — Versteine=
rungshaltige Schichten. Ihre Aufrichtung. Fauna und Flora
der Vorwelt. Zerstreuung der Felsblöcke S. 176—206.

f) Die geognostischen Epochen, bezeichnet durch die minera=
logische Verschiedenheit der Gebirgsarten, haben den Zustand

räumlicher Verteilung der Feste und des Flüssigen, der Konti=
nente und der Meere bestimmt. Individuelle Gestaltungen der
Feste in horizontaler Ausdehnung und senkrechter Erhebung. —
Verhältnis der Areale. — Gliederung. Fortgesetzte Faltung der
Erdrinde S. 206—220.

g) Umhüllungen der starren Oberfläche des Planeten, tropf=
bar=flüssige und luftförmige. Wärmeverteilung in beiden. —
Meer. Ebbe und Flut. Strömungen und ihre Folgen S. 220
bis 227.

h) Atmosphäre. Chemische Zusammensetzung. Schwankungen
der Dichtigkeit. — Gesetz der Windrichtung. Mittlere Wärme.
Aufzählung der temperatur=erhöhenden und temperatur=vermin=
dernden Ursachen. Kontinental= und Inselklima. Ost= und West=
küsten. — Ursache der Krümmung der Isothermen. — Grenzen
des ewigen Schnees. — Dampfmenge. — Elektrizität des Luft=
kreises. Wolkengestalt S. 227—251.

i) Scheidung des anorganischen Erdenlebens von der Geo=
graphie des Organisch=Lebendigen, der Geographie der Pflanzen
und Tiere. — Physische Abstufungen des Menschengeschlechts
S. 251—265.

Spezielle Zergliederung des Naturgemäldes,
mit Beziehung auf den Inhalt der Anmerkungen.

I. Uranologischer Teil des Kosmos: Text S. 60
bis 111, Anmerkungen S. 266—288.

Inhalt der Welträume. Vielgestaltete Nebelflecke, planetarische
Nebel und Nebelsterne. — Landschaftliche Anmut des südlichen
Himmels, Anm. S. 266. — Vermutungen über die räumliche An=
ordnung des Weltgebäudes. Unser Sternhaufen eine Weltinsel.
Sterneichungen. — Doppelsterne, um einen gemeinschaftlichen
Schwerpunkt kreisend. Entfernung des Sterns 61 im Schwan
S. 43, 110 und Anm. S. 267. — Attraktionssysteme verschiedener
Ordnung S. 60—65. Unser Sonnensystem viel komplizierter,
als man es noch am Ende des verflossenen Jahrhunderts geglaubt.
Hauptplaneten mit Neptun, Asträa, Hebe und Iris jetzt 15, Neben=
planeten 18; Myriaden von Kometen, worunter mehrere innere,
in die Planetenbahnen eingeschlossene; ein rotierender Ring (das
Zodiakallicht) und wahrscheinlich Meteorsteine als kleine Weltkörper.—
Die teleskopischen Planeten: Vesta, Juno, Ceres, Pallas, Asträa,
Hebe und Iris, mit ihren stark geneigten und mehr exzentrischen,
ineinander verschlungenen Bahnen, scheiden, als mittlere Gruppe,
die innere Planetengruppe (Merkur, Venus, Erde und Mars)
von der äußeren (Jupiter, Saturn, Uranus und Neptun). Kon=
traste dieser Planetengruppen. — Verhältnisse der Abstände von
einem Centralkörper. Verschiedenheiten der absoluten Größe, Dich=
tigkeit, Umdrehungszeit, Exzentrizität und Neigung der Bahnen.

Das sogenannte Gesetz der Abstände der Planeten von ihrer Centralsonne. Mondreichste Planeten S. 65—69 und Anm. S. 267 bis 268. — Räumliche (absolute und relative) Verhältnisse der Nebenplaneten; größter und kleinster der Monde. Größte Annäherung an einen Hauptplaneten. — Rückläufige Bewegung der Uranusmonde. Libration der Erdtrabanten S. 69—72 und Anm. S. 268. — Kometen. Kern und Schweif. Mannigfaltige Form und Richtung der Ausströmungen in konoidischen Hüllen mit dickerer und dünnerer Wandung. Mehrfache Schweife, selbst der Sonne zugekehrt. Formenwechsel des Schweifes; vermutete Rotation desselben. Natur des Lichts. Sogenannte Bedeckungen von Fixsternen durch Kometenkerne. Exzentrizität der Bahnen und Umlaufszeiten. Größte Entfernung und größte Nähe der Kometen. Durchgang durch das System der Jupitersmonde. — Kometen von kurzer Umlaufszeit, wohl besser innere Kometen genannt (Encke, Biela, Faye) S. 72—82 und Anm. S. 268—271. — Kreisende Aerolithen (Meteorsteine, Feuerkugeln, Sternschnuppen). Planetarische Geschwindigkeit. Größe, Form, beobachtete Höhe. Periodische Wiederkehr in Strömen, Novemberstrom und der des heil. Laurentius. Chemische Zusammensetzung der Meteorasteroiden S. 83—98 und Anm. S. 271—282. — Ring des Tierkreislichts. — Beschränktheit der jetzigen Sonnenatmosphäre S. 98—102 und Anm. S. 282—286. — Ortsveränderung des ganzen Sonnensystems S. 102—104 und Anm. S. 286—287. — Das Walten der Gravitationsgesetze auch jenseits unseres Sonnensystems. — Milchstraße der Sterne und ihr vermutetes Aufbrechen. Milchstraße von Nebelflecken, rechtwinkelig mit der der Sterne. — Umlaufszeiten zweifarbiger Doppelsterne. — Sternenteppich; Oeffnungen im Himmel, in der Sternschicht. — Begebenheiten im Weltraum; Auflodern neuer Sterne. — Fortpflanzung des Lichtes; der Anblick des gestirnten Himmels bietet Ungleichzeitiges dar S. 104—111 und Anm. S. 286—288.

II. Tellurischer Teil des Kosmos S. 111—265 und Anm. S. 288—338.

a) Gestalt der Erde. Dichtigkeit, Wärmegehalt, elektromagnetische Spannung und Erdlicht S. 111—143 und Anm. S. 288 bis 306: Ergründung der Abplattung und Krümmung der Erdoberfläche durch Gradmessungen, Pendelschwingungen und gewisse Ungleichheiten der Mondsbahn. — Mittlere Dichtigkeit der Erde. — Erdrinde, wie tief wir sie kennen? S. 111—123 und Anm. S. 288 bis 294. — Dreierlei Bewegung der Wärme des Erdkörpers, sein thermischer Zustand. Gesetz der Zunahme der Wärme mit der Wärme mit der Tiefe S. 123—126 und Anm. S. 294—295. — Magnetismus, Elektrizität in Bewegung. Periodische Veränderlichkeit des tellurischen Magnetismus. Störung des regelmäßigen Ganges der Magnetnadel. Magnetische Ungewitter; Ausdehnung ihrer Wirkung. Offenbarungen der magnetischen Kraft an der

Oberfläche in drei Klassen der Erscheinungen; Linien gleicher Kraft
(isodynamische), gleicher Neigung (isoklinische) und gleicher Abwei=
chung (isogonische). — Lage der Magnetpole; ihr vermuteter Zu=
sammenhang mit den Kältepolen. — Wechsel aller magnetischen
Erscheinungen des Erdkörpers. — Errichtung magnetischer Warten
seit 1828; ein weitverbreitetes Netz magnetischer Stationen S. 126
bis 136 und Anm. 295–304. — Lichtentwickelung an den Magnet=
polen; Erblicht als Folge elektro=magnetischer Thätigkeit unseres
Planeten. Höhe des Polarlichts. Ob das magnetische Gewitter
mit Geräusch verbunden ist? Zusammenhang des Polarlichts (einer
elektromagnetischen Lichtentwickelung) mit der Erzeugung von Cirrus=
wölkchen. — Andere Beispiele irdischer Lichterzeugung S. 136—143
und Anm. S. 304–306.

b) Lebensthätigkeit des Planeten nach außen als Hauptquelle
geognostischer Erscheinungen. Verkettung der bloß dynamischen Er=
schütterung oder Hebung ganzer Teile der Erdrinde mit stoffhal=
tigem Erguß und Erzeugung von gasförmigen und tropfbaren
Flüssigkeiten, von heißem Schlamme, von geschmolzenen Erden, die
als Gebirgsarten erhärten. Vulkanizität in der größten All=
gemeinheit des Begriffs ist die Reaktion des Inneren eines Planeten
gegen seine Oberfläche. — Erdbeben. Umfang der Erschütterungs=
kreise und ihre allmähliche Erweiterung. — Ob Zusammenhang mit
Veränderungen im tellurischen Magnetismus und Prozessen des
Luftkreises. Getöse, unterirdischer Donner ohne fühlbare Erschütte=
rung. Gebirgsmassen, welche die Fortpflanzung der Erschütterungs=
welle modifizieren. — Hebungen; Ausbrüche von Wasser, heißen
Dämpfen, Schlamm, Mofetten, Rauch und Flammen während des
Erdbebens S. 143–154 und Anm. S. 306—308.

c) Nähere Betrachtung von stoffartigen Produktionen als Folge
innerer planetarischer Lebensthätigkeit. Es steigen aus dem Schoße
der Erde hervor, durch Spalten und Ausbruchkegel: Luftarten,
tropfbare Flüssigkeiten (rein oder gesäuert), Schlamm und ge=
schmolzene Erden. — Die Vulkane sind eine Art intermittierender
Quellen. Temperatur der Thermen; ihre Konstanz und Veränderung. Tiefe des Herdes S. 154—159 und Anm. S. 308–310. —
Salsen, Schlammvulkane. Wenn feuerspeiende Berge als Quellen
geschmolzener Erden vulkanische Gebirgsarten hervorbringen,
so erzeugen dagegen Quellwasser durch Niederschlag Kalkstein=
schichten. Fortgesetzte Erzeugung von Sedimentgestein S. 159—160
und Anm. S. 310.

d) Mannigfaltigkeit der vulkanischen Hebungen. Domförmige
ungeöffnete Trachytberge. — Eigentliche Vulkane, die aus Erhebungs=
kratern oder zwischen den Trümmern ihrer ehemaligen Bildung her=
vortreten. — Permanente Verbindung des inneren Erdkörpers mit
dem Luftkreise. Verhältnis gegen gewisse Gebirgsarten. Einfluß
der Höhenverhältnisse auf die Frequenz der Ausbrüche. Höhe des
Aschenkegels. Eigentümlichkeiten der Vulkane, welche sich über die

Schneegrenze erheben. — Aschen= und Feuersäulen. Vulkanische Gewitter während des Ausbruchs. Mineralische Zusammensetzung der Laven. S. 160—171 und Anm. S. 310—313. — Verteilung der Vulkane auf der Erdfläche; Central= und Reihenvulkane, Insel= und Küstenvulkane. Abstand der Vulkane von der Meeresküste. Erlöschen der vulkanischen Kräfte S. 171—176 und Anm. S. 313 bis 316.

e) Verhältnis der Vulkane zu der Natur der Gebirgsmassen; die vulkanischen Kräfte bilden neue Gebirgsarten und wandeln ältere um. Ihr Studium leitet auf Doppelwegen zu dem minera=logischen Teile der Geognosie (Lehre vom Gewebe und von der Lage der Erdschichten) und zur Gestaltung der über den Meeresspiegel gehobenen Kontinente und Inselgruppen (Lehre von der geographischen Form und den Umrissen der Erdteile). — Klassifikation der Gebirgsarten nach Maßgabe der Erscheinungen der Bildung und Umwandlung, welche noch jetzt unter unseren Augen vorgehen: Eruptionsgestein, Sedimentgestein, umgewandeltes (metamorphosiertes) Gestein, Konglomerate. — Die zusammengesetz=ten Gebirgsarten sind bestimmte Associationen von oryktognostisch einfachen Fossilien. — Vier Phasen der Bildungszustände: Eruptions=gestein, endogenes (Granit, Syenit, Porphyre, Grünsteine, Hypersthen=fels, Euphotid, Melaphyr, Basalt und Phonolith); Sedimentgestein (silurische Schiefer, Steinkohlenablagerungen, Kalksteine, Travertino, Infusorienlager); umgewandeltes Gestein, das neben den Trümmern des Eruptions= und Sedimentgesteins auch Trümmer von Gneis, Glimmerschiefer und älteren metamorphischen Massen enthält; Ag=gregate und Sandsteinbildungen (Trümmergestein) S. 176—184 und Anm. S. 316—318. — Kontaktphänomene erläutert durch künstliche Nachbildung der Mineralien. Wirkungen des Drucks und der verschiedenen Schnelligkeit der Abkühlung. Entstehung des körnigen (salinischen) Marmors, Verkieselung der Schiefer zu Band=jaspis, Umwandelung der Kreidemergel durch Granit zu Glimmer=schiefer; Dolomitisierung, Granitbildung in Thonschiefer bei Be=rührung mit Basalt und Doleritgestein. — Füllung der Gangmassen von unten. Prozesse der Cementierung in den Agglomeratbil=dungen. Reibungskonglomerate S. 184—194 und Anm. S. 318 bis 320. — Relatives Alter der Felsmassen. Chronometrik der Erdrinde. Versteinerungshaltige Schichten. — Relatives Alter der Organismen. Einfachheit der ersten Lebensformen? Abhängigkeit physiologischer Abstufungen von dem Alter der Formationen. — Geognostischer Horizont, dessen sorgfältige Verfolgung sichere Auf=schlüsse gewährt über die Identität oder das relative Alter der Formationen, über die periodische Wiederkehr gewisser Schichten, ihren Parallelismus oder ihre gänzliche Suppression (Verkümme=rung). — Typus der Sedimentgebilde in der größten Einfachheit seiner Verallgemeinerung aufgefaßt: silurische und devonische Schich=ten (die ehemals so genannten Uebergangsgebirge); die untere Trias

(Bergkalk, Steinkohlengebirge samt Totliegendem und Zechstein);
die obere Trias (bunter Sandstein, Muschelkalk und Keuper); Jura=
kalk (Lias und Oolithen); Quadersandstein, untere und obere Kreide,
als die letzte der Flözschichten, welche mit dem Bergkalk beginnen;
Tertiärgebilde in drei Abteilungen, die durch Grobkalk, Braunkohle
und Südapenninengerölle bezeichnet werden. — Faunen und Floren
der Vorwelt, ihr Verhältnis zu den jetzigen Organismen. Riesen=
mäßige Knochen vorweltlicher Säugetiere im oberen Schuttlande. —
Vegetation der Vorwelt, Monumente der **Pflanzengeschichte**.
Wo gewisse Pflanzengruppen ihr Maximum erreichen; Cykadeen in
den Keuperschichten und der Lias, Koniferen im bunten Sand=
stein. Ligniten und Braunkohlenschichten (Bernsteinbaum). — Ab=
lagerung großer Felsblöcke, Zweifel über ihren Ursprung S. 194
bis 206 und Anm. S. 320—324.

f) Die Kenntnis der **geognostischen Epochen**, des länder=
bildenden und zertrümmernden Emporsteigens von Bergketten und
Hochebenen leitet durch inneren Kausalzusammenhang auf die räum=
liche **Verteilung der Feste und des Flüssigen**, auf die
Besonderheiten der Naturgestaltung der Erdoberfläche. — Jetziges
Arealverhältnis des Starren zum Flüssigen sehr verschieden von
dem, welches die für den **physischen Teil der älteren Geo=
graphie** entworfenen Karten darlegen. Wichtigkeit der Eruption
der Quarzporphyre für die derzeitige Gestaltung der Kontinental=
massen. — **Individuelle Gestaltung in horizontaler Aus=
dehnung** (Gliederungsverhältnisse) und in **senkrechter Erhebung**
(hypsometrischen Ansichten). — Einfluß der Arealverhältnisse von
Land und Meer auf Temperatur, Windrichtung, Fülle oder Karg=
heit organischer Erzeugnisse, auf die Gesamtheit aller meteoro=
logischen Prozesse. — Orientierung der größten Achsen der Konti=
nentalmasse. Gliederung, pyramidale Endigung gegen Süden,
Reihe der Halbinseln. Thalbildung des atlantischen Ozeans. Formen,
die sich wiederholen S. 206—213 und Anm. S. 324—325. —
Abgesonderte Gebirgsglieder, Systeme der Bergketten und Mittel,
ihr relatives Alter zu bestimmen. Versuche, den Schwerpunkt des
Volums der jetzt über dem Meeresspiegel erhobenen Länder zu be=
stimmen. Die Hebung der Kontinente ist noch jetzt in langsamem
Fortschreiten und an einzelnen Punkten durch bemerkbares Sinken
kompensiert. Alle geognostischen Phänomene deuten auf periodischen
Wechsel von Thätigkeit im Inneren unseres Planeten. Wahrschein=
lichkeit neuer Faltungen S. 213—219 und Anm. S. 325—327.

g) Die starre Oberfläche der Erde hat zweierlei Umhüllungen:
tropfbar=flüssige und luftförmige. Kontraste und Analogien, welche
diese Umhüllungen, das Meer und die Atmosphäre, darbieten in
Aggregat= und Elektrizitätszuständen, Strömungen und Temperatur=
verhältnissen. Tiefen des Ozeans und des Luftmeeres, dessen Un=
tiefen unsere Hochländer und Bergketten sind. — Wärmegehalt
des Meeres an der Oberfläche in verschiedenen Breiten und in den

unteren Schichten. Tendenz des Meeres wegen Verschiebbarkeit der Teile und Veränderung der Dichtigkeit, die Wärme seiner Oberfläche in den der Luft nächsten Schichten zu bewahren. Maximum der Dichtigkeit des salzigen Wassers. — Lage der Zonen der wärmsten Wasser und der am meisten gesalzenen. Thermischer Einfluß der unteren Polarströme wie der Gegenströme in den Meerengen S. 219—221 und Anm. S. 327—328. — Allgemeines Niveau der Meere und permanente örtliche Störungen des Gleichgewichts; periodische als Ebbe und Flut. Meeresströmungen: Aequatorial- oder Rotationsstrom; der atlantische warme Golfstrom und der ferne Impuls, den er empfängt; der kalte peruanische Strom in dem östlichen Teile des Stillen Meeres südlicher Zone. — Temperatur der Untiefen. — Allbelebtheit des Ozeans; Einfluß der kleinen submarinen Waldregion am Boden wurzelnder Tanggesträuche oder weitverbreiteter schwimmender Fukusbänke S. 221—227 und Anm. S. 328—329.

h) Die gasförmige Umhüllung unseres Planeten, das Luftmeer. — Chemische Zusammensetzung der Atmosphäre, Diaphanität, Polarisation, Druck, Temperatur, Feuchtigkeit und elektrische Spannung. — Verhältnis des Sauerstoffs zum Stickstoff; Kohlensäuregehalt; gekohlter Wasserstoff; Ammoniakaldämpfe. Miasmen. — Regelmäßige (stündliche) Veränderungen des Luftdruckes. Mittlere Barometerhöhe am Meere in verschiedenen Erdzonen. Isobarometrische Kurven. — Barometrische Windrosen; Drehungsgesetz der Winde und seine Wichtigkeit für die Kenntnis vieler meteorologischen Prozesse. Land- und Seewinde; Passate und Monsune S. 227 bis 233 und Anm. S. 329—330. — Klimatische Wärmeverteilung im Luftkreise als Wirkung der relativen Stellung der durchsichtigen und undurchsichtigen Massen (der flüssigen und festen Oberflächenräume) wie der hypsometrischen Konfiguration der Kontinente. — Krümmung der Isothermen in horizontaler und vertikaler Richtung, in der Ebene und in den übereinander gelagerten Luftschichten. Konvexe und konkave Scheitel der Isothermen. — Mittlere Wärme der Jahre, der Jahreszeiten, der Monate, der Tage. Aufzählung der Ursachen, welche Störungen in der Gestalt der Isothermen hervorbringen, d. h. ihre Abweichung von der Lage der geographischen Parallele bewirken. — Isochimenen und Isotheren, Linien gleicher Winter- und Sommerwärme. — Temperaturerhöhende und temperaturvermindernde Ursachen. Strahlung der Erdoberfläche nach Maßgabe ihrer Inklination, Farbe, Dichtigkeit, Dürre und chemischen Komposition. — Die Wolkenform, Verkündigerin dessen, was in der oberen Luft vorgeht, ist am heißen Sommerhimmel das „projizierte Bild" des wärmestrahlenden Bodens. — Kontrast zwischen dem Insel- oder Küstenklima, dessen alle vielgegliederte, busen- und halbinselreiche Kontinente genießen, und dem Klima des Inneren großer Ländermassen. Ost- und Westküsten. Unterschiede der südlichen und nördlichen Hemisphäre. — Thermische

Skalen der Kulturpflanzen, herabsteigend von Vanille, Kakao und Pisan bis zu Zitronen, Oelbaum und trinkbarem Wein. Einfluß, welchen diese Skalen auf die geographische Verbreitung der Kulturen ausüben. Das günstige Reifen und das Nichtreifen der Früchte wird wesentlich bedingt durch die Unterschiede der Wirkung des direkten und zerstreuten Lichtes bei heiterem und durch Nebel verschleiertem Himmel. — Allgemeine Angabe der Ursachen, welche dem größeren Teile von Europa, als der westlichen Halbinsel von Asien, ein milderes Klima verschaffen S. 233—241 und Anm. S. 330 bis 332. — Bestimmung der mittleren Temperaturveränderung der Jahres oder Sommerwärme, welche dem Fortschreiten um 1° geographischer Breite entspricht. Gleichheit der mittleren Temperatur einer Bergstation und der Polardistanz eines im Meeresspiegel gelegenen Punktes. — Abnahme der Temperatur mit der Höhe. Grenze des ewigen Schnees und Oszillation dieser Grenze. Ursachen der Störung in der Regelmäßigkeit des Phänomens; nördliche und südliche Himalayakette; Bewohnbarkeit der Hochebene von Tibet S. 242—245 und Anm. S. 332—333. — Dampfmenge des Luftkreises nach Stunden des Tages, nach den Jahreszeiten, Breitengraden und Höhen. Größte Trockenheit der Atmosphäre, beobachtet im nördlichen Asien zwischen den Flußgebieten des Irtysch und Obi. — Tau als Folge der Strahlung. Regenmenge S. 245 bis 247 und Anm. S. 333. — Elektrizität des Luftkreises und Störung der elektrischen Spannung. Geographische Verteilung der Gewitter. Vorherbestimmung atmosphärischer Veränderungen. Die wichtigsten klimatischen Störungen haben nicht eine örtliche Ursache in dem Beobachtungsorte selbst; sie sind Folge einer Begebenheit, welche in weiter Ferne das Gleichgewicht in den Luftströmungen aufgehoben hat, S. 247—251 und Anm. S. 333—334.

i) Die **physische Erdbeschreibung** ist nicht auf das elementare, **anorganische** Erdenleben beschränkt; zu einem höheren Standpunkte erhoben, umfaßt sie die Sphäre des **organischen Lebens** und der zahllosen Abstufungen seiner **typischen** Entwickelung. — Tier und Pflanzenleben. Allbelebtheit der Natur in Meer und Land; mikroskopische Lebensformen zwischen dem Polareise, wie in den Tiefen des Ozeans zwischen den Wendekreisen. Erweiterung des Horizonts des Lebens durch Ehrenbergs Entdeckungen. — Schätzung der Masse (des Volums) der tierischen und vegetabilischen Organismen S. 251—256 und Anm. S. 334—336. (Die speziellen Temperaturverhältnisse der Weinkultur S. 331.) — **Geographie der Pflanzen und Tiere.** Wanderung der Organismen im Ei oder durch eigene bewegungskräftige Organe. Verbreitungssphären in Abhängigkeit klimatischer Verhältnisse. Vegetationsgebiete und Gruppierung der Tiergeschlechter. Einzeln und und gesellig lebende Pflanzen und Tiere. Der Charakter der Floren und Faunen ist nicht sowohl durch das Vorherrschen einzelner Familien unter gewissen Breiten als durch die viel komplizierteren

Verhältnisse des Zusammenlebens vieler Familien und den relativen Zahlenwert ihrer Arten bestimmt. Formen natürlicher Familien, welche vom Aequator nach den Polen hin ab- oder zunehmen. Untersuchungen über das Zahlenverhältnis, in welchem in verschiedenen Erdstrichen jede der großen Familien zu der ganzen daselbst wachsenden Masse der Phanerogamen steht, S. 256—259 und Anm. S. 336. — Das Menschengeschlecht in seinen physischen Abstufungen und in der geographischen Verbreitung seiner gleichzeitig vorhandenen Typen. Rassen, Abarten. Alle Menschenrassen sind Formen einer einzigen Art. Einheit des Menschengeschlechts. — Sprachen, als geistige Schöpfungen der Menschheit, Teile der Naturkunde des Geistes, offenbaren eine nationelle Form; aber geschichtliche Ereignisse haben bewirkt, daß bei Völkern sehr verschiedener Abstammung sich Idiome desselben Sprachstammes finden S. 259—265 und Anm. S. 336—338.